INATIVIDADE DAS PARTES NO PROCESSO CIVIL BRASILEIRO

Coleção
Eduardo Espínola

Guilherme Tambarussi Bozzo

INATIVIDADE DAS PARTES NO PROCESSO CIVIL BRASILEIRO

Prefácio: Heitor Vitor Mendonça Sica

2018

www.editorajuspodivm.com.br

www.editorajuspodivm.com.br

Rua Mato Grosso, 164, Ed. Marfina, 1º Andar – Pituba, CEP: 41830-151 – Salvador – Bahia
Tel: (71) 3045.9051
• Contato: https://www.editorajuspodivm.com.br/sac

Copyright: Edições *Jus*PODIVM

Conselho Editorial: Eduardo Viana Portela Neves, Dirley da Cunha Jr., Leonardo de Medeiros Garcia, Fredie Didier Jr., José Henrique Mouta, José Marcelo Vigliar, Marcos Ehrhardt Júnior, Nestor Távora, Robério Nunes Filho, Roberval Rocha Ferreira Filho, Rodolfo Pamplona Filho, Rodrigo Reis Mazzei e Rogério Sanches Cunha.

Capa: Ana Caquetti

I35 Inatividade das partes no processo civil brasileiro / Guilherme Tambarussi Bozzo – Salvador: Juspodivm, 2017.
 256 p. (Eduardo Espínola / Coordenação Fredie Didier Jr.)

 Bibliografia.
 ISBN 978-85-442-1638-5.

 1. Inatividade das partes. 2. Direito processual civil. I. Didier Jr., Fredie. II. Bozzo, Guilherme Tambarussi. III. Título.

CDD 341.46

Todos os direitos desta edição reservados à Edições *Jus*PODIVM.

É terminantemente proibida a reprodução total ou parcial desta obra, por qualquer meio ou processo, sem a expressa autorização do autor e da Edições *Jus*PODIVM. A violação dos direitos autorais caracteriza crime descrito na legislação em vigor, sem prejuízo das sanções civis cabíveis.

AGRADECIMENTOS

Obrigado,
Família,
Heitor, pela oportunidade, pelas ideias e pela dedicação sem igual como orientador,
Amigos do escritório, também pelas ideias, pelo incentivo e pela imensa compreensão,
Aos demais amigos que contribuíram para a construção deste trabalho.

APRESENTAÇÃO DA OBRA

Certa vez, uma observação de Eduardo Couture nos chamou a atenção: a escolha ou importação de um sistema, para determinado contexto ou país, pode privilegiar um litigante em detrimento do outro, prejudicando a isonomia processual. A repercussão, todavia, que a opção legislativa por um determinado sistema processual tem sobre a isonomia entre os litigantes, nas posições que esses assumem ao longo do processo, nem sempre é percebida com facilidade pelos estudiosos do direito.

A igualdade perante o processo se manifesta na atuação, sempre que possível, paritária entre os sujeitos parciais, de modo a assegurar-lhes análogas possibilidades de expressão e defesa. Esse princípio, que já era previsto na Constituição Federal (art. 5º, *caput*), foi positivado no art. 7º, do Código de Processo Civil de 2015. Na forma como estruturado, trata-se de um comando destinado não apenas ao juiz, como ao legislador.

O presente estudo procura demonstrar, pela aproximação das posições dos sujeitos processuais, principalmente autor e réu, que o nosso tratamento legislativo da inatividade das partes, em certos casos, pode ser considerado anti-isonômico, devido às repetições, sem uma detida reflexão, de institutos que remontam às nossas codificações revogadas. Basta atentarmos para o exemplo da revelia, principal hipótese de inatividade do réu, que em nosso procedimento comum é passível de gerar efeitos diretos na decisão de mérito (art. 344, do Código de Processo Civil de 2015), tratamento esse introduzido pelo Código de Processo Civil de 1973, quando a inatividade do autor, tida como abandono, repetida em nossas codificações desde o Código de Processo Civil de 1939, dá ensejo a efeitos meramente processuais, com a extinção do processo sem resolução de mérito e possibilidade de repropositura (arts. 485, incs. II e III, e 486, do Código de Processo Civil de 2015).

Também foram estudados, na presente obra, exemplos de sistemas por nós considerados mais isonômicos no tratamento da inatividade das partes: o italiano e o alemão. As ideias tiradas desses ordenamentos ficam como sugestões *de lege ferenda* para nossa inatividade processual, como formas de repensar nosso processo civil de um ponto de vista crítico.

O Autor

PREFÁCIO

Dentre as várias experiências gratificantes no exercício da docência, certamente figura em posição de destaque a atividade de orientação de trabalhos acadêmicos, sobretudo em nível de pós-graduação *stricto sensu*.

É extremamente recompensador acompanhar um jovem estudante desde a concepção do seu projeto de pesquisa, passando pela execução de levantamento bibliográfico e jurisprudencial e pela construção de sua monografia, culminando com a defesa pública perante banca examinadora a qual, para bem executar seu papel, critica o trabalho, contrasta as ideias do autor e o convida ao debate e à reflexão.

Presencia-se, de uma posição privilegiada, o desenvolvimento do conhecimento dogmático, o amadurecimento intelectual e o progresso do candidato em termos de segurança e postura.

A orientação pode se tornar ainda mais enriquecedora se o orientando se propõe a retomar ideias que o orientador não teve possibilidade ou capacidade de explorar adequadamente, e desenvolvê-las com base num diálogo franco e num ambiente de plena independência intelectual.

Não bastasse, há o cultivo diário da amizade e companheirismo entre orientador e orientando que não apenas desenvolvem as atividades inerentes ao programa de pós-graduação, mas, juntos, também executam tarefas em nível de graduação, as quais desempenham um papel fundamental na formação de futuros docentes e pesquisadores.

Tive todas essas gratas satisfações ao ensejo da orientação do candidato Guilherme Tambarussi Bozzo no curso de mestrado em direito processual civil na Faculdade de Direito da Universidade de São Paulo, coroada com a exitosa aprovação de dissertação cuja versão aprimorada ora vem a lume sob o título "Inatividade das partes no processo civil brasileiro".

O autor analisa o tratamento dado ao comportamento omissivo dos sujeitos do processo sob os mais diversos ângulos: sob a perspectiva do tratamento isonômico que se deve dispensar a autor e réu (tema que me é extremamente caro), sob as diversas consequências imputadas pelo sistema processual à inatividade das partes em diversos momentos do procedimento e sob o ponto de vista da influência dos comportamentos omissivos das partes na formação do convencimento do juiz acerca dos *meritum causae*.

O trabalho se debruçou sobre temas da maior relevância teórica e prática, os quais, contudo, há tempos não vinham sendo examinados monograficamente, sobretudo na processualística pátria. Em um tempo em que alguns temas mais "novidadeiros" roubam quase inteiramente a atenção da doutrina – no atual momento, esses temas são, penso, principalmente três: "precedentes", "litigiosidade repetitiva" e "negócios processuais" – é de se louvar entusiasticamente quem se proponha a analisar temas "clássicos" do processo civil, mas com visão moderna, levando em conta os diversos avanços recentemente operados no plano legislativo e científico.

Não tenho dúvida, portanto, em afiançar a qualidade do trabalho ora prefaciado e do seu autor, a quem eu abertamente rendo minhas homenagens pela presente publicação.

Por derradeiro, é forçoso enaltecer a editora Juspodivm por abrir fundamental espaço para jovens autores nesta magnífica coleção "Eduardo Espínola", brilhantemente coordenada pelo caro amigo Fredie Didier Jr.

Arcadas, setembro de 2017.

Heitor Vitor Mendonça Sica
Professor Associado de Direito Processual Civil da
Faculdade de Direito da Universidade de São Paulo

SUMÁRIO

INTRODUÇÃO.. 15

SEÇÃO 1. PARTE GERAL

CAPÍTULO 1. NOÇÕES INTRODUTÓRIAS............................... 21

1.1 Por que o termo inatividade?.. 21
    1.1.1. Inexistência de um consenso terminológico na doutrina 29
1.2. Alcance da tutela jurisdicional das partes no processo.......... 31
    1.2.1. Prestação de tutela jurisdicional ao réu..................... 36
1.3. Posições das partes e isonomia: pressuposto para um tratamento mais uniforme da inatividade processual................. 42

CAPÍTULO 2. INATIVIDADE, PROCESSO E PROCEDIMENTO ... 51

2.1. Os prazos processuais como instituto fundamental para a viabilização da marcha processual... 54
    2.1.1. Possibilidade de suprimento da perda de um prazo?... 63
2.2. Marcha processual por iniciativa das partes: a quem cabe o impulso?... 68
    2.2.1. Questões cognoscíveis de ofício............................... 82
2.3. Inatividade e comportamento processual............................. 90
2.4. Proposta de tratamento isonômico da inatividade como comportamento processual: os atos processuais das partes como elemento de convicção... 97
    2.4.1. Problemas da falta de sistematização da utilização do comportamento processual como elemento de convicção... 106

SEÇÃO 2. TRATAMENTO DA INATIVIDADE PROCESSUAL DAS PARTES

CAPÍTULO 3. INATIVIDADE DAS PARTES COM CONSEQUÊNCIAS MERAMENTE PROCESSUAIS.................... 119

3.1. Análise do direito positivo pátrio... 119

    3.1.1. O tratamento do abandono de causa no direito brasileiro atual.. 128

3.2. Inatividade e extinção: inatividade pura ou instrumental e inatividade em sanar um vício processual. O fundamento da extinção por inatividade do autor.. 138

    3.2.1. Extinção por inatividade em sanar um vício processual... 138

        3.2.1.1. Casos de inatividade em sanar um vício expressamente previsto pelo legislador ... 152

    3.2.2. Extinção por inatividade pura ou instrumental....... 161

        3.2.2.1. Exemplos de inatividade pura ou instrumental no direito brasileiro........................ 167

    3.2.3. Justificativa para a distinção entre inatividade pura e instrumental e inatividade em sanar um vício processual.. 173

3.3. Exemplo de tratamento mais isonômico em relação à inatividade processual na legislação estrangeira: o direito italiano...... 176

    3.3.1. Inatividade das partes no processo italiano do trabalho: um paralelo com o nosso tratamento das partes inativas.. 183

CAPÍTULO 4. INATIVIDADE DAS PARTES COM CONSEQUÊNCIAS DIRETAS NA DECISÃO DE MÉRITO........... 191

4.1. Revelia e seus efeitos.. 191

    4.1.1. Presunção de veracidade das alegações de fato formuladas pelo autor.. 191

        4.1.1.1. A presunção de veracidade dos fatos alegados pelo autor como consequência da inatividade em sistemas que adotam o procedimento oral.. 200

        4.1.1.2. Análise crítica: problemas da adoção do tratamento da presunção de veracidade

              dos fatos alegados pelo autor no caso de inatividade do réu em nosso sistema 205
    4.1.2. Simplificação procedimental: julgamento antecipado do mérito 215
    4.1.3. Fluência dos prazos contra o réu revel 220
4.2. Inatividade no comparecimento à audiência 223
4.3. Tratamento mais isonômico: o exemplo do direito alemão ... 228

CONCLUSÕES 233

REFERÊNCIAS BIBLIOGRÁFICAS 237

INTRODUÇÃO

O objeto precípuo do presente trabalho são as hipóteses legais de inatividade, que se relacionam diretamente com os principais atos postulatórios das partes no processo civil brasileiro: a demanda inicial e a resposta do réu.

A partir daí, o discurso se desenvolve com um mote principal, que é o de verificar se, em nosso sistema, esses casos recebem um tratamento uniforme e se esse tratamento pode ser considerado ou não atentatório à isonomia das partes no processo. Direcionaremos nossos esforços, primeiramente, para a identificação das espécies de inatividade que devem ser tratadas de forma isonômica, ou seja, quais as situações, detentoras de características comuns não podem ser ilegitimamente diferenciadas pelo legislador, sob pena de romper-se a isonomia entre as partes no processo.

A doutrina nacional, quando se atém ao tema da inatividade das partes, normalmente se debruça sobre questões como a preclusão dos atos processuais (Seção 1, Cap. 2, item 2.1), a extinção do processo sem resolução do mérito (Seção 2, Cap. 3, itens 3.1 e 3.2), a revelia e o julgamento antecipado (Seção 2, Cap. 4, item 4.1). Mas, raramente há uma análise mais detida sobre os impactos que os efeitos da inatividade relacionados com a demanda e a resposta do réu podem ter sobre a posição dos litigantes no processo e de como eles podem ser tratados de maneira uniforme.

Nos trabalhos legislativos do CPC/1973 (Seção 2, Cap. 3, item 3.1) houve alguma resistência com a introdução do tratamento do revel que, não contestando tempestivamente, teria contra si reputados verdadeiros os fatos alegados pelo autor, retirando-os do objeto da prova e, consequentemente, ocorrendo o julgamento antecipado do mérito (arts. 319, 330, inc. II, e 334, inc. III). Com algumas alterações, esse sistema foi abraçado pelo CPC/2015 (arts. 344, 355, inc. II e 374, inc. III).

O tratamento do autor inativo, por sua vez, não sofreu mudanças substanciais desde o CPC/1939 (Seção 2, Cap. 3, item 3.1): após um prazo sem a implementação de um ato processual considerado necessário para o andamento do processo, e, para a doutrina majoritária, desde que verificado o intuito de abandono, ocorre a extinção sem resolução de mérito.

No Brasil, poucos são os autores que chegam a questionar o tratamento da inatividade do autor e do réu de um ponto de vista das posições por eles assumidas e, principalmente, do ponto de vista da isonomia processual.[1] Por isso, procuramos seguir, em grande parte, as ideias propostas por Vaccarella, em seu *Inattività delle parti ed estinzione del processo di cognizione*.[2] A partir da análise dos casos de extinção no processo civil italiano (art. 307, do CPC italiano), o autor distingue a inatividade pura – ou inatividade instrumental –, da inatividade em sanar um vício processual (Seção 2, Cap. 3, item 3.2), e esse trabalho será muito relevante para identificarmos exatamente quais os tipos de inatividade se enquadram nas hipóteses do art. 485, incs. II e III, do CPC/2015. Além disso, como o mesmo autor sugere, a reforma realizada no processo individual do trabalho italiano (Lei n. 533/1973), com um tratamento da inatividade do réu que, para alguns autores, se assemelhava ao nosso no procedimento comum, feriria a isonomia entre os litigantes (Seção 2, Cap. 3, item 3.3.1).

Diante desse substrato doutrinário, analisaremos – comparativamente ao nosso procedimento comum – a inatividade do autor e do réu no nosso microssistema dos Juizados Especiais Cíveis (arts. 51, inc. I, e 20, da Lei 9.099/95) e na reforma do processo individual do trabalho italiano realizada com a Lei n. 533/1973 (Seção 2, Cap. 3, item 3.3.1), pois foi a partir desses sistemas que a doutrina se debruçou sobre o problema da quebra de isonomia das posições assumidas entre os litigantes. A partir daí, bem como do estudo dos atos das partes relacionados com o princípio dispositivo (Seção 1, Cap. 2, item 2.2), procuraremos demonstrar, tendo em vista a aproximação constitucional e infraconstitucional das posições do autor e do réu ao longo do processo (Seção 1, Cap. 1, item 1.3), que as hipóteses

---

1. Podemos citar: BECKER, Paulo Felipe. A contumácia do autor. Revista do Juizado de Pequenas Causas. Porto Alegre. v. 9-10. dez/abr. 1994. *passim*.
2. VACCARELLA, Romano. Inattività delle parti ed estinzione del processo di cognizione. Napoli: E. Jovene, 1975.

de abandono processual (art. 485, incs. II e III, do CPC/2015) e de revelia (arts. 341 e 344, do CPC/2015) têm um potencial para serem tratadas de maneira uniforme, mas não o são em nosso sistema.

O trabalho de identificação de quais os atos devem ser considerados "abandono processual" (art. 485, incs. II e III, do CPC/2015) e que podem, portanto, ser tratados de maneira similar à inatividade do réu em responder, possibilitará a diferenciação entre inatividade pura e inatividade em sanar um vício processual. Somente aquela pode ser tratada de maneira similar à falta de resposta, pois integra o princípio dispositivo sob o ponto de vista da disponibilidade da tutela jurisdicional (*principio della domanda*, Seção 1, Cap. 2, item 2.2).

No estudo da inatividade em sanar um vício processual (Seção 2, Cap. 3, item 3.2.1), identificaremos outro ponto fraco em nosso sistema e que reforça a tese de que a falta de tratamento uniforme da inatividade pode gerar quebras no princípio da isonomia: o tratamento diferenciado dado ao autor, réu e terceiro, na inatividade em sanar o defeito na representação processual (art. 76, § 1º, do CPC/2015).

Compreenderemos ainda por que a aplicação do regime processual das nulidades, principalmente no que toca à sanação de vícios, é insuficiente para o regramento da inatividade pura ou instrumental (Seção 2, Cap. 3, item 3.2.3). Entretanto, sabemos que *de lege lata* sua aplicação, embora não seja a mais adequada, é essencial, pelo fato de não haver um tratamento específico para o suprimento da inatividade pura, sendo recomendável pensarmos num tratamento *de lege ferenda* neste caso.

O passo final da pesquisa são as propostas *de lege ferenda* para implantação de um tratamento mais isonômico. Depois do estudo da noção de comportamento processual e da relação que a inatividade das partes pode ter na resolução do mérito da controvérsia (Seção 1, Cap. 2, item 2.3 e 2.4), procuraremos descrever dois sistemas, que tratam a inatividade do autor e do réu de forma mais uniforme: o italiano (Seção 2, Cap. 3, item 3.3) e o alemão (Seção 2, Cap. 4, item 4.3).

Veremos que o tratamento da inatividade com consequências diretas e imediatas no mérito mostrou-se, originalmente, decorrência da adoção de um sistema oral e que valora como ilegítima a inatividade das partes no que toca aos atos postulatórios e ao comparecimento às audiências, por questões de preservação dos mecanismos de concentração e imediação. Daí a importância de descrevermos também a inatividade das partes em não comparecer à audiência de instrução em nosso sistema (Seção 2, Cap. 4, item 4.2), pois a indiferença do legislador para com a ausência das partes, nessa hipótese, demonstra que não há um comprometimento com o sistema oral, deslegitimando o nosso tratamento do revel – que foi haurido de sistemas eminentemente orais.

Cumpre apenas esclarecer que não serão estudadas, no presente trabalho, hipóteses de inatividade no processo de execução. Isso porque, embora haja entendimento de que a extinção por abandono se aplica ao processo executivo[3] e que as hipóteses do art. 924, do CPC/2015, podem não ser exaustivas,[4] é inegável que a execução se desenvolve no interesse do credor, para a satisfação de seu crédito (art. 797, do CPC/2015). Além disso, é discutível se no processo executivo há julgamento de mérito propriamente dito, com emissão de juízo para satisfação de uma crise de certeza.[5]

Nosso estudo assume premissas inerentes ao processo de conhecimento, que é a possibilidade de tratamento paritário entre os litigantes (Seção 1, Cap. 1, itens 1.2 e 1.3) e o de que a inatividade pode ser um substrato para o desfecho do mérito da controvérsia (Seção 1, Cap. 2, itens 2.3 e 2.4). A rigor, na execução, não impera a mesma igualdade de posições entre os litigantes, inerente ao processo de conhecimento, tanto que o exequente pode desistir da execução ou de um ato executivo isolado sem o consentimento do executado (art. 485, § 4º, do CPC/2015), sendo esse exigido apenas para a subsistência dos embargos do devedor que versem sobre questões de mérito (art. 775, do CPC/2015), como ação autônoma, e não da execução em si.[6]

---

3. CINTRA, Antonio Carlos de Araújo. Abandono...cit. p. 174.
4. ASSIS, Araken de. Manual da execução. 16ª ed. São Paulo: RT, 2013. p. 588.
5. ASSIS, Araken de. Manual...cit. p. 576.
6. ASSIS, Araken de. Manual...cit. p. 121-2.

SEÇÃO 1. PARTE GERAL

Capítulo 1

NOÇÕES INTRODUTÓRIAS

> 1.1. Por que o termo inatividade? 1.1.1. Inexistência de um consenso terminológico na doutrina; 1.2. Alcance da tutela jurisdicional das partes no processo; 1.2.1. Prestação de tutela jurisdicional ao réu; 1.3. Posições das partes e isonomia: pressuposto para um tratamento mais uniforme da inatividade processual.

1.1 POR QUE O TERMO INATIVIDADE?

Quando tratamos do tema da inatividade das partes, a terminologia utilizada pelo legislador e pelo intérprete pode denotar a forma como a comunidade jurídica compreende o instituto do ponto de vista da posição assumida por determinado litigante no processo. Termos como "abandono" ou "revelia", por exemplo, podem sinalizar um apego demasiado à vontade do sujeito em não ativar-se, entendimento este que parece não ser condizente com o sistema processual atual, gerando problemas que o regramento da inatividade visa evitar, com danos à celeridade e concentração.

No direito romano, a inatividade do réu era vista como verdadeira obstinação ou desobediência.[1] A curiosa redação da primeira

---

1. No período das *legis actiones*, o processo não se instaurava senão com a presença de ambas as partes, por isso a *ius in vocatio* (chamamento do réu) tinha um caráter eminentemente coativo (ARU, Luigi. Il processo civile contumaciale. Studio di diritto romano. Roma: Anonima romana, 1934. p. 15-6); RISPOLI, Arturo. *Il processo civile contumaciale*. Milano: Libraria, 1911. p. 229; TUCCI, Rogério Lauria. Da contumácia...cit. p. 69.

tábua da Lei das XII Tábuas ilustrava bem a imprescindibilidade do comparecimento do réu para o processo.[2]

No direito italiano, que em termos de inatividade e extinção do processo influenciou nossa atual redação do art. 485, incs. II e III, do CPC/2015 (principalmente com a redação do art. 201, inc. V, do CPC/1939 e, posteriormente, com o art. 267, incs. II e III, do CPC/1973), notava-se uma tendência em compreender a contumácia como um *"fato voluntário das partes"*.[3] A principal justificativa para o abandono dessas teorias voluntarísticas foi o constante interesse do Estado na rápida solução do litígio, impondo uma marcha processual que não comportava mais paradas ou retrocessos,[4] tratava-se, portanto, da supremacia do interesse público sobre o privado.

Podemos notar essa diferenciação no nascimento da extinção por inatividade no CPC italiano de 1942 (art. 307). Durante a vigência do CPC de 1865, o instituto que regulava a inatividade das partes era a *perenzione*, que consistia na extinção do processo que estivesse paralisado pelo prazo de três anos (art. 338, do CPC/1865), sem a realização de um *"atto di procedura"*. Alguns autores, apegados a uma visão privatística do instituto, viam na *perenzione* a consequência do abandono em que as partes deixaram o processo,[5] ou de uma desistência tácita, como uma verdadeira convenção, em que uma parte fica inativa e a outra concorda com a extinção, caso não requerido o prosseguimento.[6] Essa visão privatística era reforçada pela necessidade de que a parte que pretendesse se aproveitar da perempção deveria alegá-la no primeiro momento em que falasse no processo (art. 340, do CPC/1865), deixando que a possibilidade de sua extin-

---

2. "1. Si in ius vocat, ito. Ni it, antestamino: igitur em capito. 2. Si calvitur pedemve struit, manum endo iacito. 3. Si morbus aevitasve vitium escit, iumentum dato. Si nolet, arceram ne sternito" (BRUNS, Karl George (ed.). Fontes iuris romani antiqui. 7ª ed. Otto Gradenwitz (ed.). Tübingen: In libraria I. C. B. Mohrii, 1909, p. 17-8). Traduzido: "1. Se alguém é chamado a juízo, vá. Se não for, que se tomem testemunhas e seja agarrado. 2. Se quiser enganar ou fugir, lance as mãos sobre ele. 3. Se está doente ou velho, dê-lhe um jumento. Se não quiser, forneça-lhe uma carroça" (AZEVEDO, Antonio Junqueira. Negócio jurídico e declaração negocial. Tese. USP, 1986. p. 59).
3. PESCATORE, Matteo. Sposizione compendiosa della procedura civile e criminale. Torino: UTET, 1864. p. 200. v. I.
4. RISPOLI, Arturo. Il processo...cit. p. 244.
5. MATTIROLO, Luigi. Trattato di diritto giudiziario civile italiano. Torino: UTET, 1933. p. 860. v. III.
6. CARNELUTTI, Francesco. Sistema del diritto processuale civile. Padova: CEDAM, 1939. p. 489. v. III; MORTARA, Ludovico. Commentario del Codice e delle leggi di procedura civile. Milano: Francesco Vallardi, 1923. p. 870. v. III.

ção dependesse unicamente da vontade dos litigantes.⁷ Atos nulos ou que não impulsionassem o processo de maneira efetiva (*di mero rinvio*) eram tidos como suficientes⁸ para evitar a *perenzione*, porque demonstravam a vontade das partes em continuar com o processo e não de abandoná-lo.

A situação muda de figura com o advento do CPC de 1942, em que os poderes do juiz, inclusive os de direção processual, ganharam muito mais vigor. Ele é um *"diretor e propulsor vigilante, solícito e sagaz"* do processo, tem poderes suficientes para evitar que as partes o atravanquem ou atrasem-no com manobras protelatórias e, assim, pode declarar que *"se não se cumpre o ato dentro do termo estabelecido, a cadeia processual se rompe e o processo se extingue (...) liberando-se a justiça de um estorvo inútil"*. Vê-se que o prazo para extinção serviria como um estimulante psicológico para que as partes realizassem o ato, cumprindo sua função pública de acelerar o término do processo.⁹

Sendo assim, a nova extinção por inatividade das partes não poderia decorrer tão e simplesmente da vontade dos litigantes, era preciso objetivar, até para evitar dilações e interrupções que fariam com que a finalidade pública do brocardo *ne lites paene immortales fiant* se tornasse um fracasso. Consolidou-se, então, o entendimento – já admitido por alguns com a *perenzione*¹⁰ – de que a extinção por inatividade não seria tanto decorrência da presunção de renúncia ou do tácito abandono do processo, mas tão só do fato objetivo da

---

7. Na prática, o instituto não servia para evitar que os processos se paralisassem sem atingir a sentença de mérito, não só porque com a *perenzione* ele se extinguia sem resolução do mérito, mas porque as partes poderiam, não escoado o triênio, reativá-lo, praticando qualquer ato processual (ZANZUCCHI, Marco Tullio. Diritto processuale civile. Milano: Giuffrè, 1938. p. 104. v. II).
8. VACCARELLA, Romano. Inattività...cit. p. 28-9. Nesse sentido, BETTI, Emilio. Diritto processuale civile italiano. Roma: Foro italiano, 1936. p. 534, nota 26; também, MATTIROLO, Luigi. Trattato...v. III, cit. p. 890, para quem, apesar de os atos nulos não servirem para interromper a prescrição, serviria a esse fim qualquer outro ato que *"dimostri la volontà del suo autore di non abbandonare il giudizio in cui la detta causa si svolge"*.
9. Trechos extraídos dos capítulos 12 e 28, da *Relazione al re*, na ocasião da submissão do texto definitivo do Código, traduzidos livremente (CILLIS, Francisco de (Trad.). Código de Procedimento Civil italiano. Buenos Aires: DEPALMA, 1944. p. 24-6 e 58-9), em que fica muito clara a função pública da extinção, no sentido de estimular o andamento do processo: "o interesse público exige que o processo civil, uma vez iniciado, se desenvolva com celeridade até a sua meta natural que é a sentença, e que não se arraste inutilmente, atrapalhando os ofícios judiciários por um tempo maior que o estritamente necessário para fazer justiça"; sistematização de VACCARELLA, Romano. Inattività...cit. p. 51.
10. ZANZUCCHI, Marco Tullio. Diritto processuale...v. II, cit., 1938, p. 104; BETTI, Emilio. Diritto...cit. p. 532; CHIOVENDA, Giuseppe. Principii...cit. p. 884.

inércia, resultado do ônus de ativar-se. Ou seja, diferentemente da renúncia, para a inatividade do art. 307, do CPC italiano, seria despicienda qualquer indagação sobre a vontade da realização ou não do ato, o que realmente importa é a averiguação objetiva do seu não cumprimento.[11]

Em nosso direito, preservou-se, embora o suceder de novas codificações tenham privilegiado o aumento dos poderes do juiz (basta verificar o vasto rol do art. 139, do CPC/2015), a ideia de que a extinção por inatividade decorreria de um abandono do processo, qual verdadeira desistência tácita. Veremos que uma decorrência disso é o entendimento jurisprudencial constante no sentido de não declarar a extinção quando averiguado qualquer ato processual das partes, ainda que não efetivo para pôr em andamento o processo. Essa conotação privatística, ou subjetiva, do instituto tem origem na deserção da instância do direito português (redação atual no art. 281, do CPC/2013 português) e na própria *rinuncia* dos italianos, prevista hoje no art. 306, como uma das formas de extinção do processo, ambas consideradas pelo projetista Pedro Batista Martins como a inspiração do art. 201, inc. V, do CPC/1939,[12] cuja redação foi mantida até hoje sem alteração no art. 485, inc. III, do CPC/2015.

Entendemos, porém, que a inatividade deve ser encarada como a não observância de um ônus – imperativo do próprio interesse – que acarreta uma desvantagem, excluindo-se, ao menos *a priori*, o caráter subjetivo da omissão.[13] Num primeiro momento, não importa a voluntariedade da ausência, o que realmente interessa é a verificação do fato dessa ausência no processo.[14]

---

11. "Qui fatto estintivo non è più la volontà delle parti, contraria alla prosecuzione del processo, ma la loro inattività oggettivamente considerata. Inammissibile sarebbe qualsiasi indagine volta a ricercare la loro volontà, perchè la legge ha considerato rilevante e decisivo il solo fatto dell'omissione di una attività determinata" (LIEBMAN, Enrico Tullio. Manuale...v. II, cit. p. 197); no mesmo sentido, MICHELI, Gian Antonio. Sospenzione, interruzione...cit. p. 22.
12. MARTINS, Pedro Batista. Comentários...v. II, cit. p. 325 e 348-9.
13. Assegurada a tutela jurisdicional no âmbito constitucional, é também assegurada à parte a sua disposição, por isso o exercício de defesa ou demais atos no processo devem ser vistos, para fins de contumácia, como ônus (LIEBMAN, Enrico Tullio. Manuale..., v II, cit. p. 170).
14. "La legge non considera affatto nella contumacia l'elemento soggettivo della volontarietà, ma solo l'elemento oggettivo della non comparizione" (CHIOVENDA, Giuseppe. Principii...cit. p. 754); até mesmo Arturo Rispoli, um dos autores clássicos em tema de contumácia no direito italiano, via a inatividade como causa da autodeterminação, ou do não exercício da faculdade de agir – embora algumas vezes o autor parecesse ainda demonstrar apego às teorias que valorizavam a vontade do contumaz, pois identificava na contumácia um efeito da vontade de não agir (RISPOLI, Arturo. II processo...cit. p. 246-247); REDENTI, Enrico. Diritto processuale civile. 4ª ed. Milano: Giuffrè, 1997.

Trata-se de enquadrar as omissões processuais na categoria de atos-fatos jurídicos, ou seja, aqueles fatos em que a vontade do homem na implementação de determinado ato não é essencial para a formação do suporte fático.[15] A preclusão processual deve ser caracterizada dessa forma, trata-se de um ato-fato jurídico caducificante[16] ou de uma caducidade sem culpa.[17]

Não pretendemos excluir *tout court* a relevância da vontade na realização dos atos jurídico processuais,[18] pois sabemos que do ponto de vista mais amplo possível, a formação desses atos processuais são uma unificação de causa, vontade e forma.[19] Não há como separar esses elementos existentes em qualquer ato jurídico, pois estão visceralmente ligados. Se prescindirmos da causa, que é o interesse movente, da vontade, que é a energia psíquica motriz do agente, sobra apenas uma forma sem substância[20] e não é essa a intenção da norma processual.[21]

O que ocorre é que a vontade ou a causa do ato processual não pertencem à sua estrutura autônoma, elas estão fora e antes da sua estruturação executiva e, embora figurem como elemento essencial de sua constituição, para sua execução interna no processo elas são – somente em princípio – irrelevantes.[22] O processo, por um imperativo de ordem prática[23] – novamente se diga, só em princípio – torna irre-

---

p. 311. v. II; MICHELI, Gian Antonio. Sospensione, interruzione...cit. p. 22; no mesmo sentido: DIDIER JR., Fredie. Curso de direito processual civil. 18ª ed. Salvador: JusPodivm, 2016. p. 725-6. v. I; TUCCI, Rogério Lauria. Da contumácia...cit. p. 114.

15. MELLO, Marcos Bernardes de. Teoria do fato jurídico. Plano da existência. 16ª ed. São Paulo: Saraiva, 2010. p. 136 e 140; DIDIER JR., Fredie. Curso...v. I, cit. p. 725-6; PONTES DE MIRANDA, Francisco Cavalcanti. Tratado de direito privado. Rio de Janeiro: Borsoi, 1954. p. 372-3 e 392. v. II.
16. MELLO, Marcos Bernardes de. Teoria do fato jurídico...cit., p. 140 e ss.
17. PONTES DE MIRANDA, Francisco Cavalcanti. Tratado...v. II, cit. p. 392.
18. Até mesmo nos atos postulativos a vontade apresenta relevância, na medida em que vincula não apenas a parte que postula, mas o tribunal (que deve se manifestar nos limites e sobre o que foi pedido) e a parte contrária (que, no mínimo, tem o direito de responder ao que foi pedido), cfr. COSTA E SILVA, Paula. Acto e processo...cit. p. 255 e ss.
19. CARNELUTTI, Francesco. Sistema del diritto processuale civile. Padova: CEDAM, 1938. p. 128. v. II.
20. PANNAIN, Remo. Le sanzioni...cit. p. 279, nota 3.
21. Tanto que vícios de vontade podem ser alegados para anular atos processuais, conforme art. 966, § 4º, do CPC/2015 (PEYRANO, Jorge W. Nulidades procesales con especial referencia a los distintos vicios que pueden generarlas. Revista de Processo. n. 82, abr/jun 1996. *passim*).
22. PASSOS, José Joaquim Calmon de. Esboço de uma teoria das nulidades aplicada às nulidades processuais. Rio de Janeiro: Forense, 2009. p. 109.
23. OLIVEIRA, Bruno Silveira. O juízo de identificação de demandas e de recursos no processo civil. São Paulo: Saraiva, 2011. p. 121; PASSOS, José Joaquim Calmon de. Esboço de uma teoria...cit. p. 63; VERDE, Giovanni. Profili del processo civile. Napoli: E. Jovene, 2002. p. 285-6. v. I.

levante a vontade do sujeito para a execução dos atos processuais, na medida em que isso possibilita a consecução dos seus fins com menor dispêndio e com maior celeridade.[24] Para o processo, importaria mais a forma do ato e menos a vontade como força psíquica motriz, até mesmo como garantia do contraditório e das expectativas dos demais sujeitos processuais.[25]

Assim, a manifestação de vontade do sujeito é relevante, na medida em que demonstra a intenção de praticar o ato (voluntariedade),[26] da consciência do sujeito em fazê-lo,[27] já que depois que o ato assume sua forma processual,[28] ele se desvincula e se insere numa cadeia autônoma (procedimento) que dilui a importância da sua vontade.

Todavia, somente em princípio a vontade pode ser desconsiderada, para que se assegure o desenvolvimento do processo, pois em muitos aspectos, não há como se negar, considera-se relevante a voluntariedade do ato ou da omissão. Um exemplo é a previsão do art. 223, do CPC/2015.[29] Nesse caso, o sistema previu a possibilidade de a omissão ser relevada, realizando-se o ato novamente, se a parte comprovar que a sua não realização foi involuntária (art. 223, § 2º, do CPC/2015). Tendo em vista que a omissão (assim como a realização dos atos processuais) é evento que se integra na cadeia procedimental, ela deve respeitar esse curso. Entretanto, o sistema prevê um mecanismo, que deve ser objeto de manifestação da parte a quem ele aproveita, para a repetição do ato omitido, na ausência de voluntariedade da omissão. A questão da relevância da vontade é posta a salvo, mas num primeiro momento, naquilo que se apresenta defronte ao juiz, ela é irrelevante, só podendo ser objeto de discussão se a parte

---

24. "Se per ogni atto di procedura fosse ammessa una indagine circa la rispondenza degli effetti all'intento e circa la formazione della volontà interiore, il processo non camminerebbe più" (REDENTI, Enrico. Profili pratici del diritto processuale civile. Milano: Giuffrè, 1938. p. 548).
25. OLIVEIRA, Bruno Silveira. O juízo de identificação...cit. p. 122; PASSOS, José Joaquim Calmon de. Esboço...cit. p. 63; MONTELEONE, Girolamo. Diritto processuale civile. 3ª ed. Padova: CEDAM, 2002. p. 280-1.
26. REDENTI, Enrico. Profili...cit. p. 546.
27. OLIVEIRA, Bruno Silveira de. O juízo de identificação...cit. p. 120; BEDAQUE, José Roberto dos Santos. Efetividade e técnica processual. 3ª ed. São Paulo: Malheiros, 2010. p. 421.
28. PASSOS, José Joaquim Calmon de. Esboço de uma teoria...cit. p. 59; LIEBMAN, Enrico Tullio. Manuale...v. I, 3ª ed., cit. p. 180.
29. COSTA E SILVA, Paula. Acto e processo. O dogma da irrelevância da vontade na interpretação e nos vícios do acto postulativo. Coimbra: Coimbra Editora, 2003. p. 314-5.

apresentar pedido de restituição do prazo. O ônus é exclusivo da parte (art. 223, *in fine*, do CPC/2015) e não pode ser objeto de investigação judicial *ex officio*.

Em nosso direito, a objetividade no comportamento do réu é muito clara, a revelia é vista como a não apresentação ou apresentação intempestiva de resposta, ou seja, a não observância do ônus de contestar,[30] independentemente dos motivos que a causaram.[31] Desvinculamo-nos das amarras históricas em ver o réu revel como um ausente, rebelde ou ferrenho desobediente do juízo.[32]

Alguns resquícios de subjetividade no tratamento do réu revel, pode-se lembrar, entretanto, permeiam nosso sistema. Imaginemos a hipótese do revel citado por edital. Neste caso, nomeia-se um curador especial (art. 72, inc. II, do CPC/2015). O legislador teria optado por proteger aquele que não teve ciência do ato citatório, cuja revelia seria, portanto, involuntária. Mas, essa propensão por considerar o elemento subjetivo da inatividade é falha, já que no caso se vislumbra muito mais o intuito do legislador em resguardar o processo de futuras alegações de nulidade, principalmente incentivando o autor a indicar o verdadeiro paradeiro do réu, se o sabe.[33]

A noção de ônus nasce dos ensinamentos de Goldschmidt, que embasa sua teoria na ideia do processo como situação jurídica.[34] O processo, como relação jurídica autônoma – e, portanto, desvinculada do direito material trazido pelas partes –, seria o resultado de uma *"cooperação de vontades encaminhada ao mesmo fim, a saber, a sentença"*.[35]

Em que pese o foco atual do processo ser muito mais o resultado almejado pelas partes, que a sentença em si,[36] a teoria de Goldsch-

---

30. "A contestação é um ônus do réu, que tem a faculdade de contestar sob esta ameaça de conseqüência gravíssima do art. 319 do CPC" (DINAMARCO, Cândido Rangel. Ônus de contestar e o efeito da revelia. Revista de Processo. São Paulo: RT, ano 11, n. 41, jan/mar 1986. p. 187).
31. "A revelia é, portanto uma situação de fato, jurídica naturalmente. É a verificação objetiva do não comparecimento da contestação em processo civil" (DINAMARCO, Cândido Rangel. Ônus de contestar...cit. p. 190).
32. Nesse sentido: MONTEIRO, João. Teoria do processo civil. t. I. p. 311. § 94.
33. CHIOVENDA, Giuseppe. Principii...cit. p. 754.
34. GOLDSCHMIDT, James. Principios generales del proceso. Buenos Aires: EJEA, 1961. p. 13. v. I.
35. GOLDSCHMIDT, James. Principios...cit. v. I. p. 24 (tradução livre).
36. O processo é visto como *"processo civil de resultados"*, expressão utilizada por Dinamarco, no mesmo trabalho em que afirma ser a sua finalidade irradiar efeitos para fora de seu âmago, influindo diretamente nas relações interpessoais (DINAMARCO, Cândido Rangel. Tutela jurisdicional...cit. p. 366 e 370. v. I).

midt tem sua utilidade, na medida em que introduz o conceito de ônus como "*imperativo do próprio interesse*", ou seja, atribui-se uma faculdade à parte, que não a cumprindo se sujeita a uma situação desvantajosa.[37]

O ônus difere do dever, pois este seria um imperativo fixado para a satisfação de interesse alheio ou público.[38] A não observância de um dever implica um ilícito, importando em uma sanção jurídica, quando a não observância de um ônus implica tão só em efeitos econômicos negativos.[39] O ônus e o dever têm em comum o elemento formal, consistente no vínculo à vontade, mas divergem no elemento substancial, na medida em que neste, o vínculo é posto para satisfação do interesse alheio, enquanto naquele, é posto para satisfação do interesse próprio.[40]

O fato de a preclusão decorrente da inobservância de um prazo ou de uma inatividade passar a ser vista como um ônus inadimplido[41] é consequência de uma nova visão da relação jurídica processual, não mais destinada a fixar unicamente faculdades e posições recíprocas entre as partes,[42] mas destinada sim a fazer o processo desaguar em um provimento jurisdicional que satisfaça aquele que tenha razão.[43] Um processo que se dispõe a ser efetivo não pode paralisar-se somente por que a parte prefere escolher se utilizar ou não de uma faculdade, ele precisa dispor de meios para lidar com o inadimplemento dos ônus processuais.

Isso faz com que se torne irrelevante a vontade do inativo em continuar ou não atuando,[44] ao menos para o principal efeito buscado pelo ato postulativo, que é a prolação de uma manifestação por parte

---

37. GOLDSCHMIDT, James. Principios...cit. v. I. p. 91 (tradução livre).
38. Ibid. p. 91.
39. GRAU, Eros Roberto. Nota sobre a distinção entre obrigação, dever e ônus. Revista da Faculdade de Direito da Universidade de São Paulo. v. 77, 1982. p. 182.
40. CARNELUTTI, Francesco. Sistema di diritto processuale civile. Padova: CEDAM, 1936. p. 55. v. I; ALVIM, Arruda. Manual...cit. p. 288.
41. GRASSO, Eduardo. Interpretazione...cit. p. 641
42. CHIOVENDA, Giuseppe. Principii...cit. p. 91.
43. LIEBMAN, Enrico Tullio. L'opera scientifica di James Goldschimidt e la teoria del rapporto processuale. Rivista di diritto processuale. Padova: CEDAM, v. V, anno 1950. p. 341.
44. O problema já foi levantado por Sica, para quem na hipótese de extinção por abandono do autor, não haveríamos que indagar sobre a vontade do inativo (SICA, Heitor Vitor Mendonça. O direito de defesa...cit. p. 271, nota 269).

do tribunal.[45] Quando afirmamos, portanto, que a inatividade do autor – e para alguns também a inatividade bilateral – em implementar um ato de propulsão, só é caracterizada após a verificação do intuito de abandono do processo, perdemos em uniformidade no sistema da inatividade – concebido como o tratamento de todas as situações omissivas que possam ocorrer ao longo do processo – estabelecido pelo legislador. Exige-se a negligência da parte e daí nasce o termo "*abandono*", estabelecido no art. 485, inc. III, do CPC/2015 (o mesmo termo foi utilizado no art. 267, inc. III, do CPC/1973 e no art. 201, inc. V, do CPC/1939), que em nosso entendimento deve ser substituído por "*inatividade do autor*".

1.1.1. Inexistência de um consenso terminológico na doutrina

A utilização de um conceito genérico como o de "*inatividade*", além do despojo da compreensão subjetivista do instituto, tem também a vantagem de evitar equívocos terminológicos, pois a doutrina não alcançou um consenso na definição das várias espécies de omissão na prática dos atos processuais.

Por exemplo, alguns utilizam o termo contumácia para designar uma inatividade total, a ausência plena da parte no processo, ou seja, a hipótese em que ela nem comparece e nem realiza qualquer outro ato processual.[46] Outros utilizam o mesmo termo, mas para designar qualquer tipo de inatividade processual, total ou de apenas um ato isolado.[47]

O vocábulo tem origem italiana e é utilizado, como veremos mais adiante, para o caso da parte que se omite em constituir-se em

---

45. COSTA E SILVA, Paula. Acto e processo...cit. p. 261-2.
46. "Contumácia, ou revelia, é o não comparecimento em juízo da parte - autor, réu, ou ambos, - omitindo-se totalmente na efetivação de suas pretensões" (TUCCI, Rogério Lauria. Da contumácia no processo civil brasileiro. São Paulo: José Bushatsky, 1964. p. 97); PASSOS, José Joaquim Calmon de. Da revelia...cit. p. 13-14; REZENDE FILHO, Gabriel José Rodrigues. Curso de direito processual civil. 2ª ed. São Paulo: Saraiva, 1950. p. 124. v. II.
47. SANTOS, Moacyr Amaral. Primeiras linhas...cit. p. 217 e ss. v. II. Apesar de parecer, à primeira vista, que este autor considera a contumácia como o "fato do não comparecimento da parte em juízo", ou seja, como uma inatividade total, a forma como sistematizou o capítulo (que nomeia de inatividade processual), inclusive prevendo hipóteses de contumácia do réu e do autor, quando já estivessem constituídos em juízo, dá a entender que ele compreende contumácia como qualquer tipo de inatividade. No sentido do texto: ALVIM, Arruda. Manual de direito processual civil. 13ª ed. São Paulo: RT, 2010. p. 819; DINAMARCO, Cândido Rangel. Instituições...cit. v. III. p. 474; GIANESINI, Rita. Da revelia...cit. p. 64.

juízo (art. 290, do CPC italiano).⁴⁸ Para todos os outros casos de inatividade no direito italiano, como o não comparecimento a uma audiência, por exemplo, atribui-se o nome de ausência.⁴⁹ Vê-se, portanto, que o termo *"contumácia"* foi concebido para um instituto muito específico do direito italiano, sem par em nosso sistema processual e, por isso, podem surgir problemas na sua transposição.

O termo *"revelia"* também é igualmente equívoco. Alguns autores entendem se tratar apenas da inatividade do réu em contestar⁵⁰ ou responder.⁵¹ Outros, mais antigos, utilizam o termo revelia tanto para a inatividade do autor, como para a inatividade do réu.⁵² Etimologicamente, todavia, o termo deriva do latim, *rebellis*, ou seja, rebelde, desobediente.⁵³ A desvantagem da compreensão etimológica é remeter o estudioso aos problemas da vontade na omissão dos atos processuais.

O termo inatividade processual tem a vantagem de indicar um gênero⁵⁴ que contém várias espécies de omissões, independentemente de seu conteúdo ou vontade subjacente. É dotado de certa amplitude e pode designar qualquer ato omissivo,⁵⁵ seja ele unilateral, bilateral, parcial ou total,⁵⁶ com a vantagem ainda de podermos qualificá-lo

---

48. BRANDI, Pietro. Voce Contumacia (dir. proc. civ.). Enciclopedia del diritto. Milano: Giuffrè. p. 447. t. X; CAVALLARI, Bona Ciaccia. Voce Contumacia. Digesto delle discipline privatistiche. UTET. p. 320. v. IV. Isso ocorre, porque lá a citação é ato processual de iniciativa privada, só vindo as partes a se constituírem depois, antes da realização da primeira audiência (artigos 165 e 166, do CPC italiano).
49. REDENTI, Enrico. Diritto...cit. v. II, p. 311-312. PAJARDI, Piero. Procedura civile. Istituzioni e lineamenti generali. Milano: Giuffrè, 1989. p. 177; LIEBMAN, Enrico Tullio. Manuale di diritto processuale civile. Milano: Giuffrè, 1974. p. 170.
50. ALVIM, Arruda. Manual...cit. p. 819; GIANESINI, Rita. Da revelia no processo civil brasileiro. São Paulo: RT, 1977. p. 65, utilizando-se, principalmente, do argumento legislativo, ou seja, o Código previu um capítulo especial sobre o tema da inatividade do réu em contestar com o termo revelia (Cap. III, Tit. VIII, Liv. I).
51. DINAMARCO, Cândido Rangel. Instituições...cit. v. III. p. 474. Cfr. ainda, TUCCI, Rogério Lauria. Verbete Revelia. In Enciclopédia Saraiva do Direito. São Paulo: Saraiva, 1977. p. 270. v. 66, em que diverge de seu entendimento anterior sobre o termo em: Id., Da contumácia...cit. p. 97.
52. TUCCI, Rogério Lauria. Da contumácia...cit. p. 97; AMERICANO, Jorge. Comentários ao Código de Processo Civil do Brasil. 2ª ed. São Paulo: Saraiva, 1958. p. 54-5; LIMA, Herotides da Silva. Comentários ao Código de Processo Civil de 1939. São Paulo: Saraiva, 1940. p. 80. v. I, embora reconheça que na praxe o termo é utilizado para designar a inatividade do réu.
53. Verbete *"Revel"*, em DE PLÁCIDO E SILVA. Vocabulário jurídico. Rio de Janeiro: Forense, 1967. p. 1380. v. IV. Cfr. ainda, GIANESINI, Rita. Da revelia...cit. p. 54-55, com ampla referência terminológica e conceitual do termo.
54. Entende o termo inatividade como gênero: PASSOS, José Joaquim Calmon de. Da revelia do demandado. Salvador: Progresso. 1960. p. 13-14.
55. Parece ser essa a noção de Chiovenda sobre inatividade: CHIOVENDA, Giuseppe. Principii di diritto processuale civile. Napoli: E. Jovene, 1980. p. 751.
56. GIANNOZZI, Giancarlo. La contumacia...cit. p. 110-3.

logo em seguida, sem ocasionar qualquer equívoco terminológico para quem lê, ganhando-se em termos científicos, portanto.

Neste trabalho, procuraremos, via de regra, identificar a inatividade sempre por um adjetivo que o segue, por exemplo: inatividade em contestar, em vez de revelia, inatividade no comparecimento à audiência, inatividade do autor em dar andamento ao processo, em vez de abandono, etc. Obviamente, essa terminologia serve como regra e nada impede que ao longo do texto façamos menção aos termos costumeiramente utilizados pela doutrina, como, e. g., inatividade por abandono, para designar o tipo previsto nos arts. 485, incs. II e III, do CPC/2015, ou revelia, para aqueles casos do art. 344, do CPC/2015, tendo em vista finalidades meramente didáticas.

1.2. ALCANCE DA TUTELA JURISDICIONAL DAS PARTES NO PROCESSO

Durante muito tempo, a noção de tutela jurisdicional esteve ligada à da *actio*, o que denota claramente as reminiscências romanas do instituto. Basta realizarmos a leitura do revogado art. 75 do CC/16,[57] para se chegar a essa conclusão. Ainda em meados do século passado, os autores nacionais estavam extremamente arraigados ao conceito imanentista da ação,[58] enxergando o direito em buscar uma satisfação por via jurisdicional como a consequência de uma metamorfose[59] do direito violado.

Colhendo os ensinamentos da pandectística, podemos notar o quão arraigado se encontra esse entendimento às origens latinas. Para Savigny, a *actio* só surgia a partir da existência de um direito e após a sua violação.[60]

Entretanto, a doutrina se desvencilhou das amarras imanentistas com o tempo, passando a ver a ação como um direito voltado para

---

57. Art. 75. A todo o direito corresponde uma ação que o assegura.
58. Por exemplo, nos dizeres de João Monteiro: "noção prática de ação. Integridade subjetiva das relações de direito ou physiologia jurídica – estado latente das acções; violação das relações de direito ou pathologia jurídica – as ações em exercício" (MONTEIRO, João. Programa do curso de processo civil. 3ª Ed. São Paulo: Duprat, 1912. p. 11. v. 1).
59. OLIVEIRA, Carlos Alberto Alvaro. Teoria e prática da tutela jurisdicional. Rio de Janeiro: Forense, 2008. p. 20-21.
60. "Possono stabilirsi due condizioni, che vengono presupposte in qualunque azione: un diritto in sè, e una lesione di esso" (SAVIGNY, Friedrich Carl von. Sistema del diritto romano attuale. Trad. Vittorio Scialoja. Torino: UTET, 1898. p. 5. v. 5).

o Estado, para fins de se alcançar uma satisfação.[61] Talvez um dos primeiros autores a conceber a relação jurídica processual como autônoma e de caráter público tenha sido Bülow, numa das mais clássicas obras do direito processual.[62] O autor o faz para justificar a existência dos pressupostos processuais, que não estariam adstritos à exclusiva alegação do réu (diferentemente as exceções dilatórias), pois se refeririam unicamente ao direito processual.[63]

Adolf Wach também demonstra essa tendência, quando afirma existir uma pretensão à tutela jurídica voltada contra o Estado, como objeto precípuo do direito processual.[64] Já Goldschimidt via no direito à ação (*Klagerecht*) – também denominada pretensão a uma sentença (*Urteilsanspruch*) – um direito público subjetivo de tutela dirigido apenas contra o Estado, com vistas à obtenção de uma sentença favorável.[65] Em caráter mais abstrato, Degenkolb falava em ação como ingresso forçado no processo (*Einlassungszwang*), ou probabilidade de obtenção de sentença – independentemente de o autor possuir ou não o direito material.[66] Sob o viés do réu, fala-se em direito ao ingresso no processo (*Einlassung*).[67]

---

61. Esse parece um ponto em que concordam Windscheid e Muther, no sentido de que a tutela jurisdicional era muito mais um direito voltado contra o Estado, para que cessasse a violação a um direito, que o exercício mesmo desse direito violado (WINDSCHEID, Bernhard. L'"actio" del diritto civile romano dal punto di vista del diritto odierno. In Polemica intorno all'"actio". Firenze: Sansoni, 1954. p. 246).
62. BÜLOW, Oskar Von. La teoría de las excepciones procesales y los presupuestos procesales. Trad. de Miguel Angel Rosas Lichtschein. Buenos Aires: EJEA, 1964. p. 2.
63. O autor afirma se tratar o processo de uma relação jurídica autônoma e pública logo na introdução de sua obra. Chega a essa conclusão devido à existência de uma colaboração entre cidadão e Estado, de forma que esses estão vinculados e são chamados a cooperar com o desenrolar do processo (BÜLOW, Oskar Von. La teoría de las excepciones procesales...cit. p. 2). Essa premissa básica sobre a existência de uma relação jurídica processual, separada da relação substancial deduzida, servirá para o autor chegar ao conceito de pressupostos processuais, em detrimento das *excepciones* dilatórias. Segundo ele, não fazia sentido tratar uma matéria que dissesse respeito unicamente ao processo como uma exceção passível de ser arguida unicamente pelo réu. Tendo em vista que esses pressupostos (não mais exceções) dizem respeito ao bom andamento do processo, qualquer um poderia relevá-los, até mesmo o juiz ou o autor – ele chega a lembrar do absurdo de se afirmar que o autor poderia opor uma "exceção" processual (BÜLOW, Oskar Von. La teoría...cit. p. 9-17).
64. WACH, Adolf. Handbuch des deutschen Civilprozessrechts. In Systematisches Handbuch der deutschen Rechtswissenschaft. Leipzig: Duncker & Humblot, 1885. p. 296-297.
65. GOLDSCHMIDT, James. Derecho justicial material. Trad. Dra. Catalina Grossmann. Buenos Aires: EJEA, 1959. p. 27 e 43; OLIVEIRA, Carlos Alberto Alvaro. Teoria...cit. p. p. 39.
66. DEGENKOLB, Heinrich. Einlassungszwang und Urteilsnorm: Beiträge zur materiellen Theorie der Klagen insbesondere der Anerkennungsklagen. Leipzig: Breikopf und Härtel, 1877. p. 15 e ss., esp. p. 23 e ss.
67. Também se fala em possibilidade de acionar (GOLDSCHMIDT, James. Derecho...cit. p. 32); OLIVEIRA, Carlos Alberto Alvaro. Teoria...cit. p. 63.

Essa evolução é importante, porque a tutela jurisdicional passa a ser vista não apenas como um modo de se resguardar um direito subjetivo do autor. Ela passa a ser um modo de implementar qualquer interesse, ainda que não expressamente previsto, mas resguardado pelo direito.[68]

O foco passa a ser outro. Um processo civil de resultados deve ter os olhos voltados não tanto para a satisfação de direitos subjetivos, mas para as pessoas em questão. As atenções voltam-se para o próprio indivíduo.[69] A tutela jurisdicional não deve se contentar em atingir uma meta única e inexorável: a sentença (cultura da sentença).[70] Ela se prostra como projeção de efeitos para fora do processo, influindo diretamente nas relações interpessoais.[71]

Limitar a tutela jurisdicional apenas ao direito de ingresso no Judiciário (*Klagerecht*) ou à pretensão a uma sentença de qualquer natureza (*Urteilsanspruch*) – ao sabor da concepção abstrata da ação – ainda pode ser considerada uma concepção limitada. É preciso enquadrar no conceito também a própria disposição dos meios inerentes[72] à plena satisfação do direito material (processo civil de resultados).[73]

Liebman demonstrou simpatia a esse viés da tutela jurisdicional. Ao contrapor as noções de Chiovenda e de Carnelutti sobre a matéria – aquela como atuação de uma vontade concreta da lei[74] e esta como

---

68. Alfredo Rocco dá mais atenção ao elemento interesse na sua definição de tutela jurisdicional como 'l'attività con cui lo Stato procura direttamente il soddisfacimento degli interessi tutelati dal diritto, quando per una qualunque ragione (incertezza o inosservanza) non sia attuata la norma giuridica che li tutela" (ROCCO, Alfredo. La sentenza...cit. p. 8). No mesmo sentido, CATAUDELLA, Antonino. La tutela civile della vita privata. Milano: Giuffrè, 1972. p. 15.
69. DINAMARCO, Cândido Rangel. Tutela jurisdicional. In Fundamentos do processo civil moderno. 6ª ed. São Paulo: Malheiros, 2010. p. 352 e 379. v. I.
70. Embora a premissa das críticas tecidas por WATANABE, Kazuo. Cultura da sentença e cultura da pacificação. In Estudos em homenagem à professora Ada Pellegrini Grinover. Flávio Luiz Yarshell e Maurício Zanóide (coord.). São Paulo: DPJ, 2005. p. 684 e ss., seja a valorização dos meios alternativos de controvérsias, a conclusão do autor se aplica ao texto, ou seja, devemos nos despojar da cultura da sentença, para valorizar a cultura da pacificação e isso implica também um processo mais efetivo para resguardar o direito substancial deduzido.
71. DINAMARCO, Cândido Rangel. Tutela jurisdicional...v. I, cit. p. 366.
72. "A inafastabilidade do Poder Judiciário não pode representar garantia formal do exercício de ação. É preciso oferecer condições reais para a utilização desse instrumento, sempre que necessário" (BEDAQUE, José Roberto dos Santos. Tutela cautelar e tutela antecipada: tutelas sumárias e de urgência (tentativa de sistematização). 5ª ed. São Paulo: Malheiros, 2009. p. 76).
73. DINAMARCO, Cândido Rangel. Tutela jurisdicional...v. I, cit. p. 352.
74. Para Chiovenda, a ação é um poder frente ao adversário, que se exaure na atuação da lei (CHIOVENDA, Giuseppe. Saggi di diritto processuale civile. Roma: Foro Italiano, 1930. p. 15. v. 1).

composição da lide ⁷⁵ – mostrou-se muito mais afeito a esse último entendimento, por considerar o processo como um meio para atingir um escopo ulterior (a composição do conflito de interesse), logrando-se, assim, o resultado prático que a lei confere à parte.⁷⁶

Pois bem, devemos compreender a tutela jurisdicional como o agir em juízo, mediante a concatenação – e a possibilidade do efetivo exercício – de atos processuais (faculdades, ônus, poderes e deveres) – consectários da inafastabilidade da tutela jurisdicional, como concebida pelo art. 5°, inc. XXXV, da CF –, por meio de um processo justo e équo, com regras claras e bem estabelecidas (art. 5°, inc. LV, da CF).⁷⁷ Somente desta forma, ele atingirá seu fim precípuo, com a atribuição do bem da vida almejado, seja para o autor, seja para o réu.

Defendemos, portanto, um conceito lato de tutela jurisdicional, que não se esgota na possibilidade de ingresso em juízo ou na prolação de uma sentença, mas configura-se na inerente satisfação do interesse daquele que tem razão, mediante um desenrolar de atos processuais,⁷⁸ da efetivação de posições ativas e passivas ao longo do processo.⁷⁹ A inafastabilidade da tutela jurisdicional engloba ação e defesa, acomunando-as em proteção, na medida em que a previsão constitucional abraça qualquer aspecto do poder de agir, que é representado por *"qualquer ato processual destinado a influir sobre o provimento de tutela da situação substancial deduzida em juízo"*.⁸⁰

---

75. Ao enfocar o escopo do processo, o autor afirma se tratar de uma formação ou atuação do direito, com vistas ao sucesso do resultado, ou seja, regular o conflito de interesse para se alcançar a paz social, mediante um desenrolar justo e certo (CARNELUTTI, Francesco. Istituzoni del nuovo proceso civile italiano. Roma: Foro Italiano, 1951. p. 3-4. v. 1).
76. LIEBMAN, Enrico Tullio. Manuale di diritto processuale civile. Milano: Guiffrè, 1973. p. 6. v. I.
77. O ato de demandar não é o único, incluem-se entre eles a possibilidade de arrazoar, de discutir, inclusive com o juiz, e de provar (SICA, Heitor Vitor Mendonça. O direito de defesa no processo civil brasileiro. Um estudo sobre a posição do réu. São Paulo: Atlas, 2011. p. 33-34); OLIVEIRA, Carlos Alberto Alvaro. Teoria e prática...cit. p. 71.
78. A corroborar com esse conceito, a lição de Fazzalari, para quem a jurisdição se resume à atividade instrumental destinada a realizar aquele provimento final que incide no direito substancial (norma de primeiro grau), dotada de regulamento jurídico próprio (normas de segundo grau) (FAZZALARI, Elio. Istituzioni di diritto processuali. Padova: CEDAM, 1994. p. 104); no mesmo sentido, Trocker, sobre o rechtliches Gehör (art. 103, da Lei Fundamental de Bonn): "possibilità di partecipare attivamente allo svolgimento del processo cooperando sia alla ricerca dei fatti ed alla raccolta delle prove, sia alla elaborazione e formazione del convincimento del giudice" (TROCKER, Nicolò. Processo civile e costituzione: problemi di diritto tedesco ed italiano. Milano: Giuffré, 1974. p. 372).
79. COMOGLIO, Luigi Paolo; FERRI, Corrado; TARUFFO, Michele. Lezioni sul processo civile. 2ª ed. Bologna: Il Mulino, 1998. p. 228.
80. COMOGLIO, Luigi Paolo. La garanzia costituzionale dell'azione ed il processo civile. Padova: CEDAM, 1970. p. 303-4.

A tutela jurisdicional é vista, portanto, como uma *"sittuazione soggettiva composita, ad evoluzione (per cosi dire) continuata"*.[81] Neste sentido é que a doutrina fala em uma verdadeira garantia ao resultado do processo.[82]

Há uma gradação na prestação da tutela jurisdicional, que se exaure no conceder o que de direito à parte que tiver razão (resultado jurídico ou prático).[83] Essa gradação tem início com um ato inaugural: a demanda. Passa, posteriormente, ao exercício de faculdades, ônus, poderes e deveres, inerentes ao procedimento. No final, chega-se à prolação de uma sentença. Mas, ainda aqui não podemos afirmar que há uma tutela jurisdicional *"plena"* – que é o resultado prático almejado pela parte [84] –, só chegada com a satisfação do interesse substancial.

Conforme se tratar de sentença favorável ou desfavorável de mérito (art. 487, do CPC/2015), a tutela jurisdicional prestada tem maior grau que aquela extintiva do processo sem resolução do mérito (art. 485, do CPC/2015), porquanto aquela detém maior estabilidade – já que o vencedor já não mais poderá ser importunado com futuras demandas que encerrem a mesma discussão acerca do mesmo bem pretendido (art. 502 e 508, do CPC/2015) –, enquanto essa não impede a propositura de outra demanda idêntica (art. 486, do CPC/2015).

Esse conceito de tutela jurisdicional visto em graus, e também nas manifestações realizadas ao longo do processo, será um balizador de nosso estudo e servirá para justificar muitos dos institutos previstos *de iure condendo*, como, por exemplo, a possibilidade do julgamento de mérito, ainda que se averigue a inatividade do autor, caracterizada pela lei como abandono (art. 485, incs. II e III, do CPC/2015).

Neste aspecto, podemos fazer uma analogia do regime da inatividade com a quebra do dogma da precedência, que significa a possibilidade de julgamento de mérito, ainda que averiguada a falta de um pressuposto processual, porque nenhum prejuízo existiria ao destina-

---

81. COMOGLIO; FERRI; TARUFFO. Lezioni sul...cit. p. 228.
82. "A constitucionalização do direito ao processo e à jurisdição (a exemplo do art. 5º, XXXV, da Constituição brasileira), de envoltas com a garantia da efetividade e de um processo justo (art. 5º, XXXVII, LIII, LIV e LV, LVI), determina também uma garantia 'de resultado', ressaltando o nexo teleológico fundamental entre 'o agir em juízo' e a 'tutela' do direito afirmado" (OLIVEIRA, Carlos Alberto Alvaro de. Efetividade e tutela jurisdicional. Revista dos Tribunais. São Paulo. v. 94. n. 836. jun. 2005. p. 32); "a eficiência da justiça civil, como valor a ser defendido e preservado, encontra amparo no princípio constitucional da efetividade da tutela jurisdicional e constitui elemento essencial do Estado de Direito" (BEDAQUE, José Roberto dos Santos. Tutela cautelar...cit. p. 75).
83. YARSHELL, Flávio Luiz. Tutela jurisdicional. São Paulo: DPJ, 2006. p. 26.
84. DINAMARCO, Cândido Rangel. Tutela jurisdicional...v. I, cit. p. 370.

tário da proteção.[85] O problema é que, tal qual ocorre com o sistema das nulidades (art. 282, § 2º, do CPC/2015), somente a parte a quem o pressuposto (ou a sanção, em caso de nulidade) beneficiaria poderia ter um julgamento de mérito a si favorável. Para o caso da inatividade processual, esse sistema pode não ser o ideal, já que o conteúdo do julgamento de mérito, após a verificação da inatividade, deve prescindir da avaliação de qual parte encontra-se omissa.

O conceito aqui desenvolvido servirá também para justificar as críticas ao tratamento anti-isonômico das partes em termos de inatividade, na medida em que o direito à realização da tutela jurisdicional, como a concretização de meios para se alcançar determinado interesse, se manifesta com a realização de um feixe de atos processuais ao longo da marcha do processo. Assim, procuraremos demonstrar que os efeitos substanciais da revelia, bem como o julgamento antecipado do mérito, nessas hipóteses, são formas de tratamento anti-isonômico da inatividade, pois podem tolher do réu o direito ao exercício dessa concatenação de atos, quando esse exercício é garantido na hipótese de inatividade do autor.

1.2.1. Prestação de tutela jurisdicional ao réu

Nesse contexto, podemos afirmar que também ao réu é assegurada a tutela jurisdicional, pois esta se consubstancia no conjunto de meios postos à disposição das partes para a satisfação de um interesse.

Sabemos, por exemplo, que nas demandas que visem à declaração de existência ou inexistência de determinada relação jurídica, ou autenticidade, ou falsidade de documento (art. 19, do CPC/2015), bem como nas demandas declaratórias incidentais (art. 503, § 1º, do CPC/2015),[86] ou com a própria sentença de improce-

---

85. BEDAQUE, José Roberto dos Santos. Efetividade do processo e técnica processual. 3ª ed. São Paulo: Malheiros, 2010. p. 198.
86. Em nosso entender, o novo Código não aboliu *tout court* a declaratória incidental, apenas desformalizou-a nas hipóteses em que a parte realiza pedido de declaração de questão prejudicial, na medida em que não é mais necessária a instrução em um processo apartado e a discussão da questão pode se dar no próprio processo principal. A matéria é, todavia, controvertida, havendo autores que admitem a incidência de coisa julgada para as questões prejudiciais com ou independentemente de pedido (MARINONI, Luiz Guilherme; ARENHART, Sérgio Cruz; MITIDIERO, Daniel. Novo Código de Processo Civil Comentado. São Paulo: RT, 2015. p. 516) e outros que não admitem que haja pedido das partes nesse sentido, tendo sido verdadeiramente abolida a

dência (art. 487, inc. I, do CPC/2015),[87] haverá prestação de tutela jurisdicional.[88]

Podemos apontar alguns contornos da tutela jurisdicional prestada ao réu: a) o mero ingresso na demanda (*Einlassung*, como direito à admissão); b) a previsibilidade de meios de exercer uma atividade defensiva no processo, bem como a real e efetiva oportunização do contraditório (ao postular e poder provar o que se postula) c) o direito à sentença de extinção, sem resolução do mérito; d) o direito à sentença de rejeição no mérito, qual declaração negativa da demanda do autor.[89] Esta última é a tutela jurisdicional plena do réu, que não mais poderá ser importunado pela mesma pretensão autoral (art. 502, do CPC/2015).[90]

Verificada a posição "a", muitas possibilidades e diferentes outras posições pode o réu assumir ao longo do processo. Pode ele manifestar-se pela opção "d", interferindo diretamente no ônus do autor em prosseguir no processo, na medida em que, verificada em concreto, pode impedir que este disponha livremente do seu destino (ele discorda da desistência ou simplesmente opta pelo prosseguimento, embora inativo o autor). Criou-se então uma vinculação à posição do réu (direito ao ingresso, *Einlassung*) em relação ao autor, ou seja, fez-se nascer a expectativa à plenitude de tutela jurisdicional.[91]

Da mesma forma, com base no princípio dispositivo, poderia o réu se contentar com uma sentença extintiva (opção "c"), nos moldes do direito italiano (art. 290, do CPC italiano), e manifestar-se pela

---

declaratória incidental (BUENO, Cassio Scarpinella. Novo Código de Processo Civil anotado. São Paulo: Saraiva, 2015. p. 335).

87. "Anche il rigetto rientra nel concetto di giurisdizione, alla stessa stregua e per le stesse ragioni per cui vi rientrano le altre attività componenti il processo" (FAZZALARI, Elio. Istituzioni...cit. p. 104).

88. "A falibilidade do processo como tutela de direitos simplesmente - e não de pessoas - encontra amparo na tutela prestada pela sentença declaratória negativa, em que não há afirmação de direito algum, malgrado nela seja embutida a proteção de quem tem razão (tutela jurisdicional plena)" (DINAMARCO, Cândido Rangel. A tutela...v. I, cit. p. 375).

89. A importância da tutela jurisdicional mediante a improcedência tem ganhado ainda mais força com o entendimento sufragado pelo STJ, de que as sentenças declaratórias têm força executiva, neste sentido: STJ-2ª T., AgRg nos EDcl no REsp 1.462.896/RS, Min. Rel. Mauro Campbell Marques, j. 15.10.2015; STJ-3ª T., AgRg. no REsp. 1.384.913/ES, Min. Rel. Paulo de Tarso Sanseverino, j. 06.8.2015; STJ-1ª S, AREsp. 609.266/RS, Min. Rel. Teori Albino Zavaski, j. 23.8.2006.

90. DINAMARCO, Cândido Rangel. Tutela...v. I, cit. p. 382.

91. Lembrando-se que o ato postulativo cria uma nova situação jurídica e repercute efeitos – cria expectativas – perante o órgão jurisdicional (na medida em que este deve julgar o que foi postulado e nos limites em que foi postulado) e os demais sujeitos processuais (COSTA E SILVA, Paulo. Acto e processo...cit. p. 255 e ss).

extinção do processo quando inativo o autor, ou concordar com a desistência ou, ainda, alegar apenas exceções processuais em defesa.

Pensemos nas implicações da hipótese "d", que é a opção pela plenitude de tutela jurisdicional pelo réu. Sabemos que a defesa por excelência e a mais usual como modo de impingir controvérsia aos fatos alegados pelo autor é a contestação. Por meio dela, cabe ao réu alegar toda a matéria de defesa, acompanhada de todas as suas razões de fato e de direito (art. 336, do CPC/2015). O seu conteúdo pode dizer respeito a defesas diretas ou indiretas de mérito – quando o réu nega os fatos trazidos pelo autor ou sua eficácia jurídica, bem como traz novos fatos relevantes para o julgamento do mérito –, ou defesas processuais, que são sempre indiretas (art. 337, do CPC/2015).[92]

A controvérsia pode também surgir mediante outras espécies de respostas,[93] como a reconvenção (art. 343, do CPC/2015), por exemplo.[94] Em jurisprudência, admite-se que não incide o efeito substancial da revelia quando a controvérsia for instaurada mediante a reconvenção.[95] Imaginemos a hipótese de o réu, demandado pelo cumprimento de um contrato de compra e venda, alegar a anulabilidade do contrato mediante reconvenção – seja por erro (art. 138, do CC), dolo (art. 145, do CC), coação (art. 151, do CC), ou qualquer outro vício da vontade. Em não apresentando contestação, mas pugnando pela anulabilidade do contrato na reconvenção, gerou controvérsia, passível de levar à instrução a higidez da avença.[96]

Pois bem, parte minoritária da doutrina defende que o réu, quando resiste, apresenta verdadeira demanda declaratória negati-

---

92. DINAMARCO, Cândido Rangel. Instituições...cit. v. III. p. 482.
93. Lembrando que as defesas do réu não se limitam à contestação (art. 335, do CPC/2015) e à reconvenção (art. 343, do CPC/2015), podendo surgir controvérsia mediante declaração incidental (art. 19 e 503, § 1º, do CPC/2015), denunciação da lide (arts. 125 e ss. do CPC/2015), chamamento ao processo (arts. 130 e ss.), impugnação ao valor da causa (art. 293, do CPC/2015), impugnação à justiça gratuita (art. 100, do CPC/2015) (BUENO, Cassio Scarpinella. Curso sistematizado de direito processual civil. 5ª Ed. São Paulo: Saraiva, 2012. p. 175. v. II, t. I).
94. Para fins de elucidação, a reconvenção é instituto destinado à introdução de pretensão do réu reconvinte, em processo já instaurado, de sorte a ampliar o objeto litigioso, almejando tutela jurisdicional diversa daquela decorrente do julgamento da demanda inicial (BONDIOLI, Luis Guilherme Aidar. Reconvenção no processo civil. São Paulo: Saraiva, 2009. p. 5). No CPC/2015, ela independe de nova autuação, pode ser realizada na própria contestação (art. 343).
95. STJ-4ª T., REsp. 735.001, Min. Rel. Cesar Asfor Rocha, j. 08.11.2005.
96. BONDIOLI, Luis Guilherme Aidar. Reconvenção...cit. p. 20.

va, consubstanciada na improcedência da demanda do autor.[97] Essa noção está muito ligada ao vínculo que se cria quando o réu resiste, porque a ele também deverá ser assegurado um julgamento do mérito da controvérsia.

O conceito de exceção deve sempre seguir o conceito de ação,[98] quando essa sofre os influxos de um sistema, deve também aquele sofrê-los igualmente. Por exemplo, se se compreende que a ação corresponde ao julgamento de procedência – teoria concretista –, também a exceção deve ser vista como um direito do réu a uma sentença de improcedência.[99] Como em nosso direito adotou-se a teoria eclética da ação, ou seja, a ação é o direito em ver julgada no mérito a controvérsia, após implementadas algumas condições (arts. 17 e 485, inc. VI, do CPC/2015), o mesmo deve dito da posição do réu, ou seja, a exceção deve ser tida como o direito de ver os potenciais fatos que infirmam as alegações do autor julgados no mérito.[100]

O termo *"exceção"* aqui deve ser visto em senso amplo – como o de ação –, constituindo muito mais uma posição jurídica do réu do que matérias efetivamente alegadas; isso porque, muitas matérias de defesa (*rectius*: objeções), inclusive substanciais, como veremos, prescindem da iniciativa do réu para serem relevadas.[101] Entretanto, não é pelo fato de o réu não as alegar que perderá o direito a uma resolução

---

97. SICA, Heitor Vitor Mendonça. O direito de defesa no processo civil brasileiro: um estudo sobre a posição do réu. São Paulo: Atlas, 2011. p. 205; "a mais significativa das demandas que o réu pode formular, no tocante ao objeto do processo instaurado por iniciativa do autor, é a declaração de inexistência do direito alegado por este (improcedência)" (DINAMARCO, Cândido Rangel. Tutela....v. I, cit. p. 375, embora devamos lembrar que o autor compreende *"demanda"* em senso amplo, cfr. DINAMARCO, Cândido Rangel. Instituições...v. II, cit. item 453); COMOGLIO, Luigi Paolo; FERRI, Corrado; TARUFFO, Michele. Lezione sul processo civile. 2ª ed. Bologna: Il Mulino, 1998. p. 268; MANDRIOLI, Crisanto. Corso di diritto processuale civile. 11ª ed. Torino: G. Giappichelli, 1998. p. 121; ZANZUCCHI, Marco Tullio. Nuove domande, nuove eccezioni e nuove prove in appello. Milano: Librarìa, 1916. p. 384.
98. Sobre a relativização do conceito de ação, remetemos o leitor a CALAMANDREI, Piero. La relatività del concetto d'azione. In Opere giuridiche. Napoli: Morano. 1965, *passim*.
99. CARNELUTTI, Francesco. Un lapsus evidente? Rivista di Diritto Processuale, ano 15, n. 3, 1960, p. 447.
100. LIEBMAN, Enrico Tullio. Intorno ai rapporti tra azione ed eccezione. Rivista di Diritto Processuale, ano 15, n. 3, 1960. p. 452.
101. Chiovenda alertou-nos sobre a amplitude e os vários sentidos que o conceito "exceção" pode tomar. Pode ser tida como defesa em senso amplíssimo, ou seja, tanto aquelas destinadas à rejeição da demanda pelo mérito, como pelo rito; em sentido pouco mais restrito, consistente na negação do fato constitutivo do direito do autor, por elisão de sua eficácia, tal qual os fatos impeditivos ou modificativos; e em sentido estrito, as exceções em senso substancial, ou próprias, que são aquelas que não podem ser relevadas de ofício pelo juiz (CHIOVENDA, Giuseppe. Principii...cit. p. 272).

do mérito (poderá, por exemplo, ingressar no processo para exercer o direito de prova, expressamente previsto no art. 349, do CPC/2015).

O réu, portanto, tem um direito análogo ao do autor, no sentido de o processo dever culminar, implementados todos os requisitos, em uma sentença de mérito.[102] Afinal de contas, para o réu, esta é a tutela jurisdicional plena, porquanto não mais poderá ser importunado pelo autor, diversamente do que ocorre com a sentença de extinção sem resolução de mérito, após a qual esse poderá ingressar novamente no Judiciário pleiteando a mesma pretensão (art. 486, do CPC/2015).

Esse direito estanque e autônomo do réu em ver o desfecho do processo resolvido no mérito foi objeto de interessante estudo de Alberto Romano, intitulado *L'azione di accertamento negativo*. Ao estudar a verdadeira natureza da demanda do réu à improcedência e admiti-la como uma declaração negativa, o autor se utilizou da teoria eclética de Liebman. Fundou suas conclusões, principalmente, nas disposições do art. 306, *primo comma*, do CPC italiano,[103] semelhante ao nosso art. 485, § 4º, do CPC/2015.

Tal como já admitido por Chiovenda,[104] quando o réu apresenta exceção – substancial ou não –, a virtude dessa manifestação de vontade acerca da rejeição da demanda do autor é o vínculo que se impõe entre ele e o juiz, no sentido de a sentença não poder ser infensa à defesa apresentada, pena de ser considerada *citra petita*.[105] Entretanto, compreendemos que o réu tem esse direito independentemente de apresentar defesa, pois, como veremos, vários tipos de matérias defensivas podem ser conhecidas durante o processo, independentemente da situação participante do réu.

Esse interesse em prosseguir fica muito claro nos mencionados dispositivos, pois eles asseguram ao réu, quando passado o prazo

---

102. ROMANO, Alberto A. *L'azione di accertamento negativo*. Napoli: E. Jovene, 2006. p. 7.
103. "Art. 306. (Rinuncia agli atti del giudizio). Il processo si estingue per rinuncia agli atti del giudizio quando questa è accettata dalle parti costituite che potrebbero aver interesse alla prosecuzione".
104. "Ma la virtù di questo atto di volontà del convenuto sta in ciò che esto impone al giudice il dovere di provedere, anche quando la desistenza dell'attore lo dispenserebbe da questo dovere" (CHIOVENDA, Giuseppe. *Istituzioni di diritto processuale civile*. Napoli: E. Jovene, 1935. p. 304. v. I).
105. A rigor, de sentença *citra petita* não se trata, porque o juiz deixa de apreciar apenas os fatos que fundamentam o pedido de rejeição (exceção) e não o que foi pedido, que é a própria rejeição, embora a expressão tenha a vantagem de trazer a lume o vínculo existente entre a exceção e a sentença, descortinando uma verdadeira pretensão em ter as exceções no mérito apreciadas.

para defesa, o direito de anuir com a desistência do autor, ou seja, preveem um direito à continuação do processo.[106] Obviamente, os movedores desta pretensão são a definitividade e indiscutibilidade de que se reveste a sentença de improcedência de mérito (arts. 487 e 502, do CPC/2015).

Podemos concluir que nosso ordenamento confere ao réu o interesse à obtenção de uma sentença de mérito, o que fica claro com a possibilidade de continuar atuante, utilizando-se de todas as faculdades e ônus inerentes ao processo, notadamente para fins de instrução das exceções apresentadas em defesa,[107] ainda quando o autor se manifeste pela desistência. Essa ideia é reforçada pela atual previsão do art. 485, § 6º, do CPC/2015, no sentido de ser possível ao réu optar entre a extinção ou a *prosecuzione* do processo, como já ocorria por meio da Súmula nº 240, do STJ, caso se verifique a inatividade do autor.

E nem se diga que a nova redação do art. 485, § 6º, exauriu o tema do interesse do réu à plena satisfação da tutela jurisdicional, o que de maneira alguma é verdadeiro.[108] Temos outras hipóteses de inatividade – embora configuradas como inatividade em sanar um vício processual – em que não se concede ao réu esse direito de manifestação pelo prosseguimento (art. 76, do CPC/2015).

O problema aqui enfrentado já foi objeto de verificação em interessante estudo realizado por Becker.[109] Embora desenvolva o raciocínio no âmbito dos Juizados Especiais Cíveis, este nos parece se aplicar também ao procedimento comum. Para o autor, o art. 50, inc. I, da revogada Lei dos Juizados de Pequenas Causas (Lei 7.244/84) – cuja

---

106. Esse direito do réu parece ficar mais claro com a redação do dispositivo italiano, que fala em *"interesse alla prosecuzione"* do processo (art. 306, do CPC italiano).
107. "Non sembra allora possibile negare che anche il convenuto possa, se lo vuole, ottenere un provvedimento sulla propria richiesta di definizione della controversia sostanziale; soprattutto che egli possa ottenerlo autonomamente, senza perciò trovarsi in balia delle determinazione dell'attore e senza dover fidare sulla persistenza nel tempo della speculare postulazione di quest'ultimo" (ROMANO, Alberto. L'azione...cit. p. 20).
108. Como discutido com o orientador, basta verificarmos o art. 1.040, §§ 1º e 3º, do CPC/2015, que autoriza o autor a desistir da ação em curso sem o consentimento do réu, quando não prolatada sentença, mesmo que apresentada contestação, no casos em que a questão discutida for idêntica àquela decidida no acórdão paradigma. Alijou-se do réu a possibilidade de alcançar uma sentença de mérito de improcedência, inclusive quando for idêntica à questão solucionada pelos tribunais superiores no acórdão paradigma, desprestigiando, de resto, o próprio instituto da resolução de demandas repetitivas.
109. BECKER, Paulo Felipe. A contumácia do autor. Revista do Juizado de Pequenas Causas. Porto Alegre. v. 9-10. dez/abr. 1994. *passim.*

redação é muito semelhante ao nosso atual art. 51, inc. I, da Lei dos Juizados Especiais Cíveis (Lei 9.099/95) –, que determina a extinção sem resolução do mérito para o autor que não comparece à audiência, mesmo após o comparecimento do réu e sua manifestação pela improcedência da demanda, é uma afronta ao princípio da isonomia (art. 5º, *caput*, da CF). Nesse caso, estaríamos diante de uma desistência sem a possibilidade de anuência do demandado.[110]

O mesmo estudioso vai um pouco mais além. Segundo ele, a ausência do autor, após a apresentação de defesa pelo réu, deveria acarretar o julgamento do mérito pela improcedência, sem a possibilidade de prova, ou ensejar a aplicação da confissão ficta, da mesma forma que para aquele último.[111]

Referido processualista compreende que o réu teria direito não apenas à prossecução do processo e uma sentença de mérito (favorável ou não) na ausência do autor, mas pretende aplicar-lhe os mesmos efeitos que a revelia do réu (com simplificação do procedimento), o que, obviamente, tem fundamento na isonomia processual. Esse entendimento será estudado mais pormenorizadamente ao longo do presente trabalho, mas adiantamos que embora seja uma solução viável e muito eficaz, ela não encontra amparo no *ius positum*, necessitaria, portanto, de uma reforma em termos de inatividade das partes (*de lege ferenda*).

1.3. POSIÇÕES DAS PARTES E ISONOMIA: PRESSUPOSTO PARA UM TRATAMENTO MAIS UNIFORME DA INATIVIDADE PROCESSUAL

Quando pretendemos falar de igualdade no direito, logo vem à mente previsões do tipo *"todos são iguais perante a lei, sem distinção de qualquer natureza"* (art. 5º, *caput*, da CF), ou, mais especificamente, no âmbito do processo, dispositivos como o art. 139, inc. I, do CPC/2015, pelo qual ao juiz incumbe *"assegurar às partes igualdade*

---

110. O mesmo entendimento é partilhado por SICA, Heitor Vitor Mendonça. O direito de defesa...cit. p. 76, nota 31 e SILVA, Jorge Alberto Quadros de Carvalho. Lei dos juizados especiais cíveis anotada. 2ª ed. São Paulo: Saraiva, 2001. p. 155.

111. "Então, se o réu, a seu turno, ao contestar, alegar fato (negativo, por ilidir o dito pelo autor, ou novo, impeditivo, modificativo, ou extintivo do direito do adversário), a fuga do reclamante à instrução probatória pela ausência deve, em princípio, acarretar-lhe os mesmos prejuízos que, na situação similar, sofre o reclamado" (BECKER, Paulo Felipe. A contumácia do autor...cit. p. 11).

de tratamento", ou, agora, de certa forma inovador, o art. 7º, que assegura às partes paridade de tratamento, ampliando o rol de aplicação do princípio da isonomia a direitos, faculdades, meios de defesa, ônus, deveres e na aplicação de sanções.

Sozinhos, todavia, e sem um esforço interpretativo, esses dispositivos pouco podem efetivamente nos dizer.[112] Em primeiro lugar, apesar do excerto constitucional ser a regra, na medida em que somente diante de critérios razoáveis pode-se atribuir um tratamento diferenciado aos indivíduos,[113] algumas distinções normalmente são feitas pelo legislador, justamente com a finalidade de se assegurar a igualdade de tratamento. Aqui está implícita a ideia de justiça equitativa já concebida por Aristóteles, para quem para haver igualdade deve-se levar em conta a existência de indivíduos iguais, sendo justo tratar desigualmente os desiguais, na medida de sua desigualdade.[114]

O legislador, portanto, para fazer jus à igualdade, elege características ou elementos diferenciadores entre os indivíduos.[115] Partindo deles, é autorizado um tratamento particularizado entre os sujeitos. A igualdade, portanto, pressupõe a seleção de determinadas propriedades comuns – ela é comparativa –,[116] insertas em contextos determinados, na medida em que os indivíduos são tratados igualmente ou desigualmente não em relação a todos seus aspectos, mas sim em relação a apenas determinada faceta da realidade.[117]

A seleção destas propriedades, ou características diferenciadoras, exige um critério valorativo,[118] ou seja, só pode ser considerada justa, se realizada de uma maneira razoável ou legítima.[119] Será considerada legítima a discriminação que se utilize de critérios ob-

---

112. Afirmou Barbosa Moreira: "a experiência histórica ensina o quão ilusória tem se mostrado a solene proclamação da igualdade *in abstracto*" (BARBOSA MOREIRA, José Carlos. La igualdad de las partes en el proceso civil. In Temas de direito processual. 4ª Série. São Paulo: Saraiva, 1989. p. 67).
113. O tratamento desigual é residual em relação ao igual, na medida que exige sempre uma razão suficiente para a diferenciação (ALEXY, Robert. Teoría de los...cit. p. 397).
114. ARISTÓTELES, Ética a Nicômaco. 2ª ed. Bauru: Edipro, 2007. p. 152. Livro V.
115. MELLO, Celso Antonio Bandeira de. O conteúdo jurídico do princípio da igualdade. 3ª ed. São Paulo: Malheiros, 2010. p. 13.
116. ALEXY, Robert. Teoría...cit. p. 388.
117. Diz-se que a igualdade entre dois indivíduos, nesse aspecto, é parcial (ALEXY, Robert. Teoría de los derechos fundamentales. Madrid: Centro de Estudios Políticos y Constitucionales, 2002. p. 387).
118. ALEXY, Robert. Teoría...cit. p. 387-8.
119. MELLO, Celso Antonio Bandeira de. O conteúdo...cit. p. 12.

jetivamente aferíveis[120] e desde que haja uma correlação lógica entre a peculiaridade diferencial e a finalidade para qual a diferenciação foi necessária, sendo que essa correlação deve obedecer aos ditames constitucionais[121] e legais infraconstitucionais.

O elemento indicativo, a propriedade, ou a característica específica do indivíduo, quando falamos em tratamento pela igualdade, é apenas o meio, que além de ser permitido, deve ser relevante e congruente para a realização de uma determinada finalidade.[122] Ele *"deverá manter uma relação de pertinência com os fins que dão suporte à diferenciação"*.[123]

Pensemos num exemplo,[124] apenas para identificar a existência dessas características passíveis de serem diferenciadas e a finalidade para a qual foram propostas, sem nos atermos à relação de pertinência de ambas (característica e finalidade), para não nos alongarmos em polêmicas. Ao réu revel preso ou citado por edital será nomeado curador especial (art. 72, do CPC/2015), não se lhe aplicando os efeitos da revelia previstos nos arts. 344 e 346, conforme o art. 341, parágrafo único, do CPC/2015.[125] Temos aqui um tipo de indivíduo – o revel, ou seja, aquele que não apresenta defesa no prazo legal –, que, a depender de sua característica – a liberdade ou não; a citação pessoal ou ficta –, tem um tratamento diferenciado dado pelo legislador para resguardar uma finalidade maior, a ampla defesa.

Assumida a premissa de que a possibilidade de alcançar a tutela jurisdicional independe da parte que se socorre ao Judiciário, mas que se materializa num feixe de poderes, deveres, ônus e faculdades realizáveis ao longo do processo,[126] bem como à possibilidade de influir

---

120. O princípio da isonomia veda discriminações "fundadas em categorias meramente subjetivas" (MELO FILHO, Álvaro. O princípio da isonomia e os privilégios processuais da Fazenda Pública. Revista de Processo. São Paulo: RT, jul/set 1994. ano 19, v. 75. p. 176); ABREU, Rafael Sirangelo. Igualdade e processo. Posições processuais equilibradas e unidade do direito. São Paulo: RT, 2015. p. 40.
121. NERY JR., Nelson. Princípios do processo na Constituição Federal. 10ª ed. São Paulo: RT, 2010. p. 99; MELLO, Celso Antonio Bandeira de. O conteúdo jurídico...cit. p. 17.
122. ÁVILA, Humberto. Teoria da igualdade tributária. 2ª ed. São Paulo: Malheiros, 2009. p. 42.
123. ABREU, Rafael Sirangelo. Igualdade e processo...cit. p. 41.
124. O mesmo exemplo é dado por Ada Pellegrini Grinover (GRINOVER, Ada Pellegrini. Os princípios... cit. p. 29).
125. DINAMARCO, Cândido Rangel. Instituições...v. III, cit. cap. 1.125.
126. SICA, Heitor Vitor Mendonça. O direito de defesa...cit. p. 46.

no seu resultado,[127] fica muito mais fácil compreender que assegurar às partes igualdade de tratamento significa assegurar a qualquer delas o pleno emprego das possibilidades defensivas,[128] sempre na mesma medida.[129] Possibilitar-lhes um tratamento idêntico,[130] significa dizer que o legislador – ou o intérprete – deve assegurar a simetria na atividade das partes. À atividade de uma e seus efeitos, deve corresponder a mesma atividade e efeitos da outra, quando se encontrem, obviamente, em posições processuais semelhantes.[131]

A credibilidade do processo como instrumento de solução de conflitos depende de sua capacidade para oferecer aos litigantes uma equanimidade e, para isso, todas as partes devem ser capazes de nutrir as mesmas expectativas de vitória, trata-se de uma igualdade de riscos.[132] As partes em situações iguais devem gozar das mesmas oportunidades de defesa[133] e isso se manifesta na ampla gama de posições processuais que elas podem assumir, de modo que estejam em pé de igualdade quanto ao modo como expõem suas razões e quanto às consequências do modo como são expostas.[134]

Sendo assim, as posições das partes, e principalmente o assim dito direito de ação e o correspondente direito de defesa, devem ser exercidos em condições de paridade,[135] de modo que as normas que regulam as atividades das partes não constituam, em relação a qual-

---

127. COMOGLIO, Luigi Paolo. La garanzia costituzionale dell'azione...cit. p. 302; Id. Etica e tecnica del 'giusto processo'. Torino: Giappichelli, 2004. p. 64.
128. Que podem se manifestar tanto entre as partes, nas suas posições recíprocas, como em relação ao juiz, na possibilidade de influir na sua decisão (OPPETIT, Bruno. Les garanties fondamentales des parties dans le procès civil en droit français. In CAPPELLETTI, Mauro; TALLON, Denis (coord.). Fundamental guarantees of the parties in civil litigation. Milano: Giuffrè, 1973. p. 497-8).
129. RICCI, Gian Franco. Principi di diritto processuale generale. Torino: G. Giappichelli, 1997. p. 142-3.
130. NERY JR., Nelson. Princípios...cit. p. 99.
131. ABREU, Rafael Sirangelo de. Igualdade e processo...cit. p. 73.
132. BARBOSA MOREIRA, José Carlos. La igualdad...cit. p. 68; fala-se da igualdade como uma distribuição justa de riscos entre os litigantes, ou seja, um processo em que se prevê um risco maior a determinada classe de litigantes falhará em termos de igualdade (ZUCKERMAN, Adrian A. Justice in crisis: comparative dimensions of civil procedure. ZUCKERMAN, Adrian A. (coord.). In Civil justice in crisis. Comparative perspectives of civil procedure. New York: Oxford, 2003. p. 5).
133. ECHANDIA, Hernando Devis. Teoría general del proceso. Buenos Aires: Editorial Universidad, 1997. p. 56; ou "iguais possibilidades às partes para fazerem valer seus direitos" (KOMATSU, Roque. Notas em torno...cit. p. 708).
134. ABREU, Rafael Sirangelo de. Igualdade e processo...cit. p. 81; MIRANDA, Jorge. Manual de direito constitucional. 3ª ed. Coimbra: Coimbra Editora, 2000. p. 272-3. t. IV.
135. "Instaurado o processo, o conjunto de poderes de impulso é conferido em igual medida a ambas as partes (...) substancialmente, o 'jus excepcionis' compõe-se, tanto quanto a ação depois de instaurado o processo, de uma série de faculdades e poderes de participação no processo e endereçados à defesa dos interesses do seu titular" (DINAMARCO, Cândido Rangel. Execução civil.

quer delas, um prejuízo ao adversário, uma posição de vantagem ou privilégio.[136] Nesse aspecto, ação e defesa – e todos os atos processuais que delas decorram – se imiscuem,[137] tendo em vista que se inserem num complexo de posições recíprocas (relações entre as partes) e hierárquicas (função do juiz e da lei) e são expressões de forças iguais, capazes de interagir entre si.[138] A igualdade entre ação e defesa é a melhor forma de garantir que não apenas as relações entre as partes se desenvolvam em obediência aos ditames constitucionais (ampla defesa e contraditório), mas também que o ideal ou a finalidade almejada com o regramento da atividade de determinada parte se estenda à outra e, assim, aquela finalidade possa se intensificar, ganhar força de forma exponencial.

Reconhecemos as diferenças existentes entre as partes ao longo do processo, principalmente entre autor e réu.[139] Tendo em vista essas diferenças, algumas distinções são legítimas,[140] porque a correlação do discrímen com a finalidade prevista pelo legislador não fere normas ou princípios de qualquer natureza. Mas, lembramos que essas discriminações são excepcionais, a regra é o tratamento isonômico das partes e sempre que não haja razoabilidade na propriedade de discriminação, a igualdade deve imperar.

Partimos da aproximação das posições das partes, principalmente autor e réu.[141] Assumimos o entendimento de que o processo pode sofrer uma despolarização das posições processuais, no sentido de que o poder de acionar é semelhante àquele poder de praticar os

---

8ª ed. São Paulo: Malheiros, 2002. p. 368-9); GRINOVER, Ada Pellegrini. Os princípios constitucionais e o Código de Processo Civil. São Paulo: Bushatsky, 1975. p. 25.

136. KOMATSU, Roque. Notas em torno dos deveres processuais do juiz. In As grandes transformações do processo civil brasileiro. Homenagem ao Professor Kazuo Watanabe. São Paulo: Quartier Latin, 2009. p. 707; no mesmo sentido, ZUCKERMAN, Adrian A. Justice in crisis...cit. p. 5.

137. SICA, Heitor Vitor Mendonça. O direito de defesa...cit. p. 45 e ss.

138. LASSO, Anna. Le eccezioni in senso sostanziale. Napoli: Edizioni Scientifiche Italiane, 2007. p. 41.

139. Demanda e resposta têm em comum uma potência de comando, ou seja, criam o dever de o juiz se pronunciar, mas divergem no conteúdo e função: a demanda é eminentemente propulsiva, a resposta a complementa, ampliando o objeto de cognição do juiz (LASSO, Anna. Le eccezioni in senso...cit. p. 42-3).

140. KOMATSU, Roque. Notas em torno...cit. p. 709-10.

141. "O princípio da igualdade das armas (...) exige que o autor e o réu tenham direitos processuais idênticos e estejam sujeitos também a ônus e cominações idênticos, sempre que a sua posição no processo for equiparável. O princípio impede a introdução de discriminações em função da natureza subjectiva da parte em causa" (MIRANDA, Jorge. Manual...t. IV, cit. p. 273).

atos processuais ao longo do processo.[142] O conceito de parte outrora concebido por Chiovenda, no sentido de que parte é aquele que demanda em próprio nome (ou em nome do qual é demandada) a atuação da vontade da lei e aquele frente ao qual essa é demandada,[143] cede lugar – para reforçar nossa tese – ao conceito idealizado por Liebman, de que as partes são os sujeitos do contraditório instituído perante o juiz; independentemente de sua posição, são os sujeitos interessados no processo, em cuja esfera jurídica incidirá o provimento jurisdicional.[144] O que os diferencia é o fato de não serem o órgão jurisdicional e encontrarem-se em igual posição hierárquica.[145]

Desta forma, podemos concluir que a propriedade de discriminação para fins de inatividade do autor (art. 485, incs. II e III, do CPC/2015) e do réu (arts. 344 e 341, do CPC/2015), sendo ambos os mesmos indivíduos, fere os ditames da isonomia processual, porque a inatividade do réu tem um efeito material direto em relação à sentença de mérito (presunção de veracidade dos fatos alegados pelo autor) e a inatividade do autor só apresenta efeitos processuais (extinção do processo sem resolução de mérito, com possibilidade de repropositura).

Poder-se-ia objetar que a inatividade do autor, caracterizada como abandono (art. 485, incs. II e III), não seria igual à inatividade do réu em contestar, daí não se poder dispensar tratamento idêntico a ambas. Veremos, entretanto, que, seja o ônus de manter o processo vivo, em andamento, sejam os atos postulatórios de resposta (con-

---

142. CABRAL, Antonio do Passo. Despolarização do processo e zonas de interesse: sobre a migração entre polos da demanda. Revista Forense. Rio de Janeiro, v.105, n.404, jul/ago. 2009. *passim* e esp. na p. 11. O autor, defendendo a despolarização das partes no processo, ainda afirma que falar em legitimidade ativa ou passiva seria "retomar institutos pandectísticos ou ainda recordar a superada visão da ação como direito potestativo do autor contra o réu". A legitimidade, para ele, está ligada à pratica de atos processuais em geral, devendo sempre ser dito que a legitimidade é ativa, portanto.

143. "È parte colui che domanda in proprio nome (o nel cui nome è domandata) l'attuazione d'una volontà della legge, e colui di fronte al quale essa è domandata" (CHIOVENDA, Giuseppe. Istituzioni di diritto processuale civile. Napoli: E. Jovene, 1936. p. 214. v. II).

144. O mesmo conceito de parte utilizado por Liebman é também ratificado por Dinamarco, para quem, a ideia de Chiovenda abrange a noção de parte na demanda, diversa de parte no processo (essa mais ampla) (DINAMARCO, Cândido Rangel. Litisconsórcio. 8ª ed. São Paulo: Malheiros, 2009. p. 22-7).

145. "Sono parti del processo i soggetti del contraddittorio istituito davanti al giudice, i soggetti del processo diversi dal giudice, nei cui confronti quest'ultimo deve pronunciare il suo provvedimento" (LIEBMAN, Enrico Tullio. Manuale di diritto processuale civile. 3ª ed. Milano: Giuffrè, 1973. p. 69. v. I); DINAMARCO, Cândido Rangel. Litisconsórcio...cit. p. 22. A mesma ideia exposta no texto é utilizada por Sica, quando aproxima as posições de autor e réu (SICA, Heitor Vitor Mendonça. O direito de defesa...cit. p. 54).

testação e réplica), são extensões do princípio dispositivo visto sob o aspecto da disponibilidade da tutela jurisdicional, caracterizados pela necessidade de manifestação precípua da parte, sem os quais o processo não atinge sua finalidade. Assim, sob esse viés, tais atos se igualam e a sua falta deve ser tratada de maneira semelhante.

Além disso, no caso do réu, o prejuízo ocasionado pela inatividade na oportunidade de responder tem maiores chances de ser definitivo, na medida em que a presunção de veracidade dos fatos alegados pelo autor normalmente tem implicações diretas na definição do mérito da controvérsia, cuja sentença, transitada em julgado, assume a autoridade da coisa julgada material, indiscutível e imutável (art. 502, do CPC/2015). Verificada a inatividade do autor, porém, a demanda pode ser reproposta, até três vezes (art. 486, *caput*, e § 3º, do CPC/2015), não existindo o mesmo grau de definitividade que a primeira.[146]

Em relação às finalidades para as quais o tratamento da inatividade do réu foi introduzido no CPC/1973, elas foram claramente a celeridade e concentração dos atos processuais (com a presunção de veracidade dos fatos alegados pelo autor, de acordo com o antigo art. 319 e atual art. 344, e dispensa de prova, com julgamento antecipado do mérito, de acordo com o antigo art. 330 e atual art. 355).[147] Esse tratamento é similar ao dado pelo réu na Alemanha, onde também a inatividade do autor acarreta a improcedência do pedido (julgamento de mérito) e onde a estrutura do procedimento é preponderantemente oral. Nosso processo, todavia, não é preponderantemente oral e prova disso é o tratamento dispensado à inatividade do autor, que ainda se ressente de certo subjetivismo (o autor tem de ser negligente para que o processo seja extinto por inatividade), com necessidade de sua intimação pessoal, tratamento esse que neutraliza qualquer ganho alcançado com o regramento do réu inativo. Ou seja, todos os processos que conseguimos finalizar na ocorrência da revelia, satisfeitos com a celeridade com que se encerraram, dão lugar aos inúme-

---

146. Barbosa Moreira dá um exemplo de ferimento da igualdade que, guardadas as devidas proporções, se parece com o citado no texto: um sistema em que somente a sentença de improcedência – ou de procedência –, fosse definitiva (BARBOSA MOREIRA, José Carlos. La igualdad...cit. p. 68-9).

147. A simplificação e celeridade são os tons do projetista do Código ao justificar o instituto da revelia, conforme discurso realizado junto à Comissão Especial em 30 de agosto de 1972 (Código de Processo Civil. Histórico da Lei. Brasília: Subsecretaria de Edições Técnicas do Senado Federal, 1974. p. 411-2. v. I, t. I).

ros processos que claudicam na esperança de que o autor realize um único ato que os ponha em curso efetivamente.

Internamente, o processo perde em concentração, externamente, o Judiciário perde em congestionamento de processos,[148] e aqui sobressai outra vantagem de tratar-se isonomicamente as partes em termos de inatividade, pois não somente suas relações recíprocas passam a ser equilibradas, mas a finalidade do tratamento da inatividade (concentração, celeridade, efetividade, etc.) não tem como ser neutralizada pelo tratamento diverso dado à outra parte.

Relativamente à inatividade em comparecer à audiência, ela também deve coadunar-se com o sistema em que está imersa. Se pretendemos tratar a inatividade das partes na forma de um procedimento preponderantemente oral, como se quis fazer com a revelia (art. 344, do CPC/2015), ela deve ser seguida de consequências diretas no mérito (como nos §§ 330 e 331, da ZPO), e não encararmos apenas as partes como sujeitos cuja presença é dispensável à audiência.[149] Do contrário, feriremos também o princípio da isonomia.

Aqui devemos repetir as palavras de Vaccarella. Segundo ele, a forma de tratamento da inatividade das partes é uma escolha de sistema.[150] Escolhido o sistema, o tratamento das partes deve ser idealizado de forma paritária, quando não haja razões suficientes para discriminá-las.

---

148. Tecnicamente, a palavra *"congestionamento"* é utilizada para denominar um dos indicadores utilizados nas pesquisas de gestão e planejamento do Conselho Nacional de Justiça (CNJ), a denominada *"taxa de congestionamento"*, que mede a eficiência dos tribunais, levando-se em conta o total de casos que ingressaram no Judiciário, o total de casos baixados e o estoque pendente de julgamento no final do período anterior ao período base (disponível em http://www.cnj.jus.br, acessado em 06 de novembro de 2015).
149. Para Dinamarco, as partes são sujeitos não-necessários à audiência (DINAMARCO, Cândido Rangel. Instituições...v. III, cit. p. 677). Maior razão não poderia ser atribuída à opinião do autor, pois é justamente desta forma que nosso sistema trata a inatividade das partes no comparecimento à audiência.
150. VACCARELLA, Romano. L'inattività...cit. p. 43-4.

Capítulo 2

INATIVIDADE, PROCESSO E PROCEDIMENTO

> 2.1. Os prazos processuais como instituto fundamental para a viabilização da marcha processual; 2.1.1. Possibilidade de suprimento da perda de um prazo? 2.2. Marcha processual por iniciativa das partes: a quem cabe o impulso? 2.2.1. Questões cognoscíveis de ofício; 2.3. Inatividade e comportamento processual; 2.4. Proposta de tratamento isonômico da inatividade como comportamento processual: os atos processuais das partes como elemento de convicção; 2.4.1. Problemas da falta de sistematização da utilização do comportamento processual como elemento de convicção.

O procedimento é a faceta dinâmica do processo, é o regramento dos meios como os atos processuais se relacionam numa série concatenada.[1] Por meio dele, são fixadas as regras do jogo, como a forma em sentido estrito, o tempo e o lugar de realização dos atos processuais.[2] A sua raiz etimológica denota o prosseguir, andar adiante,[3] e

---

1. "A forma particular de cada um [ato processual] e o modo pelo qual eles se coordenam e se sucedem" (MARQUES, José Frederico. Manual de direito processual. civil. 3ª ed. São Paulo: Saraiva, 1975. p. 118. v. I).
2. GAJARDONI, Fernando da Fonseca. Flexibilização procedimental. São Paulo: Atlas, 2008. p. 66.
3. As palavras processo e procedimento têm a mesma raiz etimológica e derivam do verbo latino "procedere", cujo prefixo "pro" significa adiante e "cedere" significa seguir (DINAMARCO, Cândido Rangel. Instituições...v. II. cit. p. 25-6 e 551; GAJARDONI, Fernando da Fonseca. Flexibilização...cit. p. 30).

nesse emaranhado congênito entre atos e fatos[4] previu-se um tempo – daí a existência de prazos[5] – para que ele se desenvolvesse desde o início – normalmente com o ato de demandar (art. 2º, do CPC/2015) – até um fim – normalmente, a sentença de mérito.[6] O procedimento é semelhante a um diálogo que se protrai, formalizado por atos que se desenlaçam num tempo determinado em lei.[7]

A norma processual atua estabelecendo determinados atos e formalidades a serem implementadas num prazo, sob pena de, na maior parte das vezes, o processo continuar sem aquela contribuição cuja realização foi oportunizada.[8] Assim, a estrutura do processo determina ou exige o exercício de uma faculdade (paralisação necessária) – embora dessa não dependa para caminhar –, de sorte que, passado o termo fixado, o processo prossegue, com ou sem a preclusão do exercício daquela faculdade.[9]

Afirma-se que o processo nada mais é que o procedimento em contraditório (procedimento e relação jurídica processual).[10] Nele, além das características inerentes ao procedimento, somam-se características de equivalência e correspondência entre aqueles que dele

---

4. GALEOTTI, Serio. Contributo alla teoria del procedimento legislativo. Milano: Giuffrè, 1957. p. 55-64 e 100.
5. O tempo nada mais é que uma dimensão, na qual se inserem os atos processuais, pontualizando-os ou estendendo-os, confirmando ou não o efeito do ato com que se relaciona, conforme a necessidade procedimental (GALEOTTI, Serio. Contributo...p. 59-60). Sozinho, ele não tem nenhuma relevância jurídica. Para isso ele deve se integrar ao fato jurídico temporal, que consiste na identidade entre duas posições em situação de continuidade. Isso fica muito claro em relação aos fatos omissivos, na medida em que há uma expectativa de mudança, mas, passado um tempo, ela não se realiza (CARNELUTTI, Francesco. Teoria generale...cit. p. 206-7).
6. Adotada a teoria eclética da ação, que vê esse instituto como direito a uma resolução do mérito, favorável ao autor ou ao réu (LIEBMAN, Enrico Tullio. Manuale di diritto processuale civile. Principi. 7ª ed. Milano: Giuffrè, 2007. p. 141), que, de resto, foi abraçada por nosso legislador, ao estabelecer as condições da ação nos arts. 17 e 485, inc. VI, do CPC/2015.
7. CARNELUTTI, Francesco. Diritto e processo. Napoli: Morano Editore, 1959. p. 154.
8. SICA, Heitor Vitor Mendonça. Preclusão processual civil. 2ª ed. São Paulo: Atlas, 2008. p. 282.
9. "La estructura misma del juicio contribuye, por su lado, a que, agotados los plazos que se conceden para realizar los actos, se considere caducada la posibilidad de realizarlos ("preclusión") pasándole a los atos subsiguientes" (COUTURE, Eduardo J. Fundamentos del derecho procesal civil. Buenos Aires: Aniceto Lopez, 1942. p. 81). Sobre a importância dos prazos para a marcha procedimental, cfr. CARNELUTTI, Francesco. Diritto...cit. p. 54.
10. O processo é a estrutura dialética do procedimento, em que os sujeitos atuam com poderes, ônus e faculdades, ou seja, com posições simétricas que se correspondem, formando um todo isonômico (FAZZALARI, Elio. Processo (teoria generale). In Novissimo Digesto Italiano. Torino: UTET, 1966, n. 6, p. 1072. v. XIII).

participam, através da distribuição equânime de posições entre as partes.[11]

Para fins de inatividade, as duas facetas são relevantes: a do procedimento, que estabelece o regramento dos atos processuais, as formas e a sequência em que os primeiros se realizam[12] e a da relação jurídica processual, ou seja, do próprio processo.

Conforme foi dito, o legislador previu uma estrutura que favorece o desenvolvimento do processo, com prazos, termos e preclusões, para se garantir um ritmo mínimo esperado.[13] Nessa estrutura é essencial a contribuição das partes com a realização de atos, sejam do juiz, sejam dos sujeitos parciais (autor, réu, ou terceiros).[14]

Embora vigore em nosso sistema a regra do impulso oficial (art. 2º, do CPC/2015), as partes também contribuem com o impulso, mediante a implementação de faculdades, ônus e deveres,[15] fazendo consagrar *"uma fórmula mista em que convivem ônus e deveres de impulso"*.[16]

Estudaremos, primeiramente, qual a importância das normas procedimentais, principalmente dos prazos estabelecidos pelo legislador, para o regramento da inatividade das partes. Veremos como os prazos e as preclusões são estabelecidas para garantir um ritmo mínimo ao processo, proporcionando, portanto, a sua concentração.

Depois, passaremos ao estudo da importância da atividade das partes para a própria relação jurídica processual, ou seja, para a garantia do contraditório e da imparcialidade do juiz. Nesse aspecto, veremos como o princípio dispositivo atua, como as manifestações das partes influenciam o processo, criando vínculos ou expectativas,

---

11. PICARDI, Nicola. Dei termini. In Commentario del codice di procedura civile, direto da Enrico Allorio. Torino: UTET, 1973. p. 1544. v. I. t. II; FAZZALARI, op. loc. cit.
12. DINAMARCO, Cândido Rangel. Instituições...v. II, cit. p. 454-5.
13. Trata-se de uma *fattispecie* de formação sucessiva, com uma ordem lógica e cronológica de atos (PICARDI, Nicola. La sucessione processuale. Milano: Giuffrè, 1964. p. 63 e ss. v. I), em que se sucedem de maneira ordenada, unidades e distâncias de tempo (PICARDI, Nicola. Dei termini...v. I. t. II. p. 1543); no mesmo sentido, FAZZALARI, Elio. Processo (teoria generale), in. Noviss. Dig. It., vol. XIII, Torino, 1966, n. 6, p. 1072.
14. FAZZALARI, Elio. Istituzioni di diritto processuale. 7ª ed. Padova: CEDAM, 1994. p. 78. No mesmo sentido, COUTURE, Eduardo J. Fundamentos...cit. p. 80, para quem o impulso é concedido às partes, ao juiz, ou até mesmo, de uma forma objetiva, pelas regras do procedimento que, apesar de nenhuma atividade ser realizada, determinam a passagem de determinada etapa processual.
15. COUTURE, Eduardo J. Fundamentos...cit. p. 83; SICA, Heitor Vitor Mendonça. Preclusão...cit. 97-99.
16. DINAMARCO, Cândido Rangel. Instituições...cit. v. II. p. 640.

tendo como consequência direta um resultado na decisão de mérito (comportamento processual) ou uma crise processual, que impeça esse desfecho.

2.1. OS PRAZOS PROCESSUAIS COMO INSTITUTO FUNDAMENTAL PARA A VIABILIZAÇÃO DA MARCHA PROCESSUAL

Como vimos, o processo, e por assim dizer, o procedimento, desenvolve-se numa dimensão temporal e como tal, pode ser considerado uma *progressão* de atos e fatos, revestindo-se do caráter de *continuidade*.[17] É o estabelecimento de normas que relacionam os atos processuais ao tempo, que otimiza o andamento do processo e possibilita a persecução do almejado equilíbrio entre o fazer bem e o fazer rápido.[18]

A relação dos atos processuais com o tempo pode-se dar de duas formas.[19] A primeira, diz respeito ao espaço de tempo dentro do qual os atos processuais devem se inserir: uma determinada circunscrição temporal, fixada em dias ou horas. São exemplos, as normas que estabelecem a realização dos atos processuais em dias úteis, até determinado horário (art. 212, do CPC/2015), as que fixam a impossibilidade de sua realização nas férias (art. 214, do CPC/2015), as que determinam ao juiz a fixação de dia para realização de audiência (art. 357, § 3º e/ou inc. V, do CPC/2015).

A segunda acepção dessa relação tempo-processo diz respeito a uma distância, um lapso temporal, em que os atos devem ser implementados,[20] como, e. g., o prazo para responder (art. 335, do CPC/2015), o prazo para formular quesitos e nomear assistente (art.

---

17. CARNELUTTI, Francesco. Teoria generale del diritto. 3ª ed. Roma: Foro italiano, 1951. p. 206-8.
18. O ideal de equilíbrio entre fazer bem e fazer rápido é lembrado por CALAMANDREI, Piero. Introduzione allo studio sistematico dei provvedimenti cautelari. Padova: Cedam, 1936. p. 20. Segundo Carnelutti, o tempo é um inimigo perante o qual o juiz luta sem cessar e, qual um cinegrafista, tem o poder de parar, retroceder e acelerá-lo (CARNELUTTI, Francesco. Diritto... cit. p. 354). Essa bela metáfora é utilizada para justificar o poder geral de cautela do juiz, mas a premissa para o estabelecimento de prazos pelo legislador tem um sentido semelhante: evitar que o desfecho do processo seja longuíssimo, de modo que poderíamos substituir, no trecho do autor, onde se lê "juiz", por "legislador".
19. DALL'AGNOL, Antonio. Comentários ao Código de Processo Civil. São Paulo: RT, 2000. p. 281. v. II.
20. ARAGÃO, Egas Dirceu Moniz de. Comentários ao Código de Processo Civil. Rio de Janeiro: Forense, 2005. p. 89. v. II; ZANZUCCHI, Marco Tullio. Diritto processuale civile. 6ª ed. Milano: Giuffrè, 1964. p. 431-3. v. I; CARNELUTTI, Francesco. Teoria...cit. p. 311.

465, § 1º, do CPC/2015), o prazo para o juiz despachar ou decidir (art. 226, do CPC/2015), o prazo para o perito apresentar o laudo (art. 477, *caput*, do CPC/2015), etc.

Essa segunda maneira com que o tempo se relaciona na implementação dos atos processuais consiste no estabelecimento de uma medida para que se garanta *"uma justiça rápida e segura"*.[21] Para solucionar a lide, o ideal seria agir sem pressa, desenrolando-se em minúcias a análise dos fatos. Entretanto, a pendência do processo sem solução do litígio é motivo de insegurança e dispêndio inútil de tempo e recursos. Daí a necessidade dos prazos, como instrumento da ponderação entre o fazer bem e fazer com presteza.[22]

Neste aspecto, o prazo pode ser entendido como uma distância temporal entre dois atos, o ato *a quo* e o ato *ad quem*, ou seja, ele tem um ponto de partida e um ponto de chegada.[23] A sua inobservância, como veremos, pode implicar em consequências diretas na eficácia de apenas um ato ou de outros atos, anteriores ou posteriores.

Como nosso processo segue uma ordem legal de certa forma rígida,[24] divida em fases bem definidas, o prazo também pode se referir ao estabelecimento de uma fase processual para que o ato possa ser realizado.[25] Neste caso, fica mais claro que a implementação do ato depende da realização de outro ato processual subsequente, um marco legal que torna incompatível com a ordem procedimental a realização do ato precluso.[26] São exemplos: a modificação do pedido e causa de pedir até o despacho saneador (art. 329, do CPC/2015) e a possibilidade de suspensão do processo para produção de prova mediante carta precatória ou rogatória, também somente até o despacho saneador (art. 313, inc. V, "b", c.c. art. 377, do CPC/2015).

---

21. ALVIM, Arruda. Manual de direito processual civil. São Paulo: RT, 2010. p. 476, que em relação aos prazos, fala em princípios da paridade de tratamento e da brevidade; CARNELUTTI, Francesco. Diritto...cit. p. 154.
22. ARAGÃO, Egas Dirceu Moniz de. Comentários...v. II, cit. p. 89.
23. CARNELUTTI, Francesco. Teoria generale...cit. p. 312.
24. Segundo Liebman, o sistema de preclusões do processo civil brasileiro, calcado no direito medieval, tem por orientação dois princípios: a ordem legal rígida, dividida em estádios bem definidos e a eventualidade, como possibilidade única de apresentação das matérias de ataque e defesa (LIEBMAN, Enrico Tullio, nota 1, em CHIOVENDA, Giuseppe. Instituições...cit. v. III, 1945, p. 223-4).
25. Em ambos os casos há transcurso de um prazo, mas que são marcados de forma diversa (SICA, Heitor Vitor Mendonça. Preclusão...cit. p. 129).
26. LIEBMAN, Enrico Tullio. Manual...cit. v. I, p. 236, esp. nota 148, de Cândido Rangel Dinamarco.

Em certas hipóteses, o prazo é estabelecido com a finalidade de acelerar o ritmo do processo, para que este não se alongue indeterminadamente: são os prazos ditos aceleratórios, ou máximos. Noutras, ele é estabelecido para garantir a defesa e possibilitar a manifestação das partes: são os prazos dilatórios ou mínimos.[27]

Tendo como referência o caráter cogente ou dispositivo desses prazos, o CPC/1973 trazia norma que os distinguia em peremptórios e dispositivos (art. 182),[28] na medida da possibilidade da sua derrogação por vontade das partes. Normalmente, dentro dessa classificação – embora não necessariamente, conforme entendimento que criticava a sua radicalização –,[29] os prazos aceleratórios são peremptórios e os dilatórios, dispositivos. O CPC/2015 não prevê essa classificação, de modo que fica aberta a possibilidade, desde que haja acordo entre as partes, da redução ou prorrogação de prazos peremptórios, notadamente diante da cláusula geral prevista no art. 190.

Com base na preclusividade de um ato *ad quem*, os prazos podem ser considerados próprios (normalmente o são os aceleratórios) ou impróprios,[30] sendo aqueles ensejadores de preclusão e estes não.[31]

Fixar-nos-emos apenas na primeira classificação (aceleratórios e dilatórios), pois ela nos auxiliará a enxergar o fundamento do tratamento do inativo, em função do prejuízo da inatividade em termos de concentração, já que os prazos processuais imprimem um ritmo ao procedimento, em estrutura e desenvolvimento dialético.

Há quem compreenda que o regime dos prazos processuais, sejam eles aceleratórios ou dilatórios, refere-se à forma dos atos entre os

---

27. DINAMARCO, Cândido Rangel. Instituições...v. II, cit. p. 563-5; LIEBMAN, Enrico Tullio. Manual de direito processual civil. Trad. de Cândido Rangel Dinamarco. Rio de Janeiro: Forense, 1984. p. 233. v. I; CARNELUTTI, Francesco. Teoria...cit. p. 312; Id. Diritto...cit. p. 155.
28. Em vez de "dilatórios" (DINAMARCO, Cândido Rangel. Instituições...cit. v. II. p. 574-6).
29. ARAGÃO, Egas Dirceu Moniz de. Comentários ao Código de Processo Civil. 6ª ed. Rio de Janeiro: Forense, 1989. p. 126. v. II.
30. ALVIM, Arruda. Manual...cit. p. 479, que diz que os prazos próprios "implicam uma consequência processual específica" e, os impróprios, "não implicam (...) uma consequência processual"; MARQUES, José Frederico. Manual de direito processual civil. São Paulo: Saraiva, 1974. p. 350. v. I, que afirma que os prazos próprios são aqueles que geram "consequências e efeitos de caráter processual", quando os impróprios trarão "consequências não processuais". Preferimos, todavia, o critério da preclusividade, pois não raro os prazos impróprios também geram consequências processuais.
31. DINAMARCO, Cândido Rangel. Instituições...v. II. cit. p. 565-9.

quais aquele deve implementar-se.[32] Tal entendimento, a rigor, levar-nos-ia à conclusão de que a inobservância de um prazo dilatório ou peremptório ensejaria, *tout court*, a própria nulidade do ato processual,[33] que estaria privado de seu requisito (de validade) temporal.[34] Entretanto, embora a ineficácia (ou a nulidade) dos atos processuais possa ocorrer quando não implementado esse requisito, nem sempre a inobservância do prazo prejudicará a higidez dos atos do processo.

Quando se trata de regramento de prazos, toda generalização é perigosa, pois pode ocasionar equívocos.[35] Partiremos do pressuposto, portanto, de que alguns prazos podem dizer respeito à *fattispecie* do ato processual a que se refere – sejam esses os atos *a quo* (anteriores), sejam os atos *ad quem* (posteriores) –, porque podem se referir ao suprimento de uma nulidade processual desses atos processuais ou de um pressuposto de admissibilidade do julgamento de mérito.[36]

Via de regra, entretanto, os prazos devem ser vistos como um requisito extrínseco dos atos processuais.[37] No entendimento de alguns doutrinadores, trata-se de verdadeiro fato jurídico processual autônomo,[38] com potencialidade de gerar efeitos próprios e isolados

---

32. ORIANI, Renato. Atti processuali. Enciclopedia giuridica. Roma, 2007. p. 6; ROCCO, Ugo. Trattato di diritto processuale civile. 2ª ed. Torino: UTET, 1966. p. 264 e ss. v. II; CALAMANDREI, Piero. Istituzioni di diritto processuale civile. Padova: CEDAM, 1943, p. 161. v. I; ZANZUCCHI, Marco Tulio. Diritto...v. I. cit. p. 426 e ss; DINAMARCO, Cândido Rangel. Instituições...cit. v. II. itens 676 e 703, que atribui ao tempo condição de requisito formal extrínseco (circunstância) do ato; afirmando que o prazo integra a forma *lato sensu* dos atos processuais (juntamente com o lugar e a forma *stricto sensu*): DALL'AGNOL, Antonio. Comentários...v. 2. p. 281.
33. REDENTI, Enrico. Atti processuali civili. Enciclopedia del diritto. Milano: Giuffrè, 1959. p. 138-9; MICHELI, Gian Antonio. Corso di diritto processuale civile. Milano: Giuffrè, 1959. p. 280. v. I.
34. ANDRIOLI, Virgilio. Commento al Codice di Procedura Civile. Napoli: E. Jovene, 1954. p. 409. v. I.
35. PICARDI, Nicola. Dei termini...v. I. t. I. cit. p. 1535.
36. Daí Teresa Arruda Alvim entender ser aplicável também ao caso, o regime das nulidades – e inexistência/anulabilidades ("talvez a melhor forma de se encontrar um regime jurídico para os atos inadmissíveis, uma vez praticados, seja de classificá-los segundo a categoria de inexistentes, nulos e anuláveis, conforme a natureza da regra que tenha sido infringida", WAMBIER, Teresa Arruda Alvim. Nulidades...cit. p. 232). Na verdade essa tendência revela um esforço em se buscar a conservação dos atos processuais.
37. Ou circunstância (DINAMARCO, Cândido Rangel. Instituições...v. II, cit. p. 553); BARBOSA MOREIRA, José Carlos. Comentários ao Código de Processo Civil. Rio de Janeiro: Forense, 2011. p. 263. v. V; também, CARNELUTTI, Francesco. Teoria generale...p. 307-8; ALLORIO, Enrico. Diritto processuale tributario. 5ª ed. Torino: UTET, 1969. p. 527; SATTA, Salvatore. Diritto processuale civile, 9ª ed. Padova: CEDAM, 1981. p. 238; Id. Commentario al Codice di Procedura Civile. Milano: Francesco Vallardi, 1959. p. 531-2. v. I, que distingue os termos em extrínsecos ou acidentais e intrínsecos ou naturais.
38. São atos-fatos jurídicos caducificantes, ou de caducidade sem culpa, cfr. respectivamente: MELLO, Marcos Bernardes de. Teoria do fato jurídico...cit. p. 140; PONTES DE MIRANDA, Francisco Cavalcanti. Tratado de direito privado...v. II, cit. p. 392.

na higidez dos atos anteriores ou posteriores do processo.[39] A inobservância de prazos aceleratórios gera a ineficácia do ato a que se pretendia realizar, trata-se de um efeito coligado à preclusão.

Juntamente com a fixação de prazos, o estabelecimento da preclusão dos atos processuais é o principal instrumento de que a lei dispõe para viabilizar a marcha do processo[40] – obviamente, desde que esta esteja coligada com a possibilidade de o processo prosseguir sem a realização do ato não realizado ou realizado a destempo.[41]

Segundo a tradicional classificação da preclusão construída por Chiovenda, essa consiste, basicamente, na perda de uma faculdade processual pelo seu não exercício em determinado espaço de tempo (preclusão temporal), ou pelo exercício de outro ato incompatível com aquele que se desejava realizar (preclusão lógica), ou pela já implementação do ato em si (preclusão consumativa).[42]

Para nosso estudo, somente a perspectiva da preclusão temporal importa e, desde logo, adiantamos que não a trataremos como a perda de uma faculdade processual, mas sim como ônus inadimplido.[43] Isso porque o regramento da preclusão está intimamente ligado ao de relação jurídica processual,[44] sendo que essa há muito não é mais considerada um direito potestativo das partes, mas sim o conjunto de meios (poderes, deveres, ônus, etc.), postos à sua disposição, juntamente com o poder-dever do juiz de proferir uma decisão para satisfazer o direito pleiteado (e todo o processo é voltado a esse escopo).[45] Adotar sem ressalvas a concepção chiovendiana de preclusão é também adotar, implicitamente, a concepção de relação jurídica processual concebida pelo autor e todos sabemos que ele compreendia essa relação de maneira pseudo-substancial,[46] ou seja, como fonte

---

39. PICARDI, Nicola. Dei termini...v. I. t. I, cit. p. 1535.
40. GRASSO, Eduardo. Interpretazione...cit. p. 639; CAPONI, Remo. La rimessione in termini nel processo civile. Milano: Giuffrè, 1996. p. 17-8; TESORIERE, Giovanni. Contributo...cit. p. 87.
41. SICA, Heitor Vitor Mendonça. Preclusão...cit. p. 127; CAPONI, Remo. La rimessione...cit. p. 17-8.
42. CHIOVENDA, Giuseppe. Instituições de direito processual civil. 2ª ed. Trad. J. Guimarães Menegale. São Paulo: Saraiva, 1945. p. 220-1. v. III.
43. GRASSO, Eduardo. Interpretazione...cit. p. 641; TARZIA, Giuseppe. Il litisconsorzio facoltativo nel processo di primo grado. Milano: Giuffrè, 1972. p. 195.
44. SATTA, Salvatore. Diritto processuale civile. 9ª ed. Padova: CEDAM, 1981. p. 239.
45. LIEBMAN, Enrico Tullio. L'opera scientifica di James Goldschmidt e la teoria del rapporto processuale. Rivista di diritto processuale. Padova: CEDAM, 1950. p. 341. parte 1.
46. A expressão é utilizada por GRASSO, Edoardo. Interpretazione...cit. p. 640.

recíproca de direitos e deveres entre as partes.[47] Mas, atualmente, há algo diverso no conceito de relação jurídica processual, ela deve ser vista como uma comunhão de esforços entre partes e juiz para se alcançar um provimento final.[48] Não estamos diante de contraposição de direitos, faculdades e deveres apenas entre as partes, mas sim de um envidamento de esforços para que o processo atinja da melhor maneira o seu fim.

Ou seja, entender a preclusão temporal e os efeitos a ela associados como a inobservância de um ônus inadimplido, proporcionar-nos-á uma visão publicística do instituto,[49] impedindo qualquer interpretação subjetiva a deixar-se ao alvedrio das partes o andamento do processo.[50] Essa forma de enxergar o instituto visa evitar paralisações e retrocessos,[51] que são repugnados pelo sistema. O regramento da inatividade das partes deve ser destinado a proporcionar o mínimo de paralisações, avultando clara a perspectiva inerente da marcha processual lembrada por Remo Caponi, de que o processo ande independentemente do ato não realizado.[52] Lembramos que a litispendência sempre causa restrições à liberdade das partes e, após a citação no prazo legal, interrompe a prescrição da pretensão levada a juízo (art. 240, do CPC/2015). Um processo paralisado sempre prejudicará a segurança das relações jurídicas, por ensejar a perpetuação da relação subjacente.

Desta forma, muitos afirmam que a inobservância do quesito tempo para o caso dos prazos aceleratórios ocasiona a inadmissibi-

---

47. "Non comprende un solo diritto od obbligo ma un insieme di diritti indefinito, come accade di molti rapporti anche del diritto civile (ad es. la società)" (CHIOVENDA, Giuseppe. Principii...cit. p. 91).
48. "Si ha perciò un incontro e una combinazione di forze giuridiche diverse, dirette a raggiungere i loro scopi, delimitate rigorosamente nella loro nascita, esercizio ed effetti, la cui risultante trova la sua espressione nel provvedimento finale dell'organo giurisdizionale (...) tutto il processo è regolato e ordinato allo scopo di permettere al giudice di procunciare questo provvedimento" (LIEBMAN, Enrico Tullio. L'opera scientifica di James Goldschimidt e la teoria del rapporto processuale. Rivista di diritto processuale. Padova: CEDAM, v. V, anno 1950. p. 341).
49. GRASSO, Edoardo. Interpretazione della preclusione e nuovo processo civile in primo grado. Rivista di diritto processuale. Padova: CEDAM. ano 48. n. 1. Lug/Set 1993. p. 639.
50. Essa interpretação subjetiva é ainda utilizada por aqueles que veem no abandono, por exemplo, uma desistência tácita do processo, exigindo a inexistência de negligência da parte inativa. Tais posicionamentos devem, em nossa opinião, ser rechaçados, pois qualquer tipo de inatividade – como a falta de contestação, por exemplo – deve ser vista como uma inobservância de um ônus, despida de indagações acerca da vontade ou do ânimo de ficar inativo.
51. As paralisações e retrocessos no processo não deixam de ser uma crise relacionada à atividade das partes (GUASP, Jaime. Derecho...cit. p. 456).
52. CAPONI, Remo. La rimessione...cit. p. 17.

lidade e não a nulidade do ato processual, como regra geral.[53] Essa inadmissibilidade, como efeito coligado à preclusão,[54] nada mais é que a impossibilidade de um ato processual, e consequentemente, todo o processo, produzir efeitos jurídicos autônomos,[55] ou seja, diante dela o juiz nada poderá fazer, não poderá *"prestar a tutela jurídica reclamada"*, porque a procedência se faz inviável.[56]

A inadmissibilidade, portanto, pressupõe a preclusão, mas com ela não se confunde, porque não se refere a um simples ato processual isolado, ela diz respeito ao procedimento como um todo, à impossibilidade de prestação de tutela jurisdicional pelo processo ou por uma fase processual (recurso, por exemplo), devido à inobservância de um pressuposto de admissibilidade do mérito.[57]

Dizemos que essa é uma regra geral para a inobservância dos prazos aceleratórios,[58] porque a sua inobservância também pode ocasionar a impossibilidade de atingimento do mérito no processo, mas por se referir à não sanação de um defeito ou de um impedimento posterior, que pode muito bem estar ligado a uma nulidade. Nesse caso, os italianos falam em improcedibilidade.[59]

A característica latente dessas figuras, como a inadmissibilidade e a improcedibilidade, é o fato de pressuporem sim a inobservância de um ato processual num determinado prazo, mas se referirem a todo o processo ou uma fase processual.[60] São casos em que fica latente a influência do prazo sobre toda a cadeia procedimental.

---

53. DINAMARCO, Cândido Rangel. Instituições...v. II, cit. item 720; SICA, Heitor Vitor Mendonça. Preclusão...cit. p. 158.
54. TESORIERE, Giovanni. Contributo allo studio delle preclusioni nel processo civile. Padova: CEDAM, 1983. p. 86.
55. MAURINO, Alberto Luis. Nulidades procesales. 4ª ed. Buenos Aires: Astrea, 1995. p. 19.
56. DINAMARCO, Cândido Rangel. Litisconsórcio...cit. p. 297, item 116, que também cita PASSOS, José Joaquim Calmon de. Comentários...cit. v. III, 1989, item 278.1, p. 486.
57. TESORIERE, Giovanni. Contributo...cit. p. 85-6.
58. Via de regra, a inadmissibilidade é diferente da nulidade, porque não admite sanação do vício PANNAIN, Remo. Le sanzioni degli atti processuali penali. Napoli: E. Jovene, 1933. p. 465 e ss., esp. 468-9. Lembramos, todavia, que os critérios utilizados para compreender a inadmissibilidade como figura autônoma, ou seja, diversa da nulidade ou da preclusão, são bem controversos. Por exemplo, o referido autor assim define a inadmissibilidade: "atti, che il legislatore ritiene compiuti con inosservanza di disposizioni varie, e quindi, irregolarmente" (Id., op. cit. p. 467). A definição é muito semelhante do que seja ato processual nulo.
59. A improcedibilidade é um efeito coligado à preclusão, que acarreta a extinção do processo sem resolução de mérito, em decorrência da não implementação de um requisito posterior à propositura da demanda (TESORIERE, Giovanni. Contributo...cit. p. 85-6).
60. TESORIERE, Giovanni. Contributo...cit. p. 85.

De fato, há muitas situações em que a inobservância de um prazo pode influenciar total ou parcialmente a higidez da cadeia procedimental, variando-se a forma de suprimento e alegação da sua não observância. Foquemos em alguns exemplos para melhor compreensão.

Imaginemos a figura do prazo dilatório[61] – mínimo – de dez dias entre a citação do réu e a audiência de conciliação, estabelecido no art. 277, *caput*, do CPC/1973, para o rito sumário (não mais previsto no CPC/2015, mas que pode perfeitamente ser comparado com o prazo prévio de vinte dias para a audiência de conciliação prevista no *caput*, do art. 334). Não observada essa pausa mínima, viola-se o direito de defesa do réu, que pode querer consultar um advogado previamente ao comparecimento à audiência, principalmente porque nela, caso não obtida a conciliação, deverá apresentar defesa e requerer a produção de provas (art. 278, do CPC/1973).

Temos um ato anterior (a citação), que gera um efeito jurídico, ou seja, o ônus do réu comparecer à audiência para conciliar-se com o autor ou de responder. A finalidade do prazo aqui estabelecido é apenas paralisar temporariamente o efeito decorrente da citação, para viabilizar o exercício da ampla defesa pelo réu. Ele não é requisito de validade da citação, que continua hígida – mesmo se o prazo não seja observado –, mas participa na qualidade de seu requisito acidental, embora como mera condição suspensiva para que ele produza todos seus efeitos (exercício da faculdade de comparecer à audiência pelo réu).[62] Prova disso é que, inobservado o prazo, não se poderiam aplicar os efeitos da revelia previstos no art. 277, § 2º, do CPC/1973.

No caso do prazo dilatório, há uma carência imediata de um poder de exercício do ato, o prazo é estabelecido qual condição resolutiva para que o ato *a quo* produza seus efeitos integralmente.[63] A inobservância do prazo impede apenas que os efeitos do ato *a quo* se produzam por falta de interesse ou legitimação momentâneas: imagine que o exequente requeira o andamento da execução, com

---

61. DINAMARCO, Cândido Rangel. Instituições...v. II, cit. p. 564
62. PICARDI, Nicola. Dei termini...v. I. t. I, cit. p. 1536, que dá exemplo muito parecido no direito italiano: o prazo para *"comparizione"* é o mínimo necessário entre a notificação de citação do réu e a audiência de *"comparizione"* (art. 163-bis, do CPC italiano). Isso não ocorre com os prazos aceleratórios, como veremos: daí afirmar-se haver inadmissibilidade neste último caso, impossível de relevar-se.
63. Como já afirmamos, o prazo é parecido com aquele de comparecimento do direito italiano, *ex vi* do art. 163-bis e 164.

indicação de bens à penhora, ou que haja intimação do executado para indicá-los, antes de escoar-se o prazo para o pagamento previsto no art. 523, do CPC/2015. Esse não é motivo suficiente para tornar ineficaz o pedido de andamento ou de indicação de bens: sua eficácia ficará suspensa até o escoamento do prazo previsto para pagamento.

No mais das vezes, a ineficácia (ou nulidade) do ato, ou momentânea falta de interesse/legitimação, por inobservância dos prazos dilatórios, pode ser relevada, inclusive de ofício, e o ato pode ser renovado.[64] Isso porque, normalmente, esses prazos são estabelecidos em favor de determinada parte, aplicando-se a regra do aproveitamento dos atos processuais, tendo em vista a ausência de prejuízo (arts. 282, § 1º e 283, parágrafo único, do CPC/15).

Por exemplo, o réu que, citado num prazo inferior ao previsto no art. 277, do CPC/1973, comparece à audiência e aceita conciliar-se ou apresenta resposta, sem arguir a nulidade, não poderá mais argui-la posteriormente, sanando-se a ineficácia (ou nulidade) advinda da inobservância do prazo. Se o réu, embora tenha comparecido, o tenha feito tão só para alegar a nulidade, a audiência será redesignada, devolvendo-se-lhe o prazo não observado. Desta forma, aproxima-se a implicação da inobservância do prazo, com o regime das nulidades sanáveis (arts. 277 e 283, do CPC/2015).

No caso do prazo peremptório, o tratamento muda de figura. Como já tivemos oportunidade de adiantar, associa-se essa figura à de inadmissibilidade,[65] diferenciando-a da nulidade: a principal diferença seria o fato de que no caso da nulidade, a regra é a possibilidade de renovação do ato (como nos arts. 277 e 283, do CPC/2015), quando na inadmissibilidade o ato não poderia nunca ser renovado[66] e sua desconformidade com a norma poderia ser aferida de ofício.[67]

---

64. PICARDI, Nicola. Dei termini...cit. p. 1548; somente pela parte a qual o prazo aproveita: COSTA, Sergio. Osservazioni sul regolamento temporale nel progetto Solmi. In Studi Sassaresi. Sassari: La Università, 1938. p. 399. v. XVI.
65. DINAMARCO, Cândido Rangel. Instituições...v. II, item 720; SICA, Heitor Vitor Mendonça. Preclusão... cit. p. 158; FAZZALARI, Elio. Il giudizio civile di cassazione. Milano: Giuffrè, 1960, p. 121, embora o autor use o termo para tratar especificamente do recurso intempestivo; DE MARSICO, Alfredo. Lezioni di diritto processuale penale. 3ª ed. Napoli: E. Jovene, 1952. p. 144 e ss.
66. SICA, Heitor Vitor Mendonça. Preclusão...cit. p. 157; PICARDI, Nicola. Dei termini...v. I, cit. p. 1548-9; PANNAIN, Remo. Le sanzioni degli atti...cit. p. 468-9; ANDRIOLI, Virgilio. Commento...v. I, cit. p. 410; DE MARSICO. Lezioni...cit. p. 147-8. Este autor traz uma diferenciação interessante: afirma que a nulidade se refere a um ato do processo, quando a inadmissibilidade se refere a um ato que condiciona a formação de todo o processo (inicial) ou uma fase do processo (recurso); daí que, verificada essa última, o processo ou a fase nem surge.
67. PICARDI, Nicola. Dei termini...v. i. t. I, cit. p. 1549; DE MARSICO, Alfredo. Lezioni...cit. p. 148-9.

Isso ocorre, porque a inadmissibilidade está ligada à preclusão decorrente da implementação de um pressuposto de admissibilidade do mérito, que deve obedecer à regra geral do art. 485, § 3º, do CPC/2015. Já no caso de preclusão do suprimento de uma nulidade, o regramento a ser utilizado é o das nulidades processuais, com possibilidade de saneamento dos vícios.

Veremos, entretanto, que o tratamento do autor inativo – muito embora não se tratar de preclusão ligada ao suprimento de uma nulidade, mas de improcedibilidade – se aproxima muito do regime das nulidades processuais e não da inadmissibilidade. O regramento da extinção leva em conta a repercussão danosa da inobservância do prazo a todos os atos que foram praticados anteriormente, principalmente o ato de demandar. O entendimento de que o processo não se extingue, ainda que implementado o ato processual tardiamente, visa resguardar a eficácia da demanda e do processo (o mesmo se diga da necessidade de intimação do réu para manifestação de continuidade do processo, art. 485, § 6º, do CPC/2015).

Veremos que este recurso ao regime das nulidades é preferível *de lege lata*, ante a inexistência de um regramento específico em termos de inatividade das partes em nosso processo, mas está longe de se afigurar o ideal, até porque, a rigor, a repercussão da inobservância do prazo necessário ao autor, para o prosseguimento do processo, não nulifica a demanda inicial.

2.1.1. Possibilidade de suprimento da perda de um prazo?

Assinalamos no capítulo anterior que o prazo é um período de tempo dentro do qual o ato processual deve se realizar. Vimos também que o procedimento é uma concatenação de atos processuais que precisam de certo ritmo para atingir sua finalidade precípua.

Assim, podemos distinguir dois tipos de prazos processuais: o extrínseco e o intrínseco.[68] O primeiro, já vimos, é tido pela doutrina como aquele espaço de tempo entre o qual um ato processual deve ser implementado, uma distância entre um ato *a quo* e um ato *ad quem*

---

68. POLI, Roberto. Sulla sanabilità della inosservanza di forme prescritte a pena di preclusione e decadenza. Rivista di diritto processuale. Padova: CEDAM, Apr/Giug 1996. p. 448-9: a maior parte das ideias desenvolvidas neste capítulo devem-se a este estudo; no mesmo sentido: SATTA, Salvatore. Diritto processuale civile...cit. p. 238. Id. Commentario al Codice...v. I, cit. p. 531.

(prazo para contestar, prazo para recorrer, etc.).[69] Sua *ratio* preponderante é a de imprimir certeza, ritmo e concentração ao processo.[70]

O segundo é destinado a garantir a concatenação dos atos procedimentais e é estabelecido, porque a realização de determinado ato processual é incompatível com uma nova situação processual criada.[71] Neste caso, a extensão em que o ato deve ser implementado, sob pena de preclusão, não é uma medida fixa de tempo, mas sim marcada por determinada fase processual.[72] A função preponderante – diz-se preponderante, pois pode haver outras funções, como a aceleratória, por exemplo – deste tipo de prazo é atribuir ao procedimento a certeza e coerência necessárias ao seu desenvolvimento.[73]

Partindo da premissa de que o princípio da instrumentalidade das formas deve ser entendido de forma ampla, ou seja, deve ser aplicado a todas as previsões que estabelecem formas no sistema processual e não somente àquelas sancionadas pela nulidade, Roberto Poli compreende ser possível a sua aplicação também às normas que estabeleçam a obediência de um determinado prazo sob pena de preclusão, até mesmo quando a lei prevê expressamente que o prazo é peremptório.[74]

Embora o autor reconheça a dificuldade de se admitir que para os prazos extrínsecos haja aplicação do princípio da instrumentalidade das formas e, consequentemente, sanabilidade da perda de um prazo,[75] ele a compreende possível na medida em que analisamos a

---

69. COSTA, Sergio. Termini (Dir. Proc. Civ.). Novissimo digesto italiano. Torino: UTET, 1973. p. 118. v. XIX.
70. GROSSI, Dante. Termini (Dir. Proc. Civ.). Enciclopedia del diritto. Milano: Giuffrè, 1972. p. 235. v. XLIV; PICARDI, Nicolà. Dei termini...cit. p. 1543; VERDE, Giovanni. Profili del processo civile...v. I, cit. p. 280.
71. SATTA, Salvatore. Diritto processuale civile...cit. p. 238. Id. Commentario al Codice...v. I, cit. p. 531; VERDE, Giovanni. Profili del processo civile...v. I, cit. p. 272-3.
72. Trata-se da ideia de preclusão mista, tão difundida entre nós, e concebida por Liebman (LIEBMAN, Enrico Tullio. Manuale...v. I, cit. p. 187-8); COSTA, Sergio. Termini...cit. p. 118, que distingue-os em prazos a tempo fixo (em senso próprio) e prazos a determinado espaço de tempo; GROSSI, Dante. Termini...cit. p. 235-6, esp. nota 21; GRASSO, Eduardo. Interpretazione...cit. p. 643.
73. GROSSI, Dante. Termini...cit. p. 235-6; LIEBMAN, Enrico Tullio. Manuale...v. I, cit. p. 187; VERDE, Giovanni. Profili del processo civile...v. I, cit. p. 280.
74. POLI, Roberto. Sulla sanabilità...cit. p. 459 e 478; contra, LIEBMAN, Enrico Tullio. Manuale...v. I, 1973, p. 208, para quem a inobservância do prazo, embora seja um caso peculiar de nulidade, não seria possível de ser sanada.
75. ORIANI, Renato. Atti processuali. Enciclopedia giuridica. Roma, 2007. p. 6. Embora o autor compreenda que o tempo e o lugar são requisitos de forma em senso estrito do ato processual e que sua ausência acarreta a nulidade do ato, ele reluta em entender aplicável a instrumentalidade das formas (art. 156, 3° comma, CPC italiano) a esse caso (ORIANI, Renato. Nullità degli atti processuali. Enciclopedia giuridica. Roma, 2007. p. 11. v. XXIII).

função específica de cada prazo no processo. A ideia – e ela se aplica *a priori* aos prazos intrínsecos – é a de que o ordenamento prevê uma "*rimessione in termini*"[76] natural ou fisiológica, na medida em que um ato processual não realizado no tempo previsto não será prejudicado pela preclusão se o seu cumprimento tardio não for incompatível com a situação atual do processo.[77]

Conhece-se em doutrina a possibilidade de relativizar, por exemplo, a apresentação extemporânea da réplica, até o momento em que o juiz não tome a iniciativa de iniciar a fase de saneamento do processo.[78] A ideia é justamente a sanabilidade da inobservância do prazo, tendo em vista que o escopo deste ato processual é propiciar elementos fáticos para o estabelecimento dos prontos controvertidos na fase de saneamento. Assim, não iniciada a fase de saneamento, nada impede que a réplica seja apresentada, interpretando-se seu regramento como de preclusão mista.

O princípio da instrumentalidade das formas (art. 277, do CPC/2015), que deve informar toda a disciplina do exercício do direito de ação, tem como máxima, a ideia de que toda forma dos atos processuais não é prevista pela lei para a consecução de uma finalidade isolada e autônoma, mas é sim um instrumento disponibilizado pelo legislador para a busca de uma finalidade maior.[79] Isto posto, este princípio deve ter uma acepção geral, deve ser aplicável a todas as previsões de forma no processo civil,[80] inclusive àquelas destinadas à implementação do requisito tempo.

---

76. Trata-se do mecanismo previsto no art. 294, do CPC italiano, cuja finalidade é possibilitar ao revel sanar preclusões se a sua ausência ocorreu por motivo a ele não imputável. A ideia é semelhante àquela prevista em nosso art. 223, que estabelece a extinção do direito de praticar o ato processual fora do prazo, mas abre a possibilidade de o juiz relevá-la desde que comprovada a justa causa para o não cumprimento.
77. POLI, Roberto. Sulla sanabilità...cit. p. 470.
78. O prazo de dez dias não é dotado de preclusividade imediata. Trata-se de preclusão mista. Assim, não iniciadas as atividades de saneamento pelo juiz, nada impede que se recebam as alegações da réplica (DINAMARCO, Cândido Rangel. Instituições...v. III, cit. p. 579).
79. POLI, Roberto. Sulla sanabilità...cit. p. 450-1; daqui decorrem três corolários básicos: a) que as normas atinentes à forma dos atos processuais devem ser vistas mais sob o seu caráter funcional que sancionatório (ORIANI, Renato. Nullità...cit. p. 21), b) a observância da forma é indispensável somente na medida em que seja necessária para assegurar o atingimento do próprio escopo do ato (MANDRIOLI, Crisanto. Corso...v. I, cit. p. 257 e LIEBMAN, Enrico Tullio. Manuale...v. I, 1973, cit. p. 206-7), c) a inobservância da prescrição formal é irrelevante se, apesar dela, o ato conseguiu atingir seu escopo (ORIANI, Renato. Nullità...cit. p. 8 e POLI, Roberto. Sulla sanabilità dei vizi...cit. p. 480-1).
80. POLI, Roberto. Sulla sanabilità dei vizi degli atti processuali. Rivista di diritto processuale. Padova: CEDAM, 1995. p. 480-1; sobre essa aplicação mais ampla da instrumentalidade das formas, principalmente aos atos de produção probatória e aos vícios não formais: ORIANI, Renato. Nullità

Assim, qual o escopo da previsão do prazo para apresentação de resposta? Primeiramente, o de concentrar as alegações dos fatos e chegar-se o mais brevemente possível à fixação dos pontos controvertidos (art. 357, do CPC/2015) ou ao julgamento conforme o estado do processo (arts. 354, 355 e 356, do CPC/2015). Depois, obviamente, se o réu alegar qualquer das matérias elencadas no art. 337 e 350, do CPC/2015, permitir o contraditório, mediante a apresentação de réplica pelo autor (arts. 350 e 351, do CPC/2015), bem como a sanação de vícios por este (art. 352, do CPC/2015). Desta forma, se a resposta, ainda que intempestiva, for juntada aos autos antes mesmo que eles sejam conclusos ao juiz para as providências preliminares, ou julgamento conforme o estado do processo, ou para o seu saneamento, a não observância do prazo para contestar, não prejudicou o escopo de concentração almejado pelo legislador para a fixação dos pontos controvertidos ou encerramento antecipado da controvérsia. Nem mesmo o contraditório seria desrespeitado. A conclusão é a de que, ainda que a lei preveja um prazo peremptório para resposta, ele pode ser compatibilizado com a atividade processual realizada no bojo em que está inserida (preclusão mista) e se sua apresentação intempestiva não for incompatível com a situação processual em que o ato foi realizado, aplica-se o princípio da instrumentalidade das formas para sanar-se a inobservância do prazo (art. 277, do CPC/2015).

O princípio da instrumentalidade das formas, ainda, deve ser observado não só com a finalidade de se assegurar o escopo primeiro, direto e específico de um ato processual, mas sim de toda a cadeia dele dependente e, principalmente, daquele último, indireto, ou seja, a necessidade de atingir-se uma sentença de mérito hígida,[81] indispensável para a plenitude da tutela jurisdicional. Daqui decorrem três corolários de suma importância:[82] a) deve-se impedir, o quanto for possível, que a necessidade de se utilizar do processo prejudique a parte que precisa agir ou defender-se em juízo para sustentar suas

---

degli atti...cit. p. 8-9. O mesmo autor atribui ao art. 156, 3º comma, do CPC italiano (similar ao nosso art. 277, do CPC/2015), valor de norma símbolo, capaz de exprimir um verdadeiro princípio geral em termos de processo (ORIANI, Renato. Atti processuali...cit. p. 4); cfr. ainda, MANDRIOLI, Corso...v. I, cit. p. 256-8.

81. POLI, Roberto. Sulla sanabilità...cit. p. 451-2; LIEBMAN, Enrico Tullio. Manuale...v. I, cit. p. 205-6.
82. POLI, Roberto. Sulla sanabilità...cit. p. 452.

razões,[83] b) o processo deve dar, sempre que possível, àquele que tem um direito, tudo aquilo e exatamente aquilo que tem direito de receber,[84] c) as hipóteses em que a inobservância de determinada forma acarreta uma sentença de extinção sem resolução de mérito devem ser tidas como excepcionais.[85]

Esses três corolários reforçam a ideia de que os principais atos postulatórios das partes (especialmente, mas não só, a contestação e a réplica), quando intempestivos, desde que não prejudiquem o escopo de concentração e certeza relativo aos prazos que lhes regulam – é dizer, desde que não se tenha ultrapassado a fase processual exigida pelo legislador como ideal de concentração, ou seja, aquela até o momento em que se pode alterar o pedido ou a causa de pedir (art. 329, do CPC/2015) –, desde que se tenha observado a oportunidade de manifestação dos demais sujeitos processuais, devem ser conhecidos, porque auxiliam o juiz na prolação de uma sentença de mérito mais condizente com a realidade fática e dão-lhe maior quantidade de elementos fáticos e jurídicos para decidir.[86]

No mais, averiguada a inatividade parcial na contestação, referente à não impugnação específica dos fatos alegados pelo autor, mesmo nos casos não enquadrados nas exceções previstas no art. 341, do CPC/2015, poderia o juiz determinar a emenda da peça defensiva? Acreditamos que sim, não só pela possibilidade de dispensar ao réu tratamento análogo ao do autor (art. 321, do CPC/2015), como pelas novas previsões que privilegiam a sanação do vício dos atos processuais (arts. 9º, 10 e 317, do CPC/2015). Isso porque a falta de impugnação dos fatos alegados pelo autor não deixa de ser um requisito – de validade ou não – exigido pelo legislador no art. 341, que, apesar de

---

83. CHIOVENDA, Giuseppe. Sulla 'perpetuatio iurisdictionis'. In Saggi di diritto processuale civile. Roma, 1930. p. 271 e ss., esp. 273. v. I.
84. CHIOVENDA, Giuseppe. Dell'azione nascente dal contrato preliminare. In Saggi di diritto processuale civile. Roma: Foro italiano, 1930. p. 110. v. I.
85. ANDRIOLI, Virgilio. Diritto processuale civile. Napoli: E. Jovene, 1979. p. 28.
86. Note o leitor que o que se defende é o suprimento da perda de um prazo para os atos postulatórios, devido à sua importância para a prolação de uma sentença mais robusta, dotada de maiores elementos fáticos. A aplicação do suprimento de um prazo em outras searas, como a recursal, por exemplo (lembrando-se que após o escoamento do prazo extrínseco recursal há trânsito em julgado, com formação de coisa julgada, cfr. BARBOSA MOREIRA, José Carlos. Comentários ao Código...v. V, cit. p. 266, o que dificultaria sobremaneira a aplicação da contagem dos prazos em fases sem uma previsão legal expressa), não é defendida no presente trabalho, pois dependeria de um estudo mais minucioso, que refoge ao escopo por nós pretendido.

ter expressa cominação legal, pode ser objeto de correção.[87] Obviamente, nem sempre essa emenda será possível de ser realizada. Entretanto, em situações em que fica claro o pedido de rejeição e a falta de contestação específica faz faltar uma causa de pedir, ou da narração dos fatos não se decorrer logicamente a conclusão (art. 330, § 1º, inc. I e III, do CPC/2015), nada impede que o juiz determine seja suprida a sua falta.

2.2. MARCHA PROCESSUAL POR INICIATIVA DAS PARTES: A QUEM CABE O IMPULSO?

Sob os auspícios da doutrina chiovendiana, nossos ordenamentos – desde o CPC de 1939 –, têm privilegiado um sistema de impulso oficial. Segundo ele, o processo começa por iniciativa das partes, mas se desenvolve por impulso jurisdicional (art. 2º, do CPC/2015, art. 262, do CPC/1973 e art. 112, do CPC/1939). Entretanto, cabe-nos indagar sobre o verdadeiro alcance desse sistema e até que ponto, quando estamos diante da inatividade das partes, ele é efetivo para assegurar a celeridade processual e o regular desenvolvimento do processo.

Diz-se que os poderes do juiz são inerentes à condução formal do processo (*formelle Prozessleitung*), de modo a possibilitar-lhe certo ritmo e para que haja um controle na sua regularidade. Mesmo no campo da formação do conteúdo dedutível, do conteúdo substancial da demanda inerente ao destino do próprio mérito da controvérsia (*materielle Prozessleitung*),[88] como, por exemplo, quando designa uma audiência de conciliação (art. 139, inc. V, do CPC/2015), ou quando solicita às partes esclarecimentos sobre os fatos ou provas a serem produzidas (art. 139, inc. VIII, do CPC/2015), os poderes do juiz são predominantemente de direção e não de decisividade do conteúdo introduzido.

Esses poderes diretivos, ou de condução, todavia, não devem excluir a atividade das partes, senão contribuir para que ela se implemente. Deixar o desenvolvimento da marcha processual somente sob a iniciativa do Judiciário seria ignorar que as partes estão muito mais

---

87. BATTAGLIA, Viviana. Sull'onere del convenuto di "prendere posizione" in ordine ai fatti posti a fondamento della domanda (riflessioni sull'onere della prova). Rivista di Diritto processuale. Padova: CEDAM, Nov/Dic, 2009. p. 1526.
88. CAPPELLETTI, Mauro. La testimonianza...v. I, cit. p. 71.

próximas dos fatos e têm maiores condições para contribuir com um desfecho não apenas célere do processo, mas definitivo da controvérsia.

Neste aspecto, afirmar apenas que o processo segue por impulso oficial (art. 2°, do CPC/2015), ainda que as partes sejam inativas, é opinião demasiado reducionista do problema da *"divisão do trabalho"*[89] que deve existir entre partes e juiz ao longo do processo. E mais, essa ilusão pode fazer o intérprete passar ao largo não apenas das hipóteses em que o processo não segue sem determinada atividade processual das partes, como também ignorar a relevância dos inúmeros efeitos ligados à preclusão, que são decisivos para o processo – não apenas do ponto de vista procedimental, como da própria definição do mérito da controvérsia.

Se as partes detêm um monopólio maior na propositura da demanda e dos fatos principais integrantes da causa de pedir, ao juiz cabe conhecê-los e gerenciar sua reprodução no processo: *"o juiz intervém na atuação dos litigantes"*, seja determinando a produção de provas, seja solicitando esclarecimentos às partes quanto aos fatos alegados.[90]

Atividade, portanto, pode ser definida como a realização de atos processuais, tanto pelas partes como pelo juiz, sendo daquelas, as principais, a demanda e a resposta, enquanto desse, a sentença.[91] Mas, no interregno desses atos, outros de suma importância são realizados, nos quais podemos identificar maior ou menor dose de impulso processual ou de conteúdo fático dedutível.[92]

---

89. BARBOSA MOREIRA, José Carlos. O problema da "divisão do trabalho" entre juiz e partes: aspectos terminológicos. Revista da Faculdade de Direito da Universidade Federal de Pelotas. Ano XIX, n. XIV, 1985, *passim*.
90. A expressão entre aspas é de Moacyr Amaral. Esse viés cooperativo fica muito mais nítido no âmbito probatório, concluindo o mesmo autor: "dá-se, assim, no processo probatório, uma perfeita interdependência de atribuições das partes e do juiz. Apenas aquelas não podem ter ingerência na função específica deste, de emitir provimentos relativos a qualquer dos atos probatórios e de avaliar e estimar as provas, porque, então, seria transformarem-se em juízes das próprias alegações. Por sua vez, o juiz não pode, a não ser dentro do critério legal e com o propósito de esclarecer a verdade, objetivo de ordem pública, assumir a função de provar fatos não alegados ou de ordenar provas quando as partes delas descuidam ou negligenciam" (SANTOS, Moacyr Amaral. Prova judiciária no cível e comercial. 4ª ed. São Paulo: Max Limonad, 1970. p. 236. v. I).
91. CHIOVENDA, Giuseppe. Principii di diritto processuale civile. Napoli: E. Jovene, 1980. p. 767.
92. Chiovenda identifica os atos das partes em três tipos: a) atos de impulso processual (exemplifica com a inscrição da causa no direito italiano, que se realiza após dez dias da citação do réu – esta realizada pelo autor, extrajudicialmente, conforme o artigo 163, do CPC italiano –, simultânea à constituição do autor em juízo – art. 165, do CPC italiano –, quando esse entrega a nota de inscrição ao escrivão); b) atos de dedução relativos ao processo (exceção de incompetência); e,

O ato jurídico processual, visto como um elemento da atividade processual realizada pelas partes, não deve ser considerado apenas como aquele que importa para a constituição, conservação, desenvolvimento, modificação ou definição da relação processual.[93] Como já tivemos oportunidade de observar, a definição de ato processual também depende da sua imersão naquela concatenação congênita de atos a que chamamos procedimento,[94] trata-se de ato jurídico que se integra na sequência procedimental. Ao mesmo tempo em que ele concorda com a forma de exteriorização estabelecida pela lei processual, deve se relacionar lógica e juridicamente no processo.[95]

Desta forma, juiz e partes atuam para que o processo possa alcançar o seu fim, que é o pronunciamento sobre o litígio e, com base nele, o resultado prático desejado.[96] Justamente esse conjunto de atos, como exteriorização de faculdades, ônus, poderes e deveres, que influi diretamente na marcha processual e nessa concatenação, deve ser visto como atividade.

Foquemos, primeiramente, na atividade das partes. Seus atos são de extrema relevância quando se quer estudar o tema da inatividade, pois em nosso direito a sua inobservância pode gerar os mais diversos efeitos.

De fato, o legislador pode coligar à perda da possibilidade da realização do ato processual, outros efeitos além da preclusão.[97] Pode estabelecer uma presunção de veracidade em relação ao fato alegado pela parte contrária (art. 344, do CPC/2015) ou dispensá-los da produção probatória (art. 355, inc. II, do CPC/2015), pode prever a condenação do faltoso no pagamento das custas pela omissão (art.

---

b) atos em relação ao mérito (como a afirmação de fatos e proposta de provas) (CHIOVENDA, Giuseppe. Principii...cit. p. 769-70).

93. Trata-se de definição dos atos processuais pelos seus efeitos (CHIOVENDA, Giuseppe. Principii...cit. p. 767).

94. COSTA E SILVA, Paula. Acto e processo...cit. p. 171-2, que fala em critério da integração na classificação dos atos processuais; DENTI, Vittorio. Nullità degli atti processuali civili. Novissimo digesto italiano. p. 469. v. XI.

95. KOMATSU, Roque. Da invalidade no processo civil. São Paulo: RT, 1991. p. 121-2.

96. DINAMARCO, Cândido Rangel. Tutela jurisdicional. In Fundamentos do processo civil moderno. 6ª. ed. São Paulo: Malheiros, 2010. p. 370. v. I.

97. Em ambos os casos, o fato é o mesmo, ou seja, a inatividade, com a preclusão da realização de determinado ato no processo; entretanto, a lei pode atribuir efeitos diversos à inobservância de determinado prazo: desde a impossibilidade de realizá-lo, tão somente, até a presunção de veracidade dos fatos alegados pelo adversário, como ocorre com a falta de contestação (SICA, Heitor Vitor Mendonça. Preclusão...cit. p. 154).

93, do CPC/2015), pode determinar a extinção do processo (art. 485, inc. III, do CPC/2015), pode valorá-lo como prova (art. 389, do CPC/2015), etc.[98]

Como se vê, o regramento da preclusão está todo direcionado ao incentivo para que as partes participem, seja impondo desvantagens, seja impondo sanções (arts. 77, § 2º, e 81, do CPC2015). Há, portanto, no campo das preclusões, forte influência sobre o poder dispositivo das partes, de modo a impor-lhes ônus, ou deveres, para que o processo siga seu fluxo normal.[99]

Começamos a compreender, portanto, como a atividade das partes influencia o desenvolvimento interno do processo, para uma melhor instrução e, consequentemente, uma melhor definição do litígio. Esse é um dos vieses do princípio dispositivo que passaremos a estudar.

São basicamente dois os significados que o princípio dispositivo pode assumir. O primeiro refere-se ao poder monopolístico da parte em dispor do interesse material e da tutela jurisdicional (*nemo judex sine actore*; *ne eat judex ultra petita partium*) e, o outro, refere-se ao poder monopolístico da parte em determinar, passo a passo, o curso interno e formal do procedimento, inclusive no campo das provas.[100]

Mas, em que consiste essa disponibilidade da tutela jurisdicional relativamente a determinado interesse material dedutível em juízo?[101] Essa acepção da disponibilidade da tutela jurisdicional diz respeito ao ato de demandar (*principio della domanda*), previsto no art. 2º, *in limine*, do CPC/2015[102] e ao ato de responder, previsto no art. 335, do CPC/2015.

---

98. PONTES DE MIRANDA, Francisco Cavalcanti. Comentários...v. III, 1974, cit. p. 121.
99. SICA, Heitor Vitor Mendonça. Da preclusão...cit. p. 286. "El juicio avanza también mediante cargas impuestas a las partes (...) se percibe que la ley insta a la parte a realizar los actos, bajo la conminación de seguir adelante em caso de omisión. La carga funciona impelindo a comparecer, a contestar, probar, concluir, bajo la amenaza de no ser escuchado y de seguir adelante" (COUTURE, Eduardo. Fundamentos del derecho...cit. p. 83).
100. Diz-se o "impulso iniziale" e o "impulso sucessivo" (CARNELUTTI, Francesco. Diritto...cit. p. 159); CAPPELLETTI, Mauro. La testimonianza...v. I, cit. p. 308.
101. CAPPELLETTI, Mauro. La testimonianza...v. I, cit. p. 306-7.
102. Fala-se em *"principio della domanda"*, que também pode vir representado pela *"corrispondenza tra il chiesto e il pronunciato"*, fundados, em nosso direito, respectivamente, pelos arts. 2º e 492, do CPC/2015, cfr. LIEBMAN, Enrico Tullio. Fondamento del principio dispositivo. Revista di diritto processuale, Padova: CEDAM, vol. XV, 1960, p. 552; CARNELUTTI, Francesco. Sistema di diritto processuale civile. Padova: CEDAM, 1936. p. 410-2. v. I, que fala em *"onere della domanda"*. Entre nós, DINAMARCO, Cândido Rangel. Instituições...cit. v. II. n. 398.

Essa noção do princípio dispositivo surgiu na doutrina alemã, sob a rubrica de *Dispositionsmaxime*.[103] Por ele, atribui-se às partes a decisão sobre a instauração e subsistência do processo, bem como sobre a delimitação do objeto do litígio.[104]

Muitos autores partilham do entendimento de que o fundamento do princípio dispositivo, manifestado sob o viés do *principio della domanda*, é o reflexo do caráter privado e disponível do direito substancial deduzido em juízo.[105] Diz-se que a iniciativa, que quebra a inércia do Judiciário, nada mais é do que a *"projeção da disponibilidade por parte do cidadão da própria esfera jurídica"*, assegurando-se a tutela jurisdicional que o ordenamento atribui ao direito material, somente àquele que manifeste sua vontade em obtê-la, como se esse fosse um consumidor de eletricidade que faz a corrente elétrica correr ao ligar ou desligar o interruptor.[106]

Esse fundamento se assenta não apenas na proteção da liberdade do indivíduo em dispor livremente de seu interesse, mas também na intenção de se evitar a instauração de processos inúteis – porque não queridos – ou o prolongamento do próprio litígio, já que, ao se conferir ao Judiciário essa iniciativa, poderíamos agravar uma situação, em que a própria parte não intencionaria seguir com um processo para a satisfação de seu interesse.[107]

Entretanto, entendemos que essa é apenas uma das facetas da atribuição pela lei da possibilidade de a parte poder decidir[108] ingressar com uma demanda ou de delimitar seu objeto. Acreditamos que esse fundamento do princípio dispositivo não anda só. No mais das

---

103. JAUERNIG, Othmar. Zivilprozessrecht. 21ª ed. München: C.H. Becksche, 1985. p. 70.
104. BARBOSA MOREIRA, José Carlos. O problema da "divisão do trabalho" entre juiz e partes: aspectos terminológicos. Revista da Faculdade de Direito da Universidade Federal de Pelotas. Ano XIX, n. XIV, 1985. p. 135.
105. CAPPELETTI, Mauro. La testimonianza...v. I, cit. p. 319; AROCA, Juan Mantero. Introducción al derecho procesal civil. 2ª ed. Madrid: Tecnos, 1979. p. 225-6, este, partindo do princípio dispositivo como manifestação do caráter privado dos interesses a que o processo visa proteger.
106. A metáfora é de Carnacini e, também do autor, a ideia do fundamento do princípio dispositivo sob esse viés (CARNACINI, Tito. Tutela giurisdizionale e tecnica del processo. In Studi in onore di Enrico Redenti. Milano: Giuffrè, 1951. p. 736-7 e 743. v. II).
107. DINAMARCO, Cândido Rangel. Instituições...v. II, cit. p. 43.
108. Jauernig utiliza a palavra "entscheiden", que quer dizer "decidir". O autor fundamenta o poder de decisão da parte, quanto à *Dispositionsmaxime*, no ordenamento privado material: "Ob es zum Prozess kommt, liegt grundsätzlich allein in der Hand des Einzelnen. Dass er – und nicht etwa der Staat – darüber zu entscheiden hat, erklärt sich aus der Gestaltung unserer bürgerlichen (materiellen) Rechtsordnung" (JAUERNIG, Othmar. Zivilprozessrecht...cit. p. 70).

vezes, ele está presente e se encaixa muito bem – como, por exemplo, na previsão da mitigação dos efeitos da revelia diante do caráter indisponível do direito (art. 345, inc. II, do CPC/2015) –, mas ele não é exclusivo e, em certos casos, pode não ser a melhor explicação para a disponibilidade da tutela jurisdicional pelas partes.[109]

O fundamento do princípio dispositivo – e acreditamos que esses fundamentos que se seguem também se aplicam, como veremos, ao segundo viés desse princípio – atende principalmente a imperativos de ordem pública, ou seja, o de manter a imparcialidade do juiz – *"il giudice è colui che giudica in causa altrui"* –[110] e o de garantir a isonomia e o contraditório entre as partes.[111]

Outro imperativo é o de ordem prática, já que somente as partes têm acesso direto ao material fático e probatório que será introduzido no processo.[112] Trata-se de um monopólio da informação.[113] O processo confere às partes o poder de alegar, de demandar, de delimitar o objeto do processo, porque elas mantêm maior proximidade com as informações e com o acontecimento dos fatos.[114] As partes são aquelas que com mais presteza e eficazmente podem trazer ao processo os

---

109. O monopólio da parte quanto ao ajuizamento da demanda pode existir independentemente da natureza do direito posto em litígio (BEDAQUE, José Roberto dos Santos. Poderes instrutórios do juiz. 4ª ed. São Paulo: RT, 2009. p. 92). Há direitos de ordem pública a que são atribuídos aos seus titulares o total arbítrio da disposição da tutela jurisdicional (e.g., ação de alimentos para um filho incapaz, questões de estado, como o divórcio, etc.) e há interesses eminentemente privados em relação aos quais se mitiga a inércia jurisdicional, como no caso da abertura *ex officio* do inventário (art. 989, do CPC/73, norma sem igual correspondência no CPC/2015). Partilhando do entendimento constante no texto: BARBOSA MOREIRA, José Carlos. O problema...cit. *passim*.

110. LIEBMAN, Enrico Tullio. Fondamento...cit. p. 559. O autor ainda afirma, na página 562: "il legislatore ha cioè avvertito che l'imparzialità e la neutralità del giudice possano rimanere psicologicamente compromesse, qualora gli incomba anche il compito e la responsabilità di rilevare i fatti influenti per la decisione e di cercare il mezzi idonei a provarli"; no mesmo sentido: DINAMARCO, Cândido Rangel. Instituições...v. II, cit. p. 43; contra: BARBOSA MOREIRA, José Carlos. Breves reflexiones sobre la iniciativa oficial en materia de prueba. In Temas de direito processual (3ª Série). São Paulo: Saraiva, 1984. p. 80-1. Entendemos a orientação contrária, mas preferimos adotar o posicionamento que não exclui o fundamento da imparcialidade do juiz do princípio dispositivo, mas sim que o integra aos demais: na situação em que um fundamento é mitigado, os demais devem imperar e vice-versa, eles convivem e se complementam.

111. BONADIMAN, Carolina Esteves. (In)disponibilidade do direito processual civil: uma análise do seu reflexo sobre a atividade do juiz e das partes à luz dos princípios fundamentais. Tese: USP. São Paulo: 2002. p. 109.

112. "Le parti sono i migliori giudice della propria difesa e che nessuno può conoscere meglio di loro quali fatti allegare e quali no" (CHIOVENDA, Giuseppe. Identificazione delle azioni. Sulla regola 'ne eat iudex ultra petita partium'. Saggi di diritto processuale civile. Roma: Foro Italiano, 1930. p. 174).

113. A ponto de o conhecimento extrajudicial prejudicar a parcialidade do juiz (STEIN, Friedrich. El conocimiento privado del juez. 2ª ed. Bogotá: Temis, 1999. p. 4).

114. CAPOGRASSI, Giuseppe. Giudizio, processo, scienza e verità. In Opere. Milano: Giuffrè, 1959. p. 62. v. V.

elementos para a demonstração dos fatos integrantes da sua realidade. Como veremos, esse fundamento é muito usual para o legislador fixar aqueles atos considerados necessários para o autor impulsionar o processo, sob pena de extinção por abandono (art. 485, inc. III, do CPC/2015): no mais das vezes, o processo só se paralisa pela falta de um ato que o autor pode realizar com mais presteza, eficácia ou baixo custo, ou ainda cuja informação somente ele pode proporcionar (p. ex., o endereço do réu).[115]

Questão que também gera muitas discussões é a de delimitar os atos que se encaixam no princípio dispositivo, visto como manifestação e iniciativa da solicitação da tutela jurisdicional. Talvez a maior polêmica nessa seara seja em relação às alegações fáticas das partes, tendo em vista que integram um elemento essencial da demanda (art. 319, inc. III, do CPC/2015) e, consequentemente, vinculam o juiz em termos de uma futura decisão.[116] Não há como negar que os fatos individuam o pedido[117] e que, na medida em que imperam regras de eventualidade e de rigidez na modificação dos elementos da demanda (pedido e causa de pedir, conforme art. 329, do CPC/2015), eles integram a disponibilidade do próprio aviamento da tutela jurisdicional,[118] pois constituem um meio pelo qual se introduz o direito material no processo.[119]

---

115. Essa noção é muito recorrente no direito econômico, quando se fala sobre a divisão da responsabilidade pela informação entre as partes contratantes. Para prevenir erros ou lacunas informacionais nas relações contratuais, admite-se que as partes ou o juiz aloquem a responsabilidade pelos custos desses erros na parte que melhor (ou com menor custo) poderia produzir essa informação (information-gatherer). Essa alocação do risco pelo gap informacional torna as relações menos custosas, na medida em que incentiva a parte que tem mais facilidade para produzir determinada informação a efetivamente produzi-la, evitando-se erros (KRONMAN, Anthony T. Mistake, disclosure, information, and the Law of Contracts. In Law and Economics. Richard A. Posner; Francesco Parisi (Coord.). Cheltenham: Edward Elgar Publishing Ltd., 1997. p. 34. v. II).

116. "Discende da questo principio [della domanda] che se un fatto non è affermato da alcuna delle parti il giudice non può ritenerlo esistente anche se abbia ragione di ritenerlo esistente" (CARNELUTTI, Francesco. Diritto e processo...cit. p. 94).

117. "Per causa petendi debbano interdersi quelli elementi di diritto e di fatto che servono ad individuare il petitum, cioè a completarlo e costituire così insieme con esso una determinata pretesa in senso processuale" (HEINITZ, Ernesto. I limiti oggettivi della cosa giudicata. Padova: CEDAM, 1937. p. 165).

118. A regra da substanciação e da eventualidade são reciprocamente dependentes. Se o sistema é rígido, concentram-se as alegações fáticas no momento em que a parte apresenta a pretensão ou a defesa, para que se alcance o objetivo de celeridade da fase instrutória (LOPES, Bruno Vasconcelos Carrilho. Limites objetivos e eficácia preclusiva da coisa julgada. São Paulo: Tese, FADUSP, 2010. p. 52).

119. "[O fato essencial] é o pressuposto inafastável da existência do direito submetido à apreciação judicial" (TUCCI, José Rogério Cruz e. A causa petendi no processo civil. 3ª ed. São Paulo: RT, 2009. p. 162-163); "A causa de pedir constitui o meio pelo qual o demandante introduz o direito

O aviamento da pretensão e a alegação de fatos, feitas ordinariamente mediante a propositura da demanda e apresentação de defesa, são atos processuais que encerram uma declaração de comando (declaração imperativa) da parte,[120] no sentido de que o juiz deverá julgar *juxta allegata*, deverá tomar os fatos primários alegados à base da decisão. Essas formas de declaração contrapõem-se às declarações de informação (declaração-manifestação), normalmente materializadas no depoimento de uma testemunha, de um perito ou da própria parte, a título de interrogatório livre. Essas últimas são tidas como atos facultativos,[121] justamente porque o juiz não é obrigado sobre elas se pronunciar para além da informação, na formação de seu livre convencimento (art. 371, do CPC/2015),[122] não integram o objeto litigioso, mas o objeto de conhecimento do juiz.[123]

Nesse sentido, entendemos que a alegação dos fatos, compreendida como declaração de comando e não como mera informação, constitui elemento do princípio dispositivo, visto sob a disponibilidade da tutela jurisdicional ou *Dispositionsmaxime*.[124] O juiz está ads-

---

subjetivo (substancial) no processo" (BEDAQUE, José Roberto dos Santos. Os elementos objetivos da demanda examinados à luz do contraditório. In Causa de pedir e pedido no processo civil (questões polêmicas). Coord. José Rogério Cruz e Tucci e José Roberto dos Santos Bedaque. São Paulo: RT, 2002. p. 30).

120. CAPPELLETTI, Mauro. La testimonianza...v.I, cit. p. 49; CARNELUTTI, Francesco. Teoria generale...cit. p. 281-2, de forma um pouco menos desenvolvida, Id. Istituzioni del nuovo processo civile italiano, I, p. 278; fala em atos normativos das partes: ALLORIO, Enrico. Diritto processuale tributario. Torino, 1955, p. 449.

121. Fala-se em *agere licere* (faculdade) em contraposição ao *jubere licere* (poder ou potência de comando) (CAPPELLETTI, Mauro. La testimonianza...v. I. cit. p. 50); CARNELUTTI, Francesco. Teoria generale...cit. p. 281-2; ALLORIO, Enrico. Il giuramento della parte...cit. p. 159 e 181, nota 367 – embora o termo faculdade deva ser encarado com parcimônia, pois não é facultado ao juiz manifestar-se sobre as declarações informativas produzidas no processo, ele deve se pronunciar para fundamentar o *decisum*, o que ocorre é a inexistência de uma sujeição a uma pretensão.

122. Utilizamos no presente estudo a expressão "livre convencimento motivado" como sinônimo de sistema da persuasão racional, conscientes dos novos posicionamentos que, assim como a letra da lei do CPC/2015, pugnam pelo abandono do termo "livre" (DIDIER JR., Fredie; BRAGA, Paula Sarno; OLIVEIRA, Rafael Alexandria de. Curso de direito processual civil. 11ª ed. Salvador: JusPodivm, 2016. p. 106. v. II), tendo em vista que o juiz não está isento de motivar a valoração das provas produzidas, principalmente diante do art. 489, § 1º, do CPC/2015. Mas, acreditamos que a utilização do termo "livre" trata-se de contraposição ao sistema da prova legal e que, mesmo no regime anterior (art. 131, do CPC/1973), o juiz tinha o dever de motivar a valoração das provas. Continuam adotando a expressão "livre convencimento motivado": MARINONI; ARENHART; MITIDIERO. Novo Código...cit. p. 392; WAMBIER, Teresa Arruda Alvim; CONCEIÇÃO, Maria Lúcia Lins et. al. Primeiros comentários ao novo Código de Processo Civil. São Paulo: RT, 2015. p. 644-5.

123. DINAMARCO, Cândido Rangel. Instituições...cit. v. III, p. 480, ao tratar das exceções a encargo do réu.

124. Nesse sentido, CAPPELLETTI, La testimonianza...cit. v. I, p. 330; MANDRIOLI, Crisanto. Corso...v. I, cit. p. 100; contra, CARNACINI, Tito. Tutela giurisdizionale...cit. p. 759, para quem a alegação dos fatos integra o mecanismo interno do processo e não a disposição da própria tutela jurisdicional.

trito ao quanto pedido e ao quanto alegado pelas partes, embora não quanto aos meios probatórios.[125] Esse limite, que não fica muito claro com a redação do art. 131, do CPC/1973,[126] restou consolidado, em nossa opinião, com a exclusão do termo "fatos" do seu correspondente art. 371, do CPC/2015, e com a manutenção da regra da adstrição, conforme o atual art. 141, do CPC/2015.

Se no princípio dispositivo sob o viés da disponibilidade da tutela jurisdicional prevalece o fundamento da livre decisão do particular em socorrer-se do Judiciário, deve ser posto fora de dúvida que o integram os atos de propositura da demanda (arts. 3º, 319, do CPC/2015),[127] a reconvenção (artigo 343, do CPC/2015), as alegações de exceções de mérito em senso próprio (ou substancial), ou seja, aquelas que não podem ser relevadas de ofício pelo juiz (art. 141, do CPC/2015),[128] o ato de recorrer, ou requerer a instauração do cumprimento de sentença (art. 513, § 1º, do CPC/2015).

O que dizer, no entanto, daqueles atos que, embora impregnados dessa livre disposição da parte, podem ter de obedecer a mecanismos endoprocessuais, principalmente para respeitarem-se as posições jurídicas dos demais sujeitos integrantes do processo e para assegurar maior segurança e celeridade processuais? Por exemplo: a desistência da demanda, embora seja um ato de livre disposição da tutela jurisdicional, após a citação do réu é condicionada à sua aceitação e não pode se dar após a prolação da sentença (art. 485, inc. VIII, § 4º e 5º, do CPC/2015).[129] No mesmo sentido, a extinção por

---

125. GOLDSCHMIDT, James. Derecho procesal civil. Trad. De Leonardo Prieto Castro. Barcelona: Labor, 1936. § 11, p. 82-3, o qual dá amplo alcance ao espectro do princípio dispositivo, incluindo a vinculação do juiz aos meios probatórios dispostos pelas partes (embora, neste caso, preveja algumas exceções).
126. Embora já se admitisse que a previsão do art. 131 não poderia extrapolar os fatos principais, que deveriam ser alegados pela parte. A abertura de poderes do juiz se limitaria ao *thema probandum*, pela interpretação conjugada deste dispositivo com os arts. 128 e 460, do CPC/1973: ASSIS, Araken de. Questão de princípio. Revista do Advogado AASP. Ano 40. Jul/93. p. 34; BARBI, Celso Agrícola. Comentários ao Código de Processo Civil. 2ª ed. Rio de Janeiro: Forense, 1981, cit. p. 535-6. v. II; ALVIM, Arruda. Código de Processo Civil comentado. São Paulo: RT, 1979. p. 236. v. V.
127. DINAMARCO, Cândido Rangel. Instituições...cit. v. II. p. 46; OLIVEIRA, Carlos Alberto Alvaro. Do formalismo...cit. p. 207.
128. CHIOVENDA, Giuseppe. Principii di diritto processuale civile. Napoli: E. Jovene, 1980. p. 272.
129. Quanto à desistência, assevera Dinamarco que, após instaurado o processo, esse ato dispositivo deve obedecer à natureza pública daquele e à supremacia do Estado-juiz, para o exercício da jurisdição segundo as normas oriundas da lei e da Constituição, com a consciência de pacificar com justiça e dar maior efetividade ao direito material (DINAMARCO, Cândido Rangel. Instituições...v. I, cit. p. 239).

abandono. Embora esse tipo de inatividade seja caracterizado pela livre disposição do autor em movimentar o processo e obter a tutela de mérito, a extinção depende de prévia manifestação do réu, quando oferecida contestação (art. 485, inc. III, § 6º, do CPC/2015). E mais: a não apresentação de contestação, embora livre disposição do ônus de defender-se, e, consequentemente, da tutela jurisdicional, nem sempre acarreta a presunção de veracidade dos fatos alegados pelo autor (art. 344, conforme exceções do art. 345, do CPC/2015).

Os autores que se detêm em especificar quais atos se referem ao *principio della domanda* incluem entre eles a desistência e o abandono do processo, por representarem uma espécie de livre disposição da tutela jurisdicional e do direito material subjacente.[130] Mas, não há como negar que eles obedecem a limitações internas ao processo, que dizem respeito à técnica processual, e nesse aspecto, segundo a classificação por nós aqui examinada, deveriam integrar a *Verhandlungsmaxime*.

No entanto, essa conclusão não pode ser correta. Compreendemos que esses atos comissivos (desistência) e omissivos (abandono e revelia) integram a livre disposição da tutela jurisdicional (*Dispositionsmaxime*). São atos que se consubstanciam em verdadeira projeção do ato de demandar.[131]

O que ocorre é que mesmo esses atos comissivos ou omissivos, integrantes do princípio dispositivo, não têm fundamento exclusivo na livre disposição do direito material, mas também em mecanismos que servem ao processo, como a imparcialidade do juiz, a garantia do contraditório e a efetividade processual e, por isso, podem sim ser mitigados por mecanismos internos, independentemente da vontade das partes. São atos e omissões que têm natureza mista, processual e de disposição do direito material. Basta averiguarmos que, mesmo em relação ao próprio ato de demandar, nosso sistema processual ad-

---

130. Ou seja, aqueles que consistem na "finalização da atividade jurisdicional por vontade exclusiva dos litigantes, os quais podem dispor livremente tanto da 'res in iudicium deductae', mediante a renúncia, o conformismo com a decisão ou a transação, como da continuação do processo, através da desistência ou da caducidade de instância" (CORRÊA, Fábio Peixinho Gomes. Governança judicial: modelos de controle das atividades dos sujeitos processuais. Tese: USP, 2008. p. 61); PICÓ I JUNOY, Joan. El juez y la prueba. Barcelona: Bosch, 2007. p. 100.
131. ORIANI, Renato. L'inattività...cit. p. 395; CALAMANDREI, Piero. Istituzioni di diritto...cit. n. 49, p. 182-4; cfr. Anna Lasso. Le eccezioni...cit. p. 42-3, que ao diferenciar demanda e resposta, afirma que somente a primeira tem caráter eminentemente propulsivo: é justamente essa função que a liga com os atos de impulso necessários ao longo do processo.

mite, embora excepcionalmente, a quebra do poder da inércia jurisdicional.[132]

Basta imaginarmos o processo coletivo, em que a aplicação dos efeitos da revelia, mesmo que disponível o direito (imagine que o réu seja um particular em ação civil pública),[133] pode ser mitigada em prol do ideal de uma melhor instrução e os atos de desistência devem atender às expectativas dos sujeitos – no mais das vezes indetermináveis – que podem ser prejudicados com a extinção.[134] E mais, verificado o abandono ou desistência no processo coletivo, faculta-se ao colegitimado assumir o feito desde a paralisação.[135]

Pois bem, como dizíamos no início do capítulo, ao longo do processo as partes se deparam com uma série de ônus ou deveres que, inobservados, podem gerar não apenas a impossibilidade de realização do próprio ato processual, mas diversas outras consequências. Esses mecanismos internos, de verdadeira técnica processual, integram o segundo viés do princípio dispositivo, que é aquela possibilidade de determinação do seu curso interno e formal,[136] bem como da escolha do seu material probatório.[137] Ele é chamado de *principio della trattazione* (*Verhandlungsmaxime*),[138] cuja denominação de princípio dispositivo em senso processual (formal), contrapondo-se àquele outro, denominado princípio dispositivo em senso substancial (material), pode nos dar uma boa noção de sua delimitação.[139]

---

132. A convolação da recuperação judicial em falência (art. 73, da Lei 11.101/05); a concessão de ofício de medidas cautelares (art. 296, do CPC/2015, aqui, embora haja pedido, as medidas a serem realizadas ficam ao arbítrio do juiz); a livre imposição de medidas para implementação de tutelas das obrigações de fazer e não fazer (art. 536, *caput*, e § 1º, do CPC/2015) (esse último exemplo é lembrado por BEDAQUE, José Roberto dos Santos. Poderes instrutórios...cit. p. 96).

133. SOUZA, Luiz Antonio de. O efeito da revelia nas ações coletivas. In Ação civil pública. Coord. Édis Milaré. São Paulo: RT, 2002. p. 565.

134. Embora a desistência seja admitida quando milite em favor da coletividade (ZAVASCKI, Teori Albino. Processo coletivo. 2ª ed. São Paulo: RT, 2007. p. 156).

135. Conforme art. 5º, § 3º, da Lei 7.347/85, que se aplica ao abandono de qualquer legitimado, não apenas das associações (LEONEL, Ricardo de Barros. Manual do processo coletivo. São Paulo: RT, 2002. p. 349).

136. CAPPELLETTI, Mauro. La testimonianza...v. I, cit. p. 308.

137. LIEBMAN, Enrico Tullio. Fondamento...cit. p. 552 e 561.

138. MOREIRA, José Carlos Barbosa. O problema...cit. p. 135.

139. CAPPELLETTI, Mauro. La testimonianza...v. I, cit. p. 357; também Oliveira afirma a existência de um princípio dispositivo em sentido material ou próprio, equivalente àquele princípio da demanda dos italianos, que influi na disponibilidade da tutela jurisdicional, e outro chamado "princípio da investigação" (p. 196), que é determinante na produção probatória e condução formal do processo. Segundo o autor, o processo moderno vem evoluindo para admitir maiores iniciativas do juiz neste segundo momento, de sorte a abrandar o formalismo, a fim de facilitar o alcance de uma

A concepção que regula esse viés do princípio dispositivo é um pouco diversa. Basicamente, admite-se que, depois de a parte exercer o poder inicial de iniciativa, pondo em funcionamento o aparato jurisdicional, todo aquele poder inicial se transforma em uma plêiade de ônus, faculdades e deveres, tendo em vista a necessidade de se assegurar ao processo o maior rendimento possível para a justa composição da lide.[140] O processo serve às partes e estas servem ao processo.[141] Há uma série de previsões que incentivam a implementação das atividades destinadas ao seu melhor andamento e instrução.

A partir do momento em que a parte resolve se utilizar do mecanismo processual para satisfazer os seus interesses, ela deve conformar-se à sua estrutura e obedecer aos ditames das disposições processuais,[142] diante da necessidade de respeito à posição dos outros participantes do processo, que desejam também, ao seu modo, alcançar a tutela jurisdicional. É como se, com a instauração do processo, surgisse uma nova realidade, diversa daquela de direito material, mas a ela relacionada, porque objetiva reconstruí-la, de acordo com o ordenamento de direito substancial.[143]

É justamente com base nessa ideia, a de que a plena disponibilidade das relações jurídico-processuais cede espaço à necessidade de conformação do comportamento do homem à técnica processual,[144] que vão surgindo mitigações ou formas de se suprir a atividade das partes ao longo do processo. Se o pedido de tutela jurisdicional e seus limites podem ser fundamentados, de certa forma, nos interesses privados dos litigantes, a eles vinculando-se o juiz, o modo, porém, como a tutela jurisdicional é prestada, pode não ser: ela é fundada

---

maior certeza em relação aos fatos alegados, esses sim vinculantes em relação ao órgão julgador (OLIVEIRA, Carlos Alberto Alvaro. Do formalismo...cit. p. 207).

140. CARNELUTTI, Francesco. Sistema di diritto processuale civile. Padova: CEDAM, 1936. p. 434-5. v. I.
141. CARNACINI, Tito. Tutela giurisdizionale...cit. p. 700.
142. CARNACINI, Tito. Tutela giurisdizionale...cit. p. 757-9.
143. Em sentido um pouco mais filosófico: "c'è certamente qualche cosa di magico nel processo: un far ricomparire presente quello che è passato, un far tornare imediato quello che è sparito nella sua immediatezza, un far ripresentare vivi sentimenti che sono spenti, e insieme, più singolare ancora, far tornare integra una situazione che si è scomposta" (CAPOGRASSI, Giuseppe. Giudizio...cit. p. 57).
144. DINAMARCO, Cândido Rangel. A instrumentalidade do processo. 15ª ed. São Paulo: Malheiros, 2013. p. 20, esp. nota 6.

sobre princípios de ordem pública (o Estado também é interessado no seu desfecho), para da melhor forma alcançar o seu objetivo.[145]

Disso decorre que as partes podem dispor da introdução do conteúdo fático fundamentador da demanda, mas não podem, por outro lado, dispor da sua veracidade.[146] Desta forma, podem-se ampliar os poderes do juiz, seja atribuindo-lhe aqueles de condução formal, ou seja, ainda que as partes se omitam na realização dos atos que lhes incumbam, ao juiz é lícito determinar o prosseguimento do processo (art. 2º, do CPC/2015),[147] seja conferindo-lhe aqueles de condução material no processo.

Nesse último aspecto (direção material do processo), pode um determinado sistema, como o nosso, atribuir maiores poderes de instrução ao juiz,[148] como restou muito bem claro na cláusula geral prevista no art. 370, do CPC/2015.[149] Trata-se de manifestação do interesse público de garantir a efetividade do processo, mediante sua mais completa instrução.[150]

Considera-se abarcada em nosso direito a possibilidade de direção material do processo pelo juiz, que consiste no seu dever de auxiliar as partes a obterem dele o máximo proveito.[151] O juiz, atento à condução material, mantendo sempre a imparcialidade, a independência, a garantia do contraditório e do juiz natural,[152] não permite que os fatos alegados pelas partes fiquem sem provas, não permite que as provas fiquem sem discussão, não permite que aspectos im-

---

145. BEDAQUE, José Roberto dos Santos. Poderes instrutórios...cit. p. 94; MANDRIOLI, Crisanto. Corso di diritto processuale civile. Torino: Giappichelli, 1997. p. 102. v. I.
146. "Le parti possono se mai disporre, e non oltre una certa misura, della fissazione dei fatti, ma non della verità di essi, cioè del loro riconoscimento giuridico, nel che si traduce la efficacia probatoria" (PISANI, Mario. La tutela penale delle prove formate nel processo. Milano: Gluffrè, 1959. p. 29).
147. *Offizialbetrieb*, em detrimento da *Parteibetrieb*, quando a regra é a iniciativa pelas partes (CARNELUTTI, Francesco. Diritto...cit. p. 159); SANTOS, Moacyr Amaral. Primeiras linhas de direito processual civil. 6ª ed. Saraiva: São Paulo, 1981. p. 71. v. II; CINTRA, Antonio Carlos de Araújo. Abandono de causa no novo Código de Processo Civil. Revista Forense. Ano 72. v. 254. abr-jun de 1976. p. 171.
148. MANDRIOLI, Crisanto. Corso...v. I, cit. p. 102.
149. BEDAQUE, José Roberto dos Santos. Poderes instrutórios...cit. p. 158 e ss; SANTOS, Moacyr Amaral. Prova judiciária...v. I, cit. p. 235.
150. BARBI, Celso Agricola. Comentários ao Código de Processo Civil. Rio de Janeiro: Forense, 1977. p. 531. v. I, t. II.
151. DEL CLARO, Roberto. Direção material do processo. Tese de Doutorado sob orientação do prof. Flávio Luiz Yarshell. São Paulo: USP, 2009. p. 176.
152. FRANCISCO, João Eberhardt. O papel do juiz na efetivação dos valores constitucionais do processo. Dissertação de mestrado sob a orientação da profa. Susana Henriques da Costa. USP, 2014. p. 91.

portantes da controvérsia passem ao largo da instrução e não permite que matérias, mesmo as cognoscíveis de ofício, não sejam objeto de prévio contraditório entre as partes.[153]

Os dispositivos que ilustram esses poderes de direção material são, por exemplo, aqueles que vedam decisões surpresa (arts. 9º e 10, do CPC/2015), os que preveem expressamente poderes de direção, como o art. 139, do CPC/2015, os que determinam o diálogo do juiz com as partes na fixação dos pontos controvertidos (art. 357, principalmente os §§ 1º e 3º, do CPC/2015),[154] os que autorizam a determinação de produção de provas *ex officio* (art. 370, do CPC/2015).[155] Esse dever de direção material, aliás, decorre do imperativo de ordem constitucional do devido processo legal (art. 5º, inc. LIV, da CF).[156]

Já a direção formal do processo consiste na designação de termos, audiências, deveres de impulso, com a finalidade de que o processo atinja o ideal de concentração e celeridade almejado pelo legislador. Aqui, preponderam os poderes do juiz, que, pode-se dizer, são de cunho burocrático[157] – embora nem sempre essa característica esteja presente nas regras de impulso formal.

As partes podem até ter algum poder monopolístico na determinação do seu curso interno formal, mas essa não é a regra em nosso processo. Prevalece o impulso oficial. Elas podem dispor sobre o regramento dos atos do próprio procedimento, como quando abreviam ou prorrogam prazos,[158] ou optam pela suspensão por livre convenção (art. 313, inc. II, do CPC/2015).[159] Agora, com o novo Código, há ainda a possibilidade de realização de negócios jurídicos processuais sobre as regras do processo e do procedimento (art. 190, do CPC/2015), bem como sobre o calendário processual (art. 191, do CPC/2015). Ainda assim, mesmo que se estabeleça uma cláusula geral nesse sentido (como o fez o CPC/2015), dificilmente as partes

---

153. DEL CLARO, Roberto. Direção material...cit. p. 176.
154. FRANCISCO, João Eberhardt. O papel do juiz...cit. p. 90 e 92-3.
155. DEL CLARO, Roberto. Direção material...cit. p. 218.
156. DEL CLARO, Roberto. Direção material...cit. p. 210.
157. DEL CLARO, Roberto. Direção material...cit. p. 175.
158. A possibilidade de redução ou prorrogação de prazos dilatórios vinha expressa no art. 181, do CPC/73 e, em nossa opinião, pode ser substituída pela cláusula geral do art. 190, do CPC/2015.
159. AMARAL, Moacyr Amaral. Primeiras linhas de direito processual civil. 6ª ed. São Paulo: Saraiva, 1981, p. 71. v. II.

poderão prever todas as possibilidades do andamento do processo e, em última instância, quem determinará o impulso é o órgão oficial.

Quando o tema é iniciativa instrutória, nosso ordenamento opta por mitigar o princípio dispositivo e atribuir uma maior possibilidade de atuação ao juiz (art. 370, do CPC/2015).[160] Essa concepção parece ceder em favor de um juiz não mais passivo,[161] assistindo impotente ao processo, como se fosse um negócio privado entre as partes, mas ativo, disposto a aplicar todos os meios legais que lhe são dispostos para fazer valer o direito alegado.[162] Esses poderes justificariam, por exemplo, a possibilidade de o juiz, mesmo na hipótese de revelia, quando pairassem dúvidas fundadas acerca dos fatos alegados pelo autor, ou esses dependessem de prova pericial, determinar a instrução probatória.[163]

2.2.1. Questões cognoscíveis de ofício

Como regra, as exceções processuais, previstas nos arts. 485, incs. IV, V, VI e IX e 337, do CPC/2015, são cognoscíveis de ofício, por força de expressa disposição legal (art. 485, § 3º, e art. 337, § 5º, do CPC/2015). Isso ocorre, porque o juiz tem o dever de controle sobre os requisitos de regularidade processual, ficando autorizado a apontá-los a qualquer momento durante o trâmite do processo.[164]

Embora pareça que o § 3º, do art. 485, do CPC/2015, limite-se à cognição de questões processuais específicas, entende-se que a possibilidade de cognição *ex officio* dessas matérias deve ser ampla, de sorte a englobar não apenas os requisitos formais (v.g. uma petição intempestiva, a falta de recolhimento de taxas), mas também os de fundo (v.g. relativos à capacidade processual ou o julgamento *extra petita*).[165]

---

160. BEDAQUE, José Roberto dos Santos. Poderes instrutórios...cit. p. 158 e ss.
161. Com um juiz passivo, o processo funcionaria como um relógio, que sempre para de funcionar e necessita de sucessivas "batidas" das partes (CAPPELLETTI, Mauro. La testimonianza...v. I, cit. p. 323).
162. CAPPELLETTI, Mauro. La testimonianza...v. I, cit. p. 323.
163. Agora essa possibilidade é mais clara com a previsão do art. 345, inc. IV, do CPC/2015. Sobre essa possibilidade, também na vigência do CPC/1973, cfr. YARSHELL, Flávio Luiz. Antecipação da prova sem o requisito da urgência e direito autônomo à prova. São Paulo: Malheiros, 2009. p. 123.
164. SICA, Heitor Vitor Mendonça. O direito de defesa...cit. p. 68.
165. ALVIM, Arruda; ALVIM, Teresa Arruda. Nulidades processuais. 2ª série. São Paulo: RT, 1992. p. 27.

Excetuando os casos de incompetência relativa (art. 65, do CPC/2015),[166] ou de compromisso arbitral (art. 337, § 5º, do CPC/2015), as matérias processuais possíveis de serem conhecidas de ofício devem sofrer uma abertura,[167] de sorte a serem encaixadas, em última análise, na ideia de *"pressupostos de constituição e desenvolvimento válido e regular do processo"* (art. 485, inc. IV, do CPC/2015) ou de condições da ação (art. 485, inc. VI, do CPC/2015).[168]

Assim, pode ser objeto de cognição *ex officio*, a morte da parte, desde que o direito seja considerado intransmissível e desde que haja elementos suficientes para sua aferição no processo (inc. IX, § 3º, do art. 485, do CPC/2015). Também assim, hipóteses como o defeito de representação (art. 76), de litisconsórcio necessário (art. 115, parágrafo único) e do art. 313, § 3º, do CPC/2015, hipóteses essas quase sempre subsumíveis ao conceito de pressuposto processual, nos termos do art. 485, inc. IV, do CPC/2015.[169]

Nem todas as situações aptas a gerarem a extinção, todavia, mesmo que se consubstanciem em questões cognoscíveis de ofício, podem ser consideradas pressupostos processuais ou condições da ação (pressupostos de admissibilidade do mérito).[170]

Veremos que o abandono bilateral (inc. II, do art. 485, do CPC/2015) deve ser conhecido de ofício pelo juiz, principalmente por uma questão prática: nenhuma parte irá alegá-lo, se ambas estão inertes. O caso do abandono unilateral do autor (art. 485, inc. III, do CPC/2015) é um pouco mais complexo, tendo sido consolidada a tese de que, desde que oferecida a contestação pelo réu, a extinção depende de requerimento deste (art. 485, § 6º, do CPC/2015).[171] Mas, prevalece a averiguação de ofício nos casos em que este ainda não tenha sido citado.

---

166. Súmula 33, do STJ: "a incompetência relativa não pode ser declarada de ofício".
167. Essa abertura do conceito das questões processuais é partilhada por WATANABE, Kazuo. Da cognição no processo civil. 3ª ed. São Paulo: DPJ, 2005. p. 86; no mesmo sentido: PONTES DE MIRANDA, Francisco Cavalcanti. Comentários...v. III, 1974, p. 434.
168. Entendimento partilhado por SICA, Heitor Vitor Mendonça. O direito de defesa...cit. p. 68.
169. BARBOSA MOREIRA, José Carlos. Aspectos da "extinção do processo" conforme o art. 329 CPC. In Temas de direito processual. 5ª Série. São Paulo: Saraiva, 1994. p. 90-1.
170. DINAMARCO, Cândido Rangel. Instituições...v. II, cit. n. 727.
171. MARQUES, José Frederico. Manual...v. II, 1974, cit. p. 138, que afirma se tratar a hipótese de impedimento processual, somente alegável pelo réu.

Os casos de inatividade unilateral, ou bilateral, previstos no art. 485, todavia, apesar de topologicamente estarem agregados aos vícios processuais e poderem, em certos casos, ser conhecidos de ofício, a rigor não são requisitos de admissibilidade do mérito ou invalidação do processo.[172] Trata-se de verdadeira improcedibilidade.[173]

Vale a pena fazermos uma comparação com a noção de pressupostos processuais dilatórios e pressupostos processuais peremptórios. Os primeiros, quando verificados, impedem momentaneamente o julgamento de mérito,[174] podendo, normalmente, ser supridos. Os outros, verificados, acarretam a extinção de todo o processo, sem possibilidade de aproveitamento *a priori* dos atos praticados, por inadmissível a tutela jurisdicional.[175] Normalmente, a falta de um requisito ligado ao ato de demandar é que gera a extinção, como a falta de capacidade de ser parte, de capacidade postulatória no ato de demandar ou a petição inicial inepta. A falta de um requisito referente a um ato processual individualmente considerado, no mais das vezes, acarreta a invalidação (ou ineficácia) dele e dos atos a ele relacionados.[176]

Apesar de não concebermos a inatividade como pressuposto de admissibilidade do julgamento de mérito, esse modo de enxergar os pressupostos processuais também se aplica ao inativo. Como veremos oportunamente, a inatividade relacionada com o ato de demandar (e assim também ao ato de responder, pois o aproximamos do ato de demandar), porque diz respeito aos atos característicos do principio dispositivo visto sob a óptica da disponibilidade da tutela jurisdicional, gera a extinção de todo o processo (ou a revelia, no caso de falta de resposta do réu), devido a sua importância, aproximando-se da lógica dos pressupostos peremptórios, o que não ocorre em relação às omissões relacionadas a outros atos processuais individualmente considerados, que poderiam ser aproximados da lógica dos pressupostos dilatórios.

---

172. DIDIER JR., Fredie. Pressupostos processuais...cit. p. 332.
173. TESORIERE, Giovanni. Contributo...cit. p. 85-6.
174. ROSENBERG, Leo. Tratado de derecho procesal civil. Trad. de Angela Romera Vera. Buenos Aires: EJEA, 1955. p. 54-5. t. II.
175. Classificação proposta por MARQUES, José Frederico. Manual de direito processual civil. 5ª ed. São Paulo: Saraiva, 1980. p. 129. v. II.
176. SICA, Heitor Vitor Mendonça. Preclusão...cit. p. 142-5.

Quanto às exceções substanciais, o fundamento para a rejeição da demanda, independentemente da iniciativa da parte, tem supedâneo no art. 141, do CPC/2015. Costuma-se afirmar que são cognoscíveis de ofício pelo juiz aquelas exceções em sentido impróprio, ou seja, aquelas revestidas de eficácia impeditiva, modificativa ou extintiva de direitos, para as quais a lei não obriga a iniciativa da parte.[177] Nestes casos, o próprio direito do autor é insubsistente, não podendo o processo servir como um meio de criar direitos inexistentes.[178]

A dificuldade interpretativa de identificação do binômio das exceções em senso próprio e impróprio foi sentida entre os italianos[179] e, na prática, gera inúmeros problemas. A redação do art. 112, do CPC italiano[180] é similar ao nosso art. 141 e veda, igualmente, como consectário do princípio da correlação, o conhecimento pelo juiz das exceções às quais a lei exige a iniciativa da parte. Como se pode perceber, trata-se de uma norma em branco,[181] que parece deixar à lei material o critério de identificação de tais exceções. Mas, o problema começa a surgir quando a lei silencia.[182]

Para a correta interpretação do alcance desse enunciado, são relevantes o princípio dispositivo e o poder instrutório do juiz. Deve-se reconhecer que as partes trazem o material que será objeto da decisão do órgão jurisdicional; esse é o âmago do poder dispositivo. Como vimos, esse mecanismo assegura a paridade de armas e privilegia o contraditório (art. 5º, inc. LV, da CF), além de preservar a imparcialidade do juiz.

---

177. A definição é de Chiovenda (CHIOVENDA, Giuseppe. Istituzioni di diritto processuale civile. Napoli: E. Jovene, 1935. p. 309. v. I); CAPPELLETTI, Mauro. Nuovi fatti giuridici ed eccezione nuove nel giudizio di rinvio. Rivista trimestrale di diritto e procedura civile. Milano: Giuffrè, ano 13, set. 1959. p. 1612; BRESOLIN, Umberto Bara. Revelia e seus efeitos. São Paulo: Atlas, 2006. p. 148; SANTOS, Moacyr Amaral. Da reconvenção no direito brasileiro. Tese: USP, 1958. p. 44.
178. "Il processo deve servire all'attuazione di diritti esistenti, non alla creazione di diritti nuovi" (CHIOVENDA, Giuseppe. Istituzioni di diritto processuale civile. Napoli: E. Jovene, 1935. p. 315. v. I); REIS, José Alberto dos. Código de Processo Civil anotado. 3ª ed. Coimbra: Coimbra editora, 1981. p. 28. v. III.
179. CHIOVENDA, Giuseppe. Istituzioni...cit. v. I. p. 315.
180. "Art. 112. (Corrispondenza tra il chiesto ed il pronunciato) Il giudice deve pronunciare su tutta la domanda e non oltre i limiti di essa; e non può pronunciare d'ufficio su eccezioni, che possono essere proposte soltanto dalle parti".
181. CAVALLINI, Cesare. Eccezione rilevabile d'ufficio e struttura del proceso. Napoli: E. Jovene, 2003. p. 3.
182. REIS, José Alberto dos. Código de Processo...v. III, cit. p. 30.

As partes são quem mantêm maior proximidade com os fatos, pois os vivenciaram. Deve-se levar em conta esse viés prático do método dispositivo, pois possibilita com mais economia e rapidez a introdução dos fatos no processo.[183] Assim, a regra deve ser a introdução dos fatos, ao menos os principais, pelas partes. Ao mesmo tempo, todavia, o poder conferido ao juiz para conhecer de ofício determinadas questões beneficia a rápida solução do litígio, porque possibilita instruir ou encerrar a controvérsia mesmo sem a iniciativa das partes.

Chiovenda traz dois critérios para identificar as exceções próprias. O primeiro é o fato de o processo servir como método de declaração de direitos existentes e não como meio de criação de direitos inexistentes; o segundo critério é a possibilidade de o réu poder utilizar a exceção em senso próprio como causa de pedir em ação autônoma (compensação, direito de retenção e exceção do contrato não cumprido).[184]

O critério utilizado por Liebman é o da justiça da decisão. Por exemplo, se o juiz condena o réu a pagar determinada quantia, em processo no qual este teve oportunidade de alegar o inadimplemento ou a prescrição (na Itália, a prescrição é uma exceção em senso estrito) e não o fez, a sentença é justa. Entretanto, se o juiz condena o réu, ainda que revel, a pagar determinada quantia, cujo recibo de quitação foi por ele apresentado, mesmo que intempestivamente, estaremos diante de uma decisão injusta.[185]

Malgrado possam servir de norte, esses critérios não devem ser os principais para delimitar o poder decisório do juiz. A nós nos parece que a justiça da decisão e a possibilidade de conhecimento de determinado fato de ofício vêm estabelecidas pelo legislador e da lei devem ser hauridas.[186]

---

183. CHIOVENDA, Giuseppe. Identificazione delle azioni. Sulla regola...cit. p. 176.
184. CHIOVENDA, Giuseppe. Istituzioni...v. I, cit. p. 315-316; dos mesmos critérios se utiliza MANDRIOLI, C. Corso...cit. p. 128; REIS, José Alberto dos. Código de Processo...v. III, cit. p. 30.
185. "Quando ad. es. il pagamento risulta dagli atti, anche se il convenuto è rimasto contumace o, essendo presente, non ne ha parlato, il giudice non può condannarlo" (LIEBMAN, Enrico Tullio. Intorno...cit. p. 450); Alsina fala em exceção em senso próprio nos casos em que o juiz não pode conhecê-las sem causar um prejuízo econômico ou moral, porque só é possível de ser alegada pelo demandado (ALSINA, Hugo. Tratado teórico e prático de derecho procesal civil e comercial. Buenos Aires: Eidar, 1967. p. 83).
186. SICA, Heitor Vitor Mendonça. O direito de defesa...cit. p. 115.

Alguns exemplos de exceções em senso estrito podem ser citados, como, v. g., a novação, os pedidos de desconstituição de negócio jurídico por vício de consentimento (erro, dolo, fraude, simulação), a exceção de contrato não cumprido,[187] o direito de retenção por benfeitorias (art. 538, § 2º, do CPC/2015)[188] e a exceção de usucapião.

Sobre a exceção de compensação, há entendimento nos dois sentidos, de que pode ser própria ou imprópria.[189] Na Itália, por exemplo, são consideradas exceções em senso próprio, a compensação (art. 1.242, CC italiano), a anulação (art. 1.442, CC italiano), a rescisão (art. 2.449, CC italiano), o adimplemento (art. 1.230, CC italiano) ou o inadimplemento (art. 1.460, CC italiano) e a prescrição (art. 2.938, CC italiano).[190]

Cavallini, tecendo considerações sobre as matérias dedutíveis de ofício, como *"mera defesa"* – que se pode afirmar tratar-se da negação do fato constitutivo do direito do autor, ou de sua eficácia jurídica –, afirma que o problema se põe não apenas na impossibilidade de se alegar tais fatos no momento da resposta, ou seja, na aplicação do princípio da eventualidade, mas no grau de pacificidade de determinada questão, porquanto ainda que não arguida a matéria pelo réu, se for admitida a instrução e surgirem fatos que ilidam a pretensão do autor, eles poderão ser conhecidos pelo juiz, desde que a lei o autorize.[191]

Levando em conta esses argumentos, não podemos deixar de afirmar que os conceitos de *exceptiones facti* (exceções em senso impróprio) e *exceptiones iuris* (exceções em senso próprio) são úteis, na medida em que se pode inferir da legislação substancial hipóteses nas quais se dispensa a iniciativa da parte para que sejam relevadas na sentença. A dificuldade, todavia, é saber quando podem ser conhecidas, a despeito da inatividade.

---

187. SANTOS, Moacyr Amaral. Da reconvenção...cit. p. 42 e 50. Malgrado haja entendimento pugnando pelo enquadramento da retenção e da exceção de contrato não cumprido como exceções em senso impróprio (SICA, Heitor Vitor Mendonça. O direito...cit. p. 153).
188. REIS, José Alberto dos. Código de Processo...v. III, cit. p. 30.
189. Compreende-a como exceção imprópria: LOPES, Bruno Vasconcelos Carrilho. Limites...cit. p. 121 e SICA, Heitor Vitor Mendonça. O direito...cit. p. 151-152. Compreendeu se tratar de exceção em senso estrito, ou próprio: REIS, Alberto dos. Código de Processo... v. III, cit. p. 30, cfr. ainda, STJ-3ª T., REsp. 657.002, Min. Vasco Della Giustina, j. 11.5.210.
190. PISANI, Andrea Proto. Lezioni di diritto processuale civile. 3ª ed. Napoli: E. Jovene, 1999. p. 65. No mesmo sentido, COMOGLIO; FERRI; TARUFFO. Lezioni...cit. p. 267.
191. CAVALLINI, Cesare. Eccezione...cit. p. 35.

O esforço interpretativo, todavia, não deve ir à busca de um critério baseado na justiça da apreciação *ex officio* destas questões. Deve-se apenas atentar para os casos em que a lei veda esse conhecimento. Se a lei não veda, o melhor entendimento, ao nosso sentir, e levando em conta que o direito processual não deve servir como meio de criação de direitos inexistentes, se o fato não foi alegado e ainda assim consta no processo, nada impede que seja ele utilizado como fundamento da sentença.[192]

Corroborando com esta tese, há quem entenda que a demanda de rejeição apresentada pelo réu seria autodeterminada, ou seja, os fatos não seriam imprescindíveis para sua delimitação, mas tão só o pedido de rejeição, o que enseja um pouco mais de maleabilidade – observada, obviamente, a rigidez do nosso sistema processual – quanto à cognição de exceções não arguidas na primeira oportunidade.[193]

O próprio processo, todavia, impõe um limite temporal ao conhecimento das exceções em senso impróprio, no caso de revelia do réu, que é a possibilidade de julgamento antecipado da lide (artigo 355, inc. II, do CPC/2015), tendo em vista a exclusão das questões não controvertidas do objeto de prova (art. 344, do CPC/2015).

De fato, conforme afirmado por Cavallini, a importância da alegação das exceções no momento adequado é tão importante quanto a possibilidade de instrução. Se instrução houver, significa dizer que não há uma pacificidade dos fatos suficiente para render ensejo ao julgamento da controvérsia,[194] possibilitando que exsurjam, no decorrer do procedimento probatório, exceções ao direito do autor.

Cavallini trata da questão comparando o rito ordinário, com o rito do trabalho italiano, cuja previsão do *terzo comma*, do art. 416,

---

192. "No plano ideal, sem distorções pela prática, haveremos de reconhecer que o juiz tem o dever (poder) de analisar *ex officio* quaisquer matérias dentro dos limites do pedido e causa de pedir da demanda inicial, exceto quando a lei estabeleça expressamente em sentido contrário" (SICA, Heitor Vitor Mendonça. O direito...cit. p. 160). Ainda, ALSINA, Hugo. Tratado...cit. p. 83-84. No mesmo sentido, "sempre que a lei não exigir a alegação em contestação, é eficaz a ulterior dedução do argumento ou seu enfrentamento *ex officio* pelo julgador" (LOPES, Bruno Vasconcelos Carrilho. Limites...p. 126).
193. BARLETTA, Antonino. *Extra* e *ultra* petizione. Studio sui limiti dei dovere decisorio del giudice civile. Milano: Giuffrè, 2012. p. 39.
194. CAVALLINI, Cesare. Eccezione...cit. p. 40.

do CPC, obriga o réu a *prendere posizione*,[195] sob pena de preclusão, de forma semelhante com o nosso ordenamento, logo na contestação.

Não se pode atribuir, entretanto, ao rito ordinário, para Cavallini, uma preclusão tão rígida ao conhecimento da *"mera defesa"*, porquanto em sede de instrução pode ocorrer de o juiz conhecer de fatos que ilidam a pretensão autoral.[196]

Guardadas as diferenças entre o nosso sistema e o processo ordinário italiano, não podemos deixar de notar que a possibilidade de existir a fase instrutória, mesmo ocorrendo revelia, ficou muito mais clara com o novo Código. Primeiramente, assegura-se expressamente ao réu revel o direito à produção probatória (art. 349, do CPC/2015), sendo vedado, caso haja requerimento nesse sentido, haver o julgamento antecipado do mérito (art. 355, inc. II, do CPC/2015), positivando-se entendimento já consolidado em jurisprudência.[197]

Admite-se, ainda, por exemplo, a mitigação dos efeitos da revelia quando, pelas máximas de experiência, restar evidente que a demanda do autor é inverossímil, infundada, ou seja, quando aqueles fatos dificilmente ocorreriam,[198] ou quando ele mesmo, autor, se contradiz em suas alegações. O novo Código também positiva essa hipótese (art. 345, inc. IV, do CPC/2015), estabelecendo, com um pouco mais de clareza, que o juiz, com base no seu livre convencimento, não está tão adstrito à simplificação procedimental do julgamento antecipado do mérito.

O juiz pode se utilizar, ainda, de seu poder instrutório, desde que surja a controvérsia com o cotejo dos elementos fáticos trazidos aos autos, para determinar o interrogatório livre (artigo 385, do CPC/2015)[199] e ordenar o comparecimento do réu para prestar decla-

---

195. Art. 416. (Costituzione del convenuto). Nella stessa memoria il convenuto deve prendere posizione, in maniera precisa e non limitata ad una generica contestazione, circa i fatti affermati dall'attore a fondamento della domanda, proporre tutte le sue difese in fatto e in diritto ed indicare specificamente, a pena di decadenza, i mezzi di prova dei quali intende avvalersi ed in particolare i documenti che deve contestualmente depositare.
196. CAVALLINI, Cesare. Eccezione...p. 35.
197. O STF reconhece o direito à instrução probatória do réu revel, tal como exposto no verbete n° 231, da Súmula do STF: "O revel, em processo civil, pode produzir provas, desde que compareça em tempo oportuno".
198. SICA, Heitor Vitor Mendonça. O direito...cit. p. 137-138; DINAMARCO, Cândido Rangel. Instituições... cit. v. III, p. 568.
199. O sentido dessa norma é justamente suprir as lacunas e obscuridades das alegações das partes, segundo um dispositivo similar da *Zivilprozessordnung* (§ 141) (HAAS, Ulrich; Daniele Boccucci. Il

rações. Pode também requerer o comparecimento das partes para esclarecimento quanto aos fatos arguidos no processo (art. 139, inc. VIII, do CPC/2015).

Trata-se da ideia de corresponsabilidade do juiz e de cooperação deste para com as partes no que toca à formação do corpo fático do processo.[200] Sob esse viés, a *Zivilprozessordnung* prevê no art. 139 a possibilidade do tribunal exigir das partes uma manifestação para aclarar determinada situação ou sanar determinadas dúvidas, a fim de se evitar decisões *a sorpresa*.[201] Essa norma é aplicável, inclusive, naquelas questões que o juiz pode conhecer de ofício.

Dispositivo muito semelhante foi introduzido em nosso Código, o qual incute no juiz o dever de intimar as partes a se manifestarem sobre quaisquer argumentos que possam ser relevantes a título de fundamentação da sua decisão, dependam ou não de iniciativa para seu conhecimento (arts. 9º e 10, do CPC/2015).

2.3. INATIVIDADE E COMPORTAMENTO PROCESSUAL

Ao tratar da atividade e inatividade das partes à luz do contraditório, utilizaremos no presente trabalho a noção de comportamento processual.[202] Trata-se de conceito ligado ao princípio dispositivo, ou seja, destinado a regular a atividade das partes, em suas duas vertentes, ou seja, aquele *principio della domanda* (*Dispositionsmaxime*) e o *principio della trattazione* (*Verhandlungsmaxime*). Ele se relaciona, portanto, tanto com a possibilidade de a parte dispor da tutela jurisdicional e do objeto do processo – escolhendo ou não levá-lo a juízo, ou delimitando sua amplitude –, como à possibilidade dela dispor do material probatório, destinado a demonstrar a veracidade do *thema probandum*.

Comportamento processual consiste numa atividade, ou inatividade da parte compreendida como influência na cognição judicial que, quando verificada, influenciará diretamente a resolução do mé-

---

rapporto tra il giudice e le parti nel proceso civile tedesco. Revista de Processo. São Paulo, RT. Julho de 2011. v. 197. p. 226).
200. HAAS, Ulrich; Daniele Boccucci. Il rapporto tra...cit. p. 231.
201. HAAS, Ulrich; Daniele Boccucci. Il rapporto tra…cit. p. 221.
202. GIANNOZZI, Giancarlo. La contumacia nel processo civile. Milano: Giuffrè, 1963. p. 110; FURNO, Carlo. Contributo...cit. p. 53 e ss.

rito da controvérsia, seja mediante o livre convencimento judicial,[203] seja com a inversão do ônus da prova.[204]

A inatividade *tout court*, num ordenamento como o nosso – que não dispõe de uma cláusula geral que dê a possibilidade do juiz valorar os atos processuais como prova – tem, como regra, o condão de influir apenas no destino do processo, ora extinguindo-o, ora paralisando-o, ora ocasionando a impossibilidade de realização do ato omitido, ora abreviando o procedimento, etc. Somente o comportamento processual – positivo ou negativo – é que pode influir no convencimento do juiz, pode acarretar a inversão do ônus da prova, pode gerar uma presunção relativa de veracidade dos fatos alegados pela outra parte.[205]

De maneira geral, os atos das partes influenciam a decisão de mérito quando encerram uma declaração.[206] Essa deve ser vista como um ato jurídico constituído de um discurso direcionado a criar um efeito no âmbito do conhecimento (ou no âmbito psíquico, diferentemente do ato jurídico como operação, que visa criar uma influência no plano físico) *in altero homine*.[207]

O ato que contém uma declaração influencia o pensamento de outro sujeito, que a partir dele deve realizar uma atividade sua, a inspeção (que nada mais é que a captação do sentido daquela declaração pelo sujeito que lhe recepciona). Embora seja controverso o fato de a inatividade encerrar uma declaração,[208] ela consiste num fato que tem

---

203. GIANNOZZI, Giancarlo. La contumacia...cit. p. 116.
204. CAPPELLETTI, Mauro. La testimonianza...v. I. p. 87.
205. GIANNOZZI, Giancarlo. La contumacia...cit. p. 117; a noção de comportamento processual nos termos expostos no texto também é partilhada por Furno, quando afirma que "deve essere costruita la teoria del silenzio come elemento istruttorio nel processo civile" (FURNO, Carlo. Contributo...cit. p. 77), embora essa seja apenas uma espécie, de uma categoria mais ampla de comportamento processual (cf. Id, Ibid. p. 53).
206. Todo ato processual é forma (*corpus*), causa e vontade e dificilmente esses elementos são dissociados: o ato é forma e é também substância (PANNAIM, Remo. Le sanzioni degli atti processuali penali...cit. p. 279, nota 3, e CARNELUTTI, Francesco. Sistema del diritto processuale civile. Padova: CEDAM, 1938. p. 128. v. II) tanto que a inobservância (ou observância defeituosa) de qualquer ato prejudica a cognição judicial, no mínimo quando impede que o juiz tome conhecimento do teor daquele ato. A questão é quando a lei atribui maior ou menor relevância ao ato para introduzir determinado conteúdo no processo e atrela a determinada manifestação de vontade a ele inerente o comportamento dos demais sujeitos processuais: o conteúdo desse ato, assim como sua inobservância, tem o condão de repercutir em toda a sequência do processo.
207. CARNELUTTI, Francesco. Teoria generale...cit. p. 279 e 282; AZEVEDO, Antonio Junqueira. Negócio jurídico e declaração negocial. Tese: USP, 1984. p. 15.
208. Para Carnelutti, o negócio jurídico por omissão caracteriza-se por um ato jurídico de operação, ou seja, gera efeitos no mundo físico, e não é uma declaração (CARNELUTTI, Francesco. Teoria

relevância para posição dos demais sujeitos processuais, com consequências análogas aos atos que encerram uma declaração.

Na verdade, há uma tendência em ligar os efeitos das declarações das partes ao mecanismo com que essas declarações são introduzidas no processo e daí surge a semelhança de efeitos das declarações em geral com a inatividade processual.[209] A observância ou a inobservância de um mecanismo – apto a introduzir uma declaração da parte no processo – é que gera diversas consequências, tornando mais relevante esse mecanismo – para a identificação dos efeitos – que a própria declaração em si.

Não pretendemos deixar em segundo plano a importância do conteúdo da declaração inerente aos atos processuais, para privilegiar somente a sua forma. Mas, apenas identificar quais os efeitos jurídicos decorrentes da função que os atos processuais assumem, separando-os dos efeitos da própria declaração, perante as posições jurídicas dos demais sujeitos no processo. Apenas vamos separar conteúdo e função dos atos processuais.[210]

Desta forma, temos então dois tipos de declaração:[211] a declaração imperativa e a declaração informativa, conforme contenham uma declaração de vontade ou uma declaração de ciência.[212] Desse gênero de manifestações humanas, a declaração pode ou não ter como intenção a produção de efeitos jurídicos específicos e nesse caso estamos diante de uma declaração imperativa ou de vontade.[213]

---

generale...cit. p. 281). Entretanto, o silêncio, quando relevante para a realização de negócios jurídicos, pode ser considerado uma declaração inferida do contexto negocial ou presumida pela lei (AZEVEDO, Antonio Junqueira. Negócio jurídico e declaração negocial...cit. p. 17-8). O que importa para o processo, na verdade, é que também a omissão não gera efeitos unicamente para o sujeito que se omite (non esaurendosi *in interiore homine*, CARNELUTTI, Francesco. Teoria...cit., p. 281), mas influi na esfera jurídica de outro homem e nela produz efeitos; essa é a semelhança para com a declaração e o modo como a omissão influencia os sujeitos do processo.

209. BENVENUTI, Feliciano. L'istruzione nel processo amministrativo. Padova: CEDAM, 1953. p. 230-231.
210. BENVENUTI, Feliciano. L'istruzione...cit. p. 233.
211. Quando falamos em declaração, pretendemos dizer, por metonímia, o ato que encerra uma declaração.
212. CARNELUTTI, Francesco. Teoria generale...cit. p. 281-2; CAPPELLETTI, Mauro. La testimonianza...v. I, cit. p. 49-50; AZEVEDO, Antonio Junqueira de. Negócio jurídico e declaração...cit. p. 15.
213. "A declaração de vontade, por sua vez, no nosso modo de entender, distingue-se das demais pelo fato de o declarante pretender, obter por meio dela, determinado efeito. Há, se pudermos nos expressar assim, nas declarações de vontade, maior conteúdo de vontade que nas outras declarações" (AZEVEDO, Antonio Junqueira de. Negócio jurídico e declaração...cit. p. 15).

A declaração imperativa, ou de comando se assim se preferir,[214] é aquela que determina um vínculo perante as outras partes no processo (seu principal efeito), principalmente perante o juiz, daí alguns doutrinadores chamá-la de ato normativo não autônomo.[215] Os exemplos típicos desse tipo de declaração são a demanda e a resposta, bem como os fatos que destas fazem parte integrante.

Esses atos não têm um escopo meramente informativo, de munir o juiz de substratos para uma futura decisão ou de influir sobre seu convencimento. Eles possuem algo de mais, pois fazem nascer um dever do juiz em julgar nos limites do que foi pedido ou do que foi afirmado.[216]

O vínculo nasce daquela manifestação de vontade integrante do princípio dispositivo fundamentado na livre disposição da tutela jurisdicional, em que prepondera a atuação da parte. Seja no ato de demandar, seja no de responder,[217] há um pedido de tutela e seus motivos (causa de pedir), sobre os quais o juiz deve decidir.[218] Esse ato vincula não apenas o juiz, mas também a outra parte,[219] que deve responder, pois essa é a forma mais eficiente de se realizar o contraditório, além de haver consequências diretas – por exemplo, efeitos da revelia – e indiretas – por exemplo, a não produção de alguma prova, a preclusão da possibilidade de impugnar a veracidade de algum documento, etc. –, caso ela não responda.

---

214. CAPPELLETTI, Mauro. La testimonianza...v. I, cit. p. 49.
215. Normativo, porque vincula, não autônomo, porque depende da atividade de outra pessoa para produzir a plenitude dos efeitos pretendidos (ALLORIO, Enrico. Diritto processuale tributario. Torino: UTET, 1955. p. 449).
216. COSTA E SILVA, Paula. Acto e processo...cit. p. 262-3; CAPPELLETTI, Mauro. La testimonianza...v. I. cit. p. 53; a regra da adstrição também se aplica à narração dos fatos integrantes da causa de pedir (DINAMARCO, Cândido Rangel. Instituições...cit. v. III. p. 277).
217. A resposta também adstringe a atividade do juiz: DINAMARCO, Cândido Rangel. Instituições...cit. v. III. p. 280; CHIOVENDA, Giuseppe. Istituzioni di diritto processuale civile. Napoli: E. Jovene, 1935. p. 304. v. I.
218. Sobre a alegação dos fatos e da demanda como declaração de vontade, que vincula o juiz: ALLORIO, Enrico. Il giuramento della parte. Milano: Giuffrè, 1937. p. 159 e 181, nota 367; BENVENUTI, Feliciano. L'istruzione...cit. p. 232; ROCCO, Alfredo. La sentenza civile. Torino: Fratelli Bocca, 1906. p. 114-5.
219. COSTA E SILVA, Paula. Acto e processo...cit. p. 270; "la domanda è vista piuttosto sotto il profilo dell'onere di determinare la situazione processuale che condiziona l'esercizio della giurisdizione da parte del giudice, ma questo è un aspetto secondario di essa. Il vero significato della domanda può cogliersi soltanto considerando il carattere contradittorio del processo civile" (SATTA, Salvatore. Diritto processuale...cit. p. 137).

Esses elementos aproximam muito o ato de demandar dos negócios jurídicos,[220] na medida em que há um ato voluntário da parte que vincula o juiz, constituindo nele o poder-dever de tomar uma decisão sobre os fatos narrados.[221] Entretanto, a livre determinação da parte nesse *"negócio jurídico"* é limitada, de modo que nem todos os efeitos são por ela predispostos.[222] Por exemplo, esse vínculo não obriga o juiz a se utilizar do fato tal qual narrado pela parte em sua declaração, ele pode acatar ou rejeitar essa versão, de acordo com seu livre convencimento.

A vontade do indivíduo aqui não é destinada a vincular o juiz ou as outras partes do processo quanto ao conteúdo da demanda, ela serve unicamente para individuar a demanda e para criar um poder-dever no órgão jurisdicional de prender posição sobre ela e nos seus limites. Isso ocorre, porque os atos processuais não podem depender da vontade do sujeito quanto a sua funcionalidade, pois se coordenam entre si para chegar a um fim. A vontade somente é importante para tirar o órgão da inércia e estabelecer os limites de sua atuação, mas sempre essa vontade será tida sob um viés funcional e não quanto à vinculação do conteúdo do ato (vontade eficiente).[223]

Tal qual na autodeterminação negocial, dividiríamos a liberdade em: determinação dos efeitos do negócio e escolha em vincular-se ou não. No primeiro caso poderíamos ter limitações, como ocorre nos contratos de adesão, em que o aderente simplesmente aceita todo o conteúdo do contrato, sem determinar-lhe livremente. Mas, ele tem a escolha de se vincular ou não àquele conteúdo preconcebido. O mesmo ocorre com a demanda. Há na parte uma limitação no estabelecimento dos efeitos quanto ao conteúdo introduzido, mas também há uma ampla liberdade de escolha em ingressar em juízo ou

---

220. BENVENUTI, Feliciano. L'istruzione...cit. p. 236; embora esta concepção deva ser vista com parcimônia, pois a demanda é declaração de vontade emanada de um sujeito em grau hierárquico inferior (parte) em relação a outro de grau superior (juiz). Há na doutrina sérias restrições em considerar declarações de vontade vistas (pela sociedade ou pelo ordenamento) como aptas a estabelecer efeitos jurídicos em relação a partes em graus hierárquicos diversos como negócio jurídico (AZEVEDO, Antonio Junqueira. Negócio jurídico de declaração...cit. p. 24, que afirma que o negócio jurídico tem "essência igualitária").
221. CARNELUTTI, Francesco. Sistema del diritto processuale civile. Padova: CEDAM, 1938. p. 79. v. II.
222. SATTA, Salvatore. Diritto processuale civile. Padova: CEDAM, 1981. p. 226.
223. SATTA, Salvatore. Diritto...cit. p. 226.

responder.²²⁴ Isso é natural, pois o processo não admite a livre disposição das partes nos mais amplos aspectos, há interesses públicos a se considerar, moderados pela atuação do juiz.²²⁵

O juiz tem o dever, portanto, de levar o ato em consideração, de conhecê-lo, para acatar ou não seu conteúdo.²²⁶ Nisso consiste o comando da declaração imperativa.²²⁷ Ela é pura manifestação do princípio dispositivo não tanto quanto ao principal efeito pretendido pela parte, que é o acolhimento da sua versão dos fatos, mas pela vinculação do juiz em se pronunciar sobre aquela versão.

A declaração manifestação, ou de ciência, não contém uma potência de comando.²²⁸ Sua finalidade é apenas a de introduzir elementos para a demonstração dos fatos relevantes para o processo, tem natureza eminentemente informativa.²²⁹ Podemos citar como exemplos,²³⁰ o depoimento de uma testemunha (art. 453, do CPC/2015), o interrogatório livre (arts. 139, inc. VIII e 385, *in fine*, do CPC/2015), a prova pericial (art. 464, do CPC/2015).

O fenômeno da inatividade pode gerar efeitos diversos conforme a declaração seja a título de comando ou de informação. No primeiro caso estamos diante de uma alegação cujo principal objetivo é introduzir um pedido de tutela jurisdicional. Ela apenas secundariamente pode ensejar uma admissão dos fatos alegados pela parte contrária,²³¹ como é o caso da revelia em nosso direito. Nesse caso, seus efeitos secundários seriam semelhantes ao da declaração de informação, porque aptos a influenciar diretamente o campo probatório do processo.²³²

---

224. Sobre a autonomia de escolha nos atos processuais (COSTA, Antonio. Contributo alla teoria dei negozi giuridici processuali. Bologna: Nicola Zanichelli, 1921. p. 88 e ss, p. 122); BENVENUTI, Feliciano. L'istruzione...cit. p. 239.
225. BENVENUTI, Feliciano. L'istruzione...cit. p. 238, nota 91; COSTA, Antonio. Contributo...cit. p. 124;
226. ALLORIO, Enrico. Diritto processuale...cit. p. 451.
227. BENVENUTI, Feliciano. L'istruzione...cit. p 240; CAPPELLETTI, Mauro. La testimonianza...v. I., cit. p. 58.
228. CARNELUTTI, Francesco. Sistema del diritto...v. II, cit. p. 100.
229. CAPPELLETTI, Mauro. La testimonianza...v. I, cit. p. 49-50.
230. CARNELUTTI, Francesco. Istituzioni...v. I, cit. p. 279.
231. Segundo Carnelutti, as declarações que integram a demanda são alegações, que, acaso concordes com as alegações da outra parte, geram a admissão; as declarações a título de informação são asseverações (CARNELUTTI, Francesco. Istituzioni del nuovo processo civile italiano. Roma: Foro Italiano, 1942. p. 278-9. v. I; Id. Teoria generale...cit. p. 282).
232. CAPPELLETTI, Mauro. La testimonianza...v. I, cit. p. 87.

O legislador é quem determina quais os efeitos secundários decorrem da inobservância de um ato imperativo. Na Itália, por exemplo, o comportamento do inativo pode ser tido como indício, como elemento de convicção contrário a sua tese (art. 116, do CPC italiano). Na Alemanha, a inatividade pode gerar a presunção de veracidade dos fatos alegados pela parte contrária (§§ 330 e 331, da ZPO), como a inatividade do réu em nosso direito (art. 344, do CPC/2015).

A aptidão da inatividade para produzir esses efeitos mais rigorosos, como no direito alemão, normalmente é mais facilmente vista naqueles atos de declaração comando, ou imperativos, realizados pelas partes, em que a manifestação da vontade cria uma expectativa em relação à resposta da outra,[233] principalmente se o processo é informado por princípios de concentração e oralidade. Nesse aspecto, o ato de demandar, que consiste numa declaração de comando ou imperativa, cria um vínculo em relação ao réu, que deve responder, sob pena de ter contra si a presunção *iuris tantum* de veracidade dos fatos alegados pelo primeiro (art. 344, do CPC/2015).

Mas, esse efeito pode ocorrer também em casos de declarações informação, como no caso da parte que, intimada para o depoimento pessoal, deve comparecer e responder sem evasivas, sob pena de ser tida como confessa (art. 385, § 1º, do CPC/2015), pois aquele que pede a prova cria uma expectativa vinculativa de resposta para fins eminentemente probatórios.

As consequências da inatividade nos casos de declarações informação, normalmente, dizem respeito ao princípio dispositivo sob o viés da instrução (a falta de especificação de provas no momento oportuno, a falta de arrolamento de uma testemunha, o não recolhimento dos honorários periciais, etc.). Decorre disso, que suas consequências parecem ser mais brandas, sempre havendo margem para o cotejo com os demais elementos probatórios existentes nos autos, com base no livre convencimento racional, pois, conforme vimos, o juiz tem maior possibilidade de atuação quando tratamos de instrução e o *principio della trattazione* é mitigado.

Já quanto ao comportamento processual negativo em relação ao princípio dispositivo visto sob a disponibilidade da tutela juris-

---

233. CAPPELLETTI, Mauro. La testimonianza...v. I. cit. p. 87; GIANNOZZI, Giancarlo. La contumacia...cit. p. 118, que ao invés de falar em declarações comando, fala em *"potere di iniziativa"*.

dicional, este muitas vezes é considerado uma refutação (*rifiutto*) ao adimplemento de um ônus específico de posicionar-se. Daí muitos autores entenderem que o termo revelia configura uma inatividade qualificada pela existência ou necessidade de sujeição.[234]

Essa expectativa criada pela atuação dos demais sujeitos processuais, desde logo, deve-se lembrar, não serve aos interesses privatísticos das partes, mas sim ao bom funcionamento do próprio processo, para o qual o contraditório é condição *sine qua non*.[235] Tendo em vista diversas finalidades, como o dever de probidade ou lealdade, a necessidade de investigação probatória (admissão dos fatos), a necessidade de uma resposta rápida e célere para fins de concentração procedimental, o legislador valora a inatividade em determinados casos como apta a influenciar diretamente a decisão de mérito.[236]

2.4. PROPOSTA DE TRATAMENTO ISONÔMICO DA INATIVIDADE COMO COMPORTAMENTO PROCESSUAL: OS ATOS PROCESSUAIS DAS PARTES COMO ELEMENTO DE CONVICÇÃO.

Como vimos, o legislador pode prever que determinados atos processuais isoladamente considerados, sejam aqueles realizados no âmbito do *principio* (dispositivo) *della domanda*, sejam aqueles realizados no âmbito do *principio* (dispositivo) *della trattazione*, influenciem diretamente a decisão de mérito, o que os faz serem considerados como comportamento processual, para os fins do presente trabalho.

Pois bem. *De lege ferenda*, nosso legislador poderia pensar numa sistematização que desse uma abertura ao juiz para considerar os atos das partes como comportamento processual e utilizar-se deles como um elemento de convicção para fundamentação das suas decisões.

---

234. Parecem utilizar o termo revelia como negativa de sujeição a um ato da outra parte: DINAMARCO, Cândido Rangel. Instituições...cit. v. III. p. 474 e AMERICANO, Jorge. Comentários...cit. v. I. p. 54-5.
235. "L'equilibrio del contraddittorio è appunto un'esigenza squisitamente giuridica: ossia, costituisce una necessità per lo stesso funzionamento del processo civile di cognizione, e non già per il migliore o peggiore funzionamento di esso" (FURNO, Carlo. Contributo alla teoria della prova legale. Padova: CEDAM, 1940. p. 60); no mesmo sentido LIEBMAN, Enrico Tullio. Manuale...cit. p. 169.
236. GIANNOZZI, Giancarlo. La contumacia...p. 119.

Das fontes pesquisadas, quem primeiro tratou cientificamente do comportamento processual das partes como elemento de prova[237] foi Gino Gorla. Este autor esboçou algumas ideias sobre o tema ainda na vigência do CPC italiano de 1865, diante de um julgado da *Corte de Cassazione* de 19 de janeiro de 1934. O motivo que lhe inspirou a admitir o comportamento das partes como elemento de convicção é a liberdade de valoração judicial da prova, que encontrava expressa previsão no § 272, da ZPO austríaca.[238] Segundo esse dispositivo, o juiz deve valorar a prova em relação a todo o conteúdo instrutório (*pertrattazione*, ou *Verhandlung*, que significa debate),[239] tendo como norte a sua livre convicção.

Segundo o autor, o comportamento processual poderia ser tido como regra de valoração da prova, ou seja, seria imanente ao silogismo existente em qualquer prova indireta, em que a premissa maior é uma determinada regra de experiência e a premissa menor uma fonte de prova (ou de presunção, segundo alguns autores).[240]

A possibilidade de se extrair ilações do comportamento das partes foi utilizada também por Barbosa Moreira,[241] para justificar a aplicação das máximas de experiência (art. 375, do CPC/2015), acerca do comportamento da própria fonte de prova (testemunha que se contradiz), ou dos sujeitos do processo na valoração da prova pelo juiz.

---

237. A noção de se utilizar do comportamento processual das partes como elemento de convicção do julgador é tão antiga que se pode colher um exemplo bíblico tirado do primeiro Livro de Reis (I Reis, 3:16-28). Duas mulheres estavam diante de Salomão, questionando de qual delas seria um bebê. Ambas viviam na mesma casa e haviam recentemente dado à luz, cada qual a uma criança. Ocorre que, uma delas, havendo se deitado sobre seu bebê e o matado, durante a noite, trocou seu filho morto pela criança viva da outra mãe, pelo que levaram a situação ao Rei, para que se alcançasse uma solução. Vendo a impossibilidade de se chegar a um consenso, Salomão determinou que se cortasse a criança viva ao meio e se entregasse cada metade a uma mulher. Na iminência de ver seu filho cindido pela espada, a verdadeira mãe se manifestou e pediu a Salomão que de forma alguma cortasse a criança, mas a entregasse à outra mulher, desde que vivesse o infante. Já a outra mulher demonstrou não se importar em ver a criança cortada, motivo pelo qual o Rei determinou que já não se cindisse o bebê, mas que o entregasse à primeira mulher, já que pela sua conduta, sem dúvida era a verdadeira mãe.
238. Essa previsão vige até hoje, de acordo com o § 272, 1, da ZPO austríaca.
239. GORLA, Gino. Comportamento processuale delle parti e convincimento del giudice. Rivista di diritto processuale civile. vol. XII, parte II. 1935. Padova: CEDAM. p. 27.
240. GORLA, Gino. Comportamento processuale...cit. p. 26.
241. O autor afirma que a regra de experiência pode ser utilizada para aferir tanto o comportamento da parte, como da própria testemunha, e exemplifica com o depoimento contraditório de duas testemunhas acerca da cor de um veículo, sendo uma delas daltônica, obviamente o juiz cotejará os dois depoimentos e dará maior valor ao testemunho da pessoa que enxerga todas as cores (BARBOSA MOREIRA, José Carlos. Regras de experiência e conceitos jurídicos indeterminados. In Temas de direito processual civil (segunda série). 2ª ed. São Paulo: Saraiva, 1988. p. 63-64).

O importante para nós, entretanto, é saber se o próprio conjunto de atos realizados pelas partes, principalmente os atos omissivos (inatividade), poderiam ser considerados como comportamento e serem tidos como fonte de prova (ou de presunção), ou seja, se seriam aptos a demonstrar a ocorrência dos fatos controvertidos.[242]

Como tal, o comportamento processual das partes se inseriria no que a doutrina denominou de prova indireta ou crítica,[243] porque são fatos que servem à dedução do fato a ser provado e jamais à sua representação direta.[244] Seriam considerados como fonte de presunção,[245] porque um ato processual imerso num ambiente técnico, cujos efeitos são previamente regulados pelo direito processual, não pode ser considerado uma representação do fato integrante do *thema probandum*.[246]

Para Carlo Furno,[247] o juiz poderia, sempre com prudência, observar o comportamento das partes para realizar ilações, a fim de fortalecer seu convencimento. O comportamento funcionaria, assim, como um fato,[248] destinado a demonstrar outro fato, mediante a utilização das máximas de experiências *(praesumptio hominis)*, embora ele sempre tivesse natureza subsidiária, ou seja, configuraria apenas um reforço das demais provas produzidas.

O CPC italiano de 1942 previu expressamente a possibilidade de o juiz utilizar o comportamento das partes como elemento de convicção. Na verdade, o mecanismo foi inserido no art. 116 do diplo-

---

242. GORLA, Gino. Comportamento...cit. p. 27.
243. "La presunción, o mejor dicho, el procedimiento probatorio que esa expreción encierra, se nos presenta por eso como un resultado de segundo grado respecto de aquel que sigue a una prueba en sentido jurídico. La prueba suministra directamente la inducción del hecho que se quiere constatar" (SPINELLI, Michele. Las pruebas civiles. Trad. Tomás A. Banzhaf. Buenos Aires: EJEA, 1973. p. 71).
244. CARNELUTTI, Francesco. La prova civile. Roma: Athenaeum, 1940. p. 109. Embora, para Carnelutti, qualquer prova que destaque a percepção do juiz do fato a ser provado para outro fato que o demonstre é considerada prova indireta (o autor somente considera direta a inspeção judicial). Portanto, o critério, prova direta/indireta, não serve para indicar uma presunção (CARNELUTTI, Francesco. La prova...cit. p. 76 e 112).
245. CARNELUTTI, Francesco. La prova civile...cit. p. 109, que afirma ser fonte de prova aquela que serve a representar os fatos a serem provados, o que não ocorre com a fonte de presunção.
246. GORLA, Gino. Comportamento...cit. p. 27.
247. FURNO, Carlo. Contributo...cit. p. 69.
248. O ato processual caracteriza-se por sua incidência na relação processual, todavia, no caso em que influi no material probatório, assume caráter de fato processual, na medida em que independe da vontade de qualquer sujeito e tem o condão de influenciar o convencimento judicial (RIGHI, Ivan. Eficácia probatória do comportamento das partes. Revista Forense. ano 103. v. 389. jan/fev. 2007. p. 108).

ma, que trata, no primeiro *comma*, do livre convencimento racional (semelhante ao nosso art. 371, do CPC/2015), quando no segundo *comma* prevê que:

> "o juiz pode dessumir argumentos de prova das respostas que as partes lhe deem segundo o artigo seguinte [que trata do interrogatório não formal das partes], da refutação injustificada em consentir a inspeção que lhes ordenou e, em geral, do comportamento das próprias partes no processo".[249]

Sobre esses *argumenti di prova*, já na vigência do atual CPC italiano, tratou Mauro Cappelletti. Para ele, o comportamento das partes poderia servir indiretamente como prova. Indiretamente, porque esse não será o fim precípuo do ato processual. Sua finalidade essencial seriam os efeitos produzidos para a constituição, conservação, desenvolvimento, modificação ou definição de uma relação processual.[250] Ou seja, diretamente somente teria importância para a regularidade da relação processual e não para servir de elemento de prova. As declarações das partes, na hipótese em comento, não serviriam como representação dos fatos a serem provados – prova direta –, mas sim como fatos jurídicos fonte de prova indireta – prova crítica.[251]

Devemos levar em conta que não apenas de provas se faz a demonstração dos fatos ou o convencimento judicial. Elas constituem o elemento mais importante para esse fim, mas há outros elementos igualmente importantes, como as presunções, por exemplo, e dentre elas, aquelas decorrentes do comportamento processual das partes.[252]

Essa eficácia secundária do comportamento das partes em juízo permitiria também que as omissões pudessem configurar fatos jurídicos, que serviriam como indício para formar uma presunção *hominis*, a fim de se descobrir a veracidade de um fato.[253]

O art. 116 do CPC italiano se justifica pelo fato de a revelia, ou a falta de resposta sobre os fatos alegados pela parte adversária, não ter um efeito de presunção legal de veracidade (ou confissão) naquele

---

249. Tradução livre.
250. CHIOVENDA, Giuseppe. Principii di diritto processuale civile. Napoli: E. Jovene, 1980. p. 766.
251. CAPPELLETTI, Mauro. La testimonianza...cit. v. I. p. 91-92.
252. SPINELLI, Micheli. Las pruebas...cit. p. 87.
253. CAPPELLETTI, Mauro. La testimonianza...v. I, cit. p. 93-94.

sistema.²⁵⁴ Tendo isso em vista, o legislador parece ter preferido relegar ao livre convencimento do juiz a análise dos atos omissivos ou das situações em que as partes se negam a colaborar com o regular andamento do processo.

Entre nós, com as bases constitucionais mínimas do processo civil justo para a América Latina, aprovadas na Assembleia Geral do Instituto Iberoamericano de Direito Processual, em Caracas – 29.10.2004 –, chegou-se à conclusão de que *"al juez [se autoriza] deducir de la conducta procesal de las partes, argumentos de prueba en su contra"*.²⁵⁵

O *Código Procesal Civil y Comercial de la Nación Argentina* prevê em seu art. 163, inc. 5, juntamente com as presunções judiciais, as hipóteses em que a sentença poderá levar em consideração o comportamento processual das partes: *"la conducta observada por las partes durante la sustanciación del proceso podrá constituir un elemento de convicción corroborante de las pruebas, para juzgar la procedencia de las respectivas pretensiones"*.

Também o previu o CPC colombiano, segundo o qual, no art. 249 – inserido na Terceira Seção, no Título XIII (Provas), no Capítulo VII (Indícios) –, *"el juez podrá deducir indicios de la conducta procesal de las partes"*.

O CPC/2013 português previu semelhante disposição, inserida num capítulo sobre a instrução do processo. Segundo o diploma (art. 417), as partes *"têm o dever de prestar a sua colaboração para a descoberta da verdade, respondendo ao que lhes for perguntado, submetendo-se às inspeções necessárias, facultando o que for requisitado e praticando os atos que forem determinados"*. Em caso de recusa em colaborar com a verdade, quando o recusante for parte, *"o tribunal aprecia livremente o valor da recusa para efeitos probatórios"*.

No Brasil, podemos citar alguns exemplos, como a ausência ou a recusa em depor, quando devidamente intimada a parte para tal finalidade (art. 385, § 1º, do CPC/2015). Ou, ainda, a recusa de realização de perícia médica (arts. 231 e 232, do CC). Sobre esses últimos dispositivos, o STJ editou a Súmula nº 301, segundo a qual *"em ação*

---

254. A própria "não contestação" hoje é tida como elemento de prova, verdadeiro comportamento processual que serve para influir no racionamento decisório (art. 115, do CPC italiano).
255. HEÑIN, Fernando Adrián. Valoración...cit. p. 63.

investigatória, a recusa do suposto pai a submeter-se ao exame de DNA induz presunção juris tantum de paternidade".[256]

A doutrina compreende o dispositivo aproximamando-o da presunção *hominis*, gerada pelo comportamento das partes, como prevista nos ordenamentos estudados. Note-se que, caso a parte não logre provar um mínimo de vínculo afetivo entre os pais, o juiz terá ampla liberdade em dar menor valor à recusa, configurando um verdadeiro comportamento livremente apreciável (arts. 371 e 375, do CPC/2015).[257]

O próprio legislador preferiu dar essa interpretação à recusa, deixando o caminho livre ao juiz para valorar a viabilidade de realização do exame e, consequentemente, para a apreciação do comportamento da parte, cotejando-o com a apresentação de um mínimo de prova pela parte a que a perícia beneficia. É o que se previu, por exemplo, com a reforma da Lei 8.560/92 (sobre a investigação de paternidade dos filhos havidos fora do casamento), levada a termo pela Lei 12.004/09, que deu a seguinte redação ao art. 2º-A, parágrafo único: "*a recusa do réu em se submeter ao exame de código genético - DNA gerará a presunção da paternidade, a ser apreciada em conjunto com o contexto probatório*".[258]

Esse abrandamento se justifica devido ao fato de que a valoração do comportamento das partes não pode ser mais forte que os pró-

---

256. Apesar de parecer se tratar de uma presunção legal, em que ocorrida a recusa da parte em se submeter ao exame, automaticamente o ônus da prova se inverteria, não parece ser esse o entendimento partilhado pela jurisprudência. É que se exige ao menos um começo de prova da filiação nas hipóteses de investigação de paternidade - e o caso de exame de DNA para filiação é o mais comum exemplo de recusa à realização de perícia médica -, de sorte a somente se autorizar a perícia quando a alegação da parte que lhe interessa seja ao menos verossímil (e.g. deve-se provar um mínimo de intimidade entre os supostos pais, um mínimo de igualdade nos traços físicos entre genitor e filho, etc.). "Apesar da Súmula 301/STJ ter feito referência à presunção *juris tantum* de paternidade na hipótese de recusa do investigado em se submeter ao exame de DNA, os precedentes jurisprudenciais que sustentaram o entendimento sumulado definem que esta circunstância não desonera o autor de comprovar, minimamente, por meio de provas indiciárias a existência de relacionamento íntimo entre a mãe e o suposto pai" (STJ-3ª T., REsp. 692.242, Rel. Min. Nancy Andrighi, j. 28.06.2005).

257. MADALENO, Rolf. Curso de direito de família. 5ª ed. Rio de Janeiro: Forense, 2013. p. 558.

258. Em sentido ainda mais condizente com a livre apreciação das provas e com a apreciação do comportamento da parte no processo, foi o legislador argentino, que no artigo 4º da Ley 23.511/87 previu: "cuando fuese necesario determinar en juicio la filiación de una persona y la pretensión apareciese verosímil o razonable, se practicará el examen genético que será valorado por el juez teniendo en cuenta las experiencias y enseñanzas científicas en la materia. La negativa a someterse a los exámenes y análisis necesarios constituirá indicio contrario a la posición sustentada por el renuente".

prios elementos probatórios produzidos no processo. Por isso é sempre recomendável, nesse campo, deixar a matéria à livre apreciação do juiz. Não por outro motivo a doutrina costuma alegar que as presunções legais – relativas ou absolutas – devem sempre ser interpretadas restritivamente.[259] Quando a lei não atribui expressamente os efeitos dessa presunção, deve-se tê-la como uma presunção comum.

Alguns juristas brasileiros têm admitido, mesmo sem previsão expressa, a utilização do comportamento processual na convicção judicial mediante a aplicação das regras gerais de direito probatório.[260] Há alguma divergência, todavia, no que se refere à natureza jurídica desta forma de valoração judicial.

Para alguns, trata-se de meio de prova atípica, ou seja, pode ser levado em conta pelo magistrado conforme a hipótese do art. 369, do CPC/2015.[261] A admissão das provas atípicas – que são *"técnicas de captação de elementos de convicção não previstos em lei"* –,[262] em nosso ordenamento, coaduna com o direito constitucional à prova, resultante das garantias do *due process of law*, do contraditório e da ampla defesa (art. 5º, incs. LIV e LV, da CF).[263] Trata-se de dispositivo tirado do Código de Processo do Estado do Vaticano[264] e que influenciou nossa legislação atual pelo projeto de Código apresentado por Carnelutti, na Itália.[265]

A atipicidade das provas se relaciona muito mais com os meios empregados na sua produção, do que com a própria fonte da prova. Isso ocorre porque muito dificilmente surgirão fontes diversas daquelas já previstas em lei, já que essas são finitas e limitadas (pessoas,

---

259. COVELLO, Sergio Carlos. A presunção em matéria civil. São Paulo: Saraiva, 1983. p. 107.
260. CAMBI, Eudardo; HOFFMANN, Eduardo. Caráter probatório da conduta (processual) das partes. São Paulo: RT. Revista de Processo. Ano 36. v. 201. nov. 2011. *passim*; ARAGÃO, Egas Dirceu Moniz de. Regras de prova no Código Civil. Revista de Processo. São Paulo. v. 29. n. 116. jul./ago. 2004. p. 21.
261. "O comportamento da parte (mesmo de seu advogado) é dado relevante, que pode ser tomado em consideração à face do texto expresso do art. 332" (ARAGÃO, Egas Dirceu Moniz de. Regras de prova...cit. p. 21).
262. São atípicas as provas não reguladas por lei, denominadas também de inominadas (TARUFFO, Michele. La prueba de los hechos...cit. p. 403).
263. DINAMARCO, Cândido Rangel. Instituições...cit. v. III. p. 47-48.
264. Art. 87 do Codice di Procedura dello Stato della Città del Vaticano: "tutti i mezzi atti ad accertare la verità dei fatti dimostrativi del fondamento dell'azione o dell'eccezione, e che siano legalmente e moralmente legittimi, possono essere disposti dall'autorità giudiziaria, al fine di assicurare una decisione della causa conforme a giustizia"
265. BARBOSA MOREIRA, José Carlos. Provas atípicas. Revista de Processo. v. 19. n. 76. out/dez. 1994. p. 116-7.

coisas ou fenômenos materiais). O que varia são as formas com que o juiz chega ao convencimento de determinado fato, tendo como base essa fonte de prova.[266]

A presunção judicial se socorre desta atipicidade de meios, pois de um fato que normalmente serviria a repercutir um efeito diverso – ou sequer produziria efeitos –, se chega, mediante normas gerais de experiência, ao conhecimento de um fato desconhecido.[267]

As presunções podem ser judiciais ou legais (*praesumptio hominis* e *praesumptio legis*). As presunções legais podem ser relativas ou absolutas.

Nessas duas últimas, o raciocínio indutivo, com aplicação das máximas de experiência, já vem previamente estabelecido pelo legislador.[268] Elas, diferentemente das presunções judiciais, só existem nos casos expressamente taxados[269] e, devido ao efeito automático que encerram[270] - não admitem qualquer prova em contrário –,[271] muitos autores chegam a afirmar que sequer se tratam de presunção.[272]

As presunções legais relativas dispensam a parte de provar o quanto alegado, retirando os fatos do objeto de prova,[273] desde que a outra parte não logre provar o contrário. Por isso, muitas vezes, são

---

266. BARBOSA MOREIRA, José Carlos. Provas...cit. p. 115.
267. BARBOSA MOREIRA, José Carlos. Provas...cit. p. 120. Sobre o conceito de presunção, parece haver uma voz uníssona. A mais famosa conceituação advém do Código de Napoleão, que no seu art. 1349, previu: Les présomptions sont des conséquences que la loi ou le magistrat tire d'un fait connu à un fait inconnu. O art. 2927, do Código Civil italiano segue essa mesma linha e também a doutrina: "[presunção] es un juicio lógico del legislador o del juez, en virtude del cual se considera como certo el probable un hecho, con fundamento en las máximas generales de experiências" (ECHANDIA. Hernando Devis. Teoria general de la prueba judicial. Buenos Aires: Alberti, 1981. p. 694. t. II); "l'ordine normale delle cose, per cui, in base all'esperienza, si ritene che un evento è causa di un altro" (CONTE, Mario. Le prove nel processo civile. Milano: Giuffrè, 2002. p. 16); "consequências que resultam dos constantes efeitos de um fato" (SANTOS, Moacyr Amaral. Prova...v. I, cit. p. 87).
268. COVELLO, Sergio Carlos. A presunção...cit. p. 107.
269. AMERICANO, Jorge. Comentários ao Código de Processo Civil do Brasil. 2ª ed. São Paulo: Saraiva, 1958. p. 393. t. I.
270. Art. 2728, do Código Civil italiano: "prova contro le presunzioni legali. Le presunzioni legali dispensano de la qualunque prova coloro a favore dei quali esse sono stabilite"; art. 350, do Código Civil português: "Presunções legais. 1. Quem tem a seu favor a presunção legal escusa de provar o facto a que ela conduz"; art. 385 da Ley de Enjuiciamiento Civil: "presunciones legales. 1. Las presunciones que la ley establece dispensan de la prueba del hecho presunto a la parte a la que este hecho favorezca".
271. Influem no direito probatório apenas por retirar do objeto da prova certos fatos, por torná-los irrelevantes (DINAMARCO, Cândido Rangel. Instituições...cit. v. III, p. 118).
272. ECHANDIA, Hernando Devis. Teoria...cit. p. 695; CONTE, Mario. Le prove...cit. p. 21.
273. DINAMARCO, Cândido Rangel. Instituições...cit. v. III, p. 119.

chamadas condicionais.[274] Elas atuam, basicamente, na inversão do ônus da prova, dispensando desse encargo o litigante beneficiado.[275]

Nas presunções comuns, judiciais ou *hominis*, o raciocínio indutivo, com a aplicação das máximas de experiência, é desenvolvido pelo próprio juiz,[276] que fica livre para fazê-lo. Daí se dizer que são presunções indeterminadas e podem ocorrer conforme a livre apreciação do órgão jurisdicional.[277]

Acreditamos, juntamente com Righi[278] e Gorla,[279] que a utilização do comportamento processual das partes como elemento na decisão de mérito é uma presunção relativa,[280] que pode ser legal – quando a lei já realizou aquele método indutivo de raciocínio com base na probabilidade da existência de determinado fato na ocorrência de outro (arts. 344, 400, 385, § 1º, do CPC/2015) –, ou judicial, quando essa ilação fica a encargo do juiz (artigo 375, do CPC/2015).

A tentativa de enquadrar o comportamento processual das partes como elemento de convicção nas provas atípicas, todavia, não exclui o fato de serem presunções judiciais. Esse tipo de prova (ou de aquisição de conhecimento, para aqueles que não admitem a presunção como prova),[281] normalmente, é realizado mediante a utilização de fontes atípicas – no sentido de que esses elementos não são, no

---

274. AMERICANO, Jorge. Comentários...cit. t. I. p. 393; SANTOS, Moacyr Amaral. Prova judiciária...cit. t. I, p. 88.
275. BARBOSA MOREIRA, José Carlos. As presunções...cit. p. 60-61.
276. Art. 2729, do Código Civil italiano: "Presunzioni semplici. Le presunzioni non stabilite dalla legge sono lasciate alla prudenza del giudice, il quale non deve ammettere che presunzioni gravi, precise e concordante".
277. COVELLO, Sergio Carlos. As presunções...cit. p. 97; CONTE, Mario. Le prove...cit. p. 19.
278. RIGHI, Ivan. Eficácia...cit. p. 109.
279. GORLA, Gino. Comportamento...cit. p. 27.
280. No mesmo sentido, Dinamarco, que, ao analisar a presunção haurida dos arts. 231 e 232 (recusa na realização de perícia médica), afirma que "essas duas disposições abrem caminho para uma proveitosa interpretação do art. 335 do Código de Processo Civil, permitindo considerar incluída neste a máxima segundo a qual o comportamento da parte no processo pode ser tomado como elemento de convicção para a apreciação da matéria de fato pelo juiz" (DINAMARCO, Cândido Rangel. Instituições...cit. v. III. p. 124).
281. A maioria da doutrina parece não reconhecer na presunção, seja legal, ou judicial, um meio de prova. Neste sentido: BARBOSA MOREIRA, José Carlos. As presunções e a prova. In Temas de direito processual (primeira série). 2ª ed. São Paulo: Saraiva, 1988, p. 57, para quem as presunções se diferenciam das provas por se tratarem apenas de um método de aquisição de conhecimento, a novidade emerge apenas no nível intelectual; para Jorge Americano, que critica a redação do art. 136, do Código Civil de 1916 (similar ao atual art. 212), as provas seriam meios de convencer, quando as presunções, elementos de convencimento (AMERICANO, Jorge. Comentários...cit. t. I, p. 393); DINAMARCO, Cândido Rangel. Instituições...cit. v. III. p. 87; ECHANDIA, Hernando Devis. Teoria...cit. v. II. p. 696.

mais das vezes, determinados pela lei –, com a utilização de regras de experiência variáveis, indeterminadas, certamente também não tipificadas pela lei.[282]

Além disso, apesar de haver uma maioria que tende a excluir as presunções dos meios de prova, ainda há muita divergência a respeito. Muitos doutrinadores defendem que a presunção é verdadeiro meio de prova,[283] o que possibilitaria enquadrar sua utilização no art. 369, do CPC/2015.

O que importa é ter em vista que o legislador não quis exaurir as hipóteses de elementos que influenciam o convencimento racional do juiz e, tratando-se de presunções, podem tanto ser recepcionadas pela livre apreciação da *"prova constante dos autos"* (art. 371, do CPC/2015),[284] como pela utilização de máximas de experiência (art. 375, do CPC/2015), ou pela possibilidade de produção de provas atípicas (art. 369, do CPC/2015).[285]

Vale aqui o que afirmou Carnelutti, acerca da semelhança entre as provas diretas e indiretas: ambas sempre terão em comum o fato de *"proporcionarem a percepção de um fato por parte do juiz"*[286] e isso é o que vale para nosso estudo. Se o mecanismo é prova ou não, não importa, pois ele poderá integrar o conteúdo fundamental da sentença,[287] desde forneça essa percepção dos fatos controvertidos.

2.4.1. Problemas da falta de sistematização da utilização do comportamento processual como elemento de convicção

A falta de uma regulamentação legal para a utilização do comportamento processual das partes, principalmente as omissões, como

---

282. TARUFFO, Michele. La prueba de los hechos. Madrid: Trotta, 2005. p. 408 e nota 243.
283. Para LESSONA, Carlo. Teoria general de la prueba en el derecho civil. Trad. Enrique Aguilera de Paz. Madrid: Reus, 1957. p. 6. v. I, as presunções, sejam legais ou judiciais, integram os meios instrutórios, pelo que se consideram meios de prova. Para GUASP, Jaime. Derecho procesal civil. Madrid: Civitas, 1998. p. 382, são meios de prova apenas as presunções judiciais.
284. RIGHI, Ivan. Eficácia...cit. p. 108.
285. "Se o art. 332 do CPC admite os meios legais e os moralmente legítimos, ainda que não especificados, não se pode ignorar que a conduta processual das partes produz consequências probatórias a serem extraídas pelo Juiz, ao decidir a causa" (CAMBI, Eduardo; HOFFMANN, Eduardo. Caráter probatório...cit. p. 87-88).
286. CARNELUTTI, Francesco. La prova...cit. p. 73.
287. SPINELLI, Michele. Las pruebas...cit. p. 87.

elemento de convicção, traz inúmeros problemas que dificilmente poderão ser resolvidos de forma não arbitrária, com a simples aplicação de cláusulas gerais sobre a atipicidade das provas (art. 369, do CPC/2015), máximas de experiência (art. 375, do CPC/2015) e livre convencimento racional (art. 371, do CPC/2015).[288]

Isso não ocorre no caso da revelia ou da não impugnação especificada dos fatos, ou na ausência da parte no depoimento pessoal, pois, por serem presunções legais, seus efeitos são expressamente regulados (arts. 341, 344 e 385, do CPC/2015).[289] O problema encontra-se nas demais situações omissivas que ocorrem ao longo do processo e todas deveriam ser tratadas de maneira uniforme, para se evitar quebra da isonomia no tratamento das partes.

As provas indiciárias, como o caso do comportamento omissivo, devem seguir uma logicidade na sua produção, valoração e inserção na motivação da decisão judicial, do contrário, abre-se a possibilidade ao arbítrio.[290]

Primeiramente, não é qualquer omissão das partes que assume relevo probatório nos moldes propostos. O comportamento omissivo aqui deve ser tido como manifestação de um modo de agir, um matiz do direito de ação no exercício daqueles ônus, deveres e faculdades processuais ao longo do processo.

Desta forma, trata-se de um modo de agir em juízo, que não pode se despojar de suas características técnicas, bem como do principal escopo da parte que é vencer o processo.[291] Não importa se a omissão é considerada pela lei um ilícito ou abuso de direito,[292] desde que o comportamento omissivo sirva adequadamente como subs-

---

288. Sobre a legitimação da utilização da prova indiciária, observados certos requisitos, com fundamento no livre convencimento motivado, cfr. PEREIRA LEITE, Pedro de Figueiredo Ferraz. Contribuição crítica à teoria da motivação das decisões judiciais. Dissertação de mestrado, sob orientação do prof. Paulo Henrique dos Santos Lucon. São Paulo: USP, 2014. p. 98 e ss.
289. RIGHI, Ivan. Eficácia...cit. p. 109; isso ocorre quando a lei estabelece um ônus de comparecer ou de declarar-se expressamente, mas com consequências mais gravosas quando a parte o descumpre, por isso Carlo Furno chega a afirmar que a lei estatui, neste caso, "conseguenze sanzionatorie" (FURNO, Carlo. Contributo...cit. p. 78).
290. PEREIRA LEITE, Pedro de Figueiredo Ferraz. Contribuição crítica...cit. p. 108.
291. GORLA, Gino. Comportamento...cit. passim.
292. Ou uma omissão que gere antipatia, por exemplo (RIGHI, Ivan. Eficácia...cit. p. 109).

trato para o convencimento do juiz em relação aos fatos objetos de prova.[293]

Um dos problemas que o juiz deve enfrentar na valoração do comportamento processual omissivo, é o fato de que, nesse campo, se apresentam diante dele não os comportamentos das partes efetivamente, mas de seus patronos.[294] Talvez por esse motivo se relegue a esse elemento de convicção aquela eficácia de prova subsidiária alegada por Furno,[295] entendimento corroborado pela doutrina[296] e pelo próprio art. 116, do CPC italiano.

Nas presunções, deve-se ter cuidado na escolha das regras de experiência, bem como na própria subsunção do fato conhecido à norma. Por isso a parte favorecida pela presunção deve provar no mínimo o fato conhecido.[297]

Entretanto, a prova desse fato conhecido, quando se fala em comportamento das partes, fica prejudicada, já que estamos diante de um comportamento eminentemente técnico, realizado pelo patrono da parte. É como se houvesse um muro de tecnicismo entre o verdadeiro comportamento da parte e o juiz. Como se disse, é fácil saber que um homem corajoso se comporta mal ao demonstrar atos de prostração ou omissões perante a outra parte no processo, o difícil é saber se ele realmente é corajoso, quando quem realiza os atos por si é seu patrono.[298]

O fato de o advogado realizar a grande maioria dos atos processuais – quando a lei conclama as partes a o fazer, utiliza a expressão "pessoalmente", e. g. dos artigos 485, § 1º, e 385, do CPC/2015 –, não ilide *tout court* a utilização do instituto em exame, apenas alerta para que seu uso seja feito com parcimônia, com atenção a mais essa limi-

---

293. Quando Taruffo pretende justificar a admissibilidade das provas atípicas ele se utiliza deste critério, ou seja, elas são admissíveis quando sirvam para provar os fatos integrantes do *thema probandum*, independentemente de o legislador as ter previsto em expresso dispositivo: "debe entonces considerarse que la razón principal por la que una prueba deba ser admitida en juicio no es en absoluto la existencia de una norma que se ocupe de ello (que a menudo no la hay) sino la utilidad de la prueba para la determinación de los hechos" (TARUFFO, Michele. La prueba...cit. p. 406).
294. GORLA, Gino. Comportamento...cit. p. 30.
295. FURNO, Carlo. Contrbuto...cit. p. 69.
296. SPINELLI, Michele. Las pruebas...cit. p. 85-86, para quem o comportamento das partes não é uma prova "em absoluto", mas só serve para reforçar as demais, como "mero argumento de prova".
297. ECHANDIA, Hernando Devis. Teoría...cit. p. 701.
298. GORLA, Gino. Comportamento...cit. p. 30.

tação de fundamentar a decisão com base no comportamento processual das partes.

Gino Gorla atentou para o fato de que a parte deve se responsabilizar pela escolha do defensor[299] e, no mais das vezes, tem condições de fiscalizar as atitudes de seu patrono, solicitando esclarecimentos, buscando consultar os autos, etc.

Além disso, não são todos os atos que demandam uma atuação eminentemente técnica do defensor. Há hipóteses de atos processuais em que prepondera muito mais o conteúdo fático em questão do que a sua realização em caráter técnico. Basta voltarmos os olhos para os principais atos processuais das partes, que são a demanda e a resposta.

Prevalece a opinião de que nosso Código adotou a teoria da substanciação, ou seja, para fins de delimitação da *causa petendi*, o importante é a narração daqueles fatos integrantes da causa de pedir remota,[300] ou seja, são importantes para integrar a demanda (art. 319, inc. III, do CPC/2015), os fatos *"de que resultou o dever, a obrigação ou a sujeição do demandado que, inadimplente (lato sensu), determinou a configuração do conflito de interesses"*.[301] Ainda quando a lei fala em fundamentos jurídicos, ela se refere aos fatos, pois eles não podem separar-se da relação substancial deduzida em juízo.[302] Até para que se conclua logicamente o pedido (art. 330, §1º, inc. III, do CPC/2015), a relação jurídica originária precisa integrar a narrativa dos fatos.[303]

---

299. GORLA, Gino. Comportamento...cit. p. 30.
300. "Quer dizer que o Código adotou a teoria da substanciação, como os códigos alemão e austríaco. Por esta teoria não basta a exposição de uma causa próxima, mas também se exige a causa remota" (SANTOS, Moacyr Amaral. Primeiras linhas de direito processual civil. 11ª ed. São Paulo: Saraiva, 1984. p. 166. v. I).
301. PASSOS, José Joaquim Calmon de. Comentários ao Código de Processo Civil. 8ª ed. Rio de Janeiro: Forense, 1998. p. 159. v. III.
302. "Para a perspectiva do instrumentalismo substancial sustentada neste trabalho, tanto faz a referência aos fatos constitutivos ou à relação jurídica, pois em ambos se está inserindo o direito substancial no processo. O que parece importante ressaltar é a impossibilidade absoluta de ignorar o nexo entre o direito e o processo, na determinação da causa de pedir e do objeto do processo. A causa de pedir constitui o meio pelo qual o demandante introduz o direito subjetivo (substancial) no processo" (BEDAQUE, José Roberto dos Santos. Os elementos objetivos da demanda examinados à luz do contraditório. In Causa de pedir e pedido no processo civil (questões polêmicas). Coord. José Rogério Cruz e Tucci e José Roberto dos Santos Bedaque. São Paulo: RT, 2002. p. 30).
303. "O pedido é inseparável de seu fundamento. Por isso, para que se defina, é necessário indicar-lhe a origem, o fundamento" (COSTA, Alfredo Araújo Lopes da. Direito processual civil brasileiro. 2ª ed. Rio de Janeiro: José Konfino, 1948. p. 104).

Portanto, o que importa na narração contida na petição inicial são os fatos ocorridos na vida do autor e do réu. Basta que o autor os considere relevantes para a consecução dos efeitos legais almejados, narrando-os na inicial, e eles integrarão a causa de pedir.[304]

Nesse contexto, no ato introdutivo da demanda, a atividade pessoal do autor, ainda que se traduza numa peça redigida por seu patrono, é essencial, pois este precisa narrar os fatos exatamente como ocorridos na vida antes de serem levados a juízo. Por isso, o seu comportamento deve ser levado em consideração com maior intensidade para fins de valoração judicial.

O mesmo ocorre com as espécies de resposta. Figure como exemplo a contestação, que é a mais usual. Nela, o réu deve alegar toda a matéria de defesa, expondo as razões de fato e de direito com que impugna o pedido do autor (art. 336, do CPC/2015).

Integram seu conteúdo aquelas defesas substanciais diretas ou indiretas (fatos extintivos, modificativos ou impeditivos do direito do autor), que visam ilidir os fatos no próprio mérito da controvérsia, e as defesas processuais, que são sempre indiretas (e.g. falta de pressupostos processuais, ou condições da ação).[305]

Para relevar o comportamento do réu, as defesas substanciais diretas ou indiretas são as mais relevantes, isso porque delas – exceto quando se quer ilidir as consequências jurídicas dos fatos alegados pelo autor – poderemos extrair um comportamento verdadeiramente pessoal do réu e não de seu patrono.

Portanto, não podemos generalizar e retirar a eficácia do comportamento processual das partes para fins de presunção judicial, apenas porque os atos são realizados por intermédio de seu patrono. Ainda haverá atos que demandam atividade precípua dos contendores. Imagine, por exemplo, a hipótese defendida por nós nesse trabalho, em que o autor, intimado pessoalmente, não dá andamento ao processo nos termos do art. 485, inc. III, e § 1º, do CPC/2015. Assumida a premissa de que o juiz pode julgar o mérito nesse caso – pre-

---

304. "In altre parole, nella causa petendi si considerano i fatti appunto quali costitutivi dell'azione; l'attore indica i fatti che ritiene idonei a generare l'effetto preteso; ciò basta per dare ai fatti la qualifica di 'fatti giuridici'" (HEINITZ, Ernesto. I limiti oggettivi della cosa giudicata. Padova: CEDAM, 1937. p. 149).
305. DINAMARCO, Cândido Rangel. Instituições...cit. v. III, p. 482.

missa essa defendida neste trabalho –, nada impediria dele se utilizar desse comportamento omissivo como elemento de convicção, desde que ele guarde pertinência com o *thema probandum*.

Outro problema é saber se é possível a utilização do comportamento das partes como fonte de prova isolada (o que se justificaria com base no livre convencimento motivado),[306] principalmente quando o juiz não detiver outros meios para comprovação dos fatos.[307]

As presunções judiciais precisam ser graves, precisas e concordantes.[308] Tais limites foram estabelecidos por diversas legislações, como em França,[309] Itália[310] e Espanha.[311]

A gravidade se liga à probabilidade de existência do fato a ser provado e, consequentemente, à tipologia das máximas de experiência a serem utilizadas. Nesse mesmo conceito se enquadra a questão da causalidade entre o fato conhecido (indício) e o fato desconhecido. Esse grau de causalidade não precisa ser absoluto e exclusivo, basta que este decorra daquele como *"conseguenza ragionevole possibile"*.[312]

---

306. "Compartimos la opinión que reinvindica para el juez una amplia libertad en lo que se refiere a la concreta eficácia que cuadra reconocer a la prueba indiciaria de manera que también exclusivamente de ella aquél pueda deducir su convicción, aisladamente o en conjunción con los restantes medios de prueba, con un peso incluso concluyente para la decisión del conflito" (HEÑIN, Fernando Adrián. Valoración...cit. p. 77); no mesmo sentido e com a mesma conclusão: PEREIRA LEITE, Pedro de Figueiredo Ferraz. Contribuição crítica...cit. p. 108.

307. ECHANDIA, Hernando Devis. Teoría...cit. 704, fala das presunções judiciais relativas e absolutas. No primeiro caso, estaremos diante de presunções que necessitam de mais de um elemento para serem construídas, quando, na segunda hipótese, o elemento é tão forte que, sozinho, pode integrar a fundamentação do *decisum*. Carnelutti dá um exemplo interessante: diante da dúvida sobre se Tício é mais jovem que Caio, ninguém diria que seria preciso outra prova (testemunha, por exemplo), quando se provou que Tício é filho de Caio. No caso, houve uma presunção tão forte que se dispensaram outros elementos de prova (CARNELUTTI, Francesco. La prova...cit. p. 117).

308. PEREIRA LEITE, Pedro de Figueiredo Ferraz. Contribuição crítica...cit. p. 103 e ss.

309. Article 1353. Les présomptions qui ne sont point établies par la loi, sont abandonnées aux lumières et à la prudence du magistrat, qui ne doit admettre que des présomptions graves, précises et concordantes, et dans les cas seulement où la loi admet les preuves testimoniales, à moins que l'acte ne soit attaqué pour cause de fraude ou de dol.

310. Art. 2729 Presunzioni semplici. Le presunzioni non stabilite dalla legge sono lasciate alla prudenza del giudice, il quale non deve ammettere che presunzioni gravi, precise e concordante.

311. Artículo 386. Presunciones judiciales. 1. A partir de un hecho admitido o probado, el tribunal podrá presumir la certeza, a los efectos del proceso, de otro hecho, si entre el admitido o demostrado y el presunto existe un enlace preciso y directo según las reglas del criterio humano. La sentencia en la que se aplique el párrafo anterior deberá incluir el razonamiento en virtud del cual el tribunal ha establecido la presunción.

312. CONTE, Mario. Le prove nel processo civile. Milano: Giuffrè, 2002. p. 18.

A precisão se liga à necessidade de conclusões não contraditórias pelo juiz no momento de realizar o raciocínio indutivo que justifica a presunção.[313] Decorre daí a necessidade de o órgão jurisdicional revelar, quando for aferir o comportamento processual relevante para fins de julgamento, o raciocínio que o levou a extrair as consequências probatórias, visto que o método indutivo integra a própria estrutura das presunções simples.[314]

A concordância, por sua vez, é a exigência de pluralidade de indícios para se chegar a uma presunção.[315] Ocorre que, na prática, nem sempre essa pluralidade ocorre, o que não justifica deixar de aplicar a regra presuntiva somente por conta disso.[316]

Se houver outras provas e elementos de convicção e o comportamento processual das partes apenas corroborar com esses elementos (circunstância qualificadora), um tanto melhor. Entretanto, se não houver outros elementos e as presunções simples figurarem como elemento predominante – ou até mesmo isolado –, nada impede que este seja utilizado pelo juiz, com base nas máximas de experiência (art. 375, do CPC/2015) e em seu livre convencimento motivado (art. 371, do CPC/2015).[317]

A utilização do comportamento processual como elemento de convicção é uma forma, assim como o ônus da prova, de proporcionar uma resposta do órgão jurisdicional aos anseios dos particulares.[318] Ainda quando faltem elementos probatórios suficientes, essa ferramenta deverá ser utilizada, visto ser vedado o *non liquet* em nosso ordenamento (art. 4º, Decreto Lei 4.657/42).

Outra questão relevante para fins de valoração do comportamento processual das partes é a forma como se deve garantir o contraditório à parte que pode ser prejudicada com essa valoração.

Sendo a valoração do comportamento processual uma presunção simples, judicial, ela é sempre relativa, por admitir prova em contrário. Ocorre que, normalmente, o juiz infere os indícios (compor-

---

313. CONTE, Mario. Le prove...cit. p. 18.
314. COVELLO, Sergio Carlos. As presunções...cit. p. 97; SANTOS, Moacyr Amaral. Prova judiciária...cit. v. I. p. 89; RIGHI, Ivan. Eficácia...cit. p. 112.
315. CONTE, Mario. Le prove...cit. p. 18.
316. CONTE, Mario. Le prove...cit. p. 18, que reconhece a relativização da regra pela jurisprudência.
317. RIGHI, Ivan. Eficácia...cit. p. 112.
318. HEÑIN, Fernando Adrián. Valoración...cit. p. 61.

tamento) de ofício e só revela o intuito de utilizá-los no momento de julgar, ou seja, na própria sentença.[319] Se assim ocorre, não restará ao prejudicado outra oportunidade em se manifestar, que não em grau recursal,[320] onde, ademais, de costume, a produção de provas é mais dificultosa.

Ora, mas a não abertura de oportunidade para a parte se manifestar sobre seu próprio comportamento – o que pode ser viabilizado por simples despacho do juiz – pode configurar cerceamento de defesa (art. 5º, incs. LIV e LV, da CF), infringindo-se também os arts. 9º e 10, do CPC/2015. Abrir a possibilidade de a parte se manifestar é possibilitar-lhe a produção de prova em contrário em relação a uma presunção judicial.

Andou bem a *Ley de Enjuiciamiento Civil* (*Ley* n. 1/2000), que, revogando as disposições sobre presunção do Código Civil espanhol, previu formas mais adequadas na formação das presunções em juízo. No art. 386, apartado nº 2, preocupou-se em garantir a prova em contrário à parte a que a presunção judicial prejudica, manifestando-se expressamente sobre a possibilidade de sua produção.[321]

Nos casos em que as omissões, portanto, se limitam a atos processuais isolados, mas a parte encontra-se devidamente representada no processo, a sua utilização como elemento de convicção deve ser objeto de prévia intimação das partes.

Vimos acima que o comportamento das partes, relevante para integrar o indício de uma presunção, é aquele desdobramento do direito de ação. Mas, a que tipo de comportamento omissivo poderemos atribuir essa característica de indício relevante para fins de julgamento? Ou seja, qual deles poderá configurar um fato jurídico integrante da fundamentação da decisão judicial?

---

319. Já havia se atentado para essa dificuldade na utilização das presunções simples, COVELLO, Sergio Carlos. A presunção...cit. p. 101.
320. COVELLO, Sérgio Carlos. A presunção...cit. p. 101.
321. Artículo 386. Presunciones judiciales. 1. A partir de un hecho admitido o probado, el tribunal podrá presumir la certeza, a los efectos del proceso, de otro hecho, si entre el admitido o demostrado y el presunto existe un enlace preciso y directo según las reglas del criterio humano. La sentencia en la que se aplique el párrafo anterior deberá incluir el razonamiento en virtud del cual el tribunal ha establecido la presunción. 2. Frente a la posible formulación de una presunción judicial, el litigante perjudicado por ella siempre podrá practicar la prueba en contrario a que se refiere el apartado 2 del artículo anterior.

Configuram exemplos de comportamentos omissivos, não expressamente previstos, e que podem ser tidos como comportamento processual: a ocultação da parte, a falta de atualização do seu endereço nos autos, a negligência na instrução probatória, a conduta oclusiva (que ocorre quando a parte, por exemplo, destrói provas, retira documentos dos autos, recusa injustificadamente a realizar o exame de DNA ou participar da inspeção judicial),[322] a conduta receosa (com declarações contraditórias ou incompatíveis), a conduta mendaz,[323] a conduta temerosa ou emotiva (a parte que se exalta no depoimento pessoal, se ruboriza, gagueja, etc.).[324]

Pode-se citar ainda a negativa injustificada de exibir documentos (art. 400, do CPC/2015). Da mesma forma, a falta de colaboração com o perito, a ocultação às intimações, notificações ou até mesmo à citação.[325]

Sobre as condutas omissivas há uma questão interessante, que foi objeto de recente reforma no processo civil italiano (artigo 115, 1º *comma*, do CPC italiano),[326] mas já era objeto de intensa discussão jurisprudencial. Trata-se de considerar a *"non contestazione"*, ou seja, a falta de impugnação específica dos fatos (semelhante ao nosso art. 341, do CPC/2015), como elemento de convicção à disposição do juiz para julgar em desfavor do réu.

O dispositivo está inserido no Livro Primeiro, Capítulo V (poderes do juiz), do CPC italiano, num artigo que diz respeito à disponibilidade da prova. A intenção do legislador não foi a de considerar a falta de impugnação específica dos fatos como um meio de fixação formal dos fatos alegados pelo autor, retirando-os do objeto da prova,

---

322. RIGHI, Ivan. Eficácia...cit. p. 110; CAMBI; HOFFMANN. Caráter...cit. p. 89; também Gorphe cita exemplos do acusado que suprime provas ou as falsifica, ou tenta ocultar o corpo de delito (GORPHE, François. L'appréciation des preuves en justice: essai d'une méthode technique. Paris: Recueil Sirey, 1947. p. 329).
323. HEÑIN, Fernando Adrián. Valoración...cit. p. 69-70 ; CAMBI; HOFFMANN. Caráter...cit. p. 89.
324. Gorphe identifica como um indício provável de culpabilidade o estado de medo, paúra (GORPHE, François. L'appréciation des preuves...cit. p. 330).
325. Exemplos tirados de HEÑIN, Fernando Adrián. Valoración...cit. p. 70.
326. Art. 115. (Disponibilità delle prove). Salvi i casi previsti dalla legge, il giudice deve porre a fondamento della decisione le prove proposte dalle parti o dal pubblico ministero nonché i fatti non specificatamente contestati dalla parte costituita. Il giudice può tuttavia, senza bisogno di prova, porre a fondamento della decisione le nozioni di fatto che rientrano nella comune esperienza.

mas sim como um comportamento processual omissivo livremente valorável.[327]

Atribui-se à *não contestação* uma relevância probatória *lato sensu*, no sentido de que não seria prova em sentido estrito, mas poderia constituir um elemento de convicção – aliás, como já autorizava o art. 116, 1º *comma*, do mesmo diploma normativo –, de acordo com o prudente *"apprezzamento"* do juiz. Essa omissão poderia também servir como um instrumento – a exemplo do ônus da prova – para reforçar os elementos de convicção, de sorte a se evitar o *non liquet*.[328]

Esse mecanismo poderia ser útil para nosso ordenamento, na medida em que no nosso sistema se atribui ao réu o pesado ônus de impugnação específica dos fatos alegados pelo autor (art. 341, do CPC/2015), com consequente e imediata presunção de veracidade dos fatos alegados. Consequentemente, dispensa-se o autor da prova e ocorre julgamento antecipado da lide (art. 355, incs. I e II, do CPC/2015),[329] o que resta ainda mais claro com a possibilidade de julgamento antecipado parcial do mérito, nos termos do art. 356, do CPC/2015.

Todavia, esse tratamento parece ser demasiado severo, principalmente se atentarmos que, na maior parte das vezes, a falta de impugnação específica pode ocorrer pela má atuação do advogado e não da própria parte. Daí a doutrina tratar a hipótese como uma admissão dos fatos e não como confissão – essa sim realizada pessoalmente.[330]

Essa presunção de veracidade, entretanto, deve ser tida como relativa, embora fixada pelo próprio legislador.[331] Sua consequência seria apenas a inversão do ônus da prova, ou seja, cumprirá ao réu ilidir os fatos alegados pelo autor. Mas, ainda assim, costuma-se aproximar

---

327. Sendo assim, a não contestação não elimina a necessidade de o autor provar os fatos embasadores de sua pretensão (MOCCI, Mauro. Principio del contraddittorio e non contestazione. Rivista di Diritto Processuale. Padova: CEDAM, 2011. p. 327 e 329).
328. TEDOLDI, Alberto. La non contestazione nel nuovo art. 115 c.p.c. Rivista di diritto processuale. vol. LXVI (II serie). 2011. Padova: CEDAM. p. 87.
329. "Em face do art. 302, *caput*, 2ª frase, os fatos não impugnados presumem-se verdadeiros, e não há, portanto, necessidade de produção de provas, impondo-se, como regra geral, o julgamento antecipado da lide. Os fatos não impugnados, assim, sendo suficientes para tornar crível o que alegou o autor, levam à procedência da ação" (ALVIM, Arruda. Manual de direito processual civil. 9ª ed. São Paulo: RT, 2005. p. 263. v. II).
330. RIGHI, Ivan. Eficácia...cit. p. 111.
331. DINAMARCO, Cândido Rangel. Instituições..., v. III, cit. p. 561.

essa presunção legal das hipóteses de presunção *hominis*,[332] porquanto mesmo aqui não estaria o autor isento de um mínimo de prova dos fatos alegados,[333] ou seja, o juiz poderia também dar o valor que sua inteligência aconselhasse a essa admissão.[334]

Desta forma, até mesmo a não impugnação específica poderia ser repensada, de *iure condendo*, como um comportamento apto a influir no convencimento judicial – como ocorre hoje na Itália – e não como presunção legal relativa, apta a sempre dispensar o autor de provar os fatos não especificamente impugnados pelo réu. Essa previsão pode gerar injustiças e não por outro motivo a doutrina e o próprio legislador (art. 20, da Lei dos Juizados Especiais Cíveis e art. 345, inc. IV, do CPC/2015) têm relativizado esse efeito.

No mesmo sentido, a própria ausência total de resposta do réu ou a inatividade total do autor poderiam ser vistas como um elemento de convicção para o juiz, sem distinções legais, a caracterizarem um comportamento valorável, sendo passíveis de fundamentar uma sentença de mérito.

Entretanto, da maneira como posta hoje pelo legislador, a rigor, a inatividade do autor não poderia ser considerada um comportamento processual, pois averiguada, não influi no desfecho do mérito da controvérsia, mas acarreta apenas a extinção do processo sem resolução do mérito. Já a revelia, não só foi considerada uma forma de comportamento processual, como os efeitos desse comportamento no mérito da decisão foram predispostos pelo legislador (art. 344, do CPC/2015).

A previsão de uma regulamentação legal e a abertura por meio de uma cláusula geral desse tipo de comportamento (como os arts. 115 e 116, do CPC italiano) é uma sugestão para que *de lege ferenda* se estabeleça um tratamento mais isonômico da inatividade das partes.

---

332. "A não-manifestação precisa sobre os fatos narrados na inicial e a revelia criam presunção de veracidade do que foi alegado pelo autor. Este critério, segundo a melhor doutrina, é subsidiário do princípio da verdade real, a ponto de o juiz não poder dispensar provas, quando pela própria exposição dos fatos, ou por outros elementos constantes dos autos, a ele se revelarem duvidosos" (SANTOS, Ernane Fidélis dos. Manual de direito processual civil. 13ª ed. São Paulo: Saraiva, 2009. p. 462. v. I).

333. Nesse sentido, o art. 20 da Lei dos Juizados Especiais Cíveis: "não comparecendo o demandado à sessão de conciliação ou à audiência de instrução e julgamento, reputar-se-ão verdadeiros os fatos alegados no pedido inicial, salvo se o contrário resultar da convicção do Juiz".

334. DINAMARCO, Cândido Rangel. Instituições...cit. v. III. p. 561.

SEÇÃO 2.
TRATAMENTO DA INATIVIDADE PROCESSUAL DAS PARTES

Capítulo 3

INATIVIDADE DAS PARTES COM CONSEQUÊNCIAS MERAMENTE PROCESSUAIS

3.1. Análise do direito positivo pátrio; 3.1.1. O tratamento do abandono de causa no direito brasileiro atual; 3.2. Inatividade e extinção: inatividade pura ou instrumental e inatividade em sanar um vício processual. O fundamento da extinção por inatividade do autor; 3.2.1. Extinção por inatividade em sanar um vício processual; 3.2.1.1. Casos de inatividade em sanar um vício expressamente previsto pelo legislador; 3.2.2. Extinção por inatividade pura ou instrumental; 3.2.2.1. Exemplos de inatividade pura ou instrumental no direito brasileiro; 3.2.3. Justificativa para a distinção entre inatividade pura e instrumental e inatividade em sanar um vício processual; 3.3. Exemplo de tratamento mais isonômico em relação à inatividade processual na legislação estrangeira: o direito italiano; 3.3.1. Inatividade das partes no processo italiano do trabalho: um paralelo com o nosso tratamento das partes inativas

3.1. ANÁLISE DO DIREITO POSITIVO PÁTRIO

Nos países que adotam o direito de origem romano-germânica, normalmente, a inatividade das partes não gera consequências tão gravosas para o desfecho do mérito da controvérsia. O resultado da inatividade influi apenas no andamento do processo, obstando ou modificando seu desenvolvimento, ou extinguindo-o de imediato.

Nosso próprio direito processual, historicamente, não via na contumácia do autor ou do réu[1] uma maneira de influir diretamente na procedência ou improcedência do pedido.

Normalmente, à citação pessoal do réu[2] sobrevinha uma audiência,[3] em que cabia ao autor comparecer e, em comparecendo, acusar a citação daquele. A inatividade do autor, neste caso, desde que requerido pelo réu, ensejaria a absolvição da instância.[4] [5]

O ato de acusar a citação em audiência[6] era uma formalidade essencial para a instauração do processo[7] e a sua falta ensejava a circundução da citação,[8] embora pudesse o autor realizá-la novamente, com novo processo, desde que pagasse as custas devidas. Tratava-se de verdadeira extinção do processo sem resolução do mérito, como

---

1. "A contumácia pode dar-se tanto da parte do Réo, como da parte do Autor: não comparecendo o Réo, não comparecendo o Autor, não comparecendo ambos" (ALMEIDA JR., João Mendes de. Programa do curso de direito judiciário leccionado na Faculdade de Direito de S. Paulo. São Paulo: Hennies Irmãos, 1910. p. 277); "a contumacia póde dar-se tanto do lado do réo como do lado do autor" (GUSMÃO, Manoel Aureliano de. Processo civil e comercial. São Paulo: Saraiva: 1921. p. 395 v. I).
2. Feita pelo próprio juiz, ou oficial de justiça (mandado) (BAPTISTA, Francisco de Paula. Compendio de theoria e pratica do processo civil comparado com o comercial. 4ª ed. Rio de Janeiro: B. L. Garnier, 1890. p. 105).
3. "Que é em regra a primeira que se seguir ao dia da citação, mediando pelo menos 24 horas" (MONTEIRO, João. Programma do curso de processo civil. 2ª Ed. São Paulo: Duprat, 1905. p. 42. v. II).
4. O que equivaleria a nossa atual extinção do processo sem resolução do mérito (art. 485, do CPC/2015). Esse procedimento era adotado tanto pelas Ordenações Filipinas (Livro III, t. 1, § 18 e t. 14, par.), como no posterior Regulamento 737, art. 57, cfr. BAPTISTA, Francisco de Paula. Compendio...cit. p. 115 e MONTEIRO, João. Programma...cit. v. II. p. 42.
5. Note que o termo "instância" tinha uma conotação de procedimento ou "Juízo", como se costumava dizer: "designa o conjunto processual de uma ação ou de uma causa, compreendendo todos os seus atos e termos, tanto próprios e essenciais, como os accessórios e incidentes, desde a citação inicial até a sentença e sua execução. Nesse sentido, Instância é o mesmo que Juízo" (ROSA, Inocencio Borges da. Processo civil e commercial brasileiro. Porto Alegre: Barcellos, 1940. p. 421. v. I). Mais tarde, com a promulgação do CPC/1973, essa palavra viria a ser substituída por "processo", daí falar-se em "formação", "extinção" e "suspensão do processo" (cfr. o pronunciamento de BUZAID, Alfredo. Código de Processo Civil. Histórico de lei. Brasília: Senado Federal, Subsecretaria de edições técnicas, 1974. p. 408. v. 1. t. 1; cfr. ainda o item 6 da exposição de motivos do CPC/1973).
6. Verbalmente, o autor demonstrava ter havido a citação apontando a certidão de citação pessoal ou de decurso de prazo, em caso de edital (GUSMÃO, Manoel Aureliano de. Processo civil...cit. p. 393. v. I). Sobre o grau de solenidade que envolvia esta audiência, inclusive dando exemplo de como deveria o autor e réu formularem seus requerimentos, cfr. ALMEIDA JR., João Mendes de. Programma...cit. p. 275-7.
7. "Deste momento é que se diz ajuizada a ação" (MONTEIRO, João. Programma...cit. v. II. p. 42); "a instância instaura-se pelo comparecimento das partes em Juízo, quer mediante citação acusada em audiência, quer mediante condução, quer mediante comparecimento espontâneo" (ALMEIDA JR., João Mendes de. Programma...cit. p. 298).
8. Alguns afirmavam que a circundução da citação ensejava sua nulidade, confundindo essa com verdadeira inexistência (MONTEIRO, João. Programma...v. II, cit. p. 42). O que ocorria, na verdade, era a inutilização da citação, ainda que válida, pela *deserção do foro*, ou seja, pela extinção do processo (ALMEIDA JR., João Mendes de. Programma...cit. p. 278).

dito, chamada de *"absolvição da instância"*,⁹ mas que não impedia o autor de realizar novo e idêntico pedido – regra semelhante ao nosso art. 486, do CPC/2015.

Seja para o autor, que não acusasse a citação na primeira audiência, seja para o réu, que não comparecesse a essa audiência ou não apresentasse defesa no prazo assinado pelo juiz, não haveria piores repercussões no mérito, de modo que ou o processo era extinto, ou prosseguia, apesar da ausência do contumaz,¹⁰ podendo esse assumi-lo quando lhe aprouvesse, encontrando-o no estado em que se encontrasse.

Mas, havia outro tipo de inatividade, em que extinção não ocorria: chamava-se interrupção da instância. No caso do transcurso do prazo de seis meses *"sem falar-se a feito não concluso"* ou *"do lapso de um anno sem falar-se a feito parado na mão do Escrivão"*,¹¹ a instância se interrompia, não podendo as partes realizarem qualquer ato sem efetuar uma nova citação da parte contrária. Se a parte efetuasse nova citação, havia verdadeira renovação ou restauração da instância interrompida.¹² Entretanto, naquele período, o processo ficava em um estado de latência, o que permitiria novamente o transcurso do prazo prescricional do direito controvertido, desde o último ato realizado no processo.¹³

Ao que tudo indica, essa espécie de inatividade era bilateral, pois a ausência do autor no curso do processo poderia ser suprida pelo réu tanto com o pedido de absolvição de instância, como com o seu regular andamento, mesmo sem a atuação do autor.¹⁴

---

9. BAPTISTA, Francisco de Paula. Compendio...cit. 115-117; MONTEIRO, João. Programma...cit. v. II. p. 42; ALMEIDA JR., João Mendes de. Programma...cit. p. 301.
10. Para o réu não haveria qualquer pena de confesso ou presunção de veracidade dos fatos alegados pelo autor; adotava-se o brocardo "qui tacet habetur pro invito et contradicente" (BAPTISTA, Francisco de Paula. Compendio...cit. p. 120), de modo que "a theoria do direito (...) não tolera a doutrina que funda os efeitos da revelia em presumida confissão do réo, como é certo não caber no systema das leis vigentes aquela agravação de pena" (MONTEIRO, João. Programma...v. II, cit. p. 45).
11. Ordenações Filipinas, Livro I, Título 84, § 28 e Livro III, Título I, § 15; ALMEIDA JR., João Mendes de. Programma...cit. p. 300-1.
12. ALMEIDA JR., João Mendes de. Programma...cit. p. 301; LOBÃO, Manuel de Almeida e Sousa de. Segundas linhas sobre o processo civil. Lisboa: Imprensa Nacional, 1910. p. 74-75, nota 204.
13. BAPTISTA, Francisco de Paula. Compendio...cit. p. 117.
14. "Pode o réo ou pedir absolvição da instância, ou seguir a causa à revelia do autor, assignando-lhe todos os termos, como se presente estivesse" (BAPTISTA, Francisco de Paula. Compendio...cit. p. 115).

Existe uma diferença entre esses dois tipos de inatividade e entendê-la será importante para identificarmos a finalidade da nossa previsão atual de extinção por abandono do autor. No primeiro caso, a finalidade é de cunho aceleratório, há um incentivo ao comparecimento do autor para a realização de um ato (audiência onde se acusava a citação). No segundo, a intenção do legislador é a de impedir que o processo se eternize (fazendo correr novamente o prazo prescricional após o período de latência).

Malgrado a comparação – feita pelo próprio autor do Projeto de CPC/1939 –[15] do art. 253, § 1º, da Consolidação Ribas,[16] com o art. 201, inc. V, do CPC/1939 – que viria a influenciar a redação do nosso atual art. 485, inc. III, do CPC/2015 e do art. 267, inc. III, do CPC/1973 –, ousamos discordar dessa analogia, porquanto aquele tipo de inatividade foi estabelecido em prol de finalidade completamente distinta.

A interrupção da instância tem uma finalidade tão antiga quanto àquela prevista na Constituição *Properandum* de Justiniano, que é a de impedir que o processo se eternize (*ne lites fiant pene immortales et vitae hominum modum excedant*).[17] Trata-se de um instituto muito parecido com a *perenzione* do antigo CPC italiano de 1865 (art. 340) e ambos se acomunam com a regra de direito romano pelo seguinte: eles visam pôr fim ao processo paralisado por um determinado prazo[18] e não incentivar a atividade das partes.[19]

---

15. MARTINS, Pedro Batista. Comentários ao Código de Processo Civil. Rio de Janeiro: Forense, 1941. p. 357. v. II.
16. Conteúdo idêntico ao das Ordenações Filipinas (RIBAS, Antonio Joaquim. Consolidação das leis do processo civil. Rio de Janeiro: Dias da Silva Júnior, 1879. p. 207. v. I).
17. O escopo era impedir que a lide ultrapassasse a vida humana, estabelecendo um prazo de três anos a partir da *litis constestatio*, a ser observado por todos os juízes, para que os processos se finalizassem: C., Lib. III, Tit. I, 13 (Corpo del diritto civile. Veneza: Tip. Di Giuseppe Antonelli, 1844. p. 711-4. v. III); VACCARELLA, Romano. L`inattività...cit. p. 8; MONTELEONE, Girolamo. Voce Estinzione (processo di cognizione). Digesto delle discipline privatistiche. Torino: UTET, 1998. p. 132. v. VIII.
18. BATTISTA, Michele. Voce Perenzione. Digesto italiano. Torino: UTET, 1906. p. 235. v. XVIII. parte 2.
19. Embora no caso da *perenzione* ficasse mais nítido que a inatividade das partes era o que realmente importava para a extinção do processo. A Constituição *Properandum* estabelecia um triênio para extinção do processo, independente de as partes estarem inativas (BATTISTA, Michele. Voce Perenzione...cit. p. 232), a *perenzione* estabelecia um prazo de extinção de três anos a partir do último *"atto di procedura"*, ou seja, a partir do momento em que as partes estivessem inativas. Essa regra foi interpretada por muitos doutrinadores como uma renúncia tácita, ou uma presunção de abandono, de desinteresse na causa (MORTARA, Ludovico. Commentario...v. III, cit. p. 870; BATTISTA, Michele. Voce Perenzione...cit. p. 236), principalmente pela necessidade da iniciativa do réu antes de qualquer outra defesa; por outros, foi interpretada como uma penalização da parte negligente (RICCI, Francesco. Commento al Codice di Procedura Civile. Firenze: Fratelli Cammelli, 1905. n. 558,

O CPC de 1939 aboliu a formalidade da audiência prévia, na qual se acusava a citação.[20] A instância se instaurava com a citação do réu (art. 196). Após a citação, caso o autor abandonasse o processo, não realizando os atos que lhe coubessem, e desde que o réu o requeresse, esse era extinto (art. 201, inc. V) – podendo ser reinstaurado, todavia (art. 203).[21]

Sob os auspícios do princípio da oralidade e da publicização do processo,[22] o CPC de 1939 privilegiou os poderes do juiz,[23] estabelecendo – embora contraditoriamente, sob a condição da iniciativa do réu[24] – uma hipótese de absolvição de instância, caso o autor não implementasse os atos imprescindíveis para o andamento do processo.[25]

---

p. 686-7). Ambos posicionamentos pecavam pelo apego excessivo ao caráter subjetivo do instituto (BORSELLI, Edgardo. Voce Perenzione. Nuovo digesto italiano. Torino: UTET, 1989. p. 850. v. IX), o que pervertia a sua própria finalidade, ao deixar ao alvedrio das partes o destino do processo (Id. Ibid., p. 850-1).

20. A previsão dessa audiência só para haver a citação como "acusada" era tida pelos comentadores do Código de 1939 como uma "supérflua e onerosa formalidade" (ROSA, Inocencio Borges da. Processo civil e comercial brasileiro. Porto Alegre: Barcellos, 1940. p. 198. v. I); VIANNA, Ataliba. Inovações e obscuridades do Código de Processo Civil e Commercial Brasileiro. São Paulo: Livraria Martins, 1940. p. 84.

21. ROSA, Inocencio Borges da. Processo...cit. v. I. p. 437-438 ; VIANNA, Ataliba. Inovações...cit. p. 89-90.

22. No Anteprojeto, justifica-se a publicização e incremento da autoridade do juiz na oralidade (CAMPOS, Francisco. Exposição de motivos do Código de Processo Civil. In Código de Processo Civil. Rio de Janeiro: José Olympo, 1939. p. 20); admitindo que o mote do Projeto era a oralidade e a livre atuação do juiz: REZENDE FILHO, Gabriel. A reforma processual. In Processo oral. 1ª série. Rio de Janeiro: Forense, 1940. p. 205 e ss.

23. "A parte mais importante da reforma processual", segundo o autor do Projeto, não podia deixar de chegar à seguinte conclusão, que tinha o claro intuito aceleração do processo: "os litigantes, depois que ingressaram em juízo, impulsionando a máquina administrativa da Justiça, hão de permitir que o Estado, mesmo contrariando-lhes a vontade, se desobrigue, o mais depressa possível, do dever de prestar ao vencedor a sua tutela coativa" (MARTINS, Pedro Batista. Em defesa do Anteprojeto do Código de Processo Civil. In Código de Processo Civil. Rio de Janeiro: José Olympio, 1939. p. 37 e 40).

24. Talvez essa previsão estivesse ligada à concepção ainda arraigada da extinção por inatividade como renúncia tácita do procedimento, de sorte que o próprio autor do Projeto, ao comentar esse dispositivo, fez remissão ao art. 301 do Projeto de Código de Processo Civil italiano, que tratava da "rinuncia agli atti del giudizio" (MARTINS, Pedro Batista. Comentários...v. II. cit. p. 348).

25. Com nítida influência dos ensinamentos de Oskar von Bülow, o autor do Projeto chega mesmo a afirmar que o art. 201, do CPC/1939, não tratava de exceções dilatórias, mas de verdadeiros pressupostos processuais que, embora não cognoscíveis de ofício, como preconizara Bülow, autorizavam toda sorte de atividade saneadora do juiz em relação a eles (MARTINS, Pedro Baptista. Comentários...v. II. cit. p. 349).

Há um intuito aceleratório nessa extinção por inatividade,[26] que sinaliza em parte[27] uma mudança de sistema também ocorrida em relação à abolição da *perenzione* e à introdução da extinção no CPC italiano de 1940.[28] O novo instituto estimula a realização da atividade do autor inerte e não apenas busca evitar que a lide se eternize – como a antiga interrupção de instância –, pois somente mediante a atividade das partes o processo poderia com sucesso implementar a finalidade preconizada por Chiovenda e estabelecida como premissa da codificação vindoura: a atuação da vontade da lei no caso concreto.[29]

O CPC de 1939, todavia, no que tange à revelia, ensejou alguns embates sobre a aplicação ou não da *ficta confessio*, diante da redação não muito clara do art. 209.[30] Predominava o entendimento de que o Código manteve nossas tradições históricas em termos de revelia, não impingindo qualquer consequência de grande importância decorrente da inatividade do réu, a não ser, obviamente, o transcurso dos prazos independente de sua intimação, já que o dispositivo ressalvava o ônus de provar o alegado pela parte beneficiada pela inatividade.[31] Outros, por sua vez, compreendiam que, diante da redação do

---

26. Recorda o caráter público dado à extinção por inatividade, tendo em vista a necessidade de observação de um ônus de desenvolvimento do processo pela parte, e aproximando muito essa consequência de uma sanção: PUNZI, Carmine. L'interruzione...cit. p. 23-6. Na distinção de Punzi, vemos que a interrupção da instância se aproxima mais da *interruzione*, quando a absolvição da instância (ou extinção) se aproximaria da extinção por inatividade (art. 307, do CPC italiano).
27. Apenas em parte, pois, como vimos, até hoje não conseguimos eliminar a relevância da vontade do autor em abandonar o processo em caso de extinção (de forma semelhante com que era tratada a *perenzione*).
28. Isso ficou muito claro na própria *Relazione al re*, apresentada juntamente com o Código (CILLIS, Francisco de (Trad.). Codigo de Procedimiento...cit. p. 24-6 e 58-9), no qual a introdução da extinção do processo por inatividade das partes teve por base evitar abusos e privilegiar o interesse público da rápida solução do litígio. Tolheu-se "la libertà di mandarlo [o processo] in lungo a piacer loro e di ralentarne il ritmo fino a renderlo statico e stagnante". Nesse sentido: SOTGIU, Nicola. La ragionevole durata del nuovo processo "competitivo" e la sua estinzione. Rivista di diritto processuale. Padova: CEDAM, nov/dic. 2009, n. 64. p. 1661; cfr. Também MONTELEONE, Girolamo. Voce Estinzione...cit. p. 132-3, que expõe algumas justificativas para a introdução do instituto, como a publicização do processo, o aumento dos poderes do juiz e o incentivo às partes para implementarem os atos essenciais ao impulso processual; SATTA, Salvatore. L`estinzione del processo. Rivista trimestrale di diritto e procedura civile. Milano: Giuffrè, 1951. p. 1010.
29. A máxima chiovendiana é abertamente adotada na exposição de motivos, que tem um capítulo para justificar a adoção dos ensinamentos do autor italiano (CAMPOS, Francisco. Exposição...cit. p. 22).
30. Art. 209: "o fato alegado por uma das partes, quando a outra o não contestar, será admitido como verídico, se o contrário não resultar do conjunto da prova".
31. PASSOS, José Joaquim Calmon de. Comentários ao Código de Processo Civil. 6ª ed. Rio de Janeiro: Forense, 1989. p. 390-1. v. III; LIEBMAN, Enrico Tullio. Nas notas a CHIOVENDA, Giuseppe. Instituições de direito processual civil. Trad. J. Guimarães Menegale. São Paulo: Saraiva, 1945. p. 204-5. v. III; ROSA, Inocencio Borges da. Processo civil...v. I, cit. p. 198-9.

dispositivo, o réu inativo incorria em verdadeira confissão dos fatos alegados pelo autor.³²

O CPC de 1973 também seguiu a mesma linha do Código revogado e buscou privilegiar a pacificação com celeridade e eficiência, o que se pode notar pelo incremento de alguns poderes do juiz, como a repressão aos atos atentatórios à dignidade da justiça e pela introdução do julgamento conforme o estado do processo. Demonstrou-se a preocupação em privilegiar a dialeticidade do processo, na medida em que se introduziram deveres de lealdade entre as partes, imputou-se à revelia do réu a presunção de veracidade dos fatos alegados pelo autor e permaneceu o apego aos postulados da oralidade e ao princípio dispositivo.³³

A lógica da extinção por abandono, entretanto, não teve mudanças substanciais, se levarmos em conta a conotação subjetiva que o instituto tinha no revogado Código. Seja na redação original do projeto,³⁴ seja na redação final, o requisito da culpa ou negligência das partes – ou especificamente do autor – em dar andamento ao processo afigurou-se essencial.

Aliás, a atual redação do inc. III, do art. 485 do CPC/2015, a do inc. III, do art. 267 do CPC/1973, e a do inc. V, do art. 201, do CPC/1939, são praticamente idênticas,³⁵ o que nos leva à conclusão de que os mesmos dispositivos que inspiraram a redação do Código de Pedro Batista Martins, também serviram de inspiração para nossos futuros legisladores.

Esses dispositivos são, primeiramente, o art. 302, do projeto definitivo de Código de Processo Civil italiano e,³⁶ como não poderia

---

32. TUCCI, Rogério Lauria. Da contumácia...cit. p. 157-8, afirmando a inspiração do revogado art. 209 no § 396, da Ordenação processual civil austríaca.
33. Cfr. Exposição de Motivos, especialmente os itens 13, 17, 18 e 19.
34. Artigo 271. Extingue-se o processo, sem julgamento do mérito: (...) II – quando ficar parado durante mais de um ano por negligência das partes; III – quando, por não promover os atos e diligências que lhe competir, o autor abandonar a causa por mais de trinta (30) dias.
35. Basta compará-las: Art. 485. O juiz não resolverá o mérito quando (...) III - por não promover os atos e as diligências que lhe incumbir, o autor abandonar a causa por mais de 30 (trinta) dias; Art. 267. Extingue-se o processo, sem resolução de mérito (...) III – quando, por não promover os atos e diligências que lhe competir, o autor abandonar a causa por mais de 30 (trinta) dias; Art. 201. O réu poderá ser absolvido da instância, a requerimento seu (...) V – quando, por não promover os atos e diligências que lhe cumprir, o autor abandonar a causa por mais de trinta (30) dias.
36. Um indício dessa inspiração no CPC italiano é a estranha menção, no § 1º, do art. 267, do CPC/1973, ao arquivamento dos autos anteriormente à extinção, dando a entender que esse "arquivamento

deixar de ser, invocando-se claramente o requisito subjetivo da inatividade, como se fosse uma espécie de renúncia, o art. 301, do mesmo projeto.[37]

Há certa semelhança, também, principalmente no requisito negligência ou culpa das partes, com a interrupção da instância do direito português,[38] prevista primeiramente no art. 290, do CPC/1939, depois no art. 285, do CPC/1961, que, no caso de a inatividade prolongar-se, acarretaria a *"deserção da instância"*, ou extinção da instância (para nós, "processo"), nos termos do art. 296, do CPC/1939 e, depois, do art. 291, do CPC/1961.[39] Esse requisito da negligência das partes foi mantido na deserção da instância prevista no art. 281, do CPC português de 2013.[40]

Havia, portanto, nesses dispositivos portugueses inspiradores dos nossos Códigos, um período de latência que fazia, somente até a reforma de 1967,[41] voltar a contagem do prazo prescricional e que, se prolongado, acarretava a mesma consequência prevista em nosso direito atual: a extinção do processo, por negligência das partes.[42] Esse período de latência, para nós, é aquele previsto nos incs. II e III, do art. 267, do CPC/1973 (e agora reproduzido nos incs. II e III, do art. 485, do CPC/2015).

A intenção do legislador foi conservar esse viés subjetivo da inatividade do autor, pois durante a tramitação do projeto na Câmara foi acatada a emenda nº 220, do então Senador Nelson Carneiro, que introduzia a necessidade de intimação pessoal do autor negligente

---

dos autos" seria uma versão equivocada da "cancellazione della causa dal ruolo" do art. 307, do CPC italiano.

37. Pedro Batista Martins, em seus Comentários, faz menção expressa a esses dois dispositivos (MARTINS, Pedro Batista. Comentários...v. II, cit. p. 325 e 348-9).

38. O próprio Pedro Batista Martins faz remissão ao art. 290, do CPC português de 1939 (MARTINS, Pedro Batista. Comentários...v. II, cit. p. 348).

39. Sobre a extinção da instância por deserção, cfr. COSTA; COSTA; SOUSA. Código...v. III, cit. p. 598 e REIS, José Alberto dos. Código de Processo...v. I, cit. p. 399.

40. Art. 281. Deserção da instância e dos recursos. 1 - Sem prejuízo do disposto no n.º 5, considera-se deserta a instância quando, por negligência das partes, o processo se encontre a aguardar impulso processual há mais de seis meses.

41. COSTA, Ary de Almeida Elias da; COSTA, Fernando Carlos Ramalho da; SOUSA, João A. Gomes Figueiredo de. Código de Processo Civil anotado e comentado. Coimbra: Almedina, 1974. p. 552. v. III.

42. O requisito subjetivo sempre foi exigido para ambos os institutos, seja para a interrupção, seja para a deserção da instância, tanto no Código de 1939 (REIS, José Alberto dos. Código de Processo Civil anotado. 3ª ed. Coimbra: Coimbra Editora, 1948. p. 390 e 398-99. v. I), como no Código de 1961 (COSTA;COSTA; SOUSA. Código...v. III, cit. p. 550 e 597).

em caso de extinção por abandono, tendo em vista *que "a sanção recai sobre a parte, quando a responsabilidade, em muitos casos, não é sua"*.[43]

A inovação mais radical do CPC/1973 foi, sem dúvida, o regime da inatividade do réu, que agora, verificada, ensejaria o reconhecimento de veracidade dos fatos alegados pelo autor e, inexistindo exceção legal, poderia ocasionar o julgamento conforme o estado do processo. A justificativa era, basicamente, a celeridade processual.[44]

O próprio redator do Código de 1973, todavia, externou certa preocupação com esse *"efeito muito violento"*[45] da inatividade do réu.

Muitas críticas foram tecidas sobre a inovação nos trabalhos preliminares no Congresso, antes da aprovação do Código.[46] Justificou-se a manutenção da regra, todavia, pela necessidade de celeridade processual, pela existência de exceções que assegurariam o interesse das partes em certos casos e pela necessidade de advertência expressa da aplicação dos efeitos no mandado de citação.[47]

O regime do réu revel também se assemelha muito com o CPC português de 1961, cujo regramento não se alterou consideravelmente no CPC português de 2013. O revogado art. 484,[48] e o atual art. 567,[49] preveem que, no caso da inatividade do réu em contestar, há uma confissão dos fatos articulados pelo autor, além de a sentença poder ser proferida imediatamente, sem mais dilações. As exceções

---

43. Código de Processo Civil. Histórico de lei. Senado Federal: Subsecretaria de edições técnicas, 1974. p. 1061. v. I, t. II.
44. Exposição de Motivos, item 19.
45. BUZAID, Alfredo. Código de Processo Civil. Histórico de lei...cit. v. I, t. I, p. 412.
46. Em reunião destinada à discussão do Anteprojeto com o então Ministro da Justiça Alfredo Buzaid e com os demais deputados, vale a pena conferir a pergunta do então deputado Lisaneas Maciel, criticando o rigorismo dos efeitos da revelia e da possibilidade de ocasionar situações injustas a uma parte economicamente mais fraca, e a pergunta do deputado Magalhães Barroso, preocupado com a impossibilidade de se abrir a dilação probatória em caso de revelia. Também demonstrou certa preocupação com o dispositivo, o deputado Lauro Leitão (cfr. Código de Processo Civil. Histórico...v. I, t. I, cit. p. 421 e 422, 425, 427).
47. BUZAID, Alfredo. Código de Processo Civil. Histórico...cit., v. I, t. I, p. 412.
48. Artigo 484.º. Efeitos da revelia 1 - Se o réu não contestar, tendo sido ou devendo considerar-se citado regularmente na sua própria pessoa ou tendo juntado procuração a mandatário judicial no prazo da contestação, consideram-se confessados os factos articulados pelo autor. 2 - O processo é facultado para exame pelo prazo de 10 dias, primeiro ao advogado do autor e depois ao advogado do réu, para alegarem por escrito, e em seguida é proferida sentença, julgando a causa conforme for de direito. 3 - Se a resolução da causa revestir manifesta simplicidade, a sentença pode limitar-se à parte decisória, precedida da necessária identificação das partes e da fundamentação sumária do julgado.
49. Redação praticamente idêntica ao dispositivo anterior.

aos efeitos da revelia, ademais, previstas no revogado art. 485[50] e no art. 568,[51] do CPC português de 2013, são muito semelhantes aos casos previstos primeiramente no art. 320, do CPC/1973 e, agora, no art. 345, do CPC/2015.

3.1.1. O tratamento do abandono de causa no direito brasileiro atual

As hipóteses de abandono do processo pelo autor ou por ambas as partes são tratadas no art. 485, incs. II e III, do CPC/2015. Configuradas, elas rendem ensejo à extinção do processo sem resolução de mérito, não havendo óbice ao ajuizamento de idêntico pedido – desde que observado o disposto nos arts. 92 e 486, do mesmo diploma.

Normalmente, o abandono bilateral (art. 485, inc. II, do CPC/2015) também acarreta a extinção do processo em decorrência da inobservância de algum ato essencial que cumpria ao autor implementar, com a correspondente complacência do réu.[52]

Na verdade, a hipótese do inc. II, do art. 485, do CPC/2015 é considerada por muitos como um abandono do autor, quando ausente demonstração do interesse do réu em continuar com a marcha processual para o desfecho do mérito (art. 485, § 6º, do CPC/2015), autorizando somente nesse caso a extinção *ex officio*. De fato, estranho seria beneficiar o réu com a extinção como "punição" para sua inatividade: se a finalidade da norma fosse incentivar a atividade das partes, para o réu ela seria inócua.[53] Entretanto, preferimos considerar que o caso se trata de inatividade bilateral, diante da necessidade de assegurar também ao réu a tutela jurisdicional: esse também tem

---

50. Artigo 485.º. Excepções. Não se aplica o disposto no artigo anterior: a) Quando, havendo vários réus, algum deles contestar, relativamente aos factos que o contestante impugnar; b) Quando o réu ou algum dos réus for incapaz, situando-se a causa no âmbito da incapacidade, ou houver sido citado editalmente e permaneça na situação de revelia absoluta; c) Quando a vontade das partes for ineficaz para produzir o efeito jurídico que pela acção se pretende obter; d) Quando se trate de factos para cuja prova se exija documento escrito.
51. Redação praticamente idêntica ao dispositivo anterior.
52. Dinamarco fala da relevância da "omissão do autor" em ambos os casos (DINAMARCO, Cândido Rangel. Instituições...cit. p. 133. v. III); SANTOS, Ernane Fidélis dos. Manual de direito processual civil. 13ª ed. São Paulo: Saraiva, 2009. p. 618. v. I.
53. Cintra já demonstrara essa estranheza, mas, segundo o autor, quis o legislador "fechar a porta a qualquer possibilidade de eternização da pendência da causa, tendo em conta que na vida do processo muitas vezes ocorrem situações imprevisíveis" (CINTRA, Antonio Carlos de Araújo. Abandono de causa...cit. p. 174).

interesse na tutela de mérito e a extinção, via de regra, prejudica-lhe nesse aspecto.

As situações de abandono bilateral e unilateral serão estudadas, aqui, num capítulo em conjunto, como fazem alguns juristas.[54] Primeiramente, pelo tratamento equivalente que lhes dá a doutrina, no que toca aos seus requisitos, como a exigência de negligência das partes, e, em segundo lugar, pela possibilidade de tratamento equânime quanto aos seus efeitos, que é a extinção do processo sem resolução do mérito (e a possibilidade de mitigação dessa regra, com prolação de sentença de mérito).

As diferenças de fundamento, como a de existir uma *ratio* aceleratória mais clara na hipótese de inatividade do autor (inc. III), com incentivo mais latente à atividade, em detrimento do caráter de impossibilidade ou imprestabilidade do processo para se chegar a um termo, no caso da inatividade bilateral (inc. II), aproximando-a da antiga (1865) *perenzione* dos italianos, ou da antiga interrupção da instância das Ordenações Filipinas;[55] ou, diferenças procedimentais, como a possibilidade de determinação *ex officio* na extinção por abandono bilateral,[56] não trarão prejuízos ao tratamento conjunto das espécies. Basta termos esses pontos bem claros e as conclusões a que chegaremos poderão ser utilizadas para as duas hipóteses.

Por não haver resolução do mérito e, consequentemente, imutabilidade e indiscutibilidade da sentença – há apenas coisa julgada formal e não material –, o abandono (bilateral ou unilateral) se en-

---

54. BUENO, Cassio Scarpinella. Curso sistematizado de direito processual civil. 6ª ed. São Paulo: Saraiva, 2013. p. 328-9. v. 2, t. I; THEODORO JR., Humberto. Curso de direito processual civil. 56ª ed. Rio de Janeiro: Forense, 2015. p. 1013-5. v. I.
55. FABRÍCIO, Adroaldo Furtado. Extinção do processo e mérito da causa. Revista de Processo. Ano 15, nº 58, abr/jun 1990. p. 12. O autor diferenciou com muita perspicácia as duas hipóteses de inatividade, ao afirmar que na primeira, a previsão de um prazo menor pelo legislador supõe diretamente um ato a ser implementado pelo autor, quando na segunda estamos diante de paralisação do processo pela inatividade de ambas as partes, daí a previsão de um prazo mais longo e da desnecessidade de averiguação do intuito de abandonar o processo nessa última (no mesmo sentido, DIDIER JR., Fredie. Pressupostos processuais...cit. p. 331). Só discordamos do autor quando afirma que a extinção por abandono do autor tem caráter de "sanção imposta ao autor negligente", de sorte a ser verificada somente quando justificada a omissão, pois, para nós, ambas as hipóteses de inatividade devem ser objetivamente aferíveis.
56. Considerando que na vigência do CPC/1973 temos a Súmula 240 do STJ, que veda a extinção sem prévio requerimento do réu, e no CPC/2015 temos a positivação desse entendimento jurisprudencial no art. 485, § 6º.

quadra entre aquelas situações a que Carnelutti denominou de crise do processo,[57] ou seja, que acarretam sua extinção anormal.[58]

Já vimos que nosso ordenamento acolheu a regra do impulso oficial (art. 2º, do CPC/2015), seja na condução formal, seja na condução material do processo, ou seja, proposta a demanda, os atos procedimentais se desenvolvem por empenho do juiz e de seus auxiliares. Observada a regra de maneira radical, seria irrelevante para extinção do processo a inatividade das partes.[59] No entanto, como tivemos oportunidade de demonstrar, o processo também precisa da contribuição das partes para desenvolver-se e há situações em que cabe a elas realizar os atos de impulso, caracterizando-os como atos necessários.

De várias maneiras o juiz ou seus auxiliares podem dar corpo ao dever de impulso oficial, seja, por exemplo, com a fixação do termo para realização de audiências (art. 357, inc. V e § 3º, do CPC/2015), com a nomeação de perito (art. 465, do CPC/2015), com a determinação de entrega da coisa em execução para entrega de coisa certa (art. 806, § 2º, do CPC/2015), com a determinação de avaliação de bem penhorado ou inventariado (arts. 630 e 870, do CPC/2015), com a designação de dia e hora para hasta pública (art. 881, do CPC/2015), com a abertura de vista às partes e juntada de documentos (art. 203, § 4º, do CPC/2015), etc.

Há uma abertura dos poderes do juiz quando tratamos de impulso (art. 2º, do CPC/2015), de modo que, embora seja necessária a atividade das partes em algumas hipóteses, ela se afigura excepcional. Devemos compreender o art. 485, incs. II e III, do CPC/2015, portanto, como norma excepcional e sua interpretação deve ser restritiva.[60]

Desta sorte, os atos do autor, que acarretam a extinção do processo, são apenas aqueles imprescindíveis ou intransponíveis ao exer-

---

57. CARNELUTTI, Francesco. Sistema del diritto processuale civile. Padova: CEDAM, 1938. p. 393. v. II; também, DINAMARCO, Cândido Rangel. Instituições...cit. v. II. título XVI. Pressupostos e crises no processo civil.
58. TUCCI, José Rogério Cruz e. Temas polêmicos de processo civil. São Paulo: Saraiva, 1990. p. 19-20; ARAGÃO, Egaz D. Moniz de. Comentários ao Código de Processo Civil. 2ª ed. Rio de Janeiro: Forense, 1976. p. 430. v. II; PONTES DE MIRANDA, Francisco Cavalcanti. Comentários ao Código de Processo Civil. Rio de Janeiro: Forense, 1974. p. 417. t. III; MICHELI, Gian Antonio. Sospensione...cit. p. 3.
59. TUCCI, José Rogério Cruz e. Temas polêmicos...cit. p. 23; ALVIM, Arruda. Manual de direito processual civil. 9ª ed. São Paulo: RT, 2005. p. 319, v. II, que afirma não ser a regra do impulso oficial absoluta.
60. CINTRA, Antonio Carlos de Araújo. Abandono...cit. p. 171; DINAMARCO, Cândido Rangel. Instituições...v. III, cit. p. 643.

cício do poder jurisdicional,⁶¹ consubstanciados numa manifestação do princípio dispositivo sob o viés da disponibilidade da tutela jurisdicional (*Dispositionsmaxime*): ora porque somente a parte pode fornecer a informação ou realizar o ato de maneira mais econômica ou eficaz, ora porque o direito exige esse ato como formalização da autonomia da vontade de demandar ou responder ao longo do processo, normalmente com o comparecimento a uma audiência. Isso faz com que esses atos sejam raros de acontecerem na prática.

Não causam qualquer empecilho ao andamento normal do processo – não se afigurando essenciais, portanto –, a falta de depósito dos honorários periciais (art. 95, do CPC/2015),⁶² a falta de pagamento de atos determinados de ofício pelo juiz ou requeridos pelo Ministério Público (art. 82, § 1º, do CPC/2015), a falta de manifestação sobre a contestação, petição com documentos (art. 437, §1º, do CPC/2015), etc. São ônus cuja inobservância não acarreta a extinção por inatividade. Podem ensejar, como no último exemplo, a presunção de veracidade de algum fato (art. 430, do CPC/2015), com implicações na valoração da prova e no estabelecimento do ônus probatório, mas jamais a extinção do processo.⁶³

Como já tivemos oportunidade de verificar, os dispositivos em questão foram inspirados em legislações em que se exige a negligência das partes em dar andamento ao processo para haver extinção (embora esse requisito não seja exigido pelos italianos, conforme o art. 307, do seu CPC).

Nesse passo, parte dos doutrinadores afirma ser necessário o elemento subjetivo da culpa do autor (ou do réu) em não promover os atos e diligências que lhe tocam,⁶⁴ tanto no caso de inatividade uni-

---

61. MICHELI, Gian Antonio. Sospensione, interruzione ed estinzione del processo. Rivista di diritto processuale civile. Padova: CEDAM, 1942. p. 22; DINAMARCO, Cândido Rangel. Instituições...cit. v. II. p. 133.
62. Que somente acarreta o julgamento sem a produção da prova e, sendo o caso, aplicando-se a regra do art. 373, do CPC/2015 (STJ-1ª T., REsp 636.151, Min. Rel. Luiz Fux, j. 14.12.2004); DIDIER JR., Fredie. Curso...v. I, cit., p. 727.
63. CINTRA, Antonio Carlos de Araújo. Abandono...cit. p. 172.
64. THEODORO JR, Humberto. Curso...v. I. cit., 1013; ARAGÃO, Egas Dirceu Moniz de. Comentários...v. II, cit. p. 424, que defende a necessidade de negligência somente para o caso de abandono unilateral do autor; DIDIER JR. Fredie. Pressupostos processuais e condições da ação. São Paulo: Saraiva, 2005. p. 332-3, embora esse autor tenha recentemente mudado seu entendimento, compreendendo que tanto no abandono unilateral, como no bilateral, não há que se perquirir sobre o elemento subjetivo da inatividade (DIDIER JR., Fredie. Curso...v. I, cit. p. 725-6).

lateral (inc. III), como no caso de inatividade bilateral (inc. II),[65] para haver a extinção do processo. Disso decorre a exigência do art. 485, § 1º, do CPC/2015, no sentido de ser necessário intimar pessoalmente o inativo, para que não seja prejudicado pela culpa ou desídia de seu patrono.[66] A doutrina justifica esse entendimento pela existência da resignação, ou da revogação da demanda, ou seja, não faz sentido outorgar tutela jurisdicional àquele que, presumidamente, se desinteressou por ela.[67]

Entretanto, há quem também defenda a desnecessidade de indagações sobre a negligência ou desídia do inativo para esse caso de extinção.[68] Realmente, a exigência de comprovação da desídia parece destoar do regime utilizado pelo nosso legislador para os outros casos de inatividade (como no caso do réu, cuja inatividade é averiguada unicamente pelo fato de não contestar, ou das partes que não comparecem ao depoimento pessoal, ou do advogado que não comparece à audiência de instrução e julgamento, acarretando ao seu mandatário a vedação de produção de provas, art. 362, § 2º, do CPC/2015).

Além disso, se a preocupação seria de não penalizar a parte diligente, a situação poderia facilmente ser resolvida – embora com uma espécie de inversão (justa, ao nosso sentir) do ônus da prova, pois

---

65. CINTRA, Antonio Carlos de Araújo. Abandono...cit. p. 174; GOMES, Fábio. Comentários ao Código de Processo Civil. São Paulo: RT, 2000. p. 322-3. v. III; PONTES DE MIRANDA, Francisco Cavalcanti. Comentários...cit. t. III. p. 430.
66. ALVIM, Arruda. Manual de direito processual civil. 13ª ed. São Paulo: RT, 2010. p. 903, para quem a justificativa da intimação pessoal do autor seria o fato de que a intimação por meio do seu patrono seria inócua para a comprovação da "efetiva omissão" daquele outro.
67. TUCCI, José Rogério Cruz e. Temas polêmicos...cit. p. 21; "o abandono do processo (art. 267, incs. II-III) é também manifestação de desinteresse pela tutela jurisdicional, ainda que não explícita como a desistência da ação (...) ocorrendo abandono, a sentença de mérito torna-se inadmissível por ausência de vontade de obtê-la" (DINAMARCO, Cândido Rangel. Instituições...cit. 133. v. II); no mesmo sentido, THEODORO JR., Humberto. Curso...v. I, cit. p. 1013.
68. WAMBIER, Teresa Arruda Alvim; CONCEIÇÃO, Maria Lúcia Lins et al. Primeiros comentários...cit. p. 768-9; GRECO FILHO, Vicente. Direito Processual Civil brasileiro. 22ª ed. São Paulo: Saraiva, 2013. p. 99-100. v. II, para quem o juiz deve "decretar a extinção, independentemente dos motivos que levaram ao abandono", embora esse mesmo autor admita a prorrogação do prazo de trinta dias (inc. III) "se o autor revelou que não tem intenção de abandoná-lo"; WAMBIER, Luiz Rodrigues; TALAMINI, Eduardo. Curso avançado de processo civil. 11ª ed. São Paulo: RT, 2010. p. 578, v. I, que fala do inc. II como "negligência 'presumida' do legislador" e no inc. III, com base em "elementos de ordem objetiva"; DIDIER JR., Fredie. Curso...v. I, cit. p. 725-6; no mesmo sentido: MARINONI; ARENHART; MITDIERO. Novo Código...cit. p. 483 e ARAGÃO, Egas Dirceu Moniz de. Comentários ao Código de Processo Civil. 10ª ed. Rio de Janeiro: Forense, 2005. p. 421-4. v. II, embora para esses últimos, a necessidade de averiguação do elemento subjetivo se faça presente no caso de abandono unilateral pelo autor.

caberá ao autor inativo comprovar a justa causa para não atuar – pela previsão da *restitutio ad integrum* do art. 223, do CPC/2015.

Com toda a preocupação de se expurgar indagações subjetivas, bem como de se buscar um tratamento isonômico no que toca à inatividade das partes, preferimos adotar o segundo entendimento, reforçando-se com ele a ideia de que toda inatividade no processo é fato objetivo, aferível pela tão só falta de implementação de um ato em determinado prazo.

Tratar o abandono como inércia, perquirindo-se sobre a intenção do autor em ficar inativo é prejudicar, primeiramente, o próprio escopo do instituto, que é a celeridade e a concentração dos atos processuais. Bastaria ao autor, por exemplo, ainda que transcorrido o prazo previsto no inc. III, do art. 485, manifestar-se no sentido de prosseguir com o processo – e quantas vezes quisesse o fazer – para mantê-lo em vida e evitar a extinção.[69] Bastaria implementar qualquer ato que provasse seu interesse em continuar no processo, mas despido de qualquer efetividade para o andamento processual, ou implementar o ato de maneira não integral, para que o processo não fosse extinto.[70]

Além disso, tratar a inatividade do autor de forma subjetiva também fere a isonomia, pois no caso das demais hipóteses de inatividade, principalmente a do réu em responder, não há qualquer análise da intenção do inativo. Por exemplo, não há um dispositivo que

---

69. Esse parece ser o entendimento da jurisprudência, com base no princípio da instrumentalidade das formas: "antes de proferida a sentença, a parte providenciou o andamento. Dessa forma, o abandono ficou descaracterizado pelo impulso, independentemente de o requerimento ser ou não cabível" (TJ/SP, AC 0003044-56.2010.8.26.0655, Des. Rel. José Malerbi, j. 28.04.2014).

70. De fato, a jurisprudência é bem leniente quanto às hipóteses de extinção por abandono, exigindo clara intenção do autor em abandonar o feito. Ora afasta-se a extinção pela implementação do ato, de maneira parcial: "descabida a extinção do feito, com base no art. 267, III, do CPC, em razão do não atendimento integral de determinação judicial, quando a parte pratica ato revelador de sua intenção de não abandonar o feito, dentro do prazo previsto no § 1º, do art. 267, do CPC, formulando requerimento de providência judicial pertinente ao prosseguimento da demanda" (TJ/SP, AC 0033386-68.2003.8.26.0114, Des. Rel. Rebello Pinho, j. 9.3.2015), cfr. ainda, STJ-4ª T., REsp. 244.828, Min. Rel. Luís Felipe Salomão, j. 4.9.2008; ora, afasta-se a extinção pela realização de qualquer ato, ainda que não eficaz para dar andamento ao processo: "na hipótese vertente, o autor foi intimado a dar andamento ao feito. Diante disso, protocolou petição que, ainda que equivocada, externou seu ânimo de prosseguir com a ação. Assim, a manifestação do apelante depois de previamente intimado, revelou ato inequívoco de desenvolvimento do processo. Desse modo, evidente a ausência do elemento subjetivo para caracterizar o abandono da causa, motivo pelo qual é de rigor o acolhimento da insurgência do autor" (TJ/SP, AC 0029996-44.2012.8.26.0577, Des. Rel. Adilson de Araújo, j. 21.10.2014).

determine a necessidade de intimação pessoal do réu para suprir a sua inatividade (como o art. 485, § 1º, do CPC/2015).

Obviamente entendemos a dificuldade prática na implementação de um dispositivo que determinasse a intimação pessoal do revel que sequer compareceu, não fazendo sentido a sua existência, se a sua principal função é suprir a inatividade do patrono. Entretanto, poderia haver previsão de algo parecido na hipótese em que a defesa apresentada pelo advogado fosse defeituosa, deixando vários pontos incontroversos (art. 341, do CPC/2015), ou quando se notasse a apresentação intempestiva de contestação pelo patrono.

Com as disposições atuais do Código, poderia ser utilizado para implementar essa função o mecanismo previsto pelo nosso legislador no art. 139, inc. VIII, do CPC/2015, similar ao interrogatório não formal sobre os fatos da causa do direito italiano (art. 117, do CPC italiano) ou o *Parteibefragung* do direito alemão (§§ 139 e 141, da ZPO), que são uma espécie de interrogatório das partes para clarificação dos próprios pontos alegados e não apenas para servir de prova (*zur Aufklärung der Sache*).[71]

Outra questão interessante sobre o abandono é a de saber o porquê de nosso CPC/2015 ter previsto a extinção na hipótese do inc. III, do art. 485, como caso de exceção peremptória (§ 6º), ou seja, que não pode ser decretada de ofício, mas deve ser condicionada à alegação do réu.

O CPC de 1939 previa expressamente a necessidade de alegação do réu no art. 201, inciso V,[72] consubstanciando uma hipótese de absolvição da instância em senso estrito,[73] norma que não foi repetida pelo CPC/1973, o que levou a muitas divergências em sede doutrinária.

Muitos pugnaram pela possibilidade de extinção de ofício, baseados no dever de impulso oficial[74] e, principalmente, no fato de

---

71. CAPPELLETTI, Mauro. La testimonianza...v. I, cit. p. 63; LENT, Friedrich. Diritto processuale...cit. p. 224.
72. Art. 201. O réu poderá ser absolvido da instância, a requerimento seu: (...) V – quando, por não promover os atos e diligências que lhe cumprir, o autor abandonar a causa por mais de trinta (30) dias.
73. Absolvição de instância em senso lato era conceito que abarcava as exceções processuais que não dependiam da alegação do réu (ROCHA, José de Albuquerque. Jurisprudência...cit. p. 329).
74. CINTRA, Antonio Carlos de Araújo. Abandono...cit. p. 173; BUENO, Cassio Scarpinella. Curso sistematizado...v. II, t. I, p. 329; ARAGÃO, Egas Dirceu Moniz de. Comentários...v. II, cit. p. 424;

que não se vislumbraria na extinção qualquer viés protetivo do réu, mas tão só um instituto destinado a "*retirar do foro os processos em abandono*".[75]

Também se afirmou que poderia muito bem o réu sanar a omissão do autor, mediante, por exemplo, o pagamento de custas faltantes.[76] Não concordamos com esse entendimento, pois, além de em muitos casos não lhe ser possível o suprimento, ao réu confere-se o prazo previsto no inc. II, do art. 485 – um ano – para supri-la e não o de um mês.

Outro argumento dos defensores dessa tese, no sentido de se dispensar a iniciativa do réu para a extinção, é o de que restaria o juiz impossibilitado de extinguir o processo quando este não tivesse sido citado.[77] Não concordamos, entretanto, com a afirmação. Não porque o réu, não citado ou revel, teria tolhido o direito a uma sentença com resolução de mérito, mas sim porque a hipótese poderia facilmente ser albergada na regra do inc. II, do art. 485, do CPC/2015.[78] Ou seja, não citado o réu, ou sendo esse revel, poderia o juiz determinar de ofício a extinção depois de transcorrido o prazo de um ano de inatividade bilateral.

Parece-nos que o melhor entendimento é mesmo aquele no sentido da impossibilidade de o juiz decretar de ofício esse tipo de extinção[79] e que foi consolidado com a promulgação do novo Código. Os autores que partilham desse posicionamento o fazem, principalmente, porque tal hipótese de extinção não encontra guarida no art. 485, § 3º, do CPC/2015, o qual só autoriza a extinção de ofício nas

---

BARBOSA MOREIRA, José Carlos. Aspectos da "extinção do processo"...cit. p. 91.
75. TUCCI, José Rogério Cruz e. Temas...cit. p. 27; BARBOSA MOREIRA, José Carlos. Aspectos...cit. p. 91.
76. TUCCI, José Rogério Cruz e. Temas...cit. p. 27.
77. O entendimento pela extinção de ofício, na hipótese do inc. III, do art. 267, do CPC/1973, anteriormente à realização da citação, teve acolhida na jurisprudência: "ao juiz é lícito declarar ex officio a extinção do processo, sem julgamento de mérito, por abandono do autor, quando o réu ainda não tenha sido citado" (STJ-1ª T., REsp. 983.550, Min. Luiz Fux, j. 4.11.08); cfr. também, STJ-3ª T., REsp. 1.094.308, Min. Massami Uyeda, j. 19.3.09.
78. THEODORO JR., Humberto. Curso...v. I, cit. p. 1014.
79. Defendiam esse posicionamento na vigência do CPC/73: PONTES DE MIRANDA, Francisco Cavalcanti. Comentários...t. III, cit. p. 423; TORNAGHI, Helio. Comentários ao Código de Processo Civil. São Paulo: RT, 1975. p. 333. v. II; DIDIER, Jr. Fredie. Curso...v. I, cit. p. 530; THEODORO JR., Humberto. Curso...v. I, 2009, cit. p. 309; ALVIM, Arruda. Manual...v. II, cit. p. 321; MARQUES, José Frederico. Manual...v. II, 1974, cit. p. 138.

hipóteses de falta de pressupostos processuais e condições da ação.[80] Esse, entretanto, não deve ser o principal fundamento, pois, como vimos, há muitas outras matérias não previstas no mesmo dispositivo que mesmo assim podem ser conhecidas de ofício.[81]

O principal fundamento seria a obediência à posição do réu no processo, o que embasa também o art. 485, § 4º, do CPC/2015. O réu tem interesse em ter a seu favor uma sentença de mérito.[82] Ou seja, depois de decorrido o prazo para resposta, ele tem interesse no desfecho da controvérsia, do contrário configurada estaria a negativa de tutela jurisdicional.

Admitir-se a extinção *ope judicis*, nesse caso, seria uma forma oblíqua de consagrar a desistência sem a possibilidade de qualquer manifestação do réu.[83] De fato, a maneira como o legislador tratou a inatividade do autor é muito parecida com uma espécie de desistência tácita[84] e isso prejudica muito a sistematização e uniformização da inatividade processual em nosso sistema.

A necessidade de requerimento do réu no caso de inatividade do autor foi entendimento sufragado pela jurisprudência,[85] exceto nas causas em que não houvesse citação, e foi abraçado, como vimos, pelo CPC de 2015, que adota as mesmas hipóteses de extinção do processo por abandono no art. 485, incs. II e III, explicitando no § 6º,

---

80. TORNAGHI, Helio. Comentários...v. II, cit. p. 332-3; DIDIER JR., Fredie. Curso...v. I, cit. p. 529, já afirmava que as hipóteses dos incs. II e III, do art. 485 (equivalentes aos incs. II e III, do art. 267, do CPC/73) não eram caso de "invalidação do procedimento", embora a justificativa atual para a impossibilidade de conhecimento de ofício da matéria, como afirma o autor, seja a expressa previsão legal do art. 485, § 6º, do CPC/2015 (DIDIER JR., Fredie. Curso...v. I, cit. p. 726).
81. TELLES, Gil Trotta. Considerações sobre o art. 267, inciso III, do Código de Processo Civil. Revista brasileira de direito processual. Rio de Janeiro: Forense, 1978, v. 15. p. 52.
82. DIDIER JR., Fredie. Curso...v. I, cit. v. I. p. 726; THEODORO JR., Humberto. Curso...v. I, cit. p. 1015; SANTOS, Ernane Fidelis dos. Manual...v. I, cit. 617; BARBOSA MOREIRA, José Carlos. Aspectos da "extinção do processo" conforme o art. 329 do CPC. In Temas de direito processual (quinta série). São Paulo: Saraiva, 1994. p. 91; TELLES, Gil Trotta. Considerações sobre...cit. p. 54.
83. FABRÍCIO, Adroaldo Furtado. Extinção do processo e mérito da causa. Ensaios de direito processual. Rio de Janeiro: Forense, 2003. p. 373; DIDIER JR., Fredie. Curso...v. I, cit., p. 726; ALVIM, Arruda. Manual...v. II, cit. p. 321.
84. Isso fica muito claro também em ROCHA, José de Albuquerque. Jurisprudência. Comentário. Revista de Processo. São Paulo, nº 2, abr/jun 1996. p. 330; uma analogia dos institutos também faz-se presente em alguns dos precedentes da súmula 240 do STJ, como: STJ-4ª T., REsp. 20.408-6, Rel. Min. Salvio de Figueiredo Teixeira, j. 29.4.1992; STJ, REsp. 9.442, Rel. Min. Eduardo Ribeiro, j. 07.10.91.
85. Súmula 240, do STJ: "A extinção do processo, por abandono da causa pelo autor, depende de requerimento do réu".

que a extinção por abandono da causa pelo autor depende de prévio requerimento.

O novo § 6°, do art. 485, do CPC/2015, portanto, aplicado à hipótese do abandono processual do autor, configura instituto parecido com o art. 290, do CPC italiano,[86] que faculta ao réu, quando da contumácia daquele, requerer a extinção do processo ou o prosseguimento da instrução.[87] Tal entendimento é o que melhor coaduna com um viés isonômico e atribui proteção jurisdicional tanto ao autor como ao réu.[88]

Obviamente, perde-se em celeridade, na medida em que se faz depender a extinção da iniciativa do réu. Mas, como veremos, se de fato o instituto da extinção por abandono foi estabelecido com a finalidade de garantir celeridade, esse fim raramente é alcançado, principalmente por fazer pender a instabilidade da propositura de uma nova demanda sobre o mesmo objeto litigioso. Impossibilitar a manifestação do réu nos casos de extinção unilateral seria um preço muito alto a se pagar em prol dessa suposta efetividade processual.

A atuação de ofício na hipótese de inatividade unilateral da parte só não infringiria o direito à tutela jurisdicional plena do réu, ao dispensar-se sua manifestação, na medida em que essa atividade não fosse imprescindível para se alcançar uma sentença de mérito. Verificada a inatividade e tendo o juiz como julgar diretamente ao mérito, nenhuma atuação suplementar do réu seria necessária, como de resto ocorre nos casos de revelia deste último e no julgamento antecipado de mérito (art. 344 e 355, inc. II, do CPC/2015).

---

86. Art. 290. (Contumacia dell'attore). Nel dichiarare la contumacia dell'attore a norma dell'articolo 171 ultimo comma, il giudice istruttore, se il convenuto ne fa richiesta, ordina che sia proseguito il giudizio e dà le disposizioni previste nell'articolo 187, altrimenti dispone che la causa sia cancellata dal ruolo, e il processo si estingue.

87. SANTOS, Ernane Fidélis dos. Manual...cit. p. 618. v. I; vale a pena lembrarmos as indagações sobre a amplitude do objeto de cognição judicial nesse processo que caminha, apesar da inatividade do autor, pois para muitos, num caso, por exemplo, de demanda condenatória, o que o juiz julgará em sentença é a tutela declaratória inerente à contestação do réu (SICA, Heitor Vitor Mendonça. O direito de defesa..cit. p. 277; ROMANO, Alberto A. L'azione di accertamento negativo...cit. p. 30 e 47-8).

88. A possibilidade de ocorrer julgamento do mérito é premissa que deve ser aplicada não somente nessa hipótese, mas também na verificação da inatividade do autor em sanar vício de representação processual (art. 76, do CPC/2015) (SICA, Heitor Vitor Mendonça. O direito de defesa...cit. p. 276-7), assim quebra-se o dogma da precedência e fortifica-se a ideia da prescindibilidade dos atos propulsivos das partes para o julgamento de mérito.

3.2. INATIVIDADE E EXTINÇÃO: INATIVIDADE PURA OU INSTRUMENTAL E INATIVIDADE EM SANAR UM VÍCIO PROCESSUAL. O FUNDAMENTO DA EXTINÇÃO POR INATIVIDADE DO AUTOR

3.2.1. Extinção por inatividade em sanar um vício processual

A extinção do processo, vista como uma espécie de crise,[89] pode ocorrer pelos mais variados motivos. Pode dar-se pela falta de um pressuposto processual (art. 485, inc. IV, do CPC/2015) ou de alguma condição da ação (art. 485, inc. VI, do CPC/2015). Entretanto, nem sempre a extinção do processo decorrerá de situações de inadmissibilidade ou que acarretam a invalidação do processo, como sói ocorrer nos casos mencionados. A extinção também pode ocorrer pela realização ou não de atos especificamente destinados às partes,[90] como no caso de desistência (art. 485, inc. VIII, do CPC/2015) e de inatividade processual.[91]

Mesmo nos casos de inatividade, o art. 485 do CPC/2015 e outros dispositivos esparsos do Código, podem encerrar situações variadas de extinção do processo sem resolução do mérito, que consistem, basicamente, ou na inobservância de um prazo para sanar um vício processual ou na inobservância de um prazo para a realização de um ato essencial para garantir um ritmo ao andamento do processo.[92]

---

89. CARNELUTTI, Francesco. Sistema del diritto processuale civile. Padova: CEDAM, 1938. p. 393. v. II; criticando a ideia de que a extinção por inatividade decorra de uma crise processual: "l`estinzione non ha nulla di anormale, ma è solo diversa rispetto alla sentenza di merito, così come non è anormale il fatto che le parti rinuncino agli atti del giudizio o non compiano atti processuali" (MONTELEONE, Girolamo. Diritto processuale civile. 3ª ed. Padova: CEDAM, 2002. p. 494).

90. Daí Moniz da Aragão afirmar que os casos de abandono do processo, de desistência e de compromisso arbitral são de "extinção do processo sem pronunciamento do juiz" (ARAGÃO, Egas Dirceu Moniz de. Comentários...v. II, 3ª ed., 1974, cit. p. 416); Fredie Didier Jr. afirma que o abandono "trata-se de extinção do processo por motivo não relacionado à admissibilidade do procedimento" (DIDIER JR., Fredie. Pressupostos...cit. p. 332), Id. Curso...v. I, cit. p. 726.

91. Afirmando não se tratar de pressupostos negativos de desenvolvimento, o abandono, a paralisação e desistência (SANTOS, Ernane Fidélis dos. Manual de direito processual civil. 13ª ed. São Paulo: Saraiva, 2009. p. 619-20. v. I); Didier Jr. separa as hipóteses do art. 485 em "extinção por inadmissibilidade" (incs. I, IV, V, VI e VII), "por morte" (inc. IX), "por desistência" (inc. VIII) e "por abandono" (incs. II e III) (DIDIER JR., Fredie. Curso...v. I, cit. p. 719).

92. O Código de Processo Civil italiano trata do tema no art. 307 e recebe as mesmas críticas da doutrina, por estabelecer unicidade apenas no efeito extintivo da decisão, muito embora os fatos extintivos sejam completamente diversos; estes vão desde a falta de constituição em juízo, ausência das partes na audiência, ou falta de pedido de andamento pelo réu, em caso de ausência do autor (art. 290, do CPC) – verdadeiras hipóteses de inatividade bilateral ou unilateral –, até

Tratar de maneira idêntica hipóteses tão diferentes, somente pela funcionalidade de impedirem que o processo atinja seu fim "normal", pode gerar inúmeros equívocos em certas áreas do processo[93] e a inatividade é uma delas. O agrupamento dessas hipóteses extintivas, embora muitas vezes tenha uma vantagem do ponto de vista prático, pois permite uma separação do momento de análise das questões objeto de conhecimento judicial,[94] pode dar margem a equívocos e acarretar a aplicação de um regime que não se coaduna com o fato extintivo.

Tendo em vista o objetivo de se buscar sempre um tratamento mais uniforme para a inatividade das partes no processo, a alegação de que a extinção por inatividade seria *"a sanção pela inobservância de um prazo, estabelecido pela lei ou pelo juiz, para o cumprimento de uma atividade processual, essencial para o desenvolvimento do processo"*,[95] em nada contribui para nosso estudo. Isso porque tanto o suprimento de uma nulidade, como a implementação de um ato de impulso, necessário para conferir ritmo ao processo, podem ser considerados essenciais ao andamento do processo.[96]

Basicamente, há duas espécies de situações de inatividade que ensejam a extinção (art. 485, do CPC/2015) em nosso sistema processual. Uma delas é a inatividade pura ou instrumental,[97] cuja atividade num termo previsto é exigência do legislador para o regular andamento do processo e alcance da sentença de mérito num ritmo

---

hipóteses de falta de integração do litisconsórcio necessário e recolhimento de caução quando a lei o exige (GIANNOZZI, Giancarlo. Note per...cit. p. 58 e ss).

93. Com muita propriedade lembrava Didier Jr. do problema da impossibilidade de repropositura de determinadas demandas em que houvesse sentença terminativa, como no próprio caso de falta de um pressuposto processual que não tenha sido implementado na segunda oportunidade pela parte, em interpretação ampliativa do art. 268, do CPC/73 (DIDIER JR., Fredie. Curso...v. I, cit., p. 564), o que não ocorreria em caso de abandono ou desistência, por exemplo. Esse entendimento foi consolidado no art. 486, § 1º, do CPC/2015 (DIDIER JR., Fredie. Curso...v. I, 2016, cit. p. 721 e ss.).

94. Daí a separação entre pressupostos de admissibilidade do julgamento do mérito e julgamento do mérito propriamente dito (DINAMARCO, Cândido Rangel. Instituições...v. III, cit. p. 126-8).

95. MICHELI, Gian Antonio. Sospensione...cit. p. 22 (traduzimos); no mesmo sentido, CINTRA, Antonio Carlos de Araújo. Abandono...cit. p. 171.

96. Justamente nesse sentido é que Monteleone afirma ser o termo extinção por inatividade privado de caráter científico, de sentido elíptico (MONTELEONE, Girolamo. Voce Estinzione...cit. p. 135).

97. Pura, porque se contrapõe à falta de sanação de um vício, e instrumental, porque constitui instrumento para o ritmo procedimental previsto em lei (VACCARELLA, Romano. Inattività...cit., p. 85).

mínimo estabelecido, a outra é a inatividade em sanar um determinado vício processual no prazo previsto em lei.[98]

A *fattispecie* extintiva, no primeiro caso, encontra amparo não em uma nulidade pré-existente, que impede a prolação de uma decisão de mérito hígida, mas em uma situação criada pelo legislador, por critério de política legislativa, que, verificada, impede que se atribua um ritmo mínimo ao processo.[99] A justificativa, ou a razão, para o estabelecimento desse ritmo pelo legislador é o princípio da concentração dos atos processuais, de maneira que a decisão de mérito perderia em qualidade se houvesse muitas interrupções até ser definitivamente implementada,[100] haveria um *"mancato rispetto del ritmo minimo del processo"*.[101]

Embora o legislador[102] se arrogue o papel de fixar qual a atividade que, inobservada, é essencial para o andamento do processo e relevante para fins de extinção sem resolução do mérito (ou seja, a atividade de impulso considerada essencial),[103] a identificação da verdadeira razão da previsão dessas espécies de extinção[104] é importante para sabermos quais normas devem ser aplicadas na sua verificação e qual a posição das partes no processo quando a inatividade acontece.

Fixemo-nos, primeiramente, nos casos de extinção pela não realização de uma atividade essencial em sanar um vício processual. Muitas vezes, determinado prazo é previsto ou estabelecido apenas para que a parte sane um vício, que pode prejudicar o andamento do

---

98. A mesma unificação de efeitos em relação a essas situações tão distintas é sentida pelos italianos, quanto ao art. 307, do CPC (CARPI; COLESANTI; TARUFFO. Commentario...cit. p. 946); também fala-se em inatividade simples, para o que chamamos no texto de inatividade pura ou instrumental e qualificada, no caso de sanatória de um vício processual (PISANI, Andrea Proto. Lezioni...cit. p. 211); também distingue as espécies: MONTELEONE, Girolamo. Voce Estinzione...cit. p. 135 e SALETTI, Achille. Voce Estinzione del processo. In Enciclopedia giuridica. Roma: Istituto della enciclopedia italiana, 2007. p. 2.
99. VACCARELLA, Romano. Inattività...cit. p. 95.
100. VACCARELLA, Romano. Inattività...cit. p. 95.
101. VACCARELLA, Romano. Inattività...cit. p. 85-6.
102. VACCARELLA, Romano. Inattività...cit. p. 66; PUNZI, Carmine. L'interruzione del processo. Milano: Giuffrè, 1963. p. 23-4.
103. TARZIA, Giuseppe. Il litisconsorzio facoltativo...cit. p. 182-5.
104. "L'indagine sull'estinzione serve così a poco, in quanto si risolve nel riscontrare che il processo, in qualche modo, è stato eliminato, non c'è più. Non sembra, in altre parole, l'estinzione un effetto tale da qualificare anche la causa: si può morire per tante ragioni, e la morte, quando avviene, rimane la stessa" (GIANNOZZI, Giancarlo. Note per...cit. p. 69).

processo ou a prolação de uma sentença válida.[105] Isso pode ocorrer, por exemplo, no caso do art. 485, inc. I, do CPC/2015, em que, verificado algum vício na petição inicial (art. 330, do CPC/2015), o juiz determina sua emenda (art. 321, do CPC/2015). Ou, quando verificada a ausência de algum requisito de admissibilidade do julgamento de mérito, seja um pressuposto processual, seja uma condição da ação (art. 485, inc. IV e VI, do CPC/2015), o juiz determina sua implementação, ora em decisão saneadora (art. 357, inc. I, do CPC/2015), ou, agora, com regra de certa forma inovadora, a qualquer momento do processo (art. 317, do CPC/2015).

Há autores que incluem nas hipóteses de inatividade do autor, por exemplo, a falta de obediência à ordem de integração dos litisconsortes necessários (art. 115, parágrafo único, do CPC/2015), ou a inércia em depositar a caução prevista no art. 559, do CPC/2015, ou até mesmo a falta de regularização da capacidade processual ou postulatória, nos termos do art. 76, do CPC/2015.[106] Há quem enquadre, ainda, a falta de substituição do procurador do autor em caso de morte (art. 313, § 4º, do CPC/2015), ou a extinção do mandato, também como abandono processual.[107]

A rigor, a inatividade nessas hipóteses não é pura ou instrumental, mas sim decorrente da não observância de um prazo para sanar determinado vício processual,[108] sejam eles de forma ou de fundo.[109]

---

105. MICHELI, Gian Antonio. Sospensione...cit. p. 23, que elenca diversas hipóteses de extinção pela inatividade da parte em sanar um vício processual; CARPI; COLESANTI; TARUFFO. Commentario... cit. p. 946.

106. SANTOS, Moacyr Amaral. Primeiras linhas de direito processual civil. 6ª ed. São Paulo: Saraiva, 1981. p. 219. v. II.

107. SANTOS, Moacyr Amaral. Primeiras linhas...v. II, cit. p. 219; TUCCI, Rogério Lauria. Da contumácia... cit. p. 128; dando interpretação ampla ao art. 267, inc. III, de sorte a englobar nesse caso também a inatividade da parte em sanar um vício processual: MARQUES, José Frederico. Manual de direito processual civil. 6ª ed. São Paulo: Saraiva, 1981. p. 140. v. II; ou afirmando ser exemplo de inatividade os casos de não cumprimento de uma diligência que o juiz ordenou, PONTES DE MIRANDA, Francisco Cavalcanti. Comentários...v. III, cit. p. 431.

108. Com muita propriedade observou Barbosa Moreira: "no caso de nulidade sanável (...) concebe-se que a inércia da(s) parte(s) se mostre capaz de exercer influência direta e decisiva na sorte do feito: a subsistência do vício poderá levar o órgão a extingui-lo. Para tanto, contudo, não precisa o juiz buscar apoio no inciso III, nem (na hipótese, menos comum, de que o suprimento dependa da iniciativa de ambas as partes) no inciso II do art. 267: faltando pressuposto do desenvolvimento válido e regular do processo, aplicável é o inciso IV" (BARBOSA MOREIRA, José Carlos. Aspectos da "extinção do processo"...cit. p. 88).

109. Nulidades de forma são aquelas que podem dizer respeito ao próprio ato, ou sua colocação dentro do processo, e vícios de fundo são aqueles pertinentes aos pressupostos processuais ou às condições da ação: WAMBIER, Teresa Arruda Alvim. Nulidades do processo e da sentença. 6ª ed. São Paulo: RT, 2007. p. 186; THEODORO JR., Humberto. Nulidades no CPC. Revista Síntese de Direito

Levando-se em conta a inserção de determinado ato no procedimento, cuja concatenação pode depender diretamente da saúde de um ato processual a que os demais se ligam, pode-se dizer que o sistema de nulidades leva em conta a extensão dos efeitos da atipicidade a toda a sequência procedimental.[110] Daí falar-se em nulidade derivada,[111] que vem disposta nos arts. 281 e 282, do CPC/2015.

Decretada a nulidade, por averiguação da atipicidade do ato pelo juiz, então se deve avaliar a repercussão que a nulidade impingiu à sequência de atos na qual o ato espúrio está imerso,[112] pois todo *"atto processuale"* é um *"atto del processo"*,[113] ou seja, o seu defeito prejudica toda uma gama de atos que dele dependem.[114]

Conforme a maior repercussão que o vício destes atos implica na sequência procedimental ou na futura sentença de mérito, pode-se afirmar que eles são necessários ao desenlace do processo.[115] São atos propulsivos, cuja falta de higidez impede que o processo se desenvolva ou se encerre salutarmente[116] e fazem surgir o dever de o órgão jurisdicional declarar o vício e, se possível, o ônus da parte em saná-lo.

Esses atos contrapõem-se àqueles cuja repercussão do vício não impede o desfecho válido do processo. Com mais frequência são as

---

Civil e Processual Civil. Ano I, nº 1, set/out 1999. p. 155-60; PEYRANO, Jorge W. Nulidades procesales con especial referencia a los distintos vicios que pueden generarlas. Revista de Processo. n. 82, abr/jun 1996. p. 160, que adiciona ainda a possibilidade de a nulidade dizer respeito à colocação do ato no curso do processo (a tempestividade de um recurso, por exemplo).

110. A ponto de se buscar uma classificação não em torno da natureza do vício em si, mas, das consequências que o vício pode repercutir no procedimento (CABRAL, Antonio do Passo. Nulidades...cit. p. 93-4).

111. DENTI, Vittorio. Voce Nullità degli atti processuali civili, in. Novissimo Dig. Italiano, Torino: UTET, 1965, p. 482. v. XI; CONSO, Giovanni. Il concetto e le specie d'invalidità. Milano: Giuffrè, 1955, p. 79-80; LIEBMAN, Enrico Tullio. Manuale di diritto processuale civile. Milano: Giuffrè, 1973. p. 209 e 210-3. v. I.

112. PASSOS, José Joaquim Calmon de. Esboço de uma teoria das nulidades aplicadas às nulidades processuais. Rio de Janeiro: Forense, 2009. p. 140.

113. SATTA, Salvatore. Diritto processuale civile, Padova: CEDAM, 1981, p. 204, que se utiliza dessa aparente tautologia para explicar que um ato processual não deve assim ser definido apenas porque realiza efeitos internamente ao processo, mas por sua qualidade de ser processual, de realizar a função de atribuir tutela jurisdicional às partes.

114. Inclusive a própria sentença: LIEBMAN, Enrico Tullio. Manuale...v. I, cit. p. 210-3.

115. São atos "essenciais", contrapostos aos "não-essenciais" (CARNELUTTI, Francesco. Sistema del diritto processuale civile. Padova: CEDAM, 1938. p. 495. v. II) .

116. VACCARELLA, Romano. Inattività...cit. p. 74; importante salientar que isso não quer dizer que os demais atos não sejam importantes (como os de produção probatória, por exemplo), mas apenas que sem esses atos propulsivos, o processo não alcança uma de suas principais atividades, que é a sentença de mérito e desemboca numa simples *absolutio ab instantia* (DENTI, Vittorio. Nullità... cit. p. 473); cfr. também CORDERO, Franco. Riflessioni in tema di nullità assolute. Rivista italiana di diritto e procedura penale. Milano Giuffrè, 1958. Anno I. p. 253-4.

irregularidades,[117] ou aos atos de produção probatória,[118] pois a atividade sanatória desses atos é irrelevante para se alcançar uma sentença de mérito, ou pode ser realizada a qualquer momento.

Mas, pode ocorrer que até mesmo uma nulidade absoluta, que se decreta de ofício, seja sanável por intermédio de uma atividade das partes: por exemplo, a penhora de bem absolutamente impenhorável[119] seria regra de nulidade absoluta e que, caso verificada, dependeria de atividade do interessado para ser sanada (caberia ao exequente indicar novo bem para ser penhorado).[120] Também as nulidades relativas podem depender de atividade da parte para serem sanadas: como por exemplo, a infringência da regra do art. 834, do CPC/2015.[121] No mesmo sentido, as irregularidades são consideradas corrigíveis ou reparáveis,[122] ou seja, podem depender de uma atividade suplementar da parte para essa correção.

Desta forma, a classificação das nulidades em absolutas, relativas e anulabilidades pouca valia teria para o nosso trabalho. O que importa é a imprescindibilidade de uma atividade complementar da parte em sanar determinado vício e se o processo pode prosseguir independentemente dessa atividade e, num segundo momento, do próprio vício.

A confusão com as hipóteses de abandono pode advir dos seguintes elementos que a nulidade de atos necessários partilha com as situações de inatividade caracterizadas como abandono: em ambas, falta um ato ou requisito essencial[123] para que o processo se desenvol-

---

117. ARAGÃO, Egas Dirceu Moniz de. Comentários ao Código de Processo Civil. 10ª ed. Rio de Janeiro: Forense, 2005. p. 298-9. v. II; MARQUES, José Frederico. Instituições...v. II, cit. p. 414-5.
118. No mais das vezes, embora não sempre, a nulidade do ato probatório acarreta apenas a desconsideração da prova que se pretende produzir e não a extinção, pois a prova não é essencial para o desenvolvimento do processo, ela pode gozar de certa autonomia em relação a ele (DENTI, Vittorio. Nullità...cit. p. 472 e ss.); CORDERO, Franco. Riflessioni...cit. p. 253-4; Id. Nullità, sanatorie, vizi innocui. Rivista italiana di diritto e procedura penale. Milano: Giuffrè, 1961. p. 680 e ss, especialmente p. 697 e ss.
119. PONTES DE MIRANDA, Francisco Cavalcanti. Comentários ao Código de Processo Civil. 2ª ed. Rio de Janeiro: Forense, 2005. p. 133-4. v. X; ARAGÃO, Egaz Dirceu Moniz de. Comentários...v. II, cit. p. 298.
120. Ou poderia o próprio executado oferecer à penhora o bem que se diz impenhorável. Neste caso, seria discutível falar-se em nulidade absoluta, conforme foi objeto de discussão com o orientador.
121. ARAGÃO, Egas Dirceu Moniz de. Comentários...v. II, cit. p. 298.
122. ARAGÃO, Egas Dirceu Moniz de. Comentários...v. II, cit. p. 298; MARQUES, José Frederico. Instituições de direito processual civil. Rio de Janeiro: Forense, 1958. p. 414-5. v. II.
123. Fala-se da nulidade como falta de um requisito essencial do ato processual (LACERDA, Galeno. Despacho Saneador. Porto Alegre, 1953. p. 71).

va e há um prazo para realizá-lo. Todavia, o fundamento e a finalidade de cada um desses tipos extintivos são completamente distintos.

O fundamento aqui é a observância de determinada forma prescrita em lei, prevista para se atingir uma finalidade maior, que pode ser a observância do contraditório, da isonomia, da imparcialidade do juiz, etc.[124] Sem esses atos das partes e o requisito de admissibilidade que o acompanha, não se alcança um provimento jurisdicional plenamente eficaz (uma sentença ou um ato constritivo na execução, por exemplo).

A verificação das nulidades de atos necessários ou propulsivos pode vir acompanhada da possibilidade conferida pelo legislador à sanatória do vício. Em determinadas hipóteses, decretada a nulidade, o processo se extingue de pronto, mas em outras ocasiões é conferido ao juiz o dever de propiciar às partes a oportunidade para que sanem o vício decretado.[125]

Verificada a certeza da existência da nulidade e o prejuízo, o juiz a declara.[126] No processo, as nulidades não existem *ipso iure*, mas dependem de prévia cognição judicial; diz-se que elas são pronunciadas.[127] Disto decorre que o juiz avalia se a inobservância do esquema legal produz a nulidade, declarando sua existência, para somente depois determinar quais os efeitos repercutirão no processo e quais atos ela maculará, sempre guiado pela instrumentalidade das formas.[128]

Pronunciada a nulidade, passa o juiz a um segundo momento, que se refere à verificação ou não da possibilidade de renovação do ato maculado.[129] Nesse momento é que se pode afirmar serem os atos

---

124. Em sentido genérico, diz-se que a atipicidade, que causa a imperfeição do ato, deve vir acompanhada de um prejuízo "para os fins de justiça do processo (perspectiva da função jurisdicional)" (PASSOS, José Joaquim Calmon de. Esboço...cit. p. 137).
125. VACCARELLA, Romano. Inattività..cit. p. 75.
126. Embora preponderante a natureza constitutiva da decisão (PASSOS, José Joaquim Calmon de. Esboço...cit. p. 138; PONTES DE MIRANDA, Francisco Cavalcanti. Comentários ao Código de Processo Civil. 3ª ed. Rio de Janeiro: Forense, 1996. p. 379. v. III).
127. REDENTI, Enrico. Profili pratici del diritto processuale civile. Milano: Giuffrè, 1938. p. 567-8.
128. CHIOVENDA, Giuseppe. Instituições de direito processual civil. Trad. de J. Guimarães Menegale. São Paulo: Saraiva, 1945. nas notas de Enrico Tullio Liebman, p. 15-6. v. III.
129. PASSOS, José Joaquim Calmon de. Esboço...cit. p. 140; TESHEINER, José Maria. Pressupostos processuais e nulidades no processo civil. São Paulo: Saraiva, 2000. p. 120-1; também afirma-se que "con la pronuncia della nullità, il giudice dispone, se è possibile, la rinnovazione dell'atto nullo" (SATTA, Salvatore. Diritto...cit. p. 252).

sanáveis ou insanáveis. A sanabilidade do ato diz respeito à repercussão dos efeitos da sua nulidade perante os demais atos processuais e não à repetição do ato nulo:[130] o juiz afere a falta ou vício daquele ato no processo e se o ordenamento autoriza a renovação.[131]

Não se determina a realização daquele mesmo ato, mas sim de outro que possa suprir o vício do anterior, satisfazendo as finalidades para as quais os seus requisitos foram estabelecidos, neutralizando-se a repercussão e extensão dos efeitos dos atos maculados no processo.[132] Trata-se de uma *fattispecie* nova, que integra aquela anterior.

A identificação de quais atos podem ser sanados e os mecanismos dispostos pelo legislador para a sua renovação tem relevância para o estudo da inatividade, porque é justamente o fato da parte não se utilizar do remédio posto ao seu alcance num prazo determinado[133] – ocasionando assim, uma inatividade apenas mediata –, que pode ensejar uma confusão com a figura do abandono de causa.

Resta-nos estabelecer critérios que nos permitam identificar os atos que, nulos, caracterizam-se como essenciais para o desenvolvimento do processo e admitem a sanatória da parte, implicando na necessidade de implementação de uma atividade de sua renovação.

Levando em consideração que não existem classificações certas ou erradas, verdadeiras ou falsas, mas sim, úteis ou inúteis,[134] prescindiremos no presente trabalho das tradicionais classificações das nuli-

---

130. PASSOS, José Joaquim Calmon de. Esboço...cit. p. 141; TESHEINER, José Maria. Pressupostos...cit. p. 121; CARNELUTTI, Francesco. Sistema...v. II, cit. p. 494.
131. "O juiz tem de analisar se a nulidade é sanável ou se a repetição, com efeitos *ex tunc*, responde aos princípios fundamentais do processo"(PONTES DE MIRANDA, Francisco Cavalcanti. Comentários...t. 3, 3ª ed., 1996, cit. p. 380).
132. Segundo Calmon de Passos, o ato nulo "não se repete nem se retifica, porquanto se isso fosse possível haveria apenas imperfeição do ato, não sua nulidade (...) a repetição do ato não é sanação da nulidade do ato, sim das repercussões que sua invalidade determinou no processo. O ato é nulo. O juiz pronuncia a sua nulidade e manda que seja repetido, impedindo, com essa sua determinação, a extensão dos efeitos da nulidade do ato, extensão que normalmente ocorreria, não fosse o ato repetível" (PASSOS, José Joaquim Calmon de. Esboço...cit. p. 140).
133. Seria até complicado afirmar que o prazo aqui teria caráter acelaratório, já que nada mais é que uma pausa necessária (caráter dilatório) prevista para o exercício de um remédio disponibilizado para sanar um vício (VACCARELLA, Romano. Inattività...cit. p. 82).
134. "Las clasificaciones no son ni verdaderas ni falsas, son serviciales o inútiles; sus ventajas o desventajas están supereditadas al interés que guia a quien las formula, y a sus fecundidad para presentar un campo de conocimiento de una manera más facilmente comprensible o más rica em consecuencias prácticas deseables" (CARRIÓ, Genaro R. Notas sobre derecho e lenguaje. 6ª ed. Madrid: Abeledo-Perrot, 1976. p. 72).

dades, que normalmente levam em conta a invariabilidade e constância da natureza do vício do ato.[135]

Focaremos nas classificações que levam em conta as consequências que os atos nulos repercutem no processo. Aproveitar-nos-emos da teoria das nulidades sobre o enfoque da sanabilidade ou insanabilidade do ato,[136] por ser aquela que melhor se coaduna com os mecanismos dinâmicos do processo, ou seja, a atividade e a inatividade dos sujeitos processuais.[137]

Não será adotada a premissa de que uma nulidade absoluta não poderia ser sanada, somente as relativas e as anulabilidades,[138] até por que esse entendimento, hoje, tem sido relativizado.[139] Tampouco levaremos em conta a previsão ou não da nulidade em lei para a possibilidade de ser sanada (cominadas e não-cominadas).[140]

---

135. LACERDA, Galeno. Despacho Saneador. Porto Alegre: Livraria Sulina, 1953. p. 70; no mesmo sentido de categorização das nulidades pela natureza do vício: ARAGÃO, Egas Dirceu Moniz de. Comentários ao Código de Processo Civil. 6ª ed. Rio de Janeiro: Forense, 1989. p. 366. v. II.

136. De fato, autores há que propõem a consideração dos vícios dos atos tão somente em relação a sua repercussão na sequência de atos processuais, ou seja, se são sanáveis ou não, prescindindo da classificação absoluta-relativa-anulabilidade ou cominada-não-cominada (CABRAL, Antonio do Passo. Nulidades...cit. p. 93); PONTES DE MIRANDA, Francisco Cavalcanti. Comentários...v. III, cit. 3ª ed., 1996, p. 356.

137. Critica uma visão apriorística da classificação das nulidades, a qual ignora o elemento dinâmico do processo, que se constrói mediante a concatenação de atos e posições dos sujeitos processuais numa medida de tempo: CABRAL, Antonio do Passo. Nulidades no processo moderno. Rio de Janeiro: Forense, 2009. p. 94.

138. Entendimento partilhado por LACERDA, Galeno. Despacho...cit. p. 71-75. Segundo o autor, as nulidades absolutas dizem respeito à inobservância de um requisito objetivo de ordem pública, por isso não podem ser sanadas. As relativas, dizem respeito a interesses privados e, embora sejam cogentes, podem ser sanadas. As anulabilidades, por sua vez, são fixadas no interesse das partes e dizem respeito a normas dispositivas, o que, diferentemente das outras, acarreta a indispensabilidade da alegação do interessado, sob pena de convalidação (espécie de sanação, por inércia do interessado – condição resolutiva. O entendimento é haurido das lições de CARNELUTTI, Francesco. Sistema...v. II. cit. p. 495-496, que elegantemente define a sanabilidade das nulidades relativas como uma condição suspensiva de não produção de efeitos, a qual depende da implementação da atividade daquele que realizou o ato viciado em saná-lo (ato comissivo), enquanto as anulabilidades podem ser vistas como uma condição resolutiva, na medida em que os efeitos se produzem, à espera de uma atividade da outra parte, sem a qual tais efeitos se perfectibilizam (ato omissivo). No mesmo sentido, ARAGÃO, Egas Dirceu Moniz de. Comentários... cit. 6ª ed. 1989, p. 365-71.

139. BEDAQUE, José Roberto dos Santos. Efetividade do processo e técnica processual. 3ª ed. São Paulo: Malheiros, 2010. p. 449-457; o próprio Carnelutti relativiza o engessamento da sua definição, quando admitir a demonstração da "innocuità" do vicio de citação (nulidade absoluta), quando o réu comparece espontaneamente (CARNELUTTI, Francesco. Sistema...v. II. cit. p. 495).

140. Partilham dessa ideia: MALACHINI, Edson Ribas. Das nulidades no processo civil. Revista Brasileira de Direito Processual. Uberaba: Liv. Universitária de Direito, 1977. n. 12. p. 20-1 (na ausência de prejuízo, as nulidades cominadas podem ser sanadas, mas nunca pela consecução da finalidade prevista pelo legislador, pois há presunção absoluta de que o ato não atingiu a sua finalidade quando a lei comina essa nulidade); THEODORO JR., Humberto. As nulidades no Código de

Nulidades absolutas podem ser sanadas[141] e nem sempre as nulidades cominadas serão consideradas absolutas e, por isso, insanáveis.[142] Neste último caso, não se pode sequer considerar que a previsão legal altera a natureza do vício[143] (como se o transformasse de ordem pública) e haverá nulidades relativas ou sanáveis previstas em lei (basta atentar para o vício de representação do art. 76, do CPC/2015).

Partiremos da premissa de que, sejam absolutas, sejam cominadas, quaisquer nulidades podem ser sanadas, seja por atividade do juiz, seja por obra das partes, pois um dos principais escopos do processo é a pacificação social,[144] ou seja, o interesse maior do legislador deve ser a eliminação da crise de direito material e se esse fim puder ser alcançado sem maiores prejuízos a outros valores de igual importância, a alternativa é sanar o vício.[145]

Nunca é demais lembrar que nosso legislador optou pela preservação dos atos processuais, malgrado verificada a nulidade (basta verificar a inserção da cláusula geral do art. 317, do CPC/2015). Tanto que, onde trata das nulidades, preocupou-se mais com a conservação dos atos do que com a decretação da nulidade em si.[146]

Processo Civil. Revista Síntese de Direito Civil e Processual Civil. Porto Alegre, v. 1, n. 1, set./out. 1999. p. 146; SANTOS, Moacyr Amaral. Nulidades processuais. In Enciclopédia Saraiva do Direito. São Paulo: Saraiva, 1977. vol. 55, p. 169 (as nulidades cominadas podem ser sanadas, se o ato puder ser reaproveitando, daí o autor falar em aplicação do princípio da economia processual).

141. BEDAQUE, José Roberto dos Santos. Efetividade do processo...cit. p. 452; afirmando que não existe correspondência entre nulidades absolutas e insanáveis: LIEBMAN, Enrico Tullio. Manual de direito processual civil. Trad. e notas de Cândido Rangel Dinamarco. Rio de Janeiro: Forense, 1984. p. 260-1, especialmente, nota 163. v. I.

142. Prevista ou não prevista, por exemplo, ao atingir seu escopo, como função técnica dentro do processo, o ato não é considerado nulo (interpretação conjunta dos arts. 277 e 282, § 1º, do CPC/2015) (LIEBMAN, Enrico Tullio. Manual...v I. cit. p. 258 e 260, especialmente, nota 162); no mesmo sentido, BEDAQUE, José Roberto dos Santos. Efetividade do processo...cit. p. 449-50, 462 e 464, nota 91, para quem nem mesmo a ausência do Ministério Público em causa de interesse de incapaz ou de estado, a falta de citação, a falta de condições da ação, a falta de iniciativa das partes onde exigida, a congruência entre pedido e decisão, serviriam para invalidar o processo, desde que não houvesse prejuízo e fossem respeitados princípios como o contraditório e a ampla defesa; PASSOS, José Joaquim Calmon de. Esboço de...cit. p. 133; MANDRIOLI, Crisanto. Corso...v. I, cit. p. 258.

143. CABRAL, Antonio do Passo. Nulidades...cit. p. 90; ARAGÃO, Egas Dirceu Moniz de. Comentários...v. II, cit. p. 307.

144. "Eliminar conflitos mediante critérios justos – eis o mais elevado escopo social das atividades do Estado" (DINAMARCO, Cândido Rangel. A instrumentalidade do processo. 15ª ed. São Paulo: Malheiros, 2013. p. 191).

145. BEDAQUE, José Roberto dos Santos. Efetividade do processo...cit. p. 456.

146. "O que logo surpreende o leitor do Código de Processo Civil é que, no Título V, onde se trata das nulidades, a lei se preocupasse com as regras jurídicas contrárias à nulidade, ou à sua decretação.

Seja qual for a natureza do vício deve-se preservar o ato e seus resultados, ponderando-se acerca do malferimento de outros valores de igual relevância ao processo[147] (como o contraditório ou a segurança jurídica, por exemplo).

Passemos ao que importa para fins de sistematização das inatividades no presente estudo, que é a possibilidade de se sanar o vício por ato da parte. Normalmente, a doutrina estuda a sanabilidade dos atos processuais, voltando-se à possibilidade de renovação do ato por inexistência de prejuízo (contraditório ou ampla defesa) ou pelo alcance da finalidade,[148] sob o enfoque dos poderes do juiz, deixando à margem o estudo da atividade sanatória das partes.

Isso ocorre, quando tratada a sanabilidade do ato pela inexistência de prejuízo ou alcance da finalidade, justamente porque esses fatos são de mais fácil identificação pelo juiz somente após a realização do ato viciado, ou após a realização de toda uma série de atos processuais que dele dependam. Dificilmente as partes conseguem provar, e o juiz identificar, de maneira prospectiva, um prejuízo hipotético de determinado vício processual.[149] Por isso, a importância de um debate prévio à declaração da nulidade: ele facilita a identificação de futuros prejuízos decorrentes do vício e legitima a decisão judicial.

Como se nota, existe uma tendência de, ao admitir-se a sanatória do vício pelo alcance da finalidade ou ausência de prejuízo, incrementarem-se os poderes do juiz, minimizando-se a atuação das partes.[150] Entretanto, o conhecimento solitário dessas questões pelo juiz é prejudicial, pois este, como qualquer ser humano, também está sujeito a falhas e pode passar ao largo de muitas questões, inclusive de nulidades: perde-se na prevenção dos vícios.[151]

O legislador traduziu bem o seu propósito político de salvar os processos" (PONTES DE MIRANDA, Francisco Cavalcanti. Comentários...cit., 1974, p. 321. v. III); ARAGÃO, Egas Dirceu Moniz de. Comentários...v. II, cit. p. 300.

147. BEDAQUE, José Roberto dos Santos. Efetividade do processo... cit. p. 457.
148. BEDAQUE, José Roberto dos Santos. Efetividade do processo...cit. p. 449-464; ARAGÃO, Egas Dirceu Moniz de. Comentários...6ª ed. 1989, cit. p. 374-8.
149. ARAGÃO, Egas Dirceu Moniz de. Comentários...v. II, 6ª ed. 1989, cit. 378.
150. CABRAL, Antonio do Passo. Nulidades...cit. p. 98; BEDAQUE, José Roberto dos Santos. Nulidade processual e instrumentalidade do processo. Revista de Processo. ano 15, nº 60, out/dez de 1990. p. 35; MAURINO, Alberto Luis. Nulidades procesales. 4ª ed. Buenos Aires: Astrea, 1995. p. 75; FURNO, Carlo. Nullità e rinnovazione degli atti processuali. In Studi in onore di Enrico Redenti. Milano: Giuffrè, 1951. p. 434-5; LACERDA, Galeno. Despacho...cit. p. 69.
151. Outro problema é a criação de um formalismo judicial, o estabelecimento arbitrário de formas pelo próprio juiz (SATTA, Salvatore. Il formalismo nel processo. Rivista Trim. di Dir. e Procedura Civile. Milano: Giuffrè, 1958. p. 1152-3).

Assim, devemos seguir uma tendência mais atual de proporcionar a maior participação das partes em tema de vícios processuais. O ativismo judicial deve ser balanceado com a maior atuação das partes.[152] Conferir essa participação e valorizar a atividade de saneamento das nulidades auxilia a mais rápida identificação dos prejuízos que o vício pode causar, além de proporcionar uma célere possibilidade de saneamento, evitando-se futuras contaminações.

Todos são beneficiados com a solução dialógica: o Judiciário, que evita realização de atos inúteis e as partes, que têm maiores chances de conseguir uma tutela jurisdicional de mérito. Assim, o papel do juiz, averiguada uma nulidade, não deve ser o de suprimir a liberdade de manifestação das partes, mas sim o de incentivá-la e fiscalizá-la, conforme os fins institucionais do processo.[153]

Ampliando-se a atividade saneadora das partes no campo das nulidades, também se aumentam as chances de elas ficarem inativas e, se o processo não puder prosseguir sem a correção do vício, a extinção decorrerá da averiguação da nulidade e não da inatividade processual, que neste caso é apenas mediata.

Há hipóteses em que a própria lei estabelece o prejuízo hipotético do vício e, verificada a sua existência, prevê o dever de o juiz determinar seu suprimento pelas partes, como por exemplo, a sanatória da representação processual (art. 76, do CPC/2015), em que se nota um dano à ampla defesa, caso o processo prossiga com o defeito de representação, ou a citação de um litisconsorte necessário (art. 115, parágrafo único, do CPC/2015), em que se protege a economia e a celeridade, evitando-se uma sentença *inutiliter data*. Nesses casos, não há maiores indagações.

O problema surge nos casos não previstos expressamente pelo legislador. O CPC de 2015, inovando em relação ao CPC de 1973,

---

152. "Nos tempos atuais a regulação formal e temporal do procedimento não pode deixar de considerar o caráter essencial do contraditório para o fenômeno processual (...) mesmo a vontade do juiz não se exibe totalmente soberana, na medida em que condicionada, de um ou outro modo, à vontade e ao comportamento das partes, pelo que representam de iniciativa, estímulo, resistência ou concordância e isto sem falar nos limites impostos pelo próprio sistema" (OLIVEIRA, Carlos Alberto Alvaro. Do formalismo no processo civil. Tese. USP, 1996. p. 156-7); CABRAL, Antonio do Passo. Imparcialidade e impartialidade. Por uma teoria sobre a repartição e incompatibilidade de funções no processo civil e penal. Revista de processo. ano 32, n. 149, jul/2007. p. 348-9; BEDAQUE, José Roberto dos Santos. Efetividade do processo...cit. p. 438.

153. GRECO, Leonardo. Atos de disposição processual – primeiras reflexões. Revista Quaestio Iuris, v. 4, n. 1, 2011. p. 743 e 746; CABRAL, Antonio do Passo. Nulidades...cit. p. 101.

estabeleceu uma cláusula geral de sanação de vícios (arts. 9º, 10, 139, inc. IX e 317), a qual determina ao juiz que, ao se deparar com qualquer vício processual, dê à parte a oportunidade de saná-lo. A detecção do vício logo no seu nascedouro atende a uma visão de conservação dos atos processuais, evitando-se realização de atividades inúteis.

Trata-se de visão prospectiva do saneamento das nulidades, de maneira a proteger a finalidade maior do processo que é a realização do direito material,[154] a pacificação social, sabendo-se previamente que esse escopo não poderá ser atingido se o processo caminhar com aquela mácula. Essa visão contrapõe-se à noção retrospectiva do saneamento das nulidades, que determina ao juiz, num segundo momento, o pronunciamento do mérito nas hipóteses em que não houver prejuízo à parte beneficiada (art. 282, § 2º, do CPC/2015).[155]

Embora nesse segundo momento fique mais fácil de se averiguar a inexistência de prejuízo ou a consecução do escopo do ato, aquele primeiro momento, em que se prevê hipoteticamente a possibilidade de existência de futuro prejuízo, é tão ou mais importante, pois previne futuras frustrações e realização de atos inúteis.

Pois bem, nesse primeiro momento, nem sempre a sanação do vício processual pode-se dar por simples decisão ou atividade complementar dos auxiliares do Juízo. Muitas vezes ela depende de uma atividade específica das partes[156] e nisso a atividade saneadora torna-se também essencial, como atividade que acarreta a extinção – mas jamais por abandono.

Na realidade, cabe-nos distinguir dois tipos de atividades que podem ser realizadas pelas partes nesse momento de revelação do vício. Visando evitar decisões *"a terza via"* ou *"a sorpresa"*,[157] o legisla-

---

154. BEDAQUE, José Roberto dos Santos. Efetividade do processo...cit. p. 169; cfr. COSTALUNGA, Danilo Alejandro Mognoni. A teoria das nulidades e o sobredireito processual. Rev. Forense. Ano 94. Out-dez/1998. p. 10-2.
155. A ideia de conservação dos atos processuais sob a visão prospectiva e retrospectiva, embora inicialmente tratada sob o tema das condições da ação e dos pressupostos processuais, mas não excluindo sua aplicação à teoria das nulidades, é partilhada por BEDAQUE, José Roberto dos Santos. Efetividade do processo...cit. p. 170; no mesmo sentido, CABRAL, Antonio do Passo. Nulidades...cit. p. 251 e MAURINO, Alberto Luis. Nulidades...cit. p. 75, que afirmou: "no es misión del magistrado, con respecto a las nulidades del proceso, únicamente declararlas. Debe, además, prevenirlas".
156. Esse viés é lembrado por Carnelutti, quando fala da "convalidazione intesa come condotta dell'autore o del destinatario dell'atto, il quale o elimina il vizio o ne dimostra la innocuità" (CARNELUTTI, Francesco. Sistema...v. II. cit. p. 495).
157. Norma idêntica ao art. 183, 3º comma, do CPC italiano, que também privilegia o contraditório quando o juiz pretender relevar alguma questão de ofício: cfr. MANDRIOLI, Crisanto. Corso di diritto

dor previu um dever de esclarecimento por parte do juiz (*Aufklärungspflicht*),[158] que fica obrigado a intimar as partes a se manifestarem sempre que vislumbrar a hipótese de um vício processual, ainda que dele possa conhecer de ofício.[159] Trata-se de uma forma, fundada no princípio do contraditório, de influenciar a convicção judicial sobre o pronunciamento de uma determinada nulidade.[160]

A previsão do contraditório prévio à decretação da nulidade, do contraditório-influência, abre uma porta, pois as partes podem contribuir com as razões de fato ou de direito que possam influir na decisão do juiz sobre a nulidade. Esse é um primeiro tipo de atividade das partes ao verificar-se o vício. Ela não é essencial para o desenvolvimento do processo, mas influencia a convicção do magistrado.[161]

Temos, entretanto, um segundo tipo de atividade da parte, que não visa apenas introduzir razões sobre a existência/inexistência do vício, mas sim reconhecer o próprio vício e realizar um ato que o supra. Neste caso sim há uma atividade essencial, sem a qual o processo não pode ter um desfecho plenamente eficaz.

Em suma, a dinâmica da atividade seneadora do vício, tratada no presente Capítulo, é a seguinte: o juiz se abstém de declarar a nulidade num primeiro momento, aguardando o processo uma manifestação das partes, que pode ser no sentido de apresentar razões sobre a existência/inexistência do vício ou no sentido do seu próprio saneamento. Somente após a inércia da parte em sanar o vício, e convencendo-se de sua existência, é que o juiz pode extinguir o processo.[162]

---

processuale civile. Torino: Giappichelli, 2000. p. 57. v. II; VACCARELLA, Romano; CAPPONI, Bruno CECCHELLA, Claudio. Il processo civile dopo le riforme. Torino: Giappichelli, 1992. p. 91.

158. Também previsto no § 139 da ZPO, que obriga ao magistrado a explicitar todas as questões relevantes para o julgamento e externar a mudança do ponto de vista sobre questões debatidas no processo (CABRAL, Antonio do Passo. Nulidades...cit. p. 253).

159. OLIVEIRA, Carlos Alberto Alvaro de. Poderes do juiz e visão cooperativa do processo. Revista da Ajuris. Rio Grande do Sul. Ano 30, n. 90. Junho de 2003. p. 65-69.

160. CABRAL, Antonio do Passo. Nulidades...cit. p. 248; no mesmo sentido, OLIVEIRA, Carlos Alberto Alvaro de. Poderes do juiz...cit. p. 67-8; TARZIA, Giuseppe. L'art. 111 Cost. e le garanzie europee del processo civile. Rivista di diritto processsuale. Padova: CEDAM, n. 1, jan-mar. 2001. p.13, segundo quem a decisão a *"terza via"* é vedada até mesmo se a decisão é destinada apenas a fixar a norma aplicável à *fattispecie*; COMOGLIO, Luigi Paolo. Etica e tecnica del 'giusto processo'. Torino: Giappichelli, 2004. p. 71-4.

161. Em alguns casos, entretanto, esse exercício do contraditório não será necessário, porque o vício é evidente e não haveria como saná-lo, pense-se na intempestividade de um recurso, por exemplo.

162. VACCARELLA, Romano. Inattività...cit. p. 82.

Com a solução adotada pelos arts. 9º, 10 e 139, inc. IX, e 317, do CPC/2015, além de prever-se um contraditório participativo, fixaram-se cláusulas gerais que autorizam às partes a realização de uma atividade saneadora, privilegiando-se a conservação dos atos processuais. Vê-se que os casos de inatividade no saneamento de vícios aumentaram com a nova sistemática e de maneira alguma poderemos confundi-las com o caso de inatividade do autor como abandono (art. 485, inc. III, do CPC/2015), pois não estamos aqui diante de uma atividade pura ou instrumental, mas sim, em sanar determinado vício processual.

3.2.1.1. Casos de inatividade em sanar um vício expressamente previsto pelo legislador

O art. 76, do CPC/2015, previu hipótese de suprimento da capacidade de estar em juízo e da irregularidade de representação das partes. No primeiro caso, o defeito diz respeito à capacidade para o exercício dos atos da vida civil:[163] pessoas sem capacidade plena devem ser representadas (art. 3º, do CC) ou assistidas no processo (art. 4º, do CC).[164] Ela difere da capacidade de ser parte, que é a aptidão de um sujeito de direitos ou entes personalizados (condomínio, massa falida, massa insolvente, herança vacante ou jacente, sociedades de fato, de acordo com o art. 75, do CPC/2015) serem titulares de direitos ou obrigações e, assim, figurarem como partes no processo.[165] Essa última, dificilmente poderá ser sanada,[166] pois existe em abstrato, independentemente das circunstâncias concretas.[167]

Na irregularidade de representação há algum defeito que a macula,[168] como, por exemplo, a não apresentação do ato constitutivo da pessoa jurídica ou do termo de inventariança, o defeito na represen-

---

163. TORNAGHI, Helio. Comentários...v. I, cit. p. 105-6; ALVIM, Arruda. Manual de direito processual civil. 13ª ed. São Paulo: RT, 2010. p. 551.
164. Sobre os arts. 7º e 8º, do CPC/1973 (correspondentes arts. 70 e 71, do CPC/2015), cfr. BARBI, Celso Agrícola. Comentários...cit. v. I. t. I. p. 168; GRECO FILHO, Vicente. Direito Processual...v. I. cit. p. 112-3.
165. DINAMARCO, Cândido Rangel. Instituições...v. II. cit. p. 289-1; ALVIM, Arruda. Manual...cit. p. 551; GRECO FILHO, Vicente. Direito processual...v. I. cit. p. 112; THEODORO JR., Humberto. Curso...v. I, cit. p. 270-1.
166. BARBI, Celso Agrícola. Comentários...v. I. t. I. cit. p. 168, embora não descartemos a hipótese: poderá ocorrer, por exemplo, que o legislador atribua a capacidade de ser parte àquele sujeito processual.
167. TORNAGHI, Helio. Comentários...v. I, cit. p. 105.
168. BARBI, Celso Agrícola. Comentários...v. I. t. I. cit. p. 168.

tação do advogado, ou o conflito de interesses entre representante e representado.[169]

Sem oportunizar o saneamento desses vícios, não poderá o juiz extinguir o processo sem resolução do mérito, decretar a revelia ou extromitir o terceiro.[170] Verificado o problema de representação, o juiz determina a suspensão do processo e marca prazo razoável para que a parte onerada saneie o defeito (art. 76, do CPC/2015).[171] A atividade da parte é, assim, considerada propulsiva, essencial para que o processo atinja uma sentença de mérito.

Malgrado posicionamento contrário,[172] entendemos tratar-se de prazo dilatório (e não aceleratório), pois estabelecido para oportunizar à parte regularizar um defeito que em si já seria suficiente para extinguir o processo: trata-se de pausa necessária. Por isso se admite a regularização ainda que escoado o prazo.

Entende-se que, por consistirem as hipóteses do dispositivo, em pressupostos processuais subjetivos de desenvolvimento regular do processo (cuja ausência pode prejudicar o contraditório em face da parte mal ou não representada),[173] tal irregularidade pode ser conhecida de ofício.[174]

Quanto à necessidade de atividade saneadora da parte, a aplicação do dispositivo parece reduzir-se nos casos em que o juiz se depara com a incapacidade absoluta da parte. Aqui, averiguada a irregularidade ou conflito de interesses, não se aplica o parágrafo único do art.

---

169. PONTES DE MIRANDA, Francisco Cavalcanti. Comentários...cit. t. I. p. 443; ALVIM, Arruda. Manual... cit. p. 555-9.
170. BEDAQUE, José Roberto dos Santos. Código de Processo Civil interpretado. Coord. Antonio Carlos Marcato. 3ª ed. São Paulo: Atlas, 2008. p. 48; ALVIM, Arruda. Manual...cit. p. 555; GRECO FILHO, Vicente. Direito processual...cit. p. 117-8. Com a nova redação do § 1º, inc. III, do art. 76, fica claro que ao terceiro que ingressa no processo na condição de parte (chamamento ao processo e denunciação da lide, por exemplo) também são aplicados os efeitos da revelia (MARINONI; ARENHART; MITDIERO. Novo Código...cit. p. 161).
171. TORNAGHI, Helio. Comentários...v. I, cit. p. 137-8.
172. ALVIM, Arruda. Manual...cit. p. 555.
173. GRECO FILHO, Vicente. Direito processual civil brasileiro. 21ª ed. São Paulo: Saraiva, 2009. p. 111. v. I; CARNEIRO, Athos Gusmão. Intervenção de terceiros. 7ª ed. São Paulo: Saraiva, 1995. p. 11; DINAMARCO, Cândido Rangel. Instituições...cit. v. III. p. 167.
174. BARBI, Celso Agrícola. Comentários...v. I. t. I. cit. p. 169; PONTES DE MIRANDA, Francisco Cavalcanti. Comentários...t. I. cit. p. 451; THEODORO JR., Humberto. Curso...v. I. cit. p. 271.

76, do CPC/2015, mas, nomeia-se um curador especial para a parte mal representada.[175]

Quando essa atividade de saneamento não é verificada pela parte, há quem entenda se tratar de abandono do processo.[176] Entretanto, aqui não há inatividade pura,[177] mas verdadeira falta de pressuposto processual subjetivo, a qual acarreta efeitos específicos a depender da parte que não o observa. A inatividade é apenas mediata. A extinção, a revelia ou a extromissão do terceiro são decorrência da carência do pressuposto subjetivo da capacidade processual ou da representação regular.

No caso do dispositivo, quanto aos efeitos previstos para o autor, a falta de suprimento desse pressuposto processual implicará a extinção do processo sem resolução do mérito, nos termos do art. 485, inc. IV, do CPC/2015, conforme o art. 76, § 1º, inc. I.[178]

Para o réu, a ausência de sanatória implicará a revelia (inc. II). Há entendimento no sentido de que os efeitos substanciais da revelia (art. 344, do CPC/2015) só poderiam incidir na hipótese de irregularidade inicial de representação ou capacidade do réu, ou seja, somente quando o ato irregular fosse concomitante à própria defesa. Isso se justifica, porque os efeitos da revelia somente poderiam ser aplicados na hipótese da falta de contestação válida, o que ocorre justamente na hipótese de irregularidade de capacidade ou representação do réu.[179] Quando a inatividade do réu em sanar a irregularidade fosse posterior, não se poderia decretar sua revelia (art. 344, do CPC/2015), já que a contestação foi validamente ofertada, sendo o caso apenas de aplicação, quando cabível, dos efeitos do artigo 346, do CPC/2015.[180]

---

175. PONTES DE MIRANDA, Francisco Cavalcanti. Comentários ao Código de Processo Civil. 2ª ed. Rio de Janeiro: Forense, 1979. p. 447. t. I; GRECO FILHO, Vicente. Direito processual...cit. p. 117.
176. Entende como hipótese de abandono a falta de suprimento desse pressuposto: SANTOS, Moacyr Amaral. Primeiras linhas...cit. v. II. p. 219.
177. TORNAGHI, Helio. Comentários ao Código de Processo Civil. São Paulo: RT, 1976. p. 138. t. I: o autor não fala expressamente não se tratar de abandono, mas a maneira como expõe esse tipo de inatividade vai no sentido de faltar ao processo um pressuposto subjetivo.
178. O novo CPC tem terminologia mais adequada, pois fala em extinção, quando no CPC/1973 o termo utilizado era "nulidade do processo", cfr. crítica de SILVA, Ovídio Baptista da. Comentários ao Código de Processo Civil. São Paulo: RT, 2000. p. 99. t. I.
179. BARBI, Celso Agrícola. Comentários...cit. t. I. p. 117.
180. WAMBIER, Teresa Arruda Alvim; CONCEIÇÃO, Maria Lúcia Lins. Primeiros comentários...cit. p. 603; DINAMARCO, Cândido Rangel. Instituições...cit. v. III. p. 477.

A mesma lógica parece ter sido seguida pelo legislador no caso do § 3º, do art. 313, do CPC/2015, que determina o prosseguimento do processo à revelia do réu que não constitui novo procurador em substituição ao falecido. A utilização do termo *"ordenará o prosseguimento do processo à revelia do réu"* e não *"será considerado revel"* (art. 76, § 1º, inc. II), parece mesmo denotar que o processo segue sem qualquer outra consequência que tão só a falta de intimação dos atos processuais ao revel (art. 346, do CPC/2015).

Desta forma, também é criticável a nova redação do art. 76, § 2º, inc. II, do CPC/2015, pois estabelece, sem qualquer diferenciação do momento em que o defeito de representação foi verificado (se juntamente com o ato de contra-arrazoar, ou posteriormente), o desentranhamento das contrarrazões do recorrido.

Mas, esse não é o único problema na interpretação do dispositivo (art. 76, do CPC/2015). Como expusemos, esse pressuposto processual foi estabelecido em prol do interesse das partes, notadamente para assegurar a paridade de armas, para não se prejudicar o contraditório em face da parte mal representada. Esse objetivo é facilmente verificado se nos detivermos na extinção sem resolução do mérito em caso da falta de saneamento do defeito por parte do autor (art. 76, § 1º, inc. I, do CPC/2015), pois o processo não anda sem a sua regular representação.[181] Ele é extinto e, caso regularizado o vício, nova demanda poderá ser proposta.

Quanto ao réu ou recorrido, entretanto, no que toca às hipóteses do § 1º, inc. II (aplicação dos efeitos da revelia), bem como do inc. II do § 2º (desentranhamento das contrarrazões), do mesmo dispositivo, o processo prossegue, independentemente de qualquer intimação do inativo. Já vimos que no caso de réu absolutamente incapaz, tem--se compreendido pela necessidade de nomeação de curador especial, quando averiguado defeito de representação, o que obviamente, neste caso, relativizaria os efeitos dos mencionados dispositivos.[182]

Ocorre que, no caso em que não há incapacidade absoluta, os efeitos previstos no dispositivo são desproporcionais. Se a regularidade de representação visa a resguardar a paridade de armas e o con-

---

181. BEDAQUE, José Roberto dos Santos. Efetividade do processo e técnica processual. São Paulo: Malheiros, 2010. p. 203.
182. BEDAQUE, José Roberto dos Santos. Efetividade...cit. p. 204-5.

traditório, então o processo também teria de aguardar a regularidade da capacidade do réu ou do recorrido, nos moldes dos casos previstos para o autor e não, ao contrário, determinar-se a presunção de veracidade dos fatos alegados por este último, bem como o prosseguimento, ensejando, no mais das vezes, um julgamento desfavorável àquele.[183]

Solução diversa do dispositivo analisado foi adotada pelo próprio legislador, ao transferir ao autor o ônus de regularização da capacidade do réu nas hipóteses de perda da capacidade processual ou morte da parte, ou de seu representante e procurador (art. 313, inc. I, do CPC/2015). Nesse caso, o processo não continua sem a regular integração do polo passivo, pois cabe ao autor, caso não regularizado o vício espontaneamente, promover a citação dos interessados num prazo que varia de dois a seis meses (art. 313, § 2º, inc. I, do CPC/2015).[184]

Embora em termos isonômicos essa seja uma boa solução, em termos de celeridade, todavia, reconhecemos que ela não seria a melhor alternativa. Nosso sistema adotou a concepção, no art. 76, bem como no art. 344 c.c. 355, inc. II, do CPC/2015, da prescindibilidade da atividade do réu para o desfecho do processo com resolução do mérito. Tanto que, averiguada a incapacidade ou a revelia, o processo continua regularmente independentemente de intimação do revel (art. 346, do CPC/2015).

Entende-se que somente a demanda é essencial para o desenvolvimento do processo, a atividade posterior do réu não o seria.[185] Tanto que a ausência do ato de demandar muitas vezes é considerada um vício grave de constituição do processo,[186] quando a falta de contesta-

---

183. SOUZA, Miguel Teixeira de. Sobre o sentido e a função dos pressupostos processuais. Revista de Processo. Ano 16, nº 63, jul/set 1991. p. 77-78.
184. A sucessão nesse caso é provocada (SICA, Heitor Vitor Mendonça. Comentários aos arts. 687 a 692 do Código de Processo Civil de 2015. In BUENO, Cassio Scarpinella. *Comentários ao Código de Processo Civil*. São Paulo: Saraiva, 2016. no prelo).
185. Embora tenhamos visto que o destino do processo, muitas vezes, depende da posição do réu após sua citação, como a concordância em caso de desistência, o requerimento em caso de abandono e, com a redação do art. 349 e do art. 355, inc. II, *in fine*, do CPC/2015, quando ele requer a produção de provas.
186. BEDAQUE, José Roberto dos Santos. Efetividade do processo...cit. p. 218; ALVIM PINTO, Teresa Arruda; ALVIM, Arruda. Nulidades processuais. São Paulo: RT, 1992. p. 30; entendem ser a demanda um pressuposto de existência do processo: TESHEINER, José Maria. Pressupostos processuais e nulidades no processo civil. São Paulo: Saraiva, 2000. p. 32 e 47-8 (que adiciona a existência de um órgão jurisdicional), BUENO, Cassio Scarpinella. Curso...v. I, cit. p. 447-8.

ção, embora prejudique a instrução, não acarreta nenhum problema ao seu desenvolvimento válido.[187] Obviamente não há como igualar em todos os efeitos o ato de demandar e o ato de contestar, mas há sim como igualar a posição das partes ao longo do processo[188] e a falta de ato propulsivo de qualquer delas, quando este já está instaurado, deve acarretar efeitos semelhantes, sob pena de ferirmos o princípio da isonomia. Considera-se que, de certa forma, a resposta também encerra um pedido de tutela jurisdicional por parte do réu.

Outra alternativa (*de lege ferenda*) para o art. 76, portanto, seria admitirmos, por questões de isonomia,[189] que o processo prosseguisse regularmente sem a regularização da capacidade do autor, ou seja, após intimado a regularizar o vício e não o tendo feito, não deverá o processo ser extinto, mas continuar regularmente.[190] Adota-se a prescindibilidade dos atos continuativos ou propulsivos do autor, premissa também assumida por nossa legislação em relação ao réu, atingindo o ideal de isonomia e celeridade processuais. Como vimos, o réu também tem direito à tutela jurisdicional plena e essa omissão do autor não poderia impedi-lo de alcançar uma sentença de mérito.[191]

---

187. É valida a lição de Renzo Bolaffi, para quem "la difesa del convenuto se è utile, non è però indispensabile per impedire la pronunzia di una sentenza favorevole all'attore" (BOLAFFI, Renzo. Le eccezioni nel diritto sostanziale. Milano: Società Editrice Libraria, 1936. p. 24). Embora o autor estude a dispensabilidade da defesa voltada para a finalidade de acolhimento da demanda (o que não ocorre na *ficta confessio*), podemos estender essa ideia à dispensabilidade – e ela ocorre tanto nos sistemas que adotam a *ficta confessio*, como naqueles que adotam a *ficta litiscontestatio* – da atividade do réu para se alcançar uma sentença de mérito (favorável ao omisso ou não); no mesmo sentido, cfr. FAZZALARI, Elio. Lezioni di diritto processuale civile. Padova: CEDAM, 1985. p. 29-30. v. I; REIS, José Alberto dos. Código...v. III, cit. p. 28-9.

188. SICA, Heitor Vitor Mendonça. O direito de defesa...cit. p. 75.

189. ROMANO, Alberto A. L'azione di accertamento negativo. Napoli: E. Jovene, 2006. p. 52-4. O autor, ao aproximar as posições do autor e do réu, afirma que os pressupostos de apreciação do mérito referentes a este ou àquele devem ser por eles individualmente observados, na inicial e na resposta, e essa é a condição para que o ordenamento lhes assegure a resolução de mérito (se a outra parte não observa esse pressuposto, isso não deve ser um empecilho para a parte que o observou).

190. SOUZA, Miguel Teixeira de. Sobre o sentido e a função...cit. p. 76-7; contra, devido à previsão do *ius positum*, BEDAQUE, José Roberto dos Santos. Efetividade...cit. p. 204; se admitirmos que a resposta do réu contém uma demanda e pretendêssemos evitar qualquer vício de ciência dessa demanda, nada impediria que, para que o processo prosseguisse, fosse realizada nova "citação" do autor após a verificação da falta de pressuposto subjetivo (SICA, Heitor Vitor Mendonça. O direito de defesa... cit. p. 276).

191. BALBI, Celso Edoardo. La decadenza nel processo di cognizione. Milano: Giuffrè, 1983. p. 83, afirmando não ser adequado impossibilitar a parte de realizar o ato, pela inobservância de um termo estabelecido para outro sujeito processual (no caso, o juiz, mas compreendemos que essa lição também se aplica reciprocamente entre as partes); SICA, Heitor Vitor Mendonça. Preclusão processual...cit. p. 106.

Veremos que também em termos de inatividade pura ou instrumental, nosso sistema só poderá alcançar um grau ideal de celeridade e isonomia se adotar também essa premissa (a da prescindibilidade da atividade do autor para se alcançar uma sentença de mérito) na hipótese de abandono (art. 485, incs. II e III, do CPC/2015) e admitir que o processo possa ter um desfecho de mérito, ainda que averiguada a inatividade do autor ou de ambas as partes (prescindibilidade dos atos de impulso) – mesmo sistema adotado para o réu. Considerando a aproximação que realizamos entre o ato de demandar e o ato de responder e levando em conta que este também pode encerrar uma espécie de demanda, poderíamos aplicar analogicamente o art. 343, § 2º, do CPC/2015, a qualquer resposta do réu.[192]

Essa solução parece ter sido adotada por alguns doutrinadores, que defendiam o prosseguimento do processo no caso em que o autor, revogado o mandato de seu patrono (art. 44, do CPC/73 e atual art. 111), não constituía outro no seu lugar,[193] entendimento este também partilhado pela jurisprudência.[194] O Código de 2015, todavia, nesse caso, faz remissão expressa ao regramento do art. 76, conforme o art. 111, parágrafo único. A nosso ver, perdeu-se uma chance de se buscar um tratamento mais isonômico com a reforma, o que não nos impede, mesmo assim, de pensarmos em uma solução *de lege ferenda*.

Voltemos novamente ao art. 76. Nos casos em que puder ser prolatada uma sentença de mérito favorável à parte cuja lei visa proteger, ou seja, nos casos em que o juiz puder julgar procedente a demanda na falta de regularidade da capacidade processual do autor, ou puder julgar improcedente a demanda na falta de regularidade da capacidade do réu, pode-se desconsiderar o vício, não se aplicando as

---

192. SICA, Heitor Vitor Mendonça. O direito de defesa...cit. p. 277.
193. SICA, Heitor Vitor Mendonça. O direito de defesa...cit. p. 76; NERY JR., Nelson; NERY, Rosa Maria de Andrade. Código de Processo Civil comentado e legislação extravagante. 10ª ed. São Paulo: RT, 2007. p. 253, citando julgados que afirmam se tratar de "contumácia"; no direito espanhol, partilham também deste entendimento: AROCA, Juan Montero; COLOMER, Juan Luis Gómez; REDONDO, Alberto Montón et alii. Derecho jurisdiccional. 13ª ed. Valencia: Tirant lo blanch. p. 205-6. v. II.
194. STJ-4ª T., REsp. 883.658, Rel. Min. Luis Felipe Salomão, j. 22.2.11; STJ-3ª T., REsp. 61.839, Rel. Min. Eduardo Ribeiro, j. 11.3.96; STJ-3ª T., REsp. 557.339, Rel. Ministro Carlos Alberto Menezes Direito, j. 29.6.2004.

consequências do art. 76, do CPC/2015.[195] Trata-se de aplicação do art. 282, § 2º, do CPC/2015.

Esse entendimento deve ser adotado não só nas hipóteses do parágrafo primeiro do dispositivo, ou seja, na averiguação de vício de representação em primeira instância, como também nos casos do parágrafo segundo, ou seja, em grau de recurso. Assim, caso o tribunal tenha elementos suficientes para dar provimento ao recurso do recorrente, não deve deixar de conhecê-lo (inc. I, do parágrafo segundo), mas deve sim julgar-lhe o mérito.

Vejamos outro caso de inatividade em sanar um vício processual expressamente previsto pelo legislador. A falta de integração do polo defeituoso nos casos em que o juiz verifica o litisconsórcio necessário (art. 115, parágrafo único, do CPC/2015) pressupõe inatividade da parte, mas não configura inatividade pura ou instrumental.

O caso é de falta de condição da ação, na modalidade ilegitimidade de parte (art. 485, inc. VI, do CPC/2015).[196] As partes legítimas configuram um polo incindível, plúrimo, e a falta de qualquer colegitimado enseja a carência de ação.[197]

Com base nos imperativos já tratados no presente trabalho, principalmente referentes à conservação e economia de atos processuais,[198] para evitar-se repetição inútil de demandas, determina o Código que o juiz oportunize ao autor a integração das partes não citadas, concedendo-lhe um prazo para manifestar a vontade de litigar com o suposto litisconsorte e propiciar os meios necessários a sua citação. Sem conceder essa oportunidade, o juiz não poderá extinguir o processo, trata-se de um dever.[199]

---

195. Entendimento preconizado por SOUZA, Miguel Teixeira de. Sobre o sentido...cit. p. 76-8; também BEDAQUE, José Roberto dos Santos. Efetividade...cit. p. 204-5.
196. TORNAGHI, Hélio. Comentários ao Código de Processo Civil. São Paulo: RT, 1974. p. 219. v. I; caso não houvesse a norma do parágrafo único do art. 115, do CPC/2015, seria hipótese de indeferimento da inicial (art. 330, inc. II, do CPC/2015) (DINAMARCO, Cândido Rangel. Litisconsórcio. 8ª ed. São Paulo: Malheiros, 2009. p. 281); também considera a falta de integração do litisconsorte um caso de ilegitimidade de parte: CHIOVENDA, Giuseppe. Sul litisconsorzio necessario. Saggi di diritto processuale civile. Roma: Foro Italiano, 1931. p. 435. v. II.
197. TORNAGHI, Hélio. Comentários...v. I. cit. 219; BUENO, Cassio Scarpinella. Partes e terceiros no processo civil brasileiro. 2ª ed. São Paulo: Saraiva, 2006. p. 140.
198. BUENO, Cassio Scarpinella. Partes...cit. p. 140-141; WAMBIER, Teresa Arruda Alvim. Nulidades do processo e da sentença. 5ª ed. São Paulo: RT, 2004. p. 216-7; PONTES DE MIRANDA, Francisco Cavalcanti. Comentários...t. II, 1974, p. 47.
199. DINAMARCO, Cândido Rangel. Litisconsórcio...cit. p. 281; BUENO, Cassio Scarpinella. Partes...cit. p. 142.

Embora haja divergências,[200] a determinação pode se dar tanto na hipótese de litisconsórcio necessário simples, quanto de litisconsórcio necessário unitário,[201] pois em ambas as hipóteses corre-se o risco de prolatar-se uma sentença nula ou ineficaz, respectivamente (art. 115, incs. I e II, do CPC/2015).

Novamente, ressalvado entendimento contrário,[202] compreendemos que o dispositivo não encerra hipótese de intervenção litisconsorcial *iussu iudicis*.[203] Isso porque a lei, ao exigir do autor que *"requeira a citação de todos que devam ser litisconsortes"* (art. 115, parágrafo único do CPC/2015), considerou dois tipos diferentes de atividade. A primeira, ligada a uma declaração de vontade imperativa (declaração de comando, como vimos), que é a manifestação de vontade do autor em litigar ao lado ou contra determinado colegitimado, consubstanciando em verdadeira anuência à ampliação subjetiva da demanda.[204] Aqui impera o princípio da inércia jurisdicional. O autor tem de anuir com a integração do polo passivo. Se não o integra, então ocorrerá a extinção sem resolução de mérito por carência de ação, ou falta de legitimidade no polo passivo (art. 485, inc. VI, do CPC/2015). A extinção, ainda que averiguada a inatividade, ocorre por falta de condição da ação: a inatividade é apenas mediata.

A segunda espécie de atividade é aquela destinada ao fornecimento dos meios necessários e indispensáveis para que a citação se

---

200. TORNAGHI, Helio. Comentários...v. I. cit. p. 218; PONTES DE MIRANDA, Francisco Cavalcanti. Comentários...t. II., 1974, p. 47.
201. DINAMARCO, Cândido Rangel. Litisconsórcio...p. 285; BUENO, Cassio Scarpinella. Partes...cit. p. 139, que analisa essa hipótese de intervenção por determinação judicial independentemente de se tratar de litisconsórcio necessário por determinação de lei, ou, necessário pela natureza da relação jurídica de direito material deduzida, apenas excluindo a incidência do dispositivo para os casos de litisconsórcio facultativo (Id., Novo Código...cit. p. 122); também, COSTA, Moacyr Lôbo da. A Intervenção...cit. p. 118-9.
202. GRECO FILHO, Vicente. Direito processual civil brasileiro. 23ª ed. São Paulo: Saraiva, 2013. p. 155. v. I. Compreendendo a intervenção *iussu iudicis* como o simples dever de o magistrado determinar a convocação do litisconsorte, quando faltante: BUENO, Cassio Scarpinella. Partes...cit. p. 139, nota 135; no mesmo sentido, sobre o art. 91, do CPC/1939 – de resto, muito semelhante ao art. 47, parágrafo único, do CPC/1973 e ao art. 115, parágrafo único, do CPC/2015 –, o entendimento de COSTA, Moacyr Lôbo da. A intervenção *iussu iudicis* no processo civil brasileiro. Dissertação: USP. São Paulo, 1961. p. 7 e 114.
203. "Nega-se a existência da chamada intervenção jussu judicis em um sistema, como o brasileiro, no qual nenhuma margem de discricionariedade é deixada ao juiz para chamar de ofício alguém ao processo quando ele entender conveniente (...) resulta do parágrafo do art. 47 apenas o poder que o juiz tem de, como providência preliminar ao julgamento conforme o estado do processo, determinar a regularização deste mediante o cumprimento de norma cogente" (DINAMARCO, Cândido Rangel. Litisconsórcio...cit. p. 248-9).
204. DINAMARCO, Cândido Rangel. Litisconsórcio...cit. p. 291.

realize,[205] tais como a apresentação completa de dados (nome e endereço), o recolhimento das custas com condução de oficial de justiça, das cartas (quando a citação for postal), do edital ou das cartas precatórias.[206] Como sabemos, nosso Código manteve o sistema da mediação em relação à citação, ou seja, ela incumbe aos auxiliares da Justiça (é o que se depreende do art. 246, do CPC/2015).[207] Ao autor incumbe fornecer apenas os meios necessários à sua implementação (art. 240, § 2º, do CPC/2015).

Nesse último caso sim a inércia se refere a um ato de impulso necessário, sem o qual o processo não pode prosseguir num ritmo almejado. Sua não implementação, como veremos, acarreta a extinção por inatividade pura ou instrumental, ou seja, por verdadeiro abandono (art. 485, inc. III, do CPC/2015). Portanto, se o autor manifesta sua vontade de litigar ao lado de, ou com determinado colegitimado, mas não realiza os atos necessários para implementar a citação desse litisconsorte, o processo se extingue com base no art. 485, inc. III, do CPC/2015 e não com base no art. 485, inc. VI.

3.2.2. Extinção por inatividade pura ou instrumental

Como vimos, a inatividade conducente à extinção por abandono é pura – se contrapomo-la aos casos de extinção por inércia em sanar alguma nulidade – e instrumental, se levarmos em conta sua finalidade: a falta de implementação de determinada atividade em si (e não de uma nulidade), que quebra um ritmo estabelecido pelo legislador, a tornar inapto o processo para desaguar numa sentença de mérito num tempo considerado ideal para a sua concentração.[208]

Há uma tendência em se associar as consequências da inatividade das partes à imediata liberação do Estado do dever de decidir e

---

205. BUENO, Cassio Scarpinella. Partes...cit. p. 141.
206. DINAMARCO, Cândido Rangel. Litisconsórcio...cit. p. 288-9.
207. O sistema da mediação da citação não se restringe a encarregar um órgão oficial de realizá-la, pois também nos sistemas que adotam a imediação, muitas vezes, um órgão oficial pode ser encarregado de fazê-la. A diferença substancial é a necessidade de submeter a demanda, ou simplesmente as razões prévias, ao crivo do órgão jurisdicional, anteriormente ao ato citatório (o que ocorre em nosso sistema, conforme arts. 321 e 334, do CPC/2015). Nos sistemas que adotam a imediação tal controle não existe, devendo o autor encaminhar diretamente suas razões ao réu (SANSEVERINO, Milton; KOMATSU, Roque. A citação no direito processual civil. São Paulo: RT, 1977. p. 56).
208. VACCARELLA, Romano. Inattività...cit. p. 85.

de todos os encargos advindos de um processo pendente.[209] A inatividade é tratada com mecanismos, principalmente quando se reforçam os poderes do juiz, que lhe atribuem a possibilidade de extinguir o processo na sua averiguação,[210] destinados a fazer valer o já lembrado brocardo originário da Constituição *Properandum: ne lites paene immortales*.[211]

Não pretendemos descartar a possibilidade de a inatividade das partes ensejar a resolução mais célere de processos, até porque esse deve ser um de seus principais fundamentos. O problema é que a forma como a inatividade é tratada, principalmente a inatividade do autor, não só acaba por prejudicar a consecução desse objetivo, como não observa um padrão de isonomia entre as partes litigantes.

As finalidades de aceleração, de concentração e economia são a *ratio* dos atos de impulso e essenciais para entendê-los e diferenciarmo-los do regime das nulidades dos atos processuais. Mas, ditas finalidades, sozinhas, não servem para identificar quais os atos de impulso essenciais a encargo da parte, que inobservados acarretam a extinção do processo. Pouco seria dizer apenas que os atos de impulso considerados necessários são aqueles que *"visam a obter o progressivo desenvolvimento do processo até o seu fim"*.[212]

É preciso um *plus*, que consiste em analisar pela lei quais os atos são considerados impulsivos. A verdade é que a escolha dos atos considerados essenciais para a concentração do procedimento e que, inobservados, acarretam a extinção, é arrogada unicamente ao legislador (art. 485, incs. II e III, do CPC/2015).[213] Entretanto, referirmo-nos apenas aos dispositivos isolados que sancionam essa inatividade com a extinção, seria também dizer muito pouco, tendo em vista que são

---

209. CHIOVENDA, Giuseppe. Principii...cit., p. 884; Id. Istituzioni di diritto processuale civile. Napoli: E. Jovene, 1936. p. 503. v. II; ZANZUCCHI, Marco Tullio. Diritto processuale civile. Milano: Giuffrè, 1938. p. 104. v. II.
210. GIANNOZZI, Giancarlo. Note per un'indagine sull'inattività delle parti nel processo. Rivista di Diritto Civile. Padova: CEDAM, 1959. p. 55-6.
211. Como já tivemos a oportunidade de verificar, a noção de impedir que a inatividade das partes eternize o processo remonta ao direito romano. Na Constituição *Properandum*, de Justiniano – C., Lib. III, Tit. I, 13 (Corpo del diritto civile. Veneza: Tip. Di Giuseppe Antonelli, 1844. p. 711-4. v. III) –, previa-se um prazo fatal de três anos após a *litis contestatio* para a extensão do processo; depois disso, o processo era extinto – mas sem poder ser reproposto, no entanto (VACCARELLA, Romano. Inattività...cit. p. 20).
212. CHIOVENDA, Giuseppe. Principi di diritto...cit., 3ª ed., 1923, p. 761 (tradução livre).
213. TARZIA, Giuseppe. Il listisconsorzio facoltativo...cit. p. 192-3.

cláusulas gerais, sem especificação desses atos de impulso. É preciso enxergá-los imersos no ordenamento processual[214] e então veremos que a sua caracterização é residual, ou seja, quando o impulso não competir ao juiz, seja pelo dever de direção material ou formal, ou quando a inatividade não acarretar unicamente a simples perda de uma faculdade,[215] ou quando acarretar a extinção, mas não pela existência de um vício processual e sim por falta de impulso, estaremos diante da inatividade pura ou instrumental.

Feita essa ressalva e realizado esse panorama exegético da inatividade pura no sistema processual, podemos nos voltar com segurança à sua *ratio*. A aproximação funcional da extinção prevista em decorrência de nulidades processuais com as de inatividade pura (tratadas todas no mesmo art. 485, do CPC/2015) leva a crer que a razão estabelecida pelo legislador para a inatividade pura não pode encontrar seu fundamento tão somente na celeridade processual, no incentivo ao impulso e na possibilidade de finalizaram-se processos paralisados – embora tais fins possam e devam ser alcançados. A análise da *mens legis* deve-se voltar às razões de cunho estrutural do instituto, que também fundamentam a aplicação dos efeitos da revelia na falta de contestação: o processo buscou informar-se por regras referentes à concentração e imediatez, de modo que há um ideal de que a sentença seja prolatada em um procedimento que tenha observado um mínimo de paralisações.[216]

Se o tratamento do réu inativo tem o potencial de concentrar ao máximo o processo, inclusive tornando despicienda a fase instrutória (art. 355, do CPC/2015), não se poderia esperar por muito tempo a atividade de impulso essencial do autor, distanciando os atos postulatórios, ou até mesmo de instrução, da resolução final.

É como se o legislador considerasse nula uma sentença que demorasse muito a ser prolatada, ferindo-se o princípio da concentração (aproximação funcional dos demais requisitos previstos no art. 485, do CPC/2015). Entretanto, há uma diferença: não se sanciona com a nulidade o procedimento pela existência de um vício intrín-

---

214. TARZIA, Giuseppe. Il listisconsorzio facoltativo...cit. p. 193.
215. TARZIA, Giuseppe. Il litisconsorzio facoltativo...cit. p. 194-6 e 199-200.
216. VACCARELLA, Romano. Inattività...cit. p. 86.

seco que impeça o processo de desaguar numa sentença válida, mas se sanciona a inobservância de um ritmo desejado pelo legislador.[217]

Disso decorre certa confusão com o regime das nulidades processuais. É justamente essa aproximação do tratamento do inativo ao regime das nulidades, que nos leva ao esquecimento – numa espécie de paradoxo – do principal objetivo de concentração almejado pelo legislador no caso de extinção por abandono. A aplicação do regime das nulidades à inatividade pura e instrumental pode ensejar paralisações indesejadas.

Primeiramente, considera-se sanável a inobservância do prazo previsto para o autor suprir a inatividade, nos termos do art. 485, inc. III e § 1º, do CPC/2015.[218] Ainda que ultrapassado o prazo a contar da intimação pessoal do autor inativo – desde que não decretada a extinção –, e este realizar o ato faltante, sanada está a inatividade.

Pensemos noutras hipóteses de inatividade, como a revelia compreendida como apresentação intempestiva da contestação, a não apresentação de um recurso, a falta de manifestação acerca de um documento no prazo legal, ou até mesmo a ausência injustificada a uma audiência para depoimento pessoal. No mais das vezes, o entendimento é de que a inobservância do termo nesses casos não é suprível.

A equiparação da inatividade pura ou instrumental ao regime das nulidades pode, portanto, prejudicar não só a celeridade, na medida em que permite ao autor saná-la, como a isonomia processual, na medida em que nas outras hipóteses de inatividade não é permitido o saneamento.

Em segundo lugar, a extinção por inatividade após o oferecimento da contestação, como vimos, segundo o art. 485, § 6º, do CPC/2015, dependerá de prévia iniciativa do réu, o que já era entendimento consolidado pela Súmula 240, do STJ. Vimos que essa necessidade obedece a um imperativo de ordem constitucional, de não se poder negar tutela jurisdicional plena ao réu, mas é inegável que essa saída prejudica a celeridade processual, na medida em que condiciona a extinção à prévia manifestação de vontade da parte.

---

217. VACCARELLA, Romano. Inattività...cit. p. 88.
218. ARAGÃO, Egas Dirceu Moniz de. Comentários...v. II, 1974, cit. p. 423, que admite o pedido de dilação de prazo ou a justificativa de sua inobservância pelo autor, com base na necessidade de se verificar a negligência no abandono.

Fôssemos utilizar o regime das nulidades para a inatividade pura ou instrumental, diríamos então que a inatividade do autor, caracterizada pelo abandono, seria, segundo doutrina clássica, de anulabilidade, ou seja, seria a inobservância do tipo legal processual que infringiria uma regra tendente a assegurar o interesse das partes, de caráter meramente dispositivo,[219] daí exigir-se a necessária alegação da parte interessada (o réu, nesse caso). O abandono seria uma espécie de exceção (e não objeção) processual,[220] tais como a incompetência relativa (art. 65, do CPC/2015)[221] e o compromisso arbitral (art. 337, § 6º, do CPC/2015).[222]

Entretanto, não se trata de norma fixada exclusivamente no interesse das partes, pois o Estado também tem interesse na atividade do autor e, consequentemente, na propulsão e finalização do processo. Além disso, dificilmente haveria preclusão para o réu alegar a extinção por abandono do autor, como determina *expressis verbis* o art. 278, do CPC/2015, pois até implementação do prazo anual de inatividade (inc. II, do art. 485, do CPC/2015), ele poderia fazê-lo. Note-se como o regime do abandono, principalmente quando buscamos aproximá-lo do regime das nulidades (que a ele não é inteiramente apropriado), não atende efetivamente à necessidade de celeridade processual.

O único entendimento que privilegiaria em celeridade o tratamento do inativo, quando a ele aplicamos o regime das nulidades, é o da possibilidade de prolatar-se uma sentença de mérito, preferencialmente à extinção por inatividade (art. 282, § 2º, do CPC/2015). Da mesma forma que o processo entendeu despicienda a atividade do réu para a prolação de uma sentença de mérito (arts. 344 e 355, inc. II, do CPC/2015),[223] seria possível a prolação desse tipo de sentença diante da inatividade do autor, principalmente se o processo

---

219. LACERDA, Galeno. Despacho...cit. p. 73; ARAGÃO, Egas Dirceu Moniz de. Comentários...v. II, cit. p. 296.
220. Rosemberg chama-os de impedimentos processuais (ROSENBERG, Leo. Tratado de derecho procesal. Trad. de Angela Romera Vera. Buenos Aires: EJEA, 1955. p. 45. t. II); DIDIER JR., Fredie. Pressupostos...cit. p. 75.
221. ARAGÃO, Egas Dirceu Moniz de. Comentários...v. II, cit. p. 297.
222. DIDIER JR., Fredie. Pressupostos...cit. p. 75.
223. O que vai contra o entendimento de que "a lei tolera, contudo, uma ausência, a do réu (revelia ou casos de réu desconhecido, como pode suceder no usucapião), que não impede o prosseguimento do processo, mas não tolera a falta de juiz ou de autor" (ARAGÃO, Egas Dirceu Moniz de. Comentários ao Código de Processo Civil. 10ª ed. Rio de Janeiro: Forense, 2005. p. 369. v. II).

estiver em condições de julgamento. Isso ocorreria não somente nas hipóteses em que o réu, verificada a inatividade do autor, requeresse o andamento do processo (art. 485, § 6º, do CPC/2015), mas também quando o réu não se manifestasse, antes ou depois do prazo de um ano previsto no art. 485, inc. II, do CPC/2015.

Ora, se se compreende que a própria sentença de mérito, ao ser proferida, sana qualquer inatividade,[224] justamente porque o principal fim almejado pelo processo foi atingido, então, razão não haveria para se impedir a sua prolação, quando pendente a atividade das partes.

Obviamente não se aplicarão os mesmos efeitos da revelia ao autor, com a presunção relativa dos fatos alegados pelo réu, à míngua de disposição legal nesse sentido, mas nada impede que, verificada a inatividade e o processo esteja em condições de ser julgado, seja aplicado o art. 282, § 2º, do CPC/2015 e julgue-se o processo com resolução de mérito, contra ao autor inativo – e não favoravelmente, pois o julgamento de mérito só preferirá à extinção quando beneficiar a quem a nulidade aproveita.

Este esforço exegético de aplicação do regime das nulidades à inatividade não seria necessário caso o legislador tivesse previsto uma forma de tratamento mais isonômico da inatividade do autor e do réu, como ocorre na Alemanha (Seção 2, Cap. 4, item 4.3), em que, verificada a inatividade de qualquer das partes, o processo pode ser julgado ou no estado em que se encontrar, ou com prolação de uma sentença contumacial. Nesse sistema, a sentença de mérito é sempre preferida, sem ser necessário socorrer-se ao regramento das nulidades. Além disso, a sentença de mérito nesse sistema não precisa beneficiar a parte à qual a nulidade aproveita, justamente porque não se aplica ao inativo o regime das nulidades. Independentemente de quem restar inativo, o pedido poderá ser julgado procedente ou improcedente, de acordo com o convencimento do juiz.

Conclui-se, portanto, que a necessidade de aplicação do regime das nulidades aos casos de inatividade pura ou instrumental nem sempre auxilia na consecução do objetivo celeridade processual e

---

224. VACCARELLA, Romano. L'inattività...cit. p. 87; nesse caso, MICHELI, Gian Antonio. Sospensione, interruzione...cit. p. 24, fala de "caso peculiare di sanatoria di una nullità rilevabile d'ufficio"; ANDRIOLI, Virgilio. Commento al Codice di Procedura Civile. Napoli: E. Jovene, 1954. p. 422-4. v. I.

pode ocasionar transtornos e paralisações indesejadas. Todavia, *de lege lata*, trata-se de um mal necessário, diante das diversas lacunas existentes no regime desse tipo de inatividade.

Em termos de celeridade processual e isonomia, seria melhor pensarmos num tratamento à parte para os casos de inatividade pura ou instrumental do autor (*de lege ferenda*), talvez com efeitos similares à inatividade do réu, principalmente em termos de simplificação procedimental (julgamento antecipado do mérito), expressamente isolado dos casos de nulidades processuais, pois seus fundamentos são completamente distintos.

3.2.2.1. *Exemplos de inatividade pura ou instrumental no direito brasileiro*

Fixada a premissa de que os atos essenciais, que ensejam a aplicação do art. 485, incs. II e III, do CPC/2015, são aqueles sem os quais o processo não segue o ritmo ideal previsto pelo legislador, prejudicando a concentração dos atos processuais, podemos realizar uma tentativa de identificá-los.

A doutrina procura elencar alguns exemplos, como a retenção dos autos pelo advogado do autor além do prazo assinado (art. 234, do CPC/2015),[225] o não pagamento das custas,[226] quando dela dependa o andamento do processo (por exemplo, a falta de depósito para condução do oficial de justiça encarregado do ato de citação do demandado,[227] ou para a publicação de editais, art. 257, do CPC/2015).

Acreditamos que o abandono pode ocorrer na ausência de dois tipos de atos, ambos ligados ao princípio dispositivo na sua acepção integrante da disponibilidade da tutela jurisdicional (*Dispositionsmaxime* ou *principio della domanda*). Justamente por integrar a própria manifestação de vontade em obter a tutela jurisdicional, a conse-

---

225. PONTES DE MIRANDA, Francisco Cavalcanti. Comentários...cit. p. 432. v. III. Entretanto, o novo CPC (2015) abrandou os efeitos relacionados a esse tipo de inatividade exclusiva do advogado, que antes implicavam na desconsideração das razões juntadas após a realização da carga dos autos.
226. Entendem se enquadrar no caso de abandono a falta de recolhimento de custas em geral: BARBOSA MOREIRA, José Carlos. Aspectos da "extinção"...cit. p. 88; DINAMARCO, Cândido Rangel. Instituições...v. II, cit. p. 642.
227. TUCCI, José Rogério Cruz e. Temas polêmicos...cit. p. 24, embora esse também considere imprescindível o adiantamento de despesas com perícia. Entendendo configurar hipótese de abandono a falta de recolhimento de custas para a citação: STJ-3ª T., REsp. 402.774/RS, Min. Rel. Nancy Andrighi, j. 16.05.2002.

quência desse tipo de inatividade é a inutilização da própria demanda do autor, com a extinção do processo sem resolução do mérito.

Esses atos têm por fundamentos dois, daqueles por nós já elencados no que toca ao princípio dispositivo. Primeiramente, pode dizer respeito a uma formalidade que somente a parte pode implementar, visando a integrar ou confirmar a manifestação de vontade inicial de demandar, como ocorre em certos ordenamentos, em que se exige o comparecimento pessoal em audiência para confirmação das razões iniciais (e.g., o processo civil italiano e até mesmo o nosso, o qual previa a acusação de citação em audiência no ordenamento processual anterior ao CPC de 1939).

No nosso procedimento comum atual, todavia, não conhecemos uma norma desse tipo. Somente nos Juizados Especiais Cíveis ela está presente, caso em que a ausência do autor a qualquer das audiências implica a extinção do processo (art. 51, inc. I) e a ausência do réu implica a aplicação dos efeitos da revelia (art. 20).

Em segundo lugar – e esse é o caso do nosso ordenamento jurídico atual –, o legislador pode se referir a atos que somente a parte pode realizar de uma maneira mais célere e eficaz (outro fundamento do princípio dispositivo), como o pagamento de custas e o fornecimento de dados do réu para a realização da citação e para habilitação dos herdeiros da parte extinta, etc.

Estudaremos um pouco mais a fundo essas situações, pois algumas disposições podem auxiliar na identificação desses atos essenciais. Por exemplo, quando o legislador prevê a sanção da não interrupção da prescrição pela inobservância dos prazos estabelecidos ao autor para realizar as diligências necessárias para a citação do réu (art. 240, §§ 1º, 2º e 4º, do CPC/2015).

Acreditamos que tais prazos são estabelecidos para que o processo observe um ritmo mínimo e por isso a sua desobediência acarreta a não interrupção da prescrição do direito afirmado. Daí poder-se inferir que se o autor não realiza os atos necessários para a efetivação da citação (como a não indicação do novo endereço do réu, na hipótese de diligência de citação frustrada, ou não recolhe as taxas de condução de oficial de justiça), sua inatividade quebrou o ritmo idealizado pelo legislador, ensejando o início da contagem do prazo previsto no art. 485, inc. III, do CPC/2015. Além disso, o ônus de realizar tais atos é atribuído ao autor, porque se pressupõe que ele tem o acesso mais fácil a essas informações ou recursos e, desta forma, pode introduzi-los de maneira mais econômica no processo.

Analisemos, agora, a situação em que a parte, no curso do processo, vem a falecer ou torna-se incapaz. Aqui, previu-se a suspensão do processo (art. 313, inc. I do CPC/2015) com a finalidade precípua de integrar-se novamente o polo passivo (art. 110, do CPC/2015), por meio da sucessão da parte,[228] na pessoa do representante do espólio (arts. 75, inc. VII, 613 e 618, do CPC/2015), do tutor ou curador (arts. 759 e ss., do CPC/2015), ou por meio do procedimento de habilitação (arts. 687 e ss., do CPC/2015).

O legislador de 1973 não preestabeleceu um prazo de suspensão para fins de regularização do polo no caso de morte ou perda de capacidade processual da parte ou do seu representante, apenas o previu para a regularização de capacidade postulatória (§ 2º, art. 265), convenção das partes (§ 3º, art. 265) e nos casos enumerados no inc. IV (§ 4º, do art. 265). Seria contraditório com esses dispositivos, que limitam o prazo do ato, admitir-se o prolongamento indefinido do processo, de modo que se compreendia que a inatividade dos herdeiros do autor em habilitarem-se – bem como a ausência de tutor ou curador – ou a inatividade do autor em promover os atos imprescindíveis à citação dos herdeiros do réu (indicando nome ou endereços, custeando a citação, etc.) poderia ensejar a extinção do processo pelo art. 267, incs. II e III, do CPC/1973.[229]

A justificativa de que o legislador não teria previsto esse prazo máximo, porque a sucessão dependia de decisão em outro processo (habilitação), não parecia das mais razoáveis. Também nas hipóteses de suspensão por prejudicialidade externa dependia-se da decisão em outro processo, mas o prazo máximo de suspensão era de um ano (art. 265, § 5º, do CPC/73). Na prática, o que ocorria era a definição

---

228. SICA, Heitor Vitor Mendonça. Comentários aos arts. 687 a 692 do Código de Processo Civil de 2015. In BUENO, Cassio Scarpinella. Comentários ao Código de Processo Civil. São Paulo: Saraiva, 2016. no prelo; a hipótese é de "sucessão" e não "substituição", vindo os sucessores a ocupar a mesma condição processual do sucedido (DINAMARCO, Cândido. Instituições...cit. v. III, p. 162).
229. GRECO FILHO, Vicente. Direito processual civil...cit. v. II, p. 94; DINAMARCO, Cândido Rangel. Instituições...cit. v. III, p. 162; ARAGÃO, Egas Dirceu Moniz de. Comentários ao Código de Processo Civil. 10ª ed. Rio de Janeiro: Forense, 2005. p. 395. v. II.

de um prazo pelo próprio juiz, após o qual se iniciaria o prazo previsto no art. 267, inc. III.[230]

O legislador de 2015 fixou um termo para o autor integrar o polo passivo em caso de morte do réu, caso não haja habilitação espontânea (art. 313, § 2º, inc. I, do CPC/2015), que agora passa a ser de dois a seis meses. Previu também que nos casos de morte do autor, caso não haja habilitação, os herdeiros serão citados por edital para manifestarem-se no prazo assinado pelo juiz, sob pena de extinção (art. 313, §2º, inc. II, do CPC/2015). Não houve previsão de prazo, entretanto, para que os interessados ajuízem o processo de habilitação, o que fará com que esse prazo seja fixado ao arbítrio do juiz, perdendo-se em uniformidade e, em muitos casos, celeridade.

A mesma observação realizada anteriormente quanto à necessidade de integração do polo passivo vale para a morte ou perda de capacidade processual da parte. Nesse caso, pode haver a inatividade do autor em manifestar-se pela vontade de litigar com os herdeiros do falecido ou do espólio,[231] devidamente representado, o que não acarretará a extinção por abandono, mas por ilegitimidade de parte (art. 485, inc. VI, do CPC/2015). Caso não providencie, no entanto, os meios necessários para citação ou habilitação dos herdeiros da parte falecida, após o prazo assinado pelo juiz e após o prazo previsto no art. 485, inc. III, do CPC/2015, a extinção se dá por inatividade pura ou instrumental, ou seja, abandono.

Há muitos casos, porém, em que pairam dúvidas sobre a aplicação da extinção por abandono de causa, porque normalmente são acompanhados de uma inatividade em sanar um vício processual, sem o qual não se pode alcançar uma sentença de mérito válida.

Um exemplo muito recorrente é o da falta de recolhimento das taxas judiciais iniciais ou preparo, cuja consequência seria o cancelamento da distribuição (art. 290, do CPC/2015). Há corrente jurisprudencial e doutrinária que considera a falta de recolhimento de taxas judiciais no limiar do processo, ou seja, até o despacho inicial

---

230. TJ/SP, AC sem Rev. 1.157.598-0/6, Des. Rel. Walter César Incontri Exner, j. 17.4.08, em que se deferiu a suspensão pelo prazo de sessenta dias, por duas vezes, para que o autor providenciasse o necessário para a sucessão do polo passivo (réu falecido); o tribunal compreendeu que seria possível a extinção por abandono, embora não tenha extinguido o processo por inexistir intimação pessoal do autor.
231. DINAMARCO, Cândido Rangel. Litisconsórcio...cit. p. 291.

de admissibilidade, caso de abandono processual (art. 485, inc. III, do CPC/2015).[232] Entretanto, relativizou-se esse entendimento, principalmente diante da redação elíptica do antigo art. 257, do CPC/1973, dispensando-se a intimação pessoal do inativo, nos termos do art. 267, § 1°, do CPC/73.[233]

Quando o legislador afirma que *"será cancelada a distribuição do feito"*, afora os efeitos práticos – e criticáveis –[234] de se retirar das certidões a anotação daquele processo, quis-se dizer que o processo será extinto sem resolução do mérito e por falta de pressuposto processual,[235] ou seja, pelo não recolhimento de custas. Sem o recolhimento das custas, o ritmo do processo não é quebrado, ou seja, isso não significa uma paralisação, mas tão somente que, caso averiguada a falta de pressuposto, determina-se a regularização (atividade mediata), e, na sua ausência, o processo é extinto nos termos do art. 485, inc. IV, do CPC/2015.

Tanto isso é verdade, que em muitos casos o processo prossegue, após admissibilidade da inicial, mesmo sem o recolhimento das custas. Ainda em fases mais avançadas,[236] não se pode afirmar que a falta

---

232. STJ-CE, ED em REsp. 959.304, Min. Ari Pargendler, j. 1.9.10; STJ-1ª T., REsp. 838.216, Min. Luiz Fux, j. 27.11.07; entendem tratar-se de abandono do processo, ou seja, hipótese enquadrável no art. 485, inc. III: DINAMARCO, Pedro da Silva. Código de Processo Civil Interpretado. Coord. Antonio Carlos Marcato. São Paulo: Atlas, 2008. p. 763; GOMES, Fábio. Comentários ao Código de Processo Civil. São Paulo: RT, 2000. p. 111. v. III; MITIDIERO, Daniel Francisco. Comentários ao Código de Processo Civil. São Paulo, 2005. p. 444. v. II; MARQUES, José Frederico. Manual...v. II, 1974, cit. p. 137.
233. STJ-1ª T., REsp. 838.216, Min. Luiz Fux, j. 27.11.07; STJ-2ª T., REsp. 767.844, Min. Rel. Francisco Peçanha Martins, j. 06.12.2005; STJ-2ª T., REsp. 531.293/MG, Min. Rel. Eliana Calmon, j. 14/12/2004.
234. Pois, ainda que extinto, o processo existiu, não podendo se aceitar o cancelamento de algo que de fato houve: ARAGÃO, Egas Dirceu Moniz de. Comentários...v. II, p. 336. Entender o contrário, seria possibilitar, inclusive, a burla da regra do art. 286, inc. II, do CPC/2015, que determina a distribuição por dependência de processos idênticos, ainda que extintos sem resolução de mérito, conforme foi objeto de discussão com o orientador.
235. "O pagamento inicial das custas pelo autor (ou preparo do feito, como diz o art. 257) constitui pressuposto processual" (MARQUES, José Frederico. Manual...v. III, São Paulo: Saraiva, 1975, cit. p. 275).
236. Entendem se tratar de abandono a falta de recolhimento de custas após a admissibilidade da inicial: STJ-4ª T., Ag.Rg. no AI n° 1.389.325, Min. Rel. Raul Araújo, j. 25.11.2014, caso em que a autora de ação rescisória no TJ/SP, após acolhimento de impugnação ao valor da causa, não atendeu à decisão que determinou o recolhimento do complemento das custas e da caução do art. 488, inc. II, do CPC/1973; STJ-4ª T., REsp. 142.190, Min. Rel. Barros Monteiro, j. 24.06.2003; STJ-4ª T., REsp. 448.398, Min. Rel. Sálvio de Figueiredo Teixeira, j. 05.12.2002, que parece compreender ser hipótese de abandono o não recolhimento das custas complementares apenas, o que não se poderia afirmar do não recolhimento das custas integralmente, caso em que haveria falta de pressuposto processual; STJ-2ª T., REsp. 531.293/MG, Min. Rel. Eliana Calmon, j. 14/12/2004); nesse sentido, ou seja, afirmando tratar-se de abandono a falta de recolhimento de custas em fases avançadas do processo, cfr. BARBOSA MOREIRA, José Carlos. Aspectos da "extinção do processo"...cit. p. 88.

de recolhimento de custas renda ensejo ao seu abandono: a extinção aqui, para nós, é por falta de pressuposto processual.[237]

O legislador também parece ter seguido essa orientação, igualando a falta de recolhimento de custas a um pressuposto, na medida em que não fez incidir o mesmo procedimento do abandono a esta hipótese. Nos termos do art. 290, do CPC/2015, o inativo é intimado por seu advogado para, em quinze dias, suprir o defeito e não o fazendo o processo é extinto. Não há intimação pessoal e o procedimento se assemelha muito ao juízo de admissibilidade neutro[238] da petição inicial (art. 321, do CPC/2015).

No caso da retenção indevida dos autos pelo advogado do autor (art. 234, do CPC/2015), a paralisação do processo, ou a inatividade, é alheia à atividade das partes. Ainda que haja quebra no ritmo esperado pelo legislador para o andamento do processo, atribuir consequências gravosas às próprias partes pela inatividade processual de seu patrono pode se afigurar sanção exacerbada, de sorte que andou bem o legislador de 2015 em retirar o efeito atribuído pelo art. 195, do CPC/1973, ou seja, a desconsideração do que se tenha apresentado de razões nos autos. A inatividade que pode ensejar a extinção é apenas aquela da parte, mais especificamente a do autor.[239] Para o advogado, as sanções processuais, cíveis e disciplinares já são o suficiente (art. 234, §§ 2º e 3º, do CPC/2015).

O entendimento de que as hipóteses de abandono (art. 485, incs. II e III, do CPC/2015) devem ser interpretadas sob um viés restritivo[240] pode agora assumir certa clareza: ele só incidirá na medida em que os atos não realizados digam respeito ao princípio dispositivo da demanda, tratando-se de atos que, embora realizados no curso do processo, materializam uma extensão da expressão da vontade da parte em demandar.[241] Como esclarecemos ao longo do trabalho, em

---

237. No direito alemão, segundo Rosenberg, a falta de recolhimento de taxas não é um pressuposto para que a parte atue, ou seja, ela pode ser ativa no processo, embora falte a esse um pressuposto processual (ROSENBERG, Leo. Tratado...t. II, cit. p. 164).
238. O termo é utilizado por BUENO, Cassio Scarpinella. Curso sistematizado...v.II, t. I, cit. p. 170 e ss.
239. PONTES DE MIRANDA, Francisco Cavalcanti. Comentários...v. III, 1974, cit. p. 432.
240. CINTRA, Antonio Carlos de Araújo. Abandono...cit. p. 171; DINAMARCO, Cândido Rangel. Instituições...v. III, cit. p. 643.
241. Daí afirmar-se: "ocorrendo o abandono, a sentença de mérito torna-se inadmissível por ausência de vontade em obtê-la", bem como, que o abandono tem o "efeito de neutralizar a eficácia da demanda" (DINAMARCO, Cândido Rangel. Instituições...v. III, cit. p. 133). Dizer que os atos propulsivos são uma extensão do ato de demandar é dizer que eles servem a mantê-la (a demanda) viva: ao diferenciar

nosso procedimento comum não há uma previsão que exija necessariamente a presença da parte em audiência – culminando consequências para essa omissão, portanto –, em prol da oralidade. Dessa forma, somente nas hipóteses em que o processo exija uma informação ou um recurso que somente a parte pode disponibilizar, porque o direito compreende que apenas ela tem condições de eficazmente e celeremente fornecê-los, ocorrerá o abandono.

Concluímos que somente nas hipóteses em que a parte não fornece os meios, como custas de oficial de justiça, taxas postais ou com publicações editalícias, bem como identificação, endereços e viabilização da publicação dos editais na imprensa, para a citação de um sujeito processual, estaremos diante de verdadeiro abandono do processo.[242] Os demais casos, no mais das vezes, poderão se enquadrar na falta de pressupostos processuais ou condições da ação.

3.2.3. Justificativa para a distinção entre inatividade pura e instrumental e inatividade em sanar um vício processual

A distinção entre inatividade pura ou instrumental e inatividade em sanar um vício processual é relevante para a tentativa de sistematização da inatividade das partes por muitos motivos. Primeiramente, por questões de ordem procedimental: ao identificar as hipóteses de inatividade pura e instrumental, podemos também determinar o procedimento aplicável ao caso. Somente neste caso, após o escoamento do prazo dado para a atividade, inicia-se a contagem dos prazos dos incs. II e III, do art. 485, do CPC/2015, e exige-se a intimação pessoal do inativo para suprir a sua falta (§ 1º, do mesmo dispositivo).

Em segundo lugar, há entendimento jurisprudencial,[243] e doutrinário,[244] no sentido de que o efeito substancial interruptivo da prescrição pela citação válida (art. 240, do CPC/2015), pode ser desconsiderado na hipótese de inatividade pura do autor em dar andamento

---

demanda e resposta, Anna Lasso afirma que a primeira tem natureza eminentemente propulsiva, quando a segunda a complementa, no sentido de ampliar o objeto de cognição judicial (LASSO, Anna. Le eccezioni...cit. p. 42-3).

242. Entendem ser caso de abandono: DINAMARCO, Cândido Rangel. Instituições...v. II, cit. p. 642; TUCCI, José Rogério Cruz e. Temas polêmicos...cit. p. 24.

243. STJ-3ª T., REsp. 947.264, Rel. Min. Nancy Andrighi, j. 25.5.10; STJ-4ª T., REsp. 523.264, Rel. Min. Jorge Scartezzini, j. 12.12.06; STJ-1ª T., REsp. 511.121, Rel. Min. Luiz Fux, j. 03.05.2005.

244. ALVIM, Arruda. Manual de Direito Processual Civil. São Paulo: RT, 2005. p. 275; CAHALI, Yussef Said. Prescrição...cit. p. 114-5.

ao processo e, consequentemente, esse vem a ser extinto nos termos do art. 485, incs. II e III, do CPC/2015. Considera-se que, na hipótese de desídia do autor, não se afigura sua intenção em prosseguir com a pretensão de direito material.

De fato, essa tese será confirmada no presente trabalho, tendo em vista que a interpretação restritiva das hipóteses de abandono dos incs. II e III, do art. 485, faz com que somente se enquadrem nesses dispositivos os atos referentes ao fornecimento de endereço ou de meios (recursos financeiros ou instrumentais) para a citação das partes ao longo do processo (do réu ou de seus sucessores quando do seu falecimento e da inexistência de habilitação),[245] mas cuja falta de interrupção da prescrição decorre expressamente da lei (art. 240, §§ 1º e 2º, do CPC/2015). Não cumprida a citação nos prazos e formas determinadas pelo Código, com o fornecimento dos meios necessários pelo autor, não se dá por interrompida a prescrição.[246]

A tendência em nossa doutrina é a exclusão da não incidência da interrupção da prescrição pela citação para os casos de extinção do processo sem resolução do mérito (art. 485, do CPC/2015). Isso porque, desde que o vício não macule a possibilidade de o devedor (réu) tomar ciência da pretensão do autor – exemplos desses vícios seriam a falta de pedido ou causa de pedir, por exemplo –,[247] a citação é ato suficiente para interromper a prescrição, independentemente do destino do processo.[248]

Aqueles que entendem que a interrupção da prescrição pela citação válida não ocorre em processos extintos sem resolução do mérito, se apegam à literal disposição do art. 175, do CC/1916, que previa que essa interrupção não se daria por *"se achar perempta a instância"*.[249] Na verdade, o termo perempção de instância significava absolvição da instância (art. 201, do CPC/1939), que em nosso sistema processual atual é o mesmo que extinção do processo sem reso-

---

245. "Os atos que lhe tocam para atingir esse objetivo se resumem, na prática, em custear as despesas necessárias, assim como outro qualquer a seu encargo" (ARAGÃO, Egas Dirceu Moniz de. Comentários...v. II, 2005, cit. p. 205).
246. DINAMARCO, Cândido Rangel. Instituições...v. II, p. 85-6;
247. DINAMARCO, Cândido Rangel. Instituições...v. II, cit. p. 88.
248. DINAMARCO, Cândido Rangel. Instituições...v. III, cit. p. 189; LEAL, Antônio Luís da Câmara. Da prescrição e da decadência. 4ª ed. Rio de Janeiro: Forense, 1982, p. 183.
249. CAHALI, Yussef Said. Prescrição e decadência. São Paulo: RT, 2008. p. 112.

lução do mérito (art. 485, do CPC/2015).²⁵⁰ Entretanto, o CC/2002 não previu uma hipótese semelhante, de modo que prevalece o efeito interruptivo da prescrição até o último ato do processo (art. 202, parágrafo único, do CC/2002).²⁵¹ De certa forma, esse entendimento é decorrência da concepção abstrata da relação jurídica processual, ou seja, o processo é estranho à relação substancial deduzida em juízo e a litispendência ou o seu resultado, quando meramente processual, deve influir o mínimo possível no destino do direito substancial deduzido.

Ocorre que, nas situações em que expressamente previstos os efeitos substanciais do processo na relação jurídica deduzida em juízo, como quando se estabelece que não fornecidos os meios inerentes à citação do réu pelo autor num determinado prazo (art. 240, §§ 1º e 2º, do CPC/2015), não se dará por interrompida a prescrição, nenhum óbice haverá para sua aplicação. Isso, somado ao fato de que os casos previstos nos incs. II e III, do art. 485 se resumem à falta do fornecimento de meios para a citação de qualquer parte ao longo do processo, leva-nos à conclusão de que, de fato, não pode ser interrompida a prescrição nos casos de abandono do processo.

Em terceiro lugar, somente a inatividade pura, considerada como quebra no ritmo legal previsto para o procedimento (concentração dos atos processuais), justificaria a previsão de desvantagens que ultrapassassem a impossibilidade de realização do ato em si e implicassem em consequências diretas no julgamento de mérito – em nosso sistema, a revelia do réu – ou na vontade expressa de demandar – em nosso sistema, a extinção por abandono do autor. Assim, para uma proposta *de lege ferenda*, de aplicação de efeitos que tenham consequências diretamente no mérito da controvérsia, em caso de inatividade de ambas as partes (improcedência da demanda no caso de inatividade do autor e presunção de veracidade, em caso de inatividade do réu), entendimento este mais isonômico, será muito importante ter com clareza quais os atos que, inobservados, caracterizam inatividade pura, já que esses efeitos somente a eles aplicar-se-ão.

Além disso, nas demais hipóteses de inatividade, o tratamento é mesmo aquele previsto para as nulidades dos atos processuais, já

---

250. TORNAGHI, Helio. Comentários...v. II, 1975, cit. p. 158.
251. DINAMARCO, Cândido Rangel. Instituições...v. III, cit. p. 189.

que a inatividade consiste em não sanar um vício num determinado prazo, acarretando a extinção do processo sem resolução do mérito (Seção 2, Cap. 3, item 3.2.1). A aplicação dessas regras sobre nulidade aos casos de inatividade pura ou instrumental parece funcionar apenas como lenitivo, por existirem lacunas no ordenamento dessa matéria, que, aliás, poderiam ser supridas, a partir de uma organização sistemática das inatividades.

Por exemplo, poderia ser aplicada a relativização dos efeitos da inatividade do autor – ainda que se fale em extinção –, nos casos em que o litígio versasse sobre direitos indisponíveis, como ocorre com a revelia do réu (art. 345, inc. II, do CPC/2015)? Vimos que no caso de autor ou réu absolutamente incapaz, quando averiguada a irregularidade ou falta de representação (art. 76, do CPC/2015), há entendimento que autoriza a nomeação de curador especial. Mas, somente quando se tratar desse caso de indisponibilidade poderia haver relativização dos efeitos da inatividade? E no caso em que o direito for indisponível e não houver recolhimento de custas para citação do réu?

Em nosso sentir, não poderia haver tal ampliação sem uma norma expressa que a estabelecesse, porque as normas postas que contradigam outro preceito de lei, ou seja, estabeleçam-lhe exceções, devem ser interpretadas de maneira estrita.[252] Esse é o caso da norma que excepciona a aplicação dos efeitos da revelia (art. 345, do CPC/2015) ao réu, que não pode ser aplicada ampliativamente ao autor.

Diante desses fatos e da insuficiência do regime das nulidades para regular o sistema da inatividade das partes, seria de muita relevância pensarmos num regramento específico para a inatividade de ambas as partes em nosso direito, com efeitos semelhantes em casos possíveis de serem tratados isonomicamente.

3.3. EXEMPLO DE TRATAMENTO MAIS ISONÔMICO EM RELAÇÃO À INATIVIDADE PROCESSUAL NA LEGISLAÇÃO ESTRANGEIRA: O DIREITO ITALIANO

No direito italiano, acolhe-se a noção de inatividade com consequências meramente processuais. Tanto na vigência do CPC de

---

252. MAXIMILIANO, Carlos. Hermenêutica e aplicação do direito. 8ª ed. São Paulo: Freitas Bastos, 1965. p. 217.

1865,²⁵³ quanto na do CPC de 1940 - embora com algumas diferenças – a regra geral era a de que, se o autor fosse contumaz, ao réu se autorizava escolher pelo prosseguimento do processo, a fim de obter sentença de mérito, ou requerer a extinção sem resolução do mérito. Se o réu fosse o ausente, então o processo prosseguia sem ele, embora o autor não se livrasse do ônus de provar os fatos que embasassem sua pretensão.²⁵⁴

Não é qualquer inatividade que gera contumácia no direito processual italiano. Uma ausência depois da constituição em juízo, descumprindo-se um ou vários prazos processuais, o não comparecimento em uma audiência, não ensejam contumácia.²⁵⁵ Ela ocorre somente se uma das partes não se constitui no termo estabelecido pela lei (inatividade unilateral).²⁵⁶

No processo civil italiano, há dois atos de suma importância, e que cabem exclusivamente ao autor, para dar-se início e posterior andamento ao processo: a citação e a constituição em juízo. O processo se inicia por meio da demanda, formalizada no ato de citação, que consiste num articulado de forma escrita, subscrito por um advogado, e que contém os elementos específicos do ato de demandar (art. 163, 3° *comma*, CPC italiano)²⁵⁷ e a *vocatio in ius*, ou seja, o ato de chamar o réu a constituir-se num prazo prévio (art. 166, do CPC italiano) ao comparecimento de uma primeira audiência.²⁵⁸

Essa citação é então levada a conhecimento do réu pela notificação, ato realizado por um oficial de justiça (art. 137, do CPC italiano).²⁵⁹ A partir de então, num prazo que se conta desta notificação (art. 165, do CPC italiano), o autor tem de cumprir um segundo ato

---

253. REDENTI, Enrico. Profili pratici...cit. p. 493 e ss.
254. Diz-se que o direito italiano acolheu o tratamento do inativo previsto no direito justinianeu, segundo a máxima *absens si bona causa habuit vincet*, ou seja, a contumácia do réu ou do autor não implica a admissão dos fatos alegados pela parte contrária (ZANZUCCHI, Marco Tullio. Diritto processuale...cit. p. 135. v. II); LIEBMAN, Enrico Tullio. Manuale...v. II, cit. p. 173.
255. MONTELEONE, Girolamo. Diritto processuale civile. Padova: CEDAM, 2002. p. 479-80; CARPI; COLESANTI; TARUFFO. Commentario...cit. p. 903.
256. MONTELEONE, Girolamo. Diritto...cit., p. 479; CARPI; COLESANTI; TARUFFO. Commentario...cit., p. 903; LIEBMAN, Enrico Tullio. Manuale...v. II, cit. p. 169-70; MANDRIOLI, Crisanto. Corso...v. II, cit. p. 204.
257. Esses elementos são muito parecidos com os requisitos da nossa petição inicial (art. 319, do CPC/2015).
258. MANDRIOLI, Crisanto. Corso di diritto processuale civile. Torino: G. Giappichelli, 2000. p. 13-5. v. II.
259. MANDRIOLI, Crisanto. Corso...v. II, cit. p. 19.

de impulso, que é a constituição em juízo.²⁶⁰ A finalidade desse ato é atestar a presença da parte (que, basicamente, deposita em cartório o instrumento de citação, os documentos que o acompanharam e a procuração), inclusive com a apresentação de um advogado, e possibilitar uma preparação mais profícua do contraditório para a primeira audiência.²⁶¹

Não cumprido esse prazo pelo autor, ele é considerado contumaz.²⁶² Nesse caso, faculta-se ao réu requerer o prosseguimento do processo ou sua *"cancellazione della causa dal ruolo"* e extinção, conforme os arts. 290 e 307, do CPC italiano (embora a extinção aqui seja imediata, ou seja, após a *"cancellazione"* não se autoriza a reassunção do processo).²⁶³

No caso do réu, sua constituição é feita num prazo anterior à primeira audiência de comparecimento (arts. 166 e 183, do CPC italiano), ou até a realização dessa audiência.²⁶⁴ Entretanto, a constituição prévia (à audiência) do réu é preferida pela lei, pois assegura ao autor o conhecimento com antecedência do teor da *"comparsa di risposta"* (semelhante à nossa contestação), tanto que, com a reforma de 1990, introduziu-se a preclusão da oportunidade de chamar um terceiro ou reconvir, caso não tenha o réu se constituído previamente (art. 167, do CPC italiano),²⁶⁵ e com a reforma de 2005, as exceções em senso estrito (processuais ou não), que antes poderiam ser propostas até a audiência de *"trattazione"*, agora também devem ser propostas nesta primeira oportunidade, sob pena de preclusão. Não constituído o réu, ele é considerado contumaz.

É importante ressaltar que ser considerada a parte contumaz, no direito italiano, não quer dizer que sua ausência implicará uma desvantagem (além daquela obviamente decorrente da não realização dos atos de produção probatória e de instrução decorrentes de sua

---

260. Consideram ser um ato de impulso: LIEBMAN, Enrico Tullio. Manuale...v. II, 1974, cit. p. 16; CARPI; COLESANTI; TARUFFO. Commentario...cit. p. 516.
261. LIEBMAN, Enrico Tullio. Manuale di diritto processuale civile. 3ª ed. Milano: Giuffrè, 1974. p. 16-7. v. II.
262. ZANZUCCHI, Marco Tullio. Diritto processuale civile. 5ª ed. ag. Milano: Giuffrè, 1962. p. 130. v. II.
263. CARPI, Federico; COLESANTI, Vittorio; TARUFFO, Micheli. Commentario breve al Codice di procedura civile. Padova: CEDAM, 2002. p. 946; MANDRIOLI, Crisanto. Corso...v. II, cit. p. 205; TARZIA, Giuseppe. Lineamenti...cit. p. 158.
264. CARPI; COLESANTI; TARUFFO. Commentario...cit. p. 905.
265. MANDRIOLI, Crisanto. Corso...v. II, cit. p. 37-8.

própria ausência) na decisão de mérito,[266] mas apenas que para ela será seguido um procedimento especial (arts. 290 e ss., do CPC italiano), principalmente do ponto de vista de intimações (art. 292, do CPC italiano),[267] com a finalidade de assegurar-lhe o contraditório.[268]

Uma vez instaurado o processo contumacial, a parte pode se constituir em qualquer momento do processo, aceitando-o *in statu et terminis*, restando salvas as preclusões existentes – principalmente aquelas previstas no art. 167, do CPC italiano –, ressalvando a possibilidade de a parte impugnar os documentos particulares contra ela produzidos (art. 293, do CPC italiano).[269]

O art. 167, do CPC italiano,[270] apesar de parecer, não fixa um ônus de contestação específica dos fatos alegados pelo autor. A disposição é mais pedagógica que jurídica,[271] na medida em que, afora as preclusões decorrentes da própria redação do mencionado dispositivo (demanda reconvencional, exceções em senso estrito e chamamento de terceiro), não há relevantes sanções,[272] caso o réu não tome posição sobre todos os fatos alegados pelo autor. Não há confissão ficta e a não contestação, como vimos, só pode ser tida como *"argumento de prova"* (art. 115, do CPC italiano).

---

266. LIEBMAN, Enrico Tullio. Manuale...v. II, cit. p. 173; MANDRIOLI, Crisanto. Corso...v. II, cit. p. 205; não há *ficta confessio* ou qualquer inversão no ônus da prova (MICHELI, Gian Antonio. L'onere della prova. Padova: CEDAM, 1966. p. 477-8) e há quem entenda que essa ausência não pode sequer ser valorada como argumento de prova, como a não-contestação (essa é equivalente à nossa não impugnação específica) (CARPI; COLESANTI; TARUFFO. Commentario...cit. p. 906).
267. A sentença e os atos como o interrogatório, o juramento e aqueles que alargam o objeto do processo (uma demanda reconvencional, por exemplo), devem ser pessoalmente notificados às partes: MONTELEONE, Girolamo. Diritto processuale...cit. p. 481-2; LIEBMAN, Enrico Tullio. Manuale...v. II, cit. p 174; MANDRIOLI, Crisanto. Corso...v. II, cit. p. 206.
268. MONTELEONE, Girolamo. Diritto processuale...cit. p. 480; CARPI; COLESANTI; TARUFFO. Commentario...cit. p. 904; MICHELI, Gian Antonio. L'onere...cit. p. 477-8.
269. MONTELEONE, Girolamo. Diritto processuale...cit. p. 482; MANDRIOLI, Crisanto. Corso...v. II, cit. p. 206-7.
270. Art. 167. (Comparsa di risposta). Nella comparsa di risposta il convenuto deve proporre tutte le sue difese prendendo posizione sui fatti posti dall'attore a fondamento della domanda, indicare le proprie generalità e il codice fiscale, i mezzi di prova di cui intende valersi e i documenti che offre in comunicazione, formulare le conclusioni.
271. PISANI, Andrea Proto. Lezioni...cit. p. 95.
272. TARZIA, Giuseppe. Lineamenti del nuovo processo di cognizione. Milano: Giuffrè, 1996. p. 69. Segundo o autor, há algumas disposições que fixam preclusões para o réu em relação às exceções processuais em senso estrito, como na primeira oportunidade em que deve alegar defeito de jurisdição (art. 37, 2° comma) ou competência territorial derrogável (art. 38, 2° comma), ou aquelas exceções de mérito em senso estrito, que, com a reforma de 2005, passaram a ter de integrar a "comparsa di risposta", ou seja, devem ser apresentadas logo na oportunidade de constituição pelo réu; no sentido de que a não contestação não pode ter uma consequência como a confissão dos fatos alegados pelo autor: BATTAGLIA, Viviana. Sull'onere...cit. p. 1524 e 1534.

Embora as sucessivas reformas tenham privilegiado as preclusões, a concentração dos atos processuais em poucas audiências (e. g., a audiência única do art. 183, do CPC italiano, que antes de 2005 se desdobrava em duas audiências)[273] e a eventualidade, esse princípio, para os italianos, é mitigado, se comparado com nosso sistema. Com a nova sistemática, após a chamada audiência de *"trattazione"*, firmadas se encontram as novas demandas (alterações da demanda e reconvenção) e as exceções em senso estrito, podendo ser conhecidas, todavia, as exceções em senso lato, ou seja, aquelas cognoscíveis de ofício.[274]

De maneira um tanto semelhante ao nosso sistema, os italianos preveem a extinção do processo decorrente de uma inatividade pura ou instrumental e aquela decorrente da não sanação de um vício processual (art. 307, do CPC italiano).[275] Dois tipos diferentes de inatividade, mas que acarretam as mesmas consequências.

A primeira delas, como vimos, é aquela decorrente da não observância de um ato de impulso tido como essencial, indispensável, ao andamento do processo e que somente a parte pode realizar, num determinado prazo aceleratório previsto em lei.[276] A extinção não decorre da paralisação momentânea ou definitiva do processo, mas da inobservância desse ônus em cumprir determinado ato processual de impulso.

A não constituição de ambas as partes em juízo é considerada uma inatividade dessa espécie.[277] Vimos a importância que o ato de constituição das partes assume no direito italiano, para que se ateste a presença da parte e de seu patrono. Esse tipo de ato deve ser consi-

---

273. Um dos motivos desse rigor é, ao que nos parece, a economia processual, pois para muitos, as sucessivas audiências previstas para o rito ordinário, muitas vezes, eram supérfluas, limitando-se as partes, ao final da audiência do art. 183, a reiterar os argumentos aduzidos na peça de citação e na *"comparsa di risposta"* (CAVALLINI, Cesare. Le nuove norme sul procedimento di cognizione di primo grado. Rivista di Diritto processuale. Padova: CEDAM, Lug/Set, 2005. p. 731).
274. BATTAGLIA, Viviana. Sull'onere...cit. p. 1528; ATTARDI, Aldo. Le nuove disposizioni sul processo civile. Padova: CEDAM, 1991. p. 73.
275. VACCARELLA, Romano. Inattività...cit. p. 83 e 88; PISANI, Andrea. Lezioni...cit. p. 211, que chama a primeira de inatividade simples e a segunda de qualificada; CARPI; COLESANTI; TARUFFO. Commentario...cit. p. 945-6.
276. MICHELI, Gian Antonio. Sospensione, interruzione...cit. p. 22; MANDRIOLI, Crisanto. Corso...v. II, cit. p. 218; LIEBMAN, Enrico Tullio. Manuale...v. II, cit. p. 197.
277. PISANI, Andrea Proto. Lezioni...cit. p. 211; LIEBMAN, Enrico Tullio. Manuale...v. II, cit. p. 198; MANDRIOLI, Crisanto. Corso...v. II, cit. p. 220; CARPI; COLESANTI; TARUFFO. Commentario...cit. p. 946.

derado como uma extensão do princípio dispositivo, na medida em que reforça o ato volitivo da demanda e consiste numa atividade que a lei considera que somente a parte pode realizar de maneira mais célere e eficaz.

Estabelece o art. 307, que depois da notificação da citação, se nenhuma das partes se constitui no prazo a elas estabelecido, o juiz ordena a *"cancellazione della causa dal ruolo"*, prevendo um prazo de três meses nesse estado de quiescência. Se nesse prazo, nenhuma das partes dá andamento ao processo, ele se extingue, independentemente de manifestação (*rectius*: de ofício).[278]

Sempre que o autor se constitui em juízo – ou se esse não se constitui, mas o réu o faz –, procede-se à *"iscrizione della causa a ruolo"*, que consiste num registro público do processo, a encargo do cartorário.[279] Embora a função de registro seja importante, a inscrição da causa representa a passagem de situação de litispendência decorrente da notificação da citação, para a existência do processo como relação pública plenamente constituída, ou seja, *"da una situazione di litispendenza ad una di giudizio"*.[280] A partir da inscrição da causa é que se formam os autos (*"fascicolo d'ufficio"*, conforme art. 168, do CPC italiano) e a partir daí também é designado o juiz instrutor da causa (art. 168-*bis*, do CPC italiano).[281] O importante é ter em mente que o ato de inscrição representa o desenvolvimento do processo perante o juízo, como relação pública e triangular (autor-juiz-réu).

Essa ideia é essencial para entender o instituto da *"cancellazione della causa dal ruolo"*,[282] que nada mais é que um período de quiescência,[283] verificado na presença de determinada *fattispecie* legal, que não determina a extinção do processo – embora em alguns casos a extinção ocorra imediatamente após a *"cancellazione"* –, mas apenas a

---

278. A extinção no direito italiano, antes da Lei n. 69/2009, dependia de expressa manifestação da parte interessada, como em nosso sistema. Hoje, todavia, ela pode ser decretada de ofício.
279. MANDRIOLI, Crisanto. Corso...v. II, cit. p. 33; PISANI, Andrea Proto. Lezioni...cit. p. 93.
280. COLESANTI, Vittorio. La cancellazione della causa dal ruolo. Rivista trimestrale di diritto e procedura civile. Milano: Giuffrè, 1961. p. 194. Trata-se do inverso do que ocorre em nosso sistema, pois como relação pública o processo para nós já existe tão logo seja protocolada a petição inicial (art. 312, do CPC/2015), embora a litispendência somente se perfectibilize após a citação do réu, que ocorre apenas num segundo momento.
281. PISANI, Andrea Proto. Lezioni...cit. p. 93-5.
282. COLESANTI, Vittorio. La cancellazione...cit. p. 193-4.
283. MONTELEONE, Girolamo. Voce Estinzione (processo di cognizione). Digesto delle discipline privatistiche. Torino: UTET, 1998. p. 135. v. VIII.

desvinculação momentânea desse com dever de o órgão jurisdicional julgá-lo. Diz-se que a *"cancellazione"* não tem qualquer relação com a existência do processo, mas sim com sua atualização em relação à lide,[284] e considera-se mesmo que nesse período em que se aguarda uma atividade das partes, o processo encontra-se suspenso.[285] Notemos a diferença para com o nosso sistema: de maneira alguma os prazos previstos no art. 485, incs. II e III, podem considerar-se de suspensão do processo, pois quaisquer das partes podem implementar atos durante esse período, inclusive aqueles não destinados a conferir-lhe o impulso necessário.

Esse período de quiescência foi um modo que o legislador de 1950 encontrou para abrandar o rigor do tratamento da extinção decorrente da inatividade do Código de 1942. Desta forma, o processo não se extingue de imediato na averiguação de determinada *fattispecie* extintiva, mas aguarda um período para que a parte supra essa omissão.[286] Trata-se, também, de uma forma de prevenir um prejuízo à parte em relação à inatividade ou desídia de seu patrono,[287] pois torna mais perceptível ao assistido a demora dos andamentos processuais.

A tendência atual do direito processual civil italiano, todavia, é de diminuir os casos em que se autoriza que as partes reassumam o processo em caso de inatividade. Por exemplo, a ausência das partes à primeira audiência (art. 181, do CPC italiano), que era caso de *"cancellazione"*, com possibilidade de reassumir-se o processo,[288] hoje, com a reforma de 2008, é causa de extinção imediata do processo.[289]

O juiz pode determinar a *"cancellazione"* e a extinção imediata[290] também no caso em que apenas o autor não compareça à primeira

---

284. COLESANTI. Vittorio. La cancellazione...cit. p. 194.
285. COLESANTI, Vittorio. La cancellazione...cit. p. 195 e 201. Considera-se, inclusive, que qualquer ato praticado após a implementação da *fattispecie* extintiva e antes de sua efetiva declaração judicial (pois a extinção para os italianos opera de direito, com a tão só verificação dos requisitos legais) é nulo, aproximando-se do regime da suspensão (MONTELEONE, Girolamo. Voce Estinzione...cit. p. 137).
286. COLESANTI, Vittorio. La cancellazione...cit. p. 203-4; MONTELEONE, Girolamo. Voce Estinzione...cit. p. 135.
287. Nesse sentido, cfr. ORIANI, Renato. L`inattività delle parti nel processo del lavoro. Rivista di diritto processuale. Padova: CEDAM, Apr./Giu. 1989, ano 44, n. 2. p. 390.
288. MANDRIOLI, Crisanto. Corso...v. II, cit. p. 220; CARPI; COLESANTI; TARUFFO. Commentario...cit. p. 946.
289. SOTGIU, Nicola. La ragionevole durata...cit. p. 1661, nota 6.
290. CARPI; COLESANTI; TARUFFO. Commentario...cit. p. 946; MONTELEONE, Girolamo. Voce Estinzione... cit. p. 136; MANDRIOLI, Crisanto. Corso...v. II, cit. p. 220.

audiência – e nem mesmo após sua redesignação – e o réu não requeira o prosseguimento do processo, a fim de obter uma decisão de mérito definitiva (art. 181, do CPC italiano).[291]

O processo também se extingue imediatamente, na falta de integração do contraditório, à luz do art. 102 e 307, 3° *comma*, do CPC italiano, no prazo peremptório estabelecido pelo juiz, quando o litisconsórcio é necessário,[292] disposição, de resto, muito parecida com nosso art. 115, parágrafo único, do CPC/2015. Esse caso não é de inatividade pura ou instrumental, mas sim de falta de sanação de um vício,[293] na presença do qual a sentença não pode ser plenamente eficaz.

Objeto de reforma do CPC italiano, em 2009, também foi a possibilidade de extinção *ex officio*, averiguadas as hipóteses de inatividade previstas no art. 307. Procedimento adotado na redação original do Código, cuja reforma de 1950 implicou no fato de a extinção operar de direito, mas dever ser objeto de exceção da parte interessada,[294] trata-se de alteração criticável, primeiramente pelas mesmas razões já defendidas no presente trabalho: impossibilita-se à parte interessada no desfecho do mérito da controvérsia atuar para esse fim.[295] Depois, é questionável se em termos de duração razoável é realmente vantajosa a extinção de mero rito em relação a uma decisão de mérito definitiva,[296] na medida em que a duração razoável não consiste em assegurar apenas os mecanismos internos de aceleração, mas, preferivelmente, a aceleração externa, prevenindo o surgimento de outros litígios.[297]

3.3.1. Inatividade das partes no processo italiano do trabalho: um paralelo com o nosso tratamento das partes inativas

Faremos uma exposição de alguns problemas sobre a inatividade das partes no processo italiano do trabalho. A justificativa do estudo desse tema é compreender alguns dos problemas que os italia-

---

291. MANDRIOLI, Crisanto. Corso...v. II, cit. p. 220.
292. SALETTI, Achille. Voce Estinzione...cit. p. 7; MANDRIOLI, Crisanto. Corso...v. II, cit. p. 221.
293. PISANI, Andrea Proto. Lezioni...cit. p. 211.
294. MONTELEONE, Girolamo. Voce Estinzione...cit. p. 137.
295. SOTGIU, Nicola. La ragionevole durata...cit. p. 1663-4.
296. Com base no art. 111, da Constituição italiana, semelhante ao nosso art. 5°, inc. LXXVIII, da CF.
297. OLIVIERI, Giuseppe. La "ragionevole durata" del processo di cognizione (qualche considerazione sull'art. 11, 2° comma, Cost.). Il foro italiano. v. 123. n. 10, Ott. 2000. p. 253-4.

nos enfrentam em relação à coordenação entre um sistema baseado no impulso oficial (processo do trabalho) e um processo regulado pelo preponderante impulso das partes (procedimento comum), tendo em vista que as normas desse último são subsidiárias em relação ao primeiro.

A partir desse capítulo poderemos compreender também que o tratamento da inatividade por abandono no nosso sistema nada mais é que uma reminiscência de um processo baseado na preponderância do impulso da parte e que não privilegia a oralidade e a concentração. Já o tratamento do réu revel, por sua vez, tem sua sistemática transplantada de um sistema que privilegia a oralidade, a concentração dos atos processuais e o impulso oficial. Com esse tratamento, há um prejuízo não só em termos isonômicos, mas também em termos de celeridade e economia e esses mesmos problemas são sentidos pelos italianos, quando aplicam equivocamente o regramento da inatividade do procedimento ordinário ao processo do trabalho.

O processo individual do trabalho, na Itália, compõe o Título IV, Livro II, do CPC. Esse rito especial se vale não apenas das disposições gerais do diploma como norte, mas também se socorre, mediante integração de suas lacunas, das normas procedimentais ali dispostas, desde que, obviamente, não haja incompatibilidade de ritos.[298]

Desde o início da vigência do CPC italiano de 1942, o juiz do trabalho – que era aquele mesmo que julgava as causas cíveis – detinha maiores poderes instrutórios em relação àquele que julgava as causas ordinárias: poderia determinar provas de ofício e o comparecimento para o interrogatório não formal das partes ao longo do processo (arts. 439 e 440, do CPC italiano, em sua redação original).[299]

Mas, o regramento do processo civil do trabalho não permaneceu inalterado na Itália. Um novo rito é introduzido com a Lei n. 533, de 1973, e o procedimento destinado à resolução das controvérsias individuais do trabalho assume matizes bem mais particularizadas,

---

298. MONTESANO, Luigi; VACCARELLA, Romano. Manuale di diritto processuale del lavoro. 2ª ed. Napoli: E. Jovene, 1989. p. 7.
299. TESORIERE, Giovanni. Diritto processuale del lavoro. 4ª ed. Padova: CEDAM, 2004. p. 40. De acordo com Fabbrini, essa era a principal norma que diferenciava o direito individual do trabalho, do rito comum, antes da reforma de 1973 (FABBRINI, Giovanni. A proposito di un progetto di riforma del processo individuale del lavoro. Rivista di diritto processuale civile. Padova: CEDAM, 1974. p. 376).

relativamente ao procedimento comum.³⁰⁰ Primeiramente, partindo da premissa de que o processo do trabalho deveria calcar-se nos poderes de ofício do juiz,³⁰¹ seja em termos de impulso processual, seja em termos de poderes instrutórios, atribuiu-se a competência para o julgamento dessas causas a um juiz monocrático especializado – embora também competente para o julgamento de causas cíveis, já que os italianos não conhecem uma Justiça do Trabalho especializada, como a nossa –, inicialmente o pretor e, depois, com a reforma de 1998, um juiz monocrático do tribunal (art. 413, do CPC italiano).³⁰²

Com base nesse incremento dos poderes instrutórios, compreendeu-se que a atividade ou inatividade das partes no processo individual do trabalho não deveria ser considerada um empecilho para o julgamento de mérito.³⁰³ É que uma das peculiaridades do processo do trabalho, em relação ao rito ordinário, é a sua instauração mediante *"ricorso"*, peça protocolada diretamente perante o tribunal (algo semelhante à petição inicial em nosso sistema, embora lá, a citação do réu ainda é ato realizado pelo autor), sendo que após esse ato, pensou-se, já que não haveria contumácia do autor (o autor não precisa constituir-se depois da apresentação do recurso, pois ele se constitui com a apresentação deste),³⁰⁴ a inatividade das partes não seria motivo de paralisação do processo.

Mas, esse entendimento logo se demonstrou ilusório, na medida em que, mesmo no processo do trabalho, alguns atos são de incumbência exclusiva das partes³⁰⁵ (e. g., o autor tem de notificar o *"ricorso"* ao réu, ato que é semelhante a nossa citação, as partes têm de comparecer à primeira audiência, conforme o art. 420, do CPC italiano).

O processo individual do trabalho também foi calcado nos postulados chiovendianos da oralidade e concentração.³⁰⁶ A adoção da oralidade ficou muito clara na possibilidade de o juiz interrogar livremente as partes e nas consequências da inobservância deste ônus

---

300. TESORIERE, Giovanni. Diritto...cit. p. 47; FABBRINI, Giovanni. A proposito di un progetto...cit. p. 376.
301. FABBRINI, Giovanni. A proposito di un progetto...cit. p. 372; MONTESANO; VACCARELLA. Manuale... cit. p. 7.
302. TESORIERE, Giovanni. Diritto...cit. p. 47.
303. FABBRINI, Govanni. A proposito...cit. p. 372.
304. TARZIA, Giuseppe. Manuale del processo del lavoro. Milano: Giuffrè, 1975. p. 103.
305. TARZIA, Giuseppe. Manuale...cit. p. 97.
306. FABBRINI, Giovanni. A proposito...cit. p. 372; MONTESANO; VACCARELLA. Manuale...cit. p. 6.

(o juiz valora a ausência como argumento de prova, art. 420, do CPC italiano), valorizando-se sua presença para fins de instrução, além de determinar-se, como regra, que a sentença seja prolatada em audiência, diante das partes (art. 429, do CPC italiano).

Pela adoção do princípio da oralidade, podemos compreender também o tratamento dado ao réu no processo individual do trabalho. Primeiramente, o objetivo do legislador foi o de assegurar que toda a matéria de discussão esteja fixada na audiência prevista no art. 420, do CPC italiano.[307] Desse modo, o réu, constituindo-se e apresentando uma memória defensiva em até dez dias antes da referida audiência, deve propor nessa oportunidade, sob pena de decadência, demanda reconvencional e as exceções processuais e de mérito não cognoscíveis de ofício, assumindo posição precisa, e não limitada à contestação genérica, além de dever apresentar os meios de prova que entende cabíveis e depositar os documentos que entende necessários (art. 416, do CPC italiano).[308]

Na época, esse regramento era pioneiro no processo civil italiano e, somado à possibilidade de o juiz decidir antecipadamente o pagamento de quantia não contestada (art. 423, do CPC italiano), fazia parecer que a não contestação no processo individual do trabalho geraria incontrovérsia, tornando despicienda a atividade probatória e aproximando esse sistema da *ficta confessio* alemã.[309] Embora haja alguns defensores desse entendimento,[310] essa não parece ser a posição predominante.

Entende-se que, mesmo no processo individual do trabalho, o legislador não acatou o princípio da *ficta confessio*.[311] E isso por alguns motivos. Primeiramente, existe uma lacuna em relação à inatividade do autor em comparecer à audiência, fazendo necessário, como veremos mais adiante, o recurso ao regramento do procedimento ordinário, o que implicaria a mera "*cancellazione*" e extinção imediata

---

307. TARZIA, Giuseppe. Manuale...cit. p. 50.
308. O leitor já deve ter apercebido a semelhança desse regime com o art. 167 atual do CPC italiano, referente à instrução e introdução da causa do rito comum. De fato, o legislador reformista inspirou-se no regime do processo individual do trabalho no que toca ao incremento das preclusões e valorização da concentração dos atos processuais no procedimento comum italiano.
309. VACCARELLA, Romano. Inattività...cit. p. 180-1.
310. FEDERICO, Pietro; FOGLIA. Raffaele. La disciplina del nuovo processo del lavoro. Introduzione e commento alla legge 11 agosto 1973, n. 533. Milano: L di G. Pirola, 1973. p. 121.
311. TARZIA, Giuseppe. Manuale...cit. p. 70; TESORIERE, Giovanni. Diritto...cit. p. 259.

(art. 181, do CPC italiano). Essa situação ensejaria um tratamento anti-isonômico,[312] exatamente como ocorre em nosso sistema. Daí não se poder aplicar o sistema da *ficta confessio* ao réu, pois esse regime exigiria a escolha de um sistema diverso,[313] que tratasse a inatividade de maneira geral como *ficta confessio*, e não poderia estar imerso num sistema em que a inatividade traz consequências meramente processuais (*ficta litiscontestatio*).

Mas, há ainda outro motivo, também decorrente da inexistência de um sistema baseado na *ficta confessio* entre os italianos. A falta de contestação deve ser tratada da mesma forma que a falta de comparecimento da parte à audiência de discussão, sob pena de incorrer-se numa incoerência sistêmica.[314] A ausência da parte à audiência de discussão, ou ausência ao interrogatório livre, implica num comportamento livremente valorável por parte do juiz (função probatória), tal qual prevê o art. 116, do CPC italiano (e o próprio art. 420), e nada mais: não há admissão dos fatos alegados pela outra parte, mas apenas um elemento de convicção a mais.[315]

Quanto ao princípio da concentração, além do incremento das preclusões relativamente à atividade das partes, temos outras características peculiares ao processo do trabalho. Primeiramente, como já vimos, a regra de que o juiz pode sentenciar na primeira audiência ou condenar a parte antecipadamente no pagamento de quantia não contestada, depois, a vedação da audiência de mero *"rinvio"* (art. 420, *ult. comma*). Essa vedação significa que o juiz não pode redesignar uma audiência para discutir questões anteriormente debatidas, evitando-se assim um prolongar inútil do processo, com audiências sem qualquer significado.[316] Entretanto, não quer dizer que uma au-

---

312. VACCARELLA, Romano. Inattività...cit. p. 183-4.
313. Como afirma Vaccarella, haveria de ser um sistema com um "clima" completamente diverso do procedimento ordinário, "per cui, se un tale intento [ficta confessio] fosse perseguito, una puntuale ed articolata disciplina dell'inattività sarebbe stata (...) indispensabile per assicurare il sucesso al nuovo rito" (VACCARELLA, Romano. Inattività...cit. p. 180).
314. VACCARELLA, Romano. Inattività...cit. p. 181-3.
315. VACCARELLA, Romano. Inattività...cit. p. 181-2; TARZIA, Giuseppe. Manuale...cit. p. 69-70.
316. "Mero rinvio' è espressione nuova nel linguaggio legislativo, ma ben nota alla prassi giudiziaria: essa indica il 'rinvio puro e semplice per trattazione', che lascia il processo nella stessa situazione, senza condurlo ad alcuno dei suoi possibili esiti" (TARZIA, Giuseppe. Manuale...cit. p. 98).

diência não possa ser redesignada. Isso pode ocorrer, desde que seja necessário para o enfrentamento de uma nova situação fática.[317]

Daí a possibilidade de aplicação subsidiária dos arts. 181 e 309, do CPC italiano em relação ao processo individual do trabalho (não comparecimento do autor ou de ambas as partes à audiência), defendida por muitos autores.[318] O antigo posicionamento de que esses dispositivos não se aplicariam *tout court* nesse procedimento especial, eis que a *"cancellazione"* feriria o princípio da concentração almejado pelo legislador reformista de 1973,[319] parece ter perdido muito da sua força a partir da reforma de 2008, que deu nova redação ao primeiro dispositivo e determinou que, seja na ausência de ambas as partes, seja na ausência tão somente do autor à audiência, da *"cancellazione"* advém a extinção imediata do processo.

Essa aplicação subsidiária do rito comum decorre do sistema em que o processo individual do trabalho está imerso, mas não é a melhor solução em termos de concentração. A melhor solução, neste aspecto, talvez fosse a possibilidade de o juiz, na ausência de uma das partes ou de ambas, julgar o processo no estado em que se encontrasse (no mérito, portanto).[320] O problema é justamente que, para os italianos, essa medida, no sistema do tratamento da inatividade do Código, não seria compatível com as demais regras sobre a inatividade,[321] além de ferir o princípio da demanda (na medida em que os atos de impulso se entendem como projeção daquele primeiro ato) e o contraditório (tendo em vista que a atividade das partes é simplesmente desconsiderada).[322]

Todavia, num processo oral e concentrado, nenhum impedimento de princípio haveria para a implementação de uma decisão no estado dos autos, em caso de inatividade das partes (como de fato

---

317. ORIANI, Renato. L`inattività delle parti nel processo del lavoro. Rivista di diritto processuale. Padova: CEDAM, Apr/Giu. 1989. p. 387.
318. ORIANI, Renato. L`inattività...cit. p. 408; TARZIA, Giuseppe. Manuale...cit. p. 107; MONTESANO, Luigi; VACCARELLA, Romano. Manuale...cit. p. 143-4.
319. Sugerindo que, neste caso, mesmo à míngua de disposição legal, da "cancellazione" adviria a extinção imediata, cfr. exposição de entendimentos em MONTESANO; VACCARELLA. Manuale...cit. p. 143; TARZIA, Giuseppe. Manuale...cit. p. 107.
320. Solução já aventada por Fabbrini, quando a reforma era apenas um projeto (FABBRINI, Giovanni. A proposito...cit. p. 387); FEDERICO, Pietro; FOGLIA, Raffaele. La disciplina...cit. p. 128.
321. MONTESANO, Luigi; VACCARELLA, Romano. Manuale...cit. p. 145.
322. ORIANI, Renato. L'inattività...cit. p. 393

ocorre, por exemplo, no § 251 a, da ZPO alemã).[323] O problema é a carência de mecanismos na lei para implementação desse sistema – novamente, trata-se de uma escolha de sistema.[324] No processo individual do trabalho italiano, a ausência das partes na primeira audiência implica a não realização de alguns atos (conciliação, interrogatório livre, atividade instrutória, possibilidade de modificação da demanda, etc.) que, na ausência de regulamentação, a decisão antecipada de mérito poderia implicar sim a violação ao contraditório.

O mesmo poderia ocorrer em nosso sistema, basta imaginar que, no mais das vezes, a inatividade por abandono é configurada em fases preliminares, de citação do réu (falta de realização de atos imprescindíveis para este ato). Como poderia o juiz prolatar uma decisão de mérito nesse primeiro momento? O julgamento de mérito, apesar da inatividade do autor, só poderia ocorrer em fases mais avançadas, quando a causa estivesse madura para julgamento (por exemplo, quando ele não implementar os atos necessários para citação dos herdeiros, falecido o réu).

Talvez pudéssemos pensar numa analogia com a inatividade do réu e, na verificação de inatividade por abandono (bilateral ou unilateral), considerar que a causa estivesse madura para julgamento a partir do saneamento do processo, desde que não houvesse requerimento de prova (art. 355, inc. II, do CPC/2015). A regra autorizadora desse julgamento de mérito poderia ser o art. 355, inc. I, do CPC/2015 (Seção 2, Cap. 4, item 4.1.3).

Mas, mesmo assim, seria essencial um regramento específico para essa inatividade, para que se evitassem lacunas, como, por exemplo, saber quando seria possível mitigar os efeitos da inatividade (e, consequentemente, não julgar diretamente o mérito) em relação ao autor (como nas hipóteses previstas para o réu no art. 345, do CPC/2015).

---

323. ORIANI, Renato. L'inattività...cit. p. 402.
324. ORIANI, Renato. L'inattività...cit. p. 405-6.

Capítulo 4

INATIVIDADE DAS PARTES COM CONSEQUÊNCIAS DIRETAS NA DECISÃO DE MÉRITO

> 4.1. Revelia e seus efeitos; 4.1.1. Presunção de veracidade das alegações de fato formuladas pelo autor; 4.1.1.1. A presunção de veracidade dos fatos alegados pelo autor como consequência da inatividade em sistemas que adotam o procedimento oral; 4.1.1.2. Análise crítica: problemas da adoção do tratamento da presunção de veracidade dos fatos alegados pelo autor no caso de inatividade do réu em nosso sistema; 4.1.2. Simplificação procedimental: julgamento antecipado do mérito; 4.1.3. Fluência dos prazos contra o réu revel; 4.2. Inatividade no comparecimento à audiência; 4.3. Tratamento mais isonômico: o exemplo do direito alemão

4.1. REVELIA E SEUS EFEITOS

4.1.1. Presunção de veracidade das alegações de fato formuladas pelo autor

Já tivemos a oportunidade de verificar o quão polêmica foi a introdução do regramento da inatividade do réu no CPC de 1973. Isso se deu, principalmente, pelo fato de o seu art. 319, que previa a hipótese de inatividade do réu em apresentar tempestivamente a contestação,[1] estabelecer que, *"reputar-se-ão verdadeiros os fatos afirmados pelo autor"*.

---

1. ALVIM, Arruda. Manual...cit. p. 288; DIDIER JR. Fredie. Curso..v. I, 2008, cit. p. 506; Id. Curso...v. I, 2016, cit. p. 674; BUENO, Cassio Scarpinella. Curso...v. II, t. I, cit. p. 189, esse autor defende, entretanto, que a revelia equivale à apresentação de nenhum tipo de resposta pelo réu.

A omissão implicaria, então, segundo o texto do art. 334, inc. III, a dispensa de prova dos fatos alegados por parte do autor e, consequentemente, o julgamento antecipado da lide (art. 330, inc. II, do CPC/1973). Esses dispositivos foram mantidos, com algumas alterações, no CPC de 2015, respectivamente, nos arts. 344, 374, inc. III, e 355, inc. II.

Com a introdução da nova sistemática (se tivermos como parâmetro nosso sistema processual até 1973), alguns autores compreenderam que a previsão do art. 319 tratava-se de presunção absoluta de veracidade dos fatos afirmados pelo autor, pois este ficaria dispensado do ônus de provar suas alegações e isso decorreria da expressa disposição legal.[2] A rigor, nem mesmo a alteração do texto do dispositivo, como formulado no art. 344, do CPC/2015, afastaria de maneira indubitável esse entendimento, tendo em vista que o legislador só previu que as alegações do autor *"presumir-se-ão verdadeiras"*. Não há qualquer menção à natureza dessa presunção, se relativa ou absoluta.

Outros afirmavam que o art. 319, do CPC/1973, continha hipótese de confissão ficta (como no CPC português, art. 567, 1ª parte),[3] de sorte que a falta de contestação – ou sua intempestividade – implicaria na admissão do fato alegado pelo autor como verdadeiro, dispensando da prova os fatos alegados por este último (art. 374, incs. II e III, do CPC/2015).[4] Mesmo quem partilha desse entendimento, todavia, relativiza o rigor do efeito material da revelia, afirmando que

---

2. Embora não o diga expressamente, parece ser essa a posição de SANTOS, Moacyr Amaral. Primeiras linhas de direito processual civil. 6ª ed. São Paulo: Saraiva, 1981. p. 220. v. II, quando afirma que "a falta de contestação redunda na presunção de veracidade dos fatos afirmados pelo autor, ficando este, de tal forma, exonerado do ônus de prová-los"; também GIANESINI. Rita. Da revelia no processo civil brasileiro. São Paulo: RT, 1977. p. 75; "na realidade, o art. 319 dispensa efetivamente o autor de prova, desde que o réu não conteste a ação" (ALVIM, Arruda. Manual de direito processual civil. São Paulo: RT, 2005. p. 293. v. II).

3. DIDIER JR. Fredie. Curso...v. I, 2008, cit. p. 506; Id. Curso...v. I, 2016, cit. p. 676. O CPC português de 2013 tem a seguinte redação: "art. 567. Efeitos da revelia (...) 1 - Se o réu não contestar, tendo sido ou devendo considerar-se citado regularmente na sua própria pessoa ou tendo juntado procuração a mandatário judicial no prazo da contestação, consideram-se confessados os factos articulados pelo autor". A redação do revogado art. 484, do CPC/61 era idêntica.

4. "Adotou-se, portanto, não mais o princípio da marcação revisível das proposições não contestadas, mas sim o da marcação irrevisível, mesmo se há incompatibilidade com as outras provas, marcação que inibe a produção de provas em contraste com o que foi marcado pela falta de afirmação contrária. Não negar foi feito confessar" (PONTES DE MIRANDA. Francisco Cavalcanti. Comentários... cit. p. 196. v. IV); TUCCI, Rogério Lauria. Do julgamento conforme o estado do processo. 3ª ed. São Paulo: Saraiva, 1988. p. 261.

não necessariamente o autor deverá ter seu pedido julgado procedente, como se a revelia vinculasse o juiz.[5]

Aproxima-se, assim, do entendimento de que a confissão não é a rainha das provas[6] e que, apesar de dispensar a parte contrária de provar os fatos que a parte confitente afirmou como verdadeiros, não impede que o juiz se utilize de outros elementos e provas constantes dos autos.[7] Os efeitos da revelia assemelhar-se-iam aos efeitos da confissão tácita do art. 385, § 1º do CPC/2015, que apesar de dispensar da prova a parte a que favorece, não ilide prova em contrário.[8]

Mas, a rigor, a inatividade do réu em contestar não se trata de confissão. Elas diferem em seus elementos estruturais e funcionais. A confissão, ainda que tácita, é tida como declaração de ciência ou representativa e sua função é servir como prova (meio de prova).[9] Trata-se de manifestação de um fato que desfavorece o emitente da declaração[10] e, devido à maior credibilidade que costumeiramente detém essa declaração desfavorável para demonstrar a veracidade de um fato, pois, usualmente, ninguém presta uma declaração contrária ao próprio interesse, ela é admitida como meio probatório.[11]

A inatividade do réu em responder está ligada mais ao ônus de comparecer, ao elemento volitivo inerente ao princípio dispositivo, que à representação de uma manifestação ou declaração de ciência sobre determinado fato. Tanto isso é verdade, que nada impede que o réu compareça intempestivamente e manifeste o interesse em im-

---

5. TUCCI, Rogério Lauria. Do julgamento...cit. p. 261.
6. Há entendimento partilhado de que a afirmação disposta no art. 391, do CPC/2015, de que a confissão faz prova contra o confitente, encerraria espécie de prova legal, vinculando o juiz, ainda que esse estivesse convencido da inveracidade do fato confessado: TUCCI, Rogério Lauria. Confissão (Direito processual civil) – II. In Enciclopédia Saraiva de Direito. São Paulo: Saraiva, 1977. p. 16-7. v. 18; MARQUES, José Frederico. Manual de direito processual civil. São Paulo: Saraiva, 1974. p. 200. v. II. Segundo Rosenberg, "el efecto de la confesión consiste en que el hecho admitido no necesita prueba y debe ser tenido por el magistrado en la sentencia como verdadero, aun cuando no esté convencido de su veracidad; excepto cuando lo tenga por imposible, es decir, opuesto a toda experiencia o resulte evidente su contrario" (ROSENBERG, Leo. Tratado de derecho procesal civil. Buenos Aires: EJEA, 1955. p. 216. t. II).
7. COSTA, Moacyr Lobo da. Confissão e reconhecimento do pedido. São Paulo: Saraiva, 1983. p. 73-4.
8. SANTOS, Moacyr Amaral. Prova judiciária no cível e no comercial. 4ª ed. São Paulo: Max Limonad, 1971. p. 252. v. II.
9. FREITAS, José Lebre de. A confissão no direito probatório. Coimbra: Coimbra Editora, 1991. p. 589; SANTOS, Moacyr Amaral. Prova judiciária...cit. p. 28; FURNO, Carlo. Confessione (dir. proc. civ.). In Enciclopedia del diritto. Milano: Giuffrè, 1961. p. 878. v. VIII.
10. FREITAS, José Lebre de. A confissão...cit. p. 590.
11. SANTOS, Moacyr Amaral. Prova...v. II, cit. p. 28.

pugnar os fatos alegados pelo autor, inexistindo confissão nesse caso, portanto.[12]

Há aqueles que não viam no art. 319 do CPC/1973 (art. 344, do CPC/2015) uma confissão ficta, que ocorreria somente na hipótese do art. 302 do CPC/1973 (art. 341, do CPC/2015)[13] – falta de impugnação específica. Neste último caso sim a não contestação se aproximaria da confissão,[14] dispensando-se a prova por parte do autor, porque há um comportamento silente daquele que comparece. Há, de certa forma, uma atitude reprovável do réu que comparece e não impugna, ao deixar de contribuir com o contraditório, de colaborar com a instrução.[15] Para Calmon de Passos, que partilha desse entendimento, a revelia consubstanciada na inatividade total seria considerada simplesmente uma ausência e não uma confissão ficta, que, verificada objetivamente, acarretaria os efeitos legais da dispensa de prova dos fatos alegados pelo autor e a eliminação do direito à prova contrária pelo réu.[16]

Aqui não há qualquer aproximação do comportamento do réu com um instituto probatório, não há silêncio, mas omissão total, tida como um fato objetivo, cujos efeitos estão previstos em lei. Entretanto, isso somente ocorria, porque o legislador utilizava a expressão "*reputar-se-ão verdadeiros*" e não fazia qualquer menção a confissão ou presunção, como o fez o legislador português[17] e o nosso legislador atual. A situação muda de figura com o novo Código, que previu a expressão "*presumir-se-ão verdadeiras as alegações de fato formuladas*

---

12. PASSOS, José Joaquim Calmon de. Comentários...6ª ed. v. III, cit. p. 406.
13. "No art. 302 ficou expresso que se presumiriam verdadeiros os fatos narrados pelo autor em sua petição inicial se não impugnados pelo réu. Confissão ficta, se disse. O silêncio vale aceitação tácita da verdade do fato não impugnado" (PASSOS, José Joaquim Calmon de. Comentários...v. III, cit. p. 349); MARQUES, José Frederico. Manual...v. II, cit. p. 200, embora esse autor equipare a confissão não somente à não impugnação específica dos fatos, mas também à ausência total do réu; SOUZA, Gelson Amaro. Da revelia. Revista de Processo. São Paulo: RT, ano 20, n. 80, out/dez 1995. p. 190.
14. MARINONI, Luiz Guilherme. Tutela antecipatória...cit. p. 124.
15. Seria mais fácil, provavelmente, enxergar na ausência total problemas estruturais que ultrapassam a técnica processual e justificam a revelia, como, por exemplo: problemas socioeconômicos e culturais dos jurisdicionados, dificuldades de acesso à justiça, dificuldades de locomoção ou de formação profissional dos aplicadores do direito (cfr. BARBOSA MOREIRA, José Carlos. Sobre a multiplicidade de perspectivas no estudo do processo. Revista de Processo. n. 49. São Paulo: RT, jan-mar. 1988. p. 11-2; MARINONI, Luiz Guilherme. Tutela antecipatória e julgamento antecipado. São Paulo: RT, 2002. p. 122).
16. PASSOS, José Joaquim Calmon de. Comentários...v. III, cit. p. 349.
17. PASSOS, José Joaquim Calmon de. Confissão (Direito processual civil) – I. In Enciclopédia Saraiva de Direito...cit. p. 9. v. 18.

pelo autor", admitindo-se, de certa forma, interpretarmos também a revelia como comportamento processual que pode ser valorado (embora os efeitos sejam previamente estabelecidos pelo legislador),[18] de acordo com o art. 371, do CPC/2015.

Mesmo na vigência do CPC/1973, a doutrina e jurisprudência relativizaram o rigor das disposições dos arts. 319, 330, inc. II e 334, inciso III, do CPC/1973, de sorte a considerá-las como hipótese de presunção relativa, ou seja, *iuris tantum*,[19] de veracidade dos fatos alegados pelo autor, admitindo-se, por isso, prova em contrário pelo réu.[20]

Mesmo aqueles que pareciam optar pela presunção absoluta de veracidade dos fatos alegados pelo autor – ou confissão ficta – admitiam várias mitigações ao excerto: tanto legais (arts. 9°, inc. II, 52, parágrafo único, 267, § 3° e 320, do CPC/1973), como judiciais (os fatos alegados pelo autor devem passar pelo crivo da plausibilidade ou verossimilhança).[21]

Conclui-se, sob esse viés, que a presunção no caso dos arts. 319 e 302 do CPC/1973 (arts. 344 e 341, do CPC/2015) é relativa,[22] porque a lei exclui a necessidade de prova sobre os fatos alegados pelo autor,[23] mas não se afasta a possibilidade de prova desses fatos pelo

---

18. Essa ideia é partilhada por Gelson Amaro de Souza, na medida em que compreende a revelia como uma situação fática, imersa no quadro de atos processuais, quadro este que pode servir de conjunto probatório para a decisão judicial: "sempre estudamos o processo como sendo um conjunto de atos, tendente a fornecer um quadro probatório para o juiz formar o seu convencimento e poder decidir (...) partindo desta concepção de que o juiz vai apreciar os fatos trazidos aos autos pelas partes e quando uma delas a isso se 'abstém' esse seu comportamento omissivo gera efeitos processuais" (SOUZA, Gelson Amaro de. Da revelia...cit. p. 188); a ideia também é partilhada por Santos, quando afirma que o juiz poderia averiguar se a parte revel estaria inequivocamente renunciando a qualquer defesa ou poderia admitir a contestação tardia, por um mínimo de excesso de prazo (SANTOS, Ernane Fidélis dos. Manual...v. I, cit. p. 500).
19. Nesse sentido, OLIVEIRA, Carlos Alberto Alvaro de; MITIDIERO, Daniel. Curso de processo civil. São Paulo: Atlas, 2012. p. 31. v. II; GRINOVER, Ada Pellegrini. Direito processual civil 2ª. ed. J. Bushatsky, 1975. p. 23; MARINONI, Luiz Guilherme; ARENHART, Sérgio Cruz. Curso de processo civil. 7ª ed. São Paulo: RT, 2008. p. 130-1. v. II.
20. Cfr. o verbete n° 231, da Súmula do STF, no qual se previu: "o revel, em processo cível, pode produzir provas, desde que compareça em tempo oportuno". No mesmo sentido: STJ-4ª T, AgRg no Ag 1211527, Luis Felipe Salomão, 10/05/2011; STJ-4ª T, Resp. 2.846, Rel. Min. Barros Monteiro, j. 02.10.1990; STJ-4ª T, Ag.Rg. no Ag 123413, Sálvio de Figueiredo, 26/02/1997. O novo CPC consolidou esse entendimento no art. 349.
21. ALVIM, Arruda. Manual...cit. p. 293-4; DIDIER JR., Fredie. Curso...v. I, 2008, cit. p. 506; MARINONI; ARENHART. Curso...v. II, cit. p. 129.
22. No mesmo sentido para o CPC/2015: MARINONI; ARENHART; MITIDIERO. Novo Código...cit. p. 372.
23. Em trabalho anterior Dinamarco sustentou tese diversa da atual – presunção relativa –, pois os fatos incontroversos (pontos) alegados pelo autor, justamente por não haver contestação, não

réu (inversão do ônus da prova). Caberia, portanto, ao réu ilidir os fatos constitutivos do direito do autor e, ao final, caso remanescessem dúvidas, o juiz julgaria a favor deste, visto que o ônus da prova é uma regra de julgamento.

Entretanto, há quem entenda não se tratar a revelia de uma presunção.[24] A presunção decorreria de um juízo lógico de indução, pelo qual se extrai de um determinado fato conhecido a ocorrência de outro fato desconhecido. Esse processo mental, pelo qual o legislador (*praesumptiones legis*), ou o juiz (*praesumptiones hominis*), concebe a existência de um fato, pelo grau de probabilidade de sua ocorrência em face de outro fato conhecido,[25] considera-se um *"conhecimento adquirido".*[26]

O caso do art. 344, do CPC/2015, não seria hipótese de presunção absoluta legal, primeiramente, porque prescinde do juízo lógico de indução. Em segundo lugar, porque no caso da presunção absoluta há uma consequência direta que a lei impõe na verificação de um fato conhecido, a qual dispensa aquele que alega de qualquer tipo de prova.[27] Não é o que ocorre na revelia, já que a própria lei se incum-

---

integrariam o objeto da prova, ilidindo qualquer atividade probatória do réu, portanto: "repugna-me considerar como presunção esta solução do art. 319, com relação a fatos que não integram o objeto da prova, pois que incontroversos. Se o autor alegou e o réu não negou, isto quer significar que aqueles pontos de fato permaneceram como pontos, não passaram a ser questões. Não houve controvérsia a respeito e nós vimos que, pelo art. 334, esta dispensa-se de prova, não integrando o objeto da prova. Parece-me que a situação é muito análoga à de presunção, porque há também o fato não controverso: dispensa concedida ao autor. Mas não é tecnicamente uma 'presunção', no ponto-de-vista ortodoxo do conceito" (DINAMARCO, Cândido Rangel. Ônus de contestar...cit. p. 191-192).

24. DINAMARCO, Cândido Rangel. Ônus de contestar...cit. p. 191-192; BARBOSA MOREIRA, José Carlos. As presunções...cit. p. 65.

25. "[presunção] es un juicio lógico del legislador o del juez, en virtud del cual se considera como certo o probable un hecho, con fundamento en las máximas generales de experiencias" (ECHANDIA. Hernando Devis. Teoria general de la prueba judicial. Buenos Aires: Alberti, 1981. p. 694. t. II); "consequências que resultam dos constantes efeitos de um fato" (SANTOS, Moacyr Amaral. Prova judiciária no cível e comercial. 4ª ed. São Paulo: Max Lemonad, 1970. v. I. p. 87); COVELLO, Sergio Carlos. A presunção...cit. p. 19; "l'ordine normale delle cose, per cui, in base all'esperianza, si ritene che un evento è causa di un altro" (CONTE, Mario. Le prove nel processo civile. Milano: Giuffrè, 2002, p. 16); desta forma no Código Civil francês, art. 1349: Les présomptions sont des conséquences que la loi ou le magistrat tire d'un fait connu à un fait inconnu, e italiano, art. 2927. Le presunzioni sono le conseguenze che la legge o il giudice trae da un fatto noto per risalire a un fatto ignorato.

26. BARBOSA MOREIRA, José Carlos. As presunções...cit. p. 59.

27. Elas influem no direito probatório retirando do objeto da prova certos fatos (DINAMARCO, Cândido Rangel. Instituições...cit. v. III. p. 118), mas se exaurem no direito substancial; a facilitação da prova decorre unicamente da inversão da *fattispecie* pelo legislador: BARBOSA MOREIRA, José Carlos. As presunções...cit. p. 64; ECHANDIA, Hernando Devis. Teoria...cit. t. II. p. 698; CONTE, Mario. Le prove...cit. p. 21-22; COVELLO, Sergio Carlos. A presunção...cit. p. 65;

biu de estabelecer as exceções (art. 345, do CPC/2015) ao preceito *"presumir-se-ão verdadeiras"*.

Por inexistir na atribuição deste efeito da revelia qualquer juízo lógico, que vincula os fatos em exame, não se poderia falar também em presunção relativa, embora o principal efeito prático deste tipo de presunção,[28] que é a inversão do ônus da prova, também aqui esteja presente: [29] tal qual nas presunções relativas,[30] é facultado ao réu, em caso de revelia, provar o contrário do ocorrido pelos fatos alegados pelo autor.

Há ainda uma diferença na inversão do *onus probandi* decorrente da revelia, pois no caso das presunções relativas, parece ocorrer um deslocamento desse ônus,[31] não apenas sua inversão. No caso das presunções relativas, a parte contrária pode provar: a) tanto a inexistência de causalidade ou que o fato desconhecido não decorre normalmente do conhecido; b) a inexistência do próprio fato conhecido; c) a inexistência do próprio fato desconhecido.[32] Na revelia essas possibilidades não estão presentes, pois o fato conhecido é simplesmente a inatividade, objetivamente aferível no processo.

Com base nesses argumentos, há quem entenda que a revelia é uma espécie de ficção, que dispensa o juízo de probabilidade de ocorrência entre fato presumido e fato conhecido – tanto que o próprio Código reconhece que em determinados casos os fatos não se reputam verdadeiros (arts. 72, inc. II e 345, do CPC/2015). O efeito prático, todavia, é o mesmo decorrente da presunção, que é o fato de

---

28. BRESOLIN, Umberto Bara. Revelia...cit. p. 126.
29. "[atuam] para que o fato buscado na instrução fique dispensado de demonstração pela parte interessada (ele fica excluído do objeto da prova – art. 334, inc. IV)", embora a outra parte tenha direito de ilidir o fato presumido (DINAMARCO, Cândido Rangel. Instituições...v. III, cit. p. 114); BARBOSA MOREIRA, José Carlos. As presunções...cit. p. 60, para quem o principal efeito processual da presunção relativa é a inversão do ônus da prova.
30. CONTE, Mario. Le prove...cit. p. 22-23.
31. A expressão "deslocamento" é utilizada por GUASP, Jaime. Derecho procesal civil. Madrid: Civitas, 1998. p. 382.
32. A Ley de Enjuiciamento Civil traz bem essa possibilidade da contraparte: Artículo 385, apartado 2: "Cuando la ley establezca una presunción salvo prueba en contrario, ésta podrá dirigirse tanto a probar la inexistencia del hecho presunto como a demostrar que no existe, en el caso de que se trate, el enlace que ha de haber entre el hecho que se presume y el hecho probado o admitido que fundamenta la presunción".

o juiz ter de considerar verdadeiro um fato desconhecido, diante da existência de um fato conhecido (revelia).[33]

Há entendimento que rechaça até mesmo essa aplicação análoga do regime das presunções relativas ao revel, concluindo-se que sequer o ônus da prova se inverteria. Neste caso, nem mesmo a incontrovérsia decorrente da falta de contestação exoneraria o autor de provar os fatos narrados, aproximando muito nosso ordenamento daqueles regidos pela *ficta litiscontestatio*.[34]

Esse entendimento foi reforçado com a ideia partilhada por alguns autores de que os efeitos do art. 319 (art. 344, do CPC/2015) não incidiriam quando as alegações do autor fossem impossíveis, improváveis,[35] inverídicas, inverossímeis ou contraditórias entre si.[36] Nesses casos, o juiz inferiria das próprias alegações do autor que em nenhuma hipótese (livre convencimento motivado e utilização das máximas de experiência, arts. 371 e 375, do CPC/2015 e art. 131 e 335, do CPC/1973),[37] ou muito raramente, tais fatos poderiam ocorrer.[38]

---

33. "A ficção implica, muito ao contrário, não só que o legislador se abstenha de ver o fato como provavelmente ocorrido, mas que se ache até consciente de que a verdade é o oposto, quer dizer, admita que o fato não se haja verificado – para em seguida, apesar disso, determinar que se produzam os mesmos efeitos que se produziriam se o fato fosse verdadeiro" (BARBOSA MOREIRA, José Carlos. As presunções...cit. p. 65); embora reconhecendo a existência de um raciocínio indutivo – o que normalmente acontece – para se chegar à presunção, Andrioli reconhece que, na prática, ambas funcionam da mesma forma, dispensando o interessado de provar o fato desconhecido, mas tão só o conhecido (ANDRIOLI, Virgilio. Voce Presunzioni (dir. civ. e dir. proc. civ.). Novissimo digesto italiano. Torinese. p. 767. v. XIII).

34. "O efeito da revelia de que trata o art. 319 não equivale à presunção nem mesmo relativa, pois, na presunção relativa, há inversão do ônus da prova e, no caso da revelia, essa inversão não acontece necessariamente: ao autor continua cabendo o ônus da prova do fato constitutivo de seu direito" (MEDEIROS, Maria Lúcia L.C. de. A revelia sob o aspecto da instrumentalidade. São Paulo: RT, 2003. p. 107). Nesse sentido, o art. 20, da Lei dos Juizados Especiais Cíveis (Lei 9.099/95): "não comparecendo o demandado à sessão de conciliação ou à audiência de instrução e julgamento, reputar-se-ão verdadeiros os fatos alegados no pedido inicial, salvo se o contrário resultar da convicção do juiz".

35. Impossíveis seriam aqueles fatos contrários às leis naturais ou dogmas da matemática, bem como os excluídos, pela lógica, do contexto descrito na inicial (DINAMARCO, Cândido Rangel. Instituições...cit. v. III. p. 568.); improváveis, aqueles em que prevalecem os motivos divergentes, daqueles convergentes para a sua credibilidade (MALATESTA, Nicolas Framarino de. Logica de las pruebas en materia criminal. Buenos Aires: Lavalle, 1945. p. 15). No mesmo sentido: BEDAQUE, José Roberto dos Santos. Poderes instrutórios...cit. p. 59; ALVIM, Arruda. Manual...cit. p. 293; DIDIER JR, Fredie...v. I, 2008, cit. p. 506, Id. Curso...v. I, 2016, cit. p. 676; PIMENTEL, Wellington Moreira. Comentários ao Código de Processo Civil. 2ª ed. São Paulo: RT, 1979. p. 334. v. III.

36. BARBOSA MOREIRA, José Carlos. O novo processo civil brasileiro. 27ª ed. Rio de Janeiro: Forense, 2008. p. 97; TUCCI, Rogério Lauria. Do julgamento...cit. p. 260.

37. Segundo alguns autores, a regra do livre convencimento permite a mitigação dos efeitos da revelia (PIMENTEL, Wellington Moreira. Comentários...v. III, cit. p. 336; BUENO, Cassio Scarpinella. Curso...v. II, t. 1. p. 189).

38. BRESOLIN, Umberto Bara. Revelia...cit. p. 118.

Esse entendimento foi positivado no art. 345, inc. IV, do CPC/2015, corroborando, inclusive, com a relativização dos entendimentos que viam na revelia uma presunção absoluta de veracidade dos fatos alegados pelo autor.

Podemos imaginar alguns exemplos de aplicação dessa exceção aos efeitos da revelia (agora legal e não mais judicial), mesmo na ausência de resposta do réu. Por exemplo, a afirmação do autor que pede indenização pelo fato de ter sido atropelado por um avião em plena autopista,[39] ou, ainda, que fora abalroado na traseira pelo automóvel do réu, que vinha a 120 Km/h na Avenida Paulista, em plena sexta-feira às seis horas da tarde. Verificadas alegações como essas, nem mesmo a inversão do ônus da prova deverá ocorrer na ausência de resposta tempestiva.

Não há como negar que, com mais frequência, é por meio da contestação que se instaura uma dúvida no espírito do juiz.[40] Mas, a apresentação de resposta não é condição *sine qua non* para que esse efeito ocorra. A dúvida é o mesmo que questão. Questão é a controvérsia que se instaura diante de um ponto de fato ou de direito.[41] Normalmente a controvérsia se instaura por atividade das partes – tal é a consequência da utilização do princípio dispositivo como regra no ordenamento, ou seja, a demanda é vista como projeto de sentença –,[42] mas pode ser que ela se instaure na cabeça do juiz mesmo sem qualquer iniciativa, desde que haja elementos suficientes nos autos.

Isso é justamente o que ocorre na exceção do art. 345, inc. IV, do CPC/2015. Podem surgir, ainda que na ausência de resposta, elementos nos autos que infirmem os argumentos do autor. Isso se dá, por exemplo, quando ele próprio traz ao conhecimento um documento comprometedor, ou mediante o depoimento inesperado de uma testemunha. Pode ser que pela natureza do bem discutido na causa,

---

39. Exemplo dado por Antonio Carlos Marcato nas aulas de graduação e pós-graduação da Faculdade de Direito da Universidade de São Paulo.
40. DINAMARCO, Cândido Rangel. Ônus de contestar...cit. p. 190.
41. "Di fronte a qualunque giudizio della parte il giudice deve colocarsi in una situazione di dubbio (...) sarà vero, non sarà vero? Perciò le ragioni delle parti si convertono per il giudice in questioni (...) tra la ragione e la questione la diferenza sta in un punto fermo o in un punto interrogativo. La questioni è il dubbio intorno al giudizio" (CARNELUTTI, Francesco. Diritto e Processo. Morano, 1958. p. 188).
42. CARNELUTTI, Francesco. Diritto...cit. p. 98.

o juiz compreenda que, malgrado a revelia do réu, seja necessária a produção de prova pericial.[43]

Tendo em vista a busca de legitimidade do material fático do processo, bem como a possibilidade de existência de dúvida acerca da veracidade dos fatos alegados pelo autor, não o dispensando do mínimo de prova, temos que o efeito da revelia,[44] principalmente com as inovações trazidas pelo legislador de 2015, se aproxima muito mais da presunção relativa,[45] mas a rigor seu principal efeito prático equivale apenas a uma regra de inversão do ônus da prova,[46] aplicável quando o autor supra o mínimo de elementos que embasam suas alegações.

O entendimento doutrinário que abranda o rigor do tratamento do revel, bem como sua adoção pelo Código de 2015, nos leva a concluir que a revelia, em substância, passa a ser vista muito mais como um comportamento valorável pelo juiz (*"presumir-se-ão como verdadeiros"*),[47] como a não-contestação dos italianos (art. 116, do CPC italiano), mas com alguns de seus efeitos vinculantes especificamente previstos pelo legislador (inversão do ônus da prova e julgamento antecipado do mérito), que poderiam ou não estar presentes.

4.1.1.1. A presunção de veracidade dos fatos alegados pelo autor como consequência da inatividade em sistemas que adotam o procedimento oral

O tratamento da inatividade das partes, seja como ônus de mera atividade processual, seja como ônus de defesa,[48] implicando o tra-

---

43. SANTOS, Ernane Fidélis dos. Manual...v. I, cit. p. 491.
44. BUENO, Cassio Scarpinella. Curso sistematizado...cit. v. 2, t. I. p. 189-90.
45. Lembrando-se que ainda nas presunções relativas, o interessado não se isenta de provar os fatos antecedentes, há uma meação do ônus da prova (COVELLO, Sergio Carlos. A presunção...cit. p. 42); ECHANDIA, Hernando Devis. Teoria...cit. p. 695.
46. BRESOLIN, Umberto Bara. Revelia...cit. p. 140, o autor ainda traz uma justificativa de cunho histórico, pois o art. 209, do CPC/1939, que trazia a mesma consequência para a revelia do réu, se encontrava num capítulo destinado ao ônus da prova; SANTOS, J. M. de Carvalho. Código de Processo Civil interpretado. 6ª ed. São Paulo: Freitas Bastos, 1964. p. 152-3. v. III.
47. A semelhante conclusão chegou Sica, ao comentar o art. 345, inc. IV, do CPC/2015, e esclarecer que, verificada a revelia, seja compreendida como presunção relativa ou confissão ficta, ela pode ser considerada mais uma prova a ser levada em consideração no julgamento, de acordo com a livre valoração motivada do juiz (art. 371, do CPC/2015) (SICA, Heitor Vitor Mendonça. Comentários aos arts. 344 a 346 do Código de Processo Civil de 2015. In BUENO, Cassio Scarpinella. Comentários ao Código de Processo Civil. São Paulo: Saraiva, 2016. no prelo).
48. Nesse aspecto: GIANNOZZI, Giancarlo. La contumacia...cit. p. 155.

tamento da *ficta litiscontestatio*, no primeiro caso, e da *ficta confessio*, no segundo, é uma escolha de sistema, que deve repercutir não apenas sobre uma ampla gama de atos processuais, mas que também deve ser consequência da estrutura do processo em determinado período histórico, variando, ademais, de país para país.[49]

Num sistema em que a inércia vale como contestação, diferentemente daqueles sistemas em que ela ocasiona a improcedência do pedido (do autor) ou a confissão (do réu), o silêncio das partes não é motivo para uma resolução célere da controvérsia. Preveem-se apenas mecanismos paliativos, para que a omissão não torne o processo demasiado longo, tendo em vista a ausência de qualquer repercussão imediata no julgamento de mérito advinda da inatividade processual.[50]

Ocorre que, como veremos, a previsão da atribuição de efeitos como a confissão ficta à inatividade serve para privilegiar a concentração do processo e uma discussão mais atenta dos fatos que realmente importam na audiência de instrução. A inserção de um instituto como a presunção de veracidade dos fatos em caso de revelia num sistema como o nosso, em que pode haver mitigações à concentração do processual (Seção 2, Cap. 4, item 4.1.1.2), principalmente diante da inatividade das outras partes (art. 485, incs. II e III, do CPC/2015), e não se valoriza a instrução em audiência (Seção 2, Cap. 4, item 4.2), pode anular as finalidades para qual ele foi concebido.

Os sistemas que adotam o procedimento oral, normalmente, vêm acompanhados de uma robusta e participativa fase preparatória da instrução,[51] justamente para que a audiência – de discussão ou de instrução – não seja banalizada. Nesses sistemas, a audiência é *"l'agone in cui si tratta la causa"* e ela não renderia bons frutos se não predispusesse de um material prévio e bem estruturado, que pode ser facilmente alcançado com um procedimento preliminar de tratamento entre as partes e juiz.[52] Essa prévia discussão tem a vantagem

---

49. VACCARELLA, Romano. Inattività...cit. p. 43-4; FURNO, Carlo. Contributo alla...cit. p. 77-9.
50. VACCARELA, Romano. Inattività...cit. p. 43-4.
51. CHIOVENDA, Giuseppe. Principii...cit. p. 695.
52. CHIOVENDA, Giuseppe. Relazione sul progetto di riforma del procedimento elaborato dalla Commissione per il dopo guerra. In Saggi di diritto processuale. Roma: Foro Italiano, 1931. p. 51-2. v. II: para o autor, a preparação da audiência poderia ser escrita. Cfr. também, Id. Sul rapporto fra le forme del procedimento e la funzione della prova. op. cit. p. 201, em que ele afirma que para o procedimento oral, uma fase preliminar escrita com a ordenação do juiz é essencial para o bom desenvolvimento da audiência de instrução.

de permitir que o juiz se prepare para a audiência e pode evitar que as partes sejam surpreendidas com novos argumentos.[53]

A finalidade do debate prévio ou inicial no processo, evitando-se, portanto, a frustração da audiência em que se debaterá a causa,[54] é, principalmente, a possibilidade de afunilamento da matéria a ser discutida, ou seja, os contendores e o magistrado, após um debate sério da causa, podem focar no que realmente importa para a solução do conflito. Surgem, assim, regras que preveem a confissão como implicação da inatividade e que determinam a clareza e completude nas alegações das partes: a petição inicial deve ser clara e precisa, ou o réu deve comparecer e posicionar-se especificamente sobre os fatos alegados pelo autor. Essa é uma exigência essencial para garantir a concentração inerente ao procedimento oral.[55]

Vejamos exemplos de direito comparado, em que se adotam os efeitos da inatividade como confissão ficta. No processo alemão, há para as partes ônus específicos decorrentes da necessidade de comparecer à audiência quando determinado pelo juiz (§ 141, da ZPO), de assumir uma posição sobre os fatos alegados pela parte adversária ou de declarar-se explicitamente (§ 138, da ZPO) e de alegar os fatos conforme a verdade.[56]

Previamente aos debates orais ou à audiência oral, tida como principal (*Haupttermin*), tem-se uma preparação (*Vorbereitung der mündlichen Verhandlung*), que pode consistir em apresentação de memoriais escritos prévios (§129, ZPO),[57] na designação de uma audiência prévia (§ 272, da ZPO), ou até mesmo na atribuição de poderes de condução ao juiz para tais finalidades (§ 273, da ZPO).[58] Nessa fase preparatória, sempre visando à máxima delimitação do *thema probandum*, há uma audiência (§§ 136 e 275, da ZPO), em que as partes apresentam seus pedidos, precisando os fatos sobre os quais esses

---

53. LENT, Friedrich. Diritto processuale civile tedesco. Napoli: Morano, 1962. p. 299; no mesmo sentido, no direito inglês, justifica-se o *pre-trial* "in the interests of trial efficiency and for the purpose of avoiding surprise and unpreparedness" (JOLOWICZ, John Anthony. On civil procedure. Cambridge, 2000. p. 34).
54. DENTI, Vittorio. L'oralità nelle riforme del processo del processo civile. Rivista di diritto processuale. Padova, CEDAM, 1970. p. 437.
55. CHIOVENDA, Giuseppe. Relazione sul progetto...cit. p. 52.
56. GOLDSCHMIDT, James. Teoria general del proceso. Barcelona: Ed. Labor, 1936. p. 82-4; FURNO, Carlo. Contributo alla...cit. p. 78-9.
57. LENT, Friedrich. Diritto...cit. p. 300.
58. LEIBLE, Stefan. Proceso civil alemán. Medellín: Dike, 1999. p. 206.

se fundamentam (§§ 137 e 273, da ZPO).⁵⁹ Sempre que qualquer das partes não se pronuncia expressamente sobre os fatos alegados pela parte contrária, haverá admissão (§ 138, 2 e 3, da ZPO), fazendo com que aquele fato torne-se incontroverso e não necessite ser provado (§ 288, da ZPO).⁶⁰ O juiz ainda pode determinar o comparecimento das partes para especificar os pontos que não ficaram devidamente claros (*richterliche Aufklärungspflicht*, §§ 139 e 273). Desta forma, ele não se limita a conhecer simplesmente dos fatos aduzidos pelas partes, mas deve exauri-los, assumindo um verdadeiro dever (*Pflicht*) de completa clarificação dos fatos.⁶¹

A esse ponto da exposição já se pode compreender o porquê de o ordenamento germânico considerar contumaz (com a consequente possibilidade de prolação de uma sentença contumacial) a parte que simplesmente não comparece à audiência (primeira ou àquelas que se sucederem) ou que, comparecendo, não se manifesta de maneira conclusiva e objetiva (§ 333, ZPO).⁶² Trata-se da valorização da oralidade, da concentração e da imediação, que são viabilizadas pela existência de um procedimento robusto de preparação do objeto de prova.

No sistema inglês, que também é pautado pela oralidade, temos uma fase preliminar denominada *pre-trial*, em que as partes, por meio da apresentação dos *pleadings*, introduzem os fatos fundamentadores de seus pedidos. Esse sistema atribui muita importância à fase preliminar de *fact-finding*, porque é nela que se colhem e estabelecem os fatos que serão objeto do *trial*, ou seja, da sessão de julgamento, originariamente concebida para ter o júri como julgador da causa.⁶³ A noção de *trial*, para os ingleses, está ligada à sessão única destinada ao julgamento da causa pelo júri.⁶⁴

---

59. LENT, Friedrich. Diritto...cit. p. 300.
60. "Nicht bestrittene Tatsachen (§ 138 II) und zugestandene Tatsachen (§ 288 I) bedürfen keines Beweises" (JAUERNIG, Othmar. Zivilprozessrecht..cit. p. 75 e 160); LEIBLE, Stefan. Proceso...cit. p. 137; LENT, Friedrich. Diritto...cit. p. 94.
61. LENT, Friedrich. Diritto...cit. p. 96.
62. GIANNOZZI, Giancarlo. La contumacia...cit. p. 389; LIEBLE, Stefan. Proceso civil...cit. p. 311.
63. "Tra i principali nodi da affrontare durante il pre-trial vi è la determinazione delle questioni o dei punti di fatto sui quai è riquiesto il verdetto della giuria" (JOLOWICZ, John Anthony. Il nuovo ruolo del giudice del 'pre-trial' nel processo civile inglese. Trad. Michele Angelo Lupoi. Rivista trimestrale di diritto e procedura civile. Milano: Giuffrè, Dic/2002. p. 1264).
64. *Trial* não é o mesmo que o nosso termo "processo" ou "procedimento" (JOLOWICZ, John Anthony. On civil...cit. p. 206).

Ainda que hoje sejam raros os casos julgados efetivamente pelo júri, guardou-se a noção, como reminiscência histórica,[65] de que o *trial* deveria ser bem preparado, principalmente tendo em vista a necessidade de concentrá-lo em uma ou poucas sessões, em que todas as provas seriam apresentadas ou produzidas, já que há uma gama de dificuldades – práticas e jurídicas – em cindir-se o julgamento do júri. O *pre-trial* nasce dessa necessidade de concentração inerente a esse processo eminentemente oral.[66]

Essa fase preliminar é calcada na troca dos *pleadings*, que se inicia com a apresentação de um *statement of claim* pelo autor (*plaintiff*). Sobrevém então a resposta do réu (*defendant*) e a réplica (*reply*), podendo ser autorizada pelo juiz a troca de mais *pleadings* entre as partes. A principal característica dessa fase preliminar é o fato de os *pleadings* não necessitarem de uma pormenorização da qualificação jurídica, somente uma exposição breve e sucinta dos fatos e da pretensão deles decorrente.[67] Além disso, sua direção é atribuída ao *Master*, um oficial com poderes similares ao de juiz no que toca à condução do processo.[68] O *Master* também pode determinar, nessa fase, o comparecimento das partes para esclarecimento dos fatos, numa espécie de interrogatório livre, podendo advir daí uma confissão expressa ou ficta.[69]

Nessa verdadeira seleção de fatos controvertidos, a confissão, mesmo que ficta, tem papel de suma relevância para evitar ao máximo a discussão sobre fatos incontroversos no *trial*. Ela é uma das formas tidas como essenciais para resolver o conflito logo nessa fase

---

65. JOLOWICZ, John Anthony. Il nuovo ruolo...cit. p. 1263 e 1265.
66. Veja o leitor, que o *trial*, na originária concepção do julgamento pelo júri, tem de ser ainda mais preparado que qualquer outro sistema de *civil law*, que admitem julgamento pelo juiz ou por um colegiado, devido sua imanente necessidade de oralidade e concentração (JOLOWICZ, John Anthony. On civil procedure...cit. p. 205-6). Dificuldades decorrentes de reunir novamente os jurados em julgamento e comprometer sua parcialidade, através da comunicação com outras pessoas, dão tanta importância à sessão única do *trial*, o que não ocorre no caso em que o julgamento é atribuído ao juiz ou a um órgão colegiado.
67. JOLOWICZ, John Anthony. On civil procedure...cit. p. 208; CROCIONI, Pietro. Fase preliminare e dibattimento nel proceso civile inglese. Padova: CEDAM, 1939. p. 20.
68. JOLOWICZ, John Anthony. On civil procedure...cit. p. 31; CROCIONI, Pietro. Fase preliminare...cit. p. 12-3 e 20.
69. VACCARELLA, Romano. Voce Interrogatorio delle parti. Enciclopedia del diritto. Milano: Giuffrè. p. 400. v. XXII; CROCIONI, Pietro. Fase preliminare...cit. p. 21.

preliminar e evitar o dispêndio de atos desnecessários nos debates orais.[70]

Portanto, a desvantagem decorrente da inobservância dos ônus de ativar-se nos sistemas descritos, no mais das vezes, é a *ficta confessio*, que tem maiores chances de ser tida como efetivamente funcional num processo em que impera a oralidade. Isso ocorre, porque a instrução oral (*mündliche Verhandlung* ou *trial*) não pode desenvolver-se eficazmente sem um filtro que se destine ao máximo a reduzir os fatos dependentes de prova (*streitige Tatsachen* ou *issues*), através do jogo de contestação e admissão dos fatos, peneirando-se aqueles que já tenham sido admitidos, seja de forma espontânea (*Aufklärungspflicht*, § 138, ZPO ou *formal admissions* dos *pleadings*), seja de forma provocada (*richterliche Fragepflicht*, ou *discovery by interrogatories*, ou *examination before trial*).[71]

Além disso, a *ficta confessio* pode ser vista como um incentivo maior ao comparecimento, à exposição dos fatos segundo a verdade ou a tomada de posição sobre os fatos alegados pela outra parte.[72] Mesmo assim, ela integra um sistema baseado na oralidade e não há como tratar as consequências da inobservância desses ônus de forma pontual, somente para uma parte, sem quebrar a unicidade de todo o sistema.

4.1.1.2. Análise crítica: problemas da adoção do tratamento da presunção de veracidade dos fatos alegados pelo autor no caso de inatividade do réu em nosso sistema

Nosso sistema adotou alguns mecanismos de concentração semelhantes àqueles utilizados nos procedimentos preponderantemente orais, na medida em que vedou a alteração do pedido ou da causa de pedir após o despacho saneador ou após a citação do réu, sem o seu consentimento (art. 329, do CPC/2015). Previu também a necessidade de se expor com clareza os fatos logo na inicial, que devem estar logicamente correlacionados com o pedido (arts. 319 e 330, § 1º, do CPC/2015). Determinou-se que o réu impugne especificamente

---

70. VACCARELLA, Romano. Voce Interrogatorio...cit. p. 400; CROCIONI, Pietro. Fase preliminare...cit. p. 20.
71. VACCARELLA, Romano. Voce Interrogatorio delle parti...cit. p. 402.
72. GIANNOZZI, Giancarlo. La contumacia...cit. p. 150-7.

os fatos alegados pelo autor (art. 341, do CPC/2015) e que sua inatividade acarreta a presunção de veracidade dos fatos alegados por esse último (art. 344, do CPC/2015).

Ocorre que, nem sempre esse ideal de concentração é observado ao longo do processo, no sentido de aproximar ao máximo a fase de preparação do *thema probandum*, da audiência de julgamento. Muitas vezes, após a decisão de saneamento, pode surgir a necessidade de realização de atos escritos pelas partes (imagine que uma das partes requeira a juntada de um documento, a outra deverá se manifestar, art. 437, § 1º, do CPC/2015), pode ser necessária a intimação ou oitiva de testemunhas por carta (que, lembremos, pode suspender o processo, caso requeridas antes do despacho saneador, art. 377 c.c. art. 313, inc. V, "b", do CPC/2015), pode ocorrer que a perícia se alongue, ocorrendo a prorrogação do prazo de entrega do laudo pelo juiz (art. 477, do CPC/2015),[73] as partes podem acordar a suspensão do processo (art. 313, inc. II, do CPC/2015), etc. Além disso, há grande quantidade de resolução de questões incidentes em nosso processo, o que pode reduzir a audiência de instrução em mera colheita de prova oral e desconcentrar ainda mais o procedimento.[74]

Essas mitigações da concentração podem neutralizar a finalidade para as quais as regras de estabilização da demanda, de exposição clara e precisa dos fatos, de impugnação específica e de presunção de veracidade em caso de revelia foram estabelecidas.

Também não há entre nós, obrigatoriamente, um debate dos fatos em audiência preliminar (como há, por exemplo, no sistema alemão, §§ 272 e 275, da ZPO, ou no italiano, art. 183, do CPC italiano), regra existente somente para as causas em que o juiz compreende haver "complexidade" (art. 357, § 3º, do CPC/2015).[75] Falta um

---

73. Podendo, inclusive, ocasionar a prorrogação da audiência de instrução (DINAMARCO, Cândido Rangel. Instituições...v. III, cit. p. 675).
74. PUOLI, José Carlos Baptista. O devido processo legal e a oralidade, em sentido amplo, como um de seus corolários no processo civil. In 40 anos da teoria geral do processo no Brasil. Camilo Zufelato e Flávio Luiz Yarshell (org.). São Paulo: Malheiros, 2013. p. 527. Segundo o autor, as resoluções de questões incidentes podem acarretar a dispersão do procedimento. Na Itália parece ocorrer o mesmo fenômeno: TARUFFO, Michele. Orality and writting as factors of efficiency in civil litigation. In Oralidad y escritura en un proceso civil eficiente. Valencia, 2008. p. 135 e ss. v. I.
75. De certa forma andou bem o legislador, se compararmos que o critério previsto para avaliação da viabilidade da audiência preliminar, no CPC/1973, era a possibilidade ou não da transação, de acordo com as "circunstâncias da causa" ou a natureza do direito em litígio (art. 331, § 3º), descurando a função aclaratória dos fatos que poderia haver na audiência preliminar. Na vigência do CPC/1973 já se criticava o mau hábito de tornar a audiência preliminar em mera audiência de

grau maior de colaboração entre partes e juiz na formação dos pontos controvertidos,[76] ausência esta que, somada ao princípio da eventualidade, admite em certa medida que a delimitação do objeto litigioso pelo autor[77] se dê de forma unilateral e em prejuízo da solução global da lide (vista mesmo sob seu viés sociológico),[78] pois muitos fatos e pretensões podem não ser introduzidos ao processo.[79] As possibilidades de ampliação do objeto de cognição do juízo, com introdução de novos fatos, são limitadas, no mais das vezes, à única oportunidade de apresentação de resposta pelo réu.

Essa falta de discussão prévia pode acarretar situações em que as partes e o juiz se veem diante da necessidade de modificar os pontos controvertidos, que deveriam ter sido fixados já no âmbito do despacho saneador (art. 357, inc. II, do CPC/2015), ao longo do processo, a

---

conciliação, quando, na verdade, seu escopo principal é o de discussão prévia, com possibilidade de fixação dos pontos controvertidos e a imediação das partes, seus advogados e o juiz (YARSHELL, Flávio Luiz. Curso de direito processual civil. São Paulo: Marcial Pons, 2014. p. 308-9).

76. WATANABE, Kazuo. Cultura da sentença e cultura da pacificação...cit. p. 687-9; a imediação do juiz com as partes, não somente com as provas, é uma das características do processo oral (SILVA, Ovídio Baptista da. Curso de processo civil. 6ª ed. São Paulo: RT, 2002. p. 66 e ss. v. I).

77. A crítica é feita por Calamandrei, em relação às disposições do projeto preliminar Solmi, mas que, de certa forma, se adequa ao nosso direito processual: "quando si vorrebbe imporre all'attore di concentrare nell'atto di citazione la trattazione di tutta la causa, con tutte le conclusioni formulate e tutti i mezzi di prova spiegati, si ragiona come se la causa fosse una creazione unilaterale dell'attore, il quale, al momento in cui redige la citazione, sia già in grado di prevederne a puntino tutti gli svolgimenti" (CALAMANDREI, Piero. Sul progetto preliminare Solmi. In Studi sul processo civile. Padova: CEDAM, 1939. p. 159. v. IV). Ainda afirma o autor, a "necessità di lasciare al procedimento una certa elasticità, in modo che le parti possano in qualunque momento del giudizio trovar modo di dare lealmente alle loro difese sviluppi ed orientamenti in coerenza colle questioni in cui il dibbattito sia venuto ad accentrarsi" (CALAMANDREI, Piero. Sul progetto...v. IV, cit. p. 160).

78. Nesse viés mais amplo, a lide é tida como instituto indiferente à individuação da pretensão e ao próprio processo, trata-se de conflito particularizado por três elementos: parte, bens e interesses contrapostos. Daí Calamandrei compreendê-lo como um conceito mais sociológico que jurídico (CALAMANDREI, Piero. Lite e processo. In Opere giuridiche a cura di Mauro Cappelletti. Napoli: Morano, 1965. p. 220-1. v. I).

79. Não há como ignorar a reforma da Ley de Enjuiciamiento Civil, que para remediar esse problema previu uma norma que exige do autor a aposição na demanda de todos os fatos "dedutíveis" (desde que os conheça), ensejando um amplo efeito preclusivo sobre os fatos não trazidos pelo autor nessa oportunidade e proporcionando uma solução completa do litígio deduzido em juízo. Trata-se do art. 400.1 do diploma, assim redigido: "artículo 400. Preclusión de la alegación de hechos y fundamentos jurídicos. 1. Cuando lo que se pida en la demanda pueda fundarse en diferentes hechos o en distintos fundamentos o títulos jurídicos, habrán de aducirse en ella cuantos resulten conocidos o puedan invocarse al tiempo de interponerla, sin que sea admisible reservar su alegación para un proceso ulterior". Sobre o dispositivo, afirma Andrés de la Oliva Santos: "el ya citado art. 400.1 LEC es el precepto legal que establece la preclusión deseable (...) han de aducirse en la demanda cuantos hechos y fundamentos o títulos jurídicos, que basen la pretensión actora, resulten conocidos o puedan invocarse al tiempo de interponerla, sin que sea admisible reservar su alegación para un proceso ulterior" (SANTOS, Andrés de la Oliva. Objeto del proceso y cosa juzgada en el proceso civil. Madrid: Thomson Civitas, 2005. p. 65).

fim de evitar que a decisão passe ao largo de questões que integram a controvérsia, mas que só vieram a lume durante a instrução. De fato, alguns doutrinadores admitiam a fixação dos pontos controvertidos em sede definitiva até a abertura da audiência de instrução (com base no art. 451, do CPC/1973).[80]

O que pretendemos pontuar é que a previsão de uma fase preparatória bem trabalhada dos fatos e com maiores poderes de direção por parte do juiz possibilita que o ideal de concentração seja realizado de uma maneira mais eficaz,[81] evitando-se, inclusive, futuros litígios, na medida em que todo o arcabouço fático da lide (vista em seu caráter sociológico) é trazido ao processo, exaurindo-se de maneira mais completa a controvérsia. E é justamente um sistema com essa estrutura, que justifica o tratamento da inatividade como *ficta confessio* (*rectius*: como presunção de veracidade dos fatos alegados pela parte contrária).

Esse instituto foi concebido em sistemas que valorizam esse debate prévio e a oralidade. A escolha desse efeito se adapta, portanto, de maneira mais eficaz, num sistema que valore, de maneira geral, como ilegítima a inatividade das partes,[82] tendo em vista que esta prejudica os corolários da oralidade, que foram descritos por Chiovenda.[83] A adoção integral desses postulados, entretanto, não foi seguida por nosso legislador.

---

80. "O ato de fixação dos pontos controvertidos é meramente auxiliar do desenvolvimento da instrução, podendo o juiz revê-lo no curso desta" (SANTOS, Moacyr Amaral dos. Comentários ao Código de Processo Civil. Rio de Janeiro: Forense, 1976. p. 409. v. IV; CINTRA, Antonio Carlos de Araújo. Comentários ao Código de Processo Civil. Rio de Janeiro: Forense, 2008. p. 265. v. IV). Não há dispositivo correspondente no CPC/2015.
81. "Dove non sia prevista una fase preliminare di questo tipo, e la causa sia integralmente trattata nel giudizio, è impossibile imporre rigide preclusioni ed impedire che davanti al giudice si attui un progressivo aggiustamento delle rispettive difese delle parti" (DENTI, Vittorio. L'oralità nelle riforme...cit. p. 438).
82. VACCARELLA, Romano. Inattività...cit. p. 43; Id. Voce Interrogatorio...cit. p. 399 e ss.
83. A rigor, são os postulados propostos por Chiovenda na ocasião da reforma do processo civil italiano: a) prevalência da palavra sobre a escritura, sendo esta utilizada apenas como forma de preparação dos atos orais e como meio de documentação dos atos processuais (para o autor, a forma dos principais atos processuais, como a demanda e a resposta, são orais, realizados em audiência); b) imediação do juiz em relação às partes, testemunhas e peritos (o juiz que julga deve ser o mesmo que ouve essas pessoas); c) identidade da pessoa física do juiz (aquele que assiste à instrução deve ser o mesmo que julga); d) princípio da concentração da instrução da causa num único período ou em períodos próximos (justamente para que aquele mesmo juiz que ouviu e assistiu possa julgar com uma impressão recente dos fatos); e) irrecorribilidade das decisões interlocutórias (CHIOVENDA, Giuseppe. Relazione sul progetto...cit. p. 27-32).

Primeiramente, o próprio redator do Anteprojeto de CPC/1973 afirmou que não faria sentido no Brasil manterem-se: a) o princípio da imediação ou identidade física do juiz em sua plenitude, pois num país vasto como o nosso, com sucessivas promoções de entrância para entrância, dificilmente o mesmo juiz poderia instruir a causa e ainda assim julgá-la; b) a irrecorribilidade das decisões interlocutórias (postulado também previsto no projeto de Código, por Chiovenda),[84] pois sem possibilidade de recorrer, impacientes com a demora do processo, as partes *"acabaram por engendrar esdrúxulas formas de impugnação"*.[85]

É muito importante esclarecermos essas mitigações, pois elas demonstram a reprodução não tão fiel do processo concebido por Chiovenda, que, segundo o projeto, serviu de modelo para nossa legislação processual. Nosso processo é, em sua maior parte, escrito, e isso decorre do fato não apenas de haver preponderância da forma escrita na realização dos atos processuais,[86] mas da necessidade de os principais atos postulatórios darem-se somente desta forma e não em audiência (sequer para aclaração dos fatos),[87] da indiferença do legislador para com a ausência das partes à audiência de instrução e da possibilidade de julgamento sem qualquer contato pessoal com as partes (art. 355, do CPC/2015).

Somente por ser preponderantemente escrito é que nosso processo admite a mitigação da imediação e da identidade física do juiz. Somente por ser escrito, aliás, a concentração dos atos processuais

---

84. CHIOVENDA, Giuseppe. Relazione sul progetto...cit. p. 32.
85. Exposição de motivos, especialmente os pontos 4 e 13-15. Para Chiovenda, entretanto, um processo, para ser efetivamente oral, precisa da imediação e da identidade física do juiz, pois do contrário de nada adiantaria realizarem-se atos orais. Daí decorre a necessidade de concentração da instrução, pois tendo o juiz ouvido e assistido às declarações, estando com suas convicções recentes sobre os fatos memorizadas, poderá julgar da melhor maneira (CHIOVENDA, Giuseppe. Relazione sul progetto...cit. p. 27-32). Todavia, há plena possibilidade de mitigação da imediação e da identidade física em um processo escrito, pois todos os atos são formalmente introduzidos desta forma e qualquer juiz que tome contato num momento avançado da instrução deste processo terá material suficiente para julgá-lo. Além disso, se não há imediação, a concentração pode ser dispensada, já que esta existe principalmente por pressupor que o juiz ouviu todas as declarações das partes, para melhor julgar com uma impressão recente dos fatos.
86. DINAMARCO, Cândido Rangel. Instituições...v. II, cit. p. 491. Dizer que um processo é escrito ou oral não significa apenas afirmar que os atos nele praticados o são na forma escrita ou oral, mas implica a escolha de um modelo, de um sistema diverso para cada hipótese, como afirma CALMON, Petrônio. O modelo oral de processo no século XXI. Revista de Processo. n. 178. dez/2009. p. 49-50.
87. O que pode mudar com a inserção do art. 139, inc. VIII, do CPC/2015.

pode sofrer relativizações,[88] com a possibilidade de instauração de questões incidentais (no mais das vezes apresentadas na forma escrita, tais como a declaratória incidental, a impugnação ao valor da causa, a reconvenção, etc.)[89] e com a necessidade de uma definição para as decisões interlocutórias, muitas vezes em sede de agravo, enquanto as partes esperam a definição do processo. Por isso, a existência da dita agonia – justificada – das partes, lembrada pelo projetista, e também, por isso, a existência de um rol tão amplo do cabimento de agravo de instrumento no CPC/2015 (art. 1.015), que não se sabe sequer se atenderá a todas as necessidades da prática jurídica.

Poderíamos afirmar que nosso processo, até o despacho saneador, teria a função de fase preparatória para o debate e que a atividade das partes teria a natureza de uma *contentio de ordenando judicio*, abrindo caminho para a preparação técnica da discussão oral que se realizará em audiência. O despacho saneador teria a função final de "*entregar à audiência, isolado e livre de obstáculos, o próprio mérito da controvérsia*".[90] Isso sem dúvidas ocorre. O problema é que nosso Código – e desde 1939 – reduziu as possibilidades de discussão da causa entre as partes, até esse momento, a uma petição inicial, às possíveis respostas do réu e a uma réplica, diversamente de outros países, em que se admite maior número de atos de discussão ou até mesmo uma audiência preparatória.[91] Na Alemanha, um julgamento conforme o estado dos autos só pode ocorrer se houve prévia audiência oral (§ 251 a, 2, da ZPO), privilegiando-se a oralidade e a possibilidade de discussão.

---

88. A necessidade de observar-se a forma escrita sempre depende de um tempo maior àquele utilizado para a instrução oral (CHIOVENDA, Giuseppe. Relazione sul progetto...cit. p. 32), pois os atos sempre dependerão de um tempo maior para serem autuados, chegarem ao juiz e, por intimação, serem informados aos outros participantes do processo.
89. No novo CPC, esses incidentes sofreram uma desformalização, pois não precisam ser mais objeto de autuação em apartado (arts. 99, 100, 343 e 503 e §§), o que, todavia, não deixa de caracterizá-los como questões incidentais. Note-se que no caso da declaração de questão prejudicial (art. 503, § 1º, do CPC/2015) poderá ou não haver pedido para a incidência da coisa julgada (MARINONI, Luiz Guilherme; ARENHART, Sérgio Cruz; MITIDIERO, Daniel. Novo Código de Processo Civil...cit. p. 516) e, quando houver pedido, tratar-se-á de instituto muito semelhante à antiga declaratória incidental (arts. 5º e 325, do CPC/73).
90. LIEBMAN, Enrico Tullio. O despacho saneador e o julgamento de mérito. In Estudos sobre o processo civil brasileiro. São Paulo: José Bushatsky, 1976. p. 105 e 108.
91. Por exemplo, o CPC português, que admite inicial, resposta, réplica e tréplica e até mesmo uma audiência de discussão, a critério do juiz (LIEBMAN, Enrico Tullio. O despacho ssaneador...cit. p. 110-1).

As críticas tecidas no presente capítulo não servem para defendermos a adoção de um ou outro sistema, mas apenas para mostrar que determinados institutos, concebidos num processo oral, para se encaixarem perfeitamente em nosso direito, precisam de uma mudança sistêmica e não apenas pontual. Aliás, sabe-se que, aprioristicamente, nenhum processo pode ser eficaz sendo apenas escrito ou apenas oral, há que se chegar num equilíbrio, evitando-se fanatismos, inclusive propensos a defender um processo puramente oral.[92]

Por exemplo, há uma tendência tanto dos sistemas processuais contemporâneos, como na doutrina, em admitir que os atos postulatórios das partes (petição inicial, contestação, recursos, etc.) são melhor realizados de maneira escrita,[93] facilitando a precisão, seriedade e identificação do pedido e da causa de pedir.[94] O mesmo podemos dizer a respeito das argumentações jurídicas que, sem excluir a possibilidade de debate em audiência, são melhor elaboradas, de maneira profícua e detalhada, com menor possibilidade de esquecimento ou argumentações vazias e despreparadas – em que se sai vencedor o melhor orador –, na forma escrita.[95] Por isso, não vemos, por exemplo, na substituição dos "debates orais" – que a rigor não são um verdadeiro debate, mas concessão da palavra por um prazo legalmente fixado, não há discussão ou possibilidade de replicar –,[96] pelas razões finais escritas (art. 364, § 2º, do CPC/2015), um problema, eis que ao menos se permite um maior detalhamento e sistematização do material fático e jurídico produzido durante a instrução, nesse momento tão decisivo da causa.[97]

---

92. FASCHING, Hans Walter. A posição dos princípios da oralidade e da imediação no processo civil moderno (Trad. de Wanderlei de Paula Barreto). Revista de Processo. n. 39. Jul-set/1985. p. 27.
93. FASCHING, Hans Walter. A posição dos princípios...cit. p. 27-8; CAPPELLETTI, Mauro. O valor atual do princípio da oralidade (Trad. de Daniel Ustárroz, rev. por Carlos Alberto Alvaro de Oliveira). Revista Jurídica. Porto Alegre. n. 297. jul/2002. p. 12.
94. CAPPELLETTI, Mauro. O valor atual...cit. p. 13.
95. CAPPELLETTI, Mauro. O valor atual...cit. p. 14.
96. A crítica é de DINAMARCO, Cândido Rangel. Instituições...v. II, cit. p. 492.
97. Na prática, muitas vezes, nota-se certa tendência em negligenciar a apresentação de razões finais, tanto por parte dos advogados como dos juízes (e em certos casos até mesmo pelo legislador, que não previu, por exemplo, a possibilidade das partes apresentarem memoriais escritos no caso em que o juiz entenda ser possível o julgamento antecipado de mérito (art. 355, do CPC/2015), ao contrário do que previu o legislador português no art. 567, 2, do CPC/2013). Essa atitude foge a nossa compreensão, pois após a apresentação das principais peças pelas partes, ordinariamente, muito de novo ocorreu no processo. Isso torna as razões finais tão relevantes quanto os principais atos postulatórios (sem se esquecer da proximidade temporal que as razões finais guardam com a própria sentença, robustecendo a imediação).

A adoção de determinado modelo – oral ou escrito – deve também atender às necessidades da própria controvérsia judicializada ou de determinada fase do processo.[98] Imagine qual seria a utilidade de um processo oral numa demanda em que se discute a exação de determinado tributo, expurgos inflacionários, ou determinada restituição salarial de funcionários públicos. Por outro lado, a oralidade é usualmente importante em processos que versem sobre direto empresarial, contratos, posse, direitos de vizinhança, litígios de família, etc. Ela também é muito importante não só para a preparação do conteúdo fático e jurídico a ser discutido, como na produção das provas,[99] notadamente as que devam se constituir ao longo do processo.

Por isso, determinados sistemas preveem a possibilidade de o juiz decidir logo no início da fase instrutória, de acordo com o teor da controvérsia, se o processo seguirá o rito oral ou escrito.[100] Trata-se da aceitação e da positivação do entendimento de que a eficiência do processo não pode decorrer de uma escolha absoluta pelo rito oral ou escrito,[101] mas deve atender às exigências de cada caso concreto. No mesmo sentido seguiu um recente projeto de Código de Processo apresentado por Andrea Proto Pisani,[102] no qual o juiz poderia classificar a controvérsia como simples ou complexa – de acordo com a natureza ou qualidade dos fatos controversos, da necessidade de prova e instrução, etc. –, sendo que no primeiro caso, a instrução seria caracterizada por uma maior oralidade e concentração, quando no segundo caso, por uma maior atividade escrita.[103]

---

98. FASCHING, Hans Walter. A posição dos princípios...cit. p. 32-3; CARPI, Federico. La semplificazione dei modelli di cognizione ordinaria e l'oralità per un processo civile efficiente. Rivista Trimestrale di Diritto e Procedura Civile. Milano: Giuffrè. Dic/2009. n. 4. p. 1300.
99. FASCHING, Hans Walter. A posição...cit. p. 32-3; CAPPELLETTI, Mauro. O valor atual...cit. p. 16-8.
100. Conforme os §§ 272, 2, 275 e 276, da ZPO, cfr. FASCHING, Hans Walter. A posição...cit. p. 30-1.
101. A eficiência do processo oral ou escrito não deve depender da escolha de modelos abstratos, mas sim da análise concreta de cada cultura ou situação processual, da forma como esses modelos são postos em prática (TARUFFO, Michele. Orality and writting as factors of efficiency in civil litigation. In Oralidad y escritura en un proceso civil eficiente. Valencia, 2008. p. 135 e ss. v. I); "L'effcienza della trattazione orale o scritta dipende dal tipo di controversia a cui applicarla, con quel margine di flessibilità, che le esigenze dello specifico caso possono comportare" (CARPI, Federico. La semplificazione...cit. p. 1300).
102. PISANI, Andrea Proto. Per un nuovo codice di procedura civile. Il foro italiano. Zanichelli, gen/2009, n. 1, parte V, p. 32-3, principalmente nos arts. 2.23-25.
103. CARPI, Federico. La semplificazione...cit. p. 1298.

Partimos no Brasil, portanto, de uma mitigação de princípios[104] que foram concebidos para complementarem-se e conviverem entre si,[105] ideia essa nunca imaginada por Chiovenda.[106] Isso traz consequências no sistema escolhido para a inatividade das partes.

Introduzimos algumas das ideias do autor italiano, na medida em que o ideal de concentração por ele almejado foi seguido na necessidade de exposição clara e precisa dos fatos que fundamentam a pretensão inicial (arts. 282, incs. III e IV, e 295, parágrafo único, inc. I e II, do CPC/1973) e na necessidade de o réu impugnar especificamente os fatos introduzidos com a demanda (art. 302, do CPC/1973). Depois, e não foram poucos os que criticaram esse regramento ao longo dos debates do CPC/1973 no Congresso,[107] introduziu-se a possibilidade de o revel – seja aquele que não comparece, ou que comparece e não impugna especificamente os fatos alegados pelo autor – ter contra si reputados verdadeiros os fatos alegados pelo autor, dispensando-se a produção de provas (art. 334, inc. III, do CPC/1973) e, como consequência processual, ocorrer o julgamento antecipado da lide (art. 330, inc. II, do CPC/1973).

A finalidade desse regramento da inatividade do réu é sem dúvidas digna de louvor. Com ela, muitos processos podem ser encerrados numa fase preliminar, tornando desnecessário o dispêndio de atos processuais que, no mais das vezes, são custosos e demorados. Ocorre que, quando passamos para uma análise mais global do instituto da inatividade das partes, podemos enxergar problemas capazes de anular esse efeito acelerador que a inatividade do réu pode assumir.

Primeiramente, a forma como tratamos a inatividade do autor. Muitas vezes se exige a caracterização da culpa ou negligência no abandono do processo, para ocorrer a extinção, *ex vi* do art. 485, incs. II e III, do CPC/2015. Por causa desse entendimento, positivou-se a necessidade de intimação pessoal do inativo (art. 485, § 1º, do CPC/2015). Esse tratamento do instituto compreende um ato que de-

---

104. Os postulados chiovendianos (v. g., identidade física do juiz, a concentração e a irrecorribilidade das interlocutórias), embora com algumas mitigações, e a oralidade, são pressupostos que o redator do Código adota expressamente (cfr. item 13, da Exposição de Motivos).
105. SILVA, Ovídio Baptista da. Curso...v. I, cit. p. 66 e ss.
106. Para o autor, cada princípio era decorrência do outro (CHIOVENDA, Giuseppe. Relazione sul progetto...cit. p. 27-32, especialmente na p. 27).
107. Código de Processo Civil. Histórico...v. I, t. I, cit. p. 421 e 422, 425, 427.

veria ser enxergado como uma extensão do ato de demandar (como manifestação de vontade em receber a tutela jurisdicional) de maneira desresponsabilizante,[108] fazendo cair por terra toda a concentração e celeridade que se poderia alcançar com o tratamento do réu revel.

Outro ponto fraco do sistema seria o ônus de replicar. Muitos autores entendem que nesse caso não poderiam aplicar-se os efeitos da revelia, dispensando-se os fatos extintivos, modificativos e impeditivos alegados pelo réu da produção probatória, já que a regra do art. 344, do CPC/2015, é excepcional e não admite interpretação extensiva.[109] A falta de regra expressa nesse sentido acarreta um problema de isonomia e de prejuízo à concentração almejada com o tratamento do julgamento antecipado de mérito.

Na mesma linha de raciocínio, e diversamente da Alemanha, não temos uma regra que trate também a ausência das partes às audiências como uma forma de ensejar o julgamento de mérito (seja com julgamento conforme o estado dos autos, se ambas as partes não comparecem ou se a comparecente assim o requer, §§ 251 a e 331 a, da ZPO, seja com a improcedência ou *confissão ficta*, §§ 330 e 331, da ZPO). O que ocorre se uma parte se ausenta e não há requerimento de seu depoimento pessoal (art. 385, do CPC/2015) é o julgamento apesar de sua inatividade (art. 362, do CPC/2015).[110] As partes podem ainda, desde que livremente acordado, requerer o adiamento da audiência (art. 362, inc. I, do CPC/2015), o que não deixa de causar uma repetição de atos processuais – como os italianos costumam dizer, o *mero rinvio*.

Nem mesmo entre os italianos, cujo sistema não conhece uma influência direta da inatividade na decisão de mérito, a ausência das partes à audiência é livre de consequências: para eles, a ausência de ambas as partes, ou de apenas uma e desde que não requerida a con-

---

108. O termo é utilizado por SASSANI, Bruno. Il codice di procedura civile e il mito della riforma perenne. In I Colóquio Brasil-Itália de Direito Processual Civil. ZUFELATO, Camilo; BONATO, Giovanni; SICA, Heitor Vitor Mendonça; CINTRA, Lia Carolina Batista (Coord). Salvador: JusPodivm, 2016. p. 390.
109. PASSOS, José Joaquim Calmon de. Comentários ao Código de Processo Civil. 6ª ed. Rio de Janeiro: Forense, 1989. p. 472. v. III; FIGUEIRA JR., Joel Dias. Comentários ao Código de Processo Civil. São Paulo: RT, 2001. p. 420. v. 4, t. II.
110. Não há qualquer consequência para a ausência injustificada da parte à audiência de instrução, somente no caso de ausência de seu advogado (art. 362, § 2°, do CPC/2015). A ausência à audiência de conciliação prévia prevista no art. 334, § 8°, do CPC/2015, considerada como ato atentatório à dignidade da justiça e sancionada com multa, tem finalidade completamente distinta: valorizar a conciliação e não a oralidade.

tinuidade do processo pela parte presente, acarreta a extinção do processo sem resolução de mérito (respeitada a designação de uma nova audiência, art. 181, do CPC italiano).

Por dois vieses pode-se enxergar a valorização da oralidade no tratamento da ausência das partes na audiência nos sistemas italiano e alemão (o que não ocorre entre nós):[111] a) uma consequência gravosa advirá à parte que se ausenta à audiência e isso serve como incentivo à participação; b) essa consequência, no mais das vezes (e desde que não manifestada a intenção expressa da parte adversa na continuidade do processo), acarreta o julgamento imediato do processo, sem a possibilidade de realização de atos processuais na ausência da parte.

Dessa forma, podemos concluir que nosso legislador não valorou de um ponto de vista amplo a inatividade das partes como ilegítima e, em muitas hipóteses, suas consequências não privilegiam a concentração. Assim, assumida a premissa de que a forma de tratar o réu revel foi introduzida para privilegiar a celeridade e concentração do processo, pode-se concluir que ela destoa do regramento da inatividade em nosso sistema e, por isso, conforme entendimento sustentado no presente trabalho, põe às claras um problema de isonomia na posição dos sujeitos processuais e de falta de uniformidade em termos de inatividade.

4.1.2. Simplificação procedimental: julgamento antecipado do mérito

A audiência de instrução e julgamento é considerada um espaço de tempo em que, privilegiando-se a imediatidade e a concentração dos atos processuais, procede-se à tentativa de conciliação, produção da prova oral e, quando viável, aos debates e ao julgamento da causa.[112]

Diante da opção expressa pela oralidade, na vigência do CPC/1939, chegou-se a sustentar que o mérito da causa não poderia ser julgado sem a realização da audiência de instrução e julgamento, já que num sistema que visa privilegiar este princípio, somente uma

---

111. Diz-se que as partes, para nossa audiência de instrução, são sujeitos não-necessários (DINAMARCO, Cândido Rangel. Instituições de direito...v. III, cit. p. 677-6).
112. CINTRA, Antonio Carlos de Araújo. Comentários...v. IV, cit. p. 249; PONTES DE MIRANDA, Francisco Cavalcanti. Comentários ao Código de Processo Civil. 3ª ed. Rio de Janeiro: Forense, 2002. p. 5. v. IV.

autorização expressa poderia fazer com que o juiz prescindisse de sua realização.[113]

Entretanto, o que já era previsão no art. 19, do Dec. Lei n. 960/38 (Lei dos Executivos Fiscais),[114] foi positivado no CPC/1973 (art. 330).

O julgamento antecipado do mérito (art. 355, do CPC/2015) é instituto de inspiração portuguesa (arts. 514, do CPC/1939 e art. 510, do CPC/1961),[115] tanto que a redação dos dispositivos é muito parecida (e. g., o termo "conhecer do pedido", do art. 330, do CPC/1973, também está presente no CPC português). A redação equívoca do art. 330, inc. I, que fazia alusão a questões de direito e de fato que prescindissem de provas, foi substituída pelo inc. I, do art. 355. Assim também o fez o legislador português com uma reforma posterior do art. 510 do CPC/1961, mantida no art. 595, do CPC/2013.

A abreviação do procedimento em caso de revelia, como vimos, não está prevista no dispositivo que trata do despacho saneador no CPC português. A hipótese está prevista no art. 567 e tem o mesmo efeito prático de aceleração com o julgamento antecipado do mérito previsto em nosso art. 355, inc. II, do CPC/2015. Trata-se de um efeito processual da revelia, consubstanciado, portanto, numa forma de aceleração do procedimento.[116]

Tal qual o efeito substancial da revelia, esse efeito processual de abreviação do procedimento foi duramente criticado na discussão do Projeto apresentado por Alfredo Buzaid durante seu trâmite de aprovação. Primeiramente, houve a Emenda n. 316, do Dep. Severo Eulálio, que excluía a hipótese de revelia do julgamento antecipado do art. 334, do Projeto. No mesmo sentido, a Emenda supressiva de n. 165, proposta pelo Dep. Pires Sabóia, que tencionava retirar o inc. II, do art. 330, sob a justificativa de que o réu ficaria impossibilitado de intervir no processo se fosse excluída a fase instrutória.[117]

---

113. LIEBMAN, Enrico Tullio. O despacho saneador...cit. p. 108-111; contra, LACERDA, Galeno. Despacho saneador...cit. p. 140 e ss.
114. LACERDA, Galeno. Despacho...cit. p. 141.
115. PIMENTEL, Wellington de Souza. Comentários...v. III, cit. p. 423; LIEBMAN, Enrico Tullio. O despacho saneador...cit. p. 105; LACERDA, Galeno. Despacho...cit. p. 140 e ss.
116. DINAMARCO, Cândido Rangel. Fundamentos e alcance dos efeitos da revelia. In Fundamentos do processo civil moderno. 6ª. ed. São Paulo: Malheiros, 2010. p. 585. v. I.
117. A menção às emendas legislativas é feita por PIMENTEL, Wellington Moreira. Comentários...v. III, 1975, cit. p. 414-5.

Tanto em Portugal, como aqui, o julgamento antecipado do mérito, sem a necessidade de produção de provas em audiência, está inserido numa fase de saneamento e atende ao fim precípuo de garantir celeridade e economia processual, com a chamada simplificação procedimental.[118] Alguns autores levam tão a sério esse escopo de celeridade e economia, que veem no julgamento antecipado de mérito uma norma cogente, em que averiguadas suas hipóteses não teria o magistrado qualquer possibilidade de manobra, deveria julgar o processo naquele momento, sob pena de infringir o art. 139, inc. II, do CPC/2015.[119]

Entretanto, parece que a razão de ser do nosso dispositivo, principalmente pelo disposto no inc. I, bem como pela abertura utilizada pela fonte inspiradora (o art. 510, do revogado CPC/1961 português, exigia do juiz que averiguasse os elementos para uma *"decisão consciosa"*), é deixar de fato uma margem de discricionariedade ao juiz para determinar a instrução, mesmo no caso de revelia,[120] notadamente pela existência dos consideráveis poderes instrutórios conferidos aos nossos magistrados (art. 370, do CPC/2015).

Essa margem de discricionariedade, todavia, não deve ser destituída de fundamentos, na medida em que a necessidade de instrução não deve atender aos ditames de subjetividade do magistrado, ou seja, não é porque esse simplesmente não se convenceu dos fatos com as provas existentes, que irá determinar a instrução. A relevância ou pertinência das provas a serem produzidas em audiência atendem muito mais à natureza do bem que é discutido no processo do que ao convencimento do magistrado tido sob o viés subjetivo.[121]

Todas as exceções legais de mitigação dos efeitos substanciais da revelia implicam também a mitigação do art. 355, inc. II, na medida

---

118. "Se o fruto está maduro, porque não há-de colher-se imediatamente, em vez de o deixar apodrecer?" (REIS, José Alberto dos. Código de Processo...v. III, cit. p. 182); em doutrina nacional: TUCCI, Rogério Lauria. Do julgamento conforme...cit. p. 221; PIMENTEL, Wellington Moreira. Comentários...v. III, cit. p. 420.
119. DIDIER JR., Fredie. Curso...v. I, 2016, p. 700; THEODORO JR., Humberto. Curso...v. I, cit. p. 823.
120. ALVIM, Arruda. Manual de direito processual civil. 9ª ed. São Paulo: RT, 2005. p. 296; MARINONI; ARENHART. Curso...v. II, cit. p. 242; SOUZA, Artur César de. Contraditório e revelia. São Paulo: RT, 2003. p. 203.
121. GRECO FILHO, Vicente. Direito processual civil brasileiro. 20ª ed. São Paulo: Saraiva, 2009. p. 186. v. II.

em que autorizam o juiz a determinar a instrução probatória,[122] pois a consequência daqueles seriam a dispensa de prova.[123] Ademais, embora o legislador tenha previsto mais uma exceção no art. 345, inc. IV, do CPC/2015, o rol permanece não taxativo, pois essa é daquelas hipóteses em que a lei não tem o condão de prever os acontecimentos da vida em todos seus aspectos. Nesses casos, o legislador atua como um pintor e, por mais perfeita que sua obra de arte possa parecer, ela não consegue retratar a realidade em todas suas perspectivas. O resultado é a necessidade de se deixar uma margem de atuação ao juiz (ou às partes, quando o ato depender de sua iniciativa), para quando a natureza do objeto discutido exija a produção de provas em audiência.[124]

Pode o juiz, por exemplo, principalmente com a introdução do art. 139, inc. VIII, do CPC/2015, determinar o comparecimento para clarificação das razões de alguma das partes, ou, o seu comparecimento para interrogatório livre (art. 385, *caput*, *in fine*, do CPC/2015).[125]

Imaginemos ainda a situação em que o réu perca o prazo para contestar e, não obstante, ajuíze, após o transcurso do prazo de quinze dias, uma ação declaratória contraditória à causa de pedir utilizada pelo autor na primeira demanda. Essas demandas serão conexas (art. 55, do CPC/2015), o que faz com que a segunda seja distribuída por dependência (art. 286, inc. I, do CPC/2015). O efeito prático desejado com a resposta será o mesmo e compreendemos que a demanda deve ser recebida e processada.[126] Relativizam-se assim os efeitos da revelia, da mesma forma com que não se admite sua incidência no caso em que a contraditoriedade do réu é feita em sede de reconvenção.[127]

Quanto ao julgamento antecipado, é necessário fazermos um adendo. Fica muito mais clara com o novo Código a necessidade de prévia intimação das partes sobre a intenção de o magistrado julgar o mérito antecipadamente, principalmente com a finalidade de ex-

---

122. MARINONI; ARENHART. Curso...v. II, cit. p. 242; SANTOS, Ernane Fidélis dos. Manual...v. I, cit. p. 499; THEODORO JR., Humberto. Curso...v. I, cit. p. 823; ALVIM, Arruda. Manual...v. II, cit. p. 296.
123. SOUZA, Artur César de. Contraditório...cit. p. 202.
124. Por exemplo, se a prova do fato alegado pelo autor depender de uma perícia (SANTOS, Ernane Fidélis dos. Manual...v. I, cit. p. 491).
125. Contra, todavia, PASSOS, José Joaquim Calmon de. Comentários...v. III, 9ª ed, cit. p. 467.
126. Em linhas gerais, essa ideia é defendida por OLIVEIRA, Bruno Silveira de. Conexidade e efetividade processual. São Paulo: RT, 2007. p. 351 e ss.
127. DINAMARCO, Cândido Rangel. Instituições...v. III, cit. p. 557 e 566-7.

porem suas razões, seja sobre a viabilidade jurídica do próprio julgamento antecipado, seja para possibilitar a apresentação de alegações finais sobre o mérito (por analogia ao art. 364, § 2º, do CPC/2015, e diante da previsão expressa da norma inspiradora do CPC/2013 português, que no art. 567 determina a prévia intimação das partes para apresentação de razões finais em caso de revelia). O novo Código determinou nos arts. 9º e 10 que nenhuma decisão seja proferida sem a prévia oportunização da oitiva das partes, o que se torna de notória relevância em caso de julgamento de mérito.

Esse já era o entendimento esposado por alguns autores,[128] embora houvesse certa divergência.[129] Ao que nos parece, a necessidade de intimação das partes sobre a intenção do julgamento antecipado do mérito resta espancada de dúvidas com os novos dispositivos.

Outra questão interessante é a de verificarmos se haveria margem de disponibilidade das partes em requerer ou não a instrução, ainda que averiguadas as hipóteses autorizadoras do julgamento antecipado de mérito. Como veremos, no direito processual alemão, a possibilidade do julgamento conforme o estado dos autos é, em grande parte, deixada à escolha das partes, que podem optar também pela sentença contumacial. O nosso legislador é omisso sobre o tema e claramente copiou o sistema português, que prevê o julgamento antecipado na fase de saneamento, cuja preponderância de atuação, a não ser na fixação de pontos controvertidos ou na conciliação, é do juiz e não das partes.

---

128. Justamente com base na cooperação entre as partes e para que se evitem decisões surpresa: DIDIER JR., Fredie. Curso...v. I, 2008, cit. p. 515, o que somente ficou reforçado com o CPC/2015 (DIDIER JR., Fredie. Curso...v. I, 2016, cit. p. 699).
129. GRECO FILHO, Vicente. Processo...v. II, cit. p. 186. Segundo esse autor, com a supressão da audiência, os advogados das partes deveriam dar mais ênfase aos fundamentos jurídicos da inicial e da contestação, diante da possibilidade de julgamento antecipado de mérito. Trata-se, em nosso sentir, de uma inversão descabida, que demanda exame de futurologia das partes, tanto em buscar adivinhar se o juiz poderá julgar o processo antecipadamente, como em buscar adivinhar quais as provas que as outras partes produzirão, se um terceiro ingressará no processo, o que será alegado em contestação ou réplica, enfim, todas as possibilidades futuras. Afinal, as razões finais são apresentadas após terem se exaurido todas as possibilidades de realização de atos instrutórios. A pensar como sugeriu o autor, as partes deveriam raciocinar como enxadristas, a examinar cada futura possibilidade de jogada do adversário, só que com a desvantagem de não disporem de um tabuleiro e movimentos preestabelecidos, cujas possibilidades podem ser calculadas de acordo com a movimentação característica de cada peça. Além disso, pode não ser do interesse da parte utilizar-se de todos os argumentos possíveis num primeiro momento (inicial e contestação), seja por questões de sigilo, seja por questões de intimidade.

Nesse caso, Calmon de Passos via a possibilidade de o autor requerer a instrução em audiência, ilidindo a possibilidade de o réu o fazer, por conta da incidência da impossibilidade de produção de provas sobre os fatos que este deixou incontroversos.[130] Mas, um entendimento nesse sentido parece ferir a isonomia processual e o novo Código, ao que tudo indica, foi avesso a ele, na medida em que mitigou a hipótese de julgamento antecipado de mérito nos casos em que o réu, malgrado revel, requer a produção de provas (art. 355, inc. II, e 349, do CPC/2015), nos moldes da Súmula 231, do STF.

Pois bem, mesmo com a disposição do art. 349, do CPC/2015, isso não quer dizer que requerida a produção de provas o juiz deva vincular-se a essa manifestação da parte, tanto que ele pode indeferir as provas que entender impertinentes e isso independentemente de as provas terem sido requeridas na inicial, contestação ou qualquer outro momento (art. 370, do CPC/2015).

O pedido de produção de provas, somado à necessidade de sua produção pela natureza do bem da vida controvertido, é que irá determinar a necessidade de instrução em audiência e em nosso sistema essa decisão é atribuída ao juiz. Portanto, a decisão pelo julgamento antecipado do mérito é, em última instância, atribuição do órgão jurisdicional,[131] não abrindo margem o Código para a disposição das partes, como no sistema alemão.

4.1.3. Fluência dos prazos contra o réu revel

Outro efeito – processual – da revelia é a possibilidade de fluência dos prazos independentemente de intimação pessoal do revel, que ocorrerá a partir da intimação do ato no órgão oficial (art. 346, do CPC/2015).[132] A regra se aplica tanto para o réu que não contesta e não constitui advogado, como para aquele que contesta, mas, depois, verifica-se algum vício na sua representação processual (art. 76, § 1º, inc. II, do CPC/2015). Ela não ocorrerá, todavia, se, apesar de não apresentada defesa, o réu constitui patrono nos autos.[133]

---

130. PASSOS, José Joaquim Calmon de. Comentários...v. III, 9ª ed., cit. p. 465.
131. GRECO FILHO, Vicente. Direito processual...v. II, cit. p. 190.
132. GRECO FILHO, Vicente. Direito processual civil brasileiro. 20ª ed. São Paulo: Saraiva, 2009. p. 156. v. II; BUENO, Cassio Scarpinella. Curso sistematizado...5ª ed., 2012, cit. p. 229. v. II, t. I.
133. PASSOS, José Joaquim Calmon de. Comentários ao Código de Processo Civil. 6ª ed. Rio de Janeiro: Forense, 1989. p. 443. v. III.

O réu poderá assumir o processo em qualquer momento,[134] no estado em que se encontrar, restando salvas as preclusões ocorridas até então.[135] A impossibilidade de retrocessos diante da sua inatividade – que também deve ser aplicada ao autor, quando este fica inativo e o réu prossegue no processo – é medida que visa assegurar a celeridade processual e, juntamente com a possibilidade de a parte comparecer até o final do processo, é perfeitamente compatível com o contraditório.[136]

Mesmo não tendo requerido a produção de determinada prova,[137] o réu poderá participar da sua produção (art. 349, do CPC/2015). Caso se constitua em tempo, poderá também apelar da sentença. Poderá ingressar em fase de cumprimento de sentença, etc.[138] Há, inclusive, quem entenda que a produção de prova documental, por exemplo, por ser admitida até o final da instrução, pode ser realizada pelo réu que se constitui tardiamente,[139] abrandando-se a preclusão do art. 336, do CPC/2015. A mesma relativização é admitida em caso de prova testemunhal, possibilitando-se a apresentação do rol pelo revel até o momento final previsto no art. 357, § 4º, do CPC/2015.[140]

Haverá atos que, necessariamente, deverão ser objeto de intimação pessoal do revel, tais como: o pedido de desistência formulado pelo autor (art. 485, § 4º, do CPC/2015),[141] desde que oferecida a

---

134. PIMENTEL, Wellingnton Moreira. Comentários...v. III, cit. p. 347.
135. BEDAQUE, José Roberto dos Santos. Código de Processo Civil interpretado. Coord. Antonio Carlos Marcato. 2ª ed. São Paulo: Atlas, 2005. p. 1015.
136. BRESOLIN, Umberto Bara. Revelia...cit. p. 170.
137. Há quem admita a produção de provas pelo revel, ainda que passado o momento oportuno para requerimento de sua produção (PIMENTEL, Wellington Moreira. Comentários...v. III, cit. p. 348 e FIGUEIRA JR., Joel Dias. Comentários ao Código de Processo Civil. São Paulo: RT, 2001. p. 393. v. 4, t. II). Calmon de Passos admite, por exemplo, em casos cuja necessidade seja superveniente, que o revel tardio requeira a produção de prova pericial, ou até mesmo o depoimento pessoal do autor, prova testemunhal e exibição de documentos (PASSOS, José Joaquim Calmon de. Comentários...v. III, cit. p. 451-3); BRESOLIN, Umberto Bara. Revelia...cit. p. 177-8, para quem o requerimento de provas pelo revel não precisa ser feito na contestação, mas pode ser realizado até o saneamento do processo, tendo em vista que nenhum problema à marcha processual adviria do requerimento tardio.
138. GRECO FILHO, Vicente. Direito processual...v. II, cit. p. 158-9.
139. BEDAQUE, José Roberto dos Santos. Código de Processo...cit. p. 1016; BRESOLIN, Umberto Bara. Revelia e seus efeitos...cit. p. 178-9.
140. BRESOLIN, Umberto Bara. Revelia...cit. p. 180, lembrando apenas que o CPC/1973 admitia a apresentação do rol em até dez dias antes da audiência de instrução (art. 407), quando silenciava o juiz, o que não ocorre no novo Código.
141. Contra: FIGUEIRA JR., Joel Dias. Comentários ao Código de Processo Civil. São Paulo: RT, 2001. p. 391. v. 4, t. II, sob o fundamento principal de que o desinteresse em contestar é indicativo do desinteresse na resolução do mérito advinda da discordância da desistência.

contestação, o depoimento pessoal (art. 385, § 1º, do CPC/2015) ou a exibição de documento (art. 398, do CPC/2015),[142] o requerimento de alteração da causa de pedir ou do pedido (art. 329, inc. II, do CPC/2015),[143] o novo incidente processual instaurado (p. ex. oposição ou a questão incidental de falsidade, art. 432, do CPC/2015, que não depende mais de processo incidental, conforme art. 430, do CPC/2015) e, para alguns, até mesmo a sentença.[144]

O art. 346, do CPC/2015, é muito relevante, porque é manifestação de uma regra que pode ser aplicada uniformemente à inatividade das partes: a prescindibilidade da atividade propulsiva da parte para se alcançar uma sentença de mérito.[145] A dispensa de intimações[146] é apenas uma consequência dessa premissa. A lei admite expressamente que a inatividade do réu não impede um desfecho no mérito do processo.[147]

Porém, admite-se também a irrelevância da ausência do autor, embora não expressamente. Por exemplo, no caso do inc. III, do art. 485, do CPC/2015, quando o réu não concorda com a extinção do processo sem resolução do mérito e este prossegue. Neste caso, deve-se aplicar por analogia o art. 346, do CPC/2015, ao autor ausente. Sendo assim, caso o réu prossiga no processo, ao autor dispensam-se as intimações, mas deve-se assegurar-lhe a produção de provas e, se se compreender cabível, a intimação pessoal da sentença, mantendo-se um tratamento isonômico entre as partes.

Essa ideia deve ser ainda mais reforçada num processo como o nosso, em que prepondera a regra do impulso oficial (art. 2º, do CPC/2015).

---

142. PASSOS, José Joaquim Calmon de. Comentários ao Código...v. III, cit. p. 445; PONTES DE MIRANDA. Francisco Cavalcanti. Comentários ao Código de Processo Civil. Rio de Janeiro: Forense, 1979. p. 270. v. IV.
143. BUENO, Cassio Scarpinella. Curso sistematizado....v. II, t. I, cit. p. 233.
144. PASSOS, José Joaquim Calmon de. Comentários...v.III, cit. p. 449; PONTES DE MIRANDA. Francisco Cavalcanti. Comentários...v. IV, cit. p. 270-1; contra, FIGUEIRA JR., Joel Dias. Comentários ao Código...v. 4, t. II, cit. p. 390-1.
145. Premissa necessária para se alcançar o equilíbrio entre a celeridade processual e a segurança jurídica do contraditório, já que a parte pode ingressar no processo e assumi-lo no estado em que se encontrar (PIMENTEL, Wellington Moreira. Comentários ao Código de Processo Civil. 2ª ed. São Paulo: RT, 1979. p. 346. v. III).
146. FIGUEIRA JR., Joel Dias. Comentários...v. 4, t. II, cit. p. 390.
147. ARAGÃO, Egas Dirceu Moniz de. Comentários...cit. p. 369. v. II.

Adotada a prescindibilidade da atividade das partes para a consecução da sentença de mérito, bem como fundamentando-nos na mitigação do dogma da precedência da análise dos pressupostos de admissibilidade do mérito, podemos também afirmar que, no caso do abandono bilateral (art. 485, inc. II, do CPC/2015), o juiz, caso verifique que a causa esteja madura para o julgamento, poderia julgar o processo no estado em que se encontra, prolatando sentença de mérito. O fundamento legal que poderia ser utilizado para isso é o art. 355, inc. I, do CPC/2015.

Aplicaríamos regra similar ao § 251 a, da ZPO, ao nosso direito, considerando-se que a causa estará madura somente após a apresentação dos atos postulatórios e, como no direito alemão, após a realização (ou oportunização de realização) da audiência preliminar, serviente ao saneamento do processo (no caso em que se dispensa a audiência, o marco seria o próprio saneamento do processo). A causa estaria madura, para julgamento do mérito, portanto, apesar da inatividade bilateral (art. 485, inc. II, do CPC/2015), após a decisão prevista no art. 357, do CPC/2015, e desde que o juiz compreendesse não serem necessárias outras provas para o julgamento (art. 355, inc. I, do CPC/2015).

Essa possibilidade, entretanto, como já dissemos, apesar de cabível em nosso sistema, dependeria de uma regulamentação a ser pensada *de lege ferenda*, pois as lacunas quanto a esse tipo de julgamento de mérito poderiam prejudicar princípios como o contraditório e a isonomia.

4.2. INATIVIDADE NO COMPARECIMENTO À AUDIÊNCIA

No ordenamento alemão, se ambas as partes não comparecem à audiência (§ 251 a, da ZPO) ou se uma das partes se ausenta e a outra o requer (§ 331 a, da ZPO), o juiz, entendendo a causa estar madura para julgamento, profere sentença de mérito.

Para os italianos, a ausência das partes à audiência é livre de consequências diretas na decisão de mérito, mas ainda assim implica a extinção do processo sem resolução do mérito se ambas as partes se ausentam, ou se ao menos uma ausentar-se e a outra não requerer o prosseguimento do processo (art. 181, do CPC italiano).

Já tivemos a oportunidade de demonstrar que em nosso direito temos a previsão de consequências prejudiciais às partes diante do não comparecimento à audiência no rito dos Juizados Especiais Cíveis, com a extinção do processo no caso da ausência do autor (art. 51, inc. I, da Lei 9.099/95) e com a presunção de veracidade dos fatos alegados pelo autor no caso de ausência do réu (art. 20, da Lei 9.099/95). Alertamos que essa diferença de tratamento também fere o princípio da isonomia processual,[148] na medida em que trata de maneira diversa e ilegitimamente a inatividade das partes no comparecimento à audiência.

Esse *modus operandi* se refletia também no tratamento do inativo na audiência do rito sumário, previsto no art. 277, *caput*, e § 2º, do CPC/1973, que ora é revogado pelo CPC/2015.[149] A jurisprudência costumava interpretar o dispositivo da seguinte maneira: se o réu não comparecesse à audiência fixada, a ele aplicar-se-iam os efeitos substanciais da revelia, mas se o autor fosse o inativo, nenhuma consequência da ausência poderia advir, já que a legislação carecia de regra expressa quanto à aplicação de tão gravoso efeito nessa hipótese.[150]

Em nosso Código, a ausência das partes à audiência de instrução e julgamento, no procedimento comum, não acarreta qualquer consequência direta mais gravosa (processual ou no mérito),[151] exceto, obviamente, a de a parte não presenciar os debates orais e colheita de provas. Ausente a parte sem justo motivo, o juiz passa normalmente à instrução da causa.[152] Diz-se que as partes, para a audiência de instrução e julgamento, são sujeitos não-necessários.[153]

Esse fato somente reflete a mitigação da oralidade em nosso processo, justamente porque, no mais das vezes, exceto pela possibi-

---

148. No mesmo sentido: BECKER, Paulo Felipe. A contumácia do autor...cit. p. 11; SICA, Heitor Vitor Mendonça. O direito de defesa...cit. p. 76, nota 31.
149. O rito sumário se aplica ainda às ações propostas e não sentenciadas quando da entrada em vigor do novo CPC (art. 1.046, § 1º, do CPC/2015).
150. Nem mesmo a extinção seria consequência da ausência do autor (STJ-4ª T., REsp. 705.269, Min. João Otávio, j. 22.4.08).
151. Exceto, obviamente, no caso de ter sido intimada para prestar depoimento pessoal ou para o interrogatório livre, sendo que no primeiro caso sua ausência implica em confissão (art. 385, § 1º, do CPC/2015), cfr. MARQUES, José Frederico. Manual de direito processual civil. São Paulo: Saraiva, 1975. p. 19. v. III e THEODORO JR., Humberto. Curso de direito processual...v. I, cit., p. 839.
152. CINTRA, Antonio Carlos de Araújo. Comentários...v. IV, cit. p. 251; DINAMARCO, Cândido Rangel. Instituições...v. III, cit. p. 677-8; SANTOS, Ernane Fidélis dos. Manual...v. I, cit. p. 593-4; THEODORO JR., Humberto. Curso de direito processual...v. I, cit., p. 839.
153. DINAMARCO, Cândido Rangel. Instituições de direito...v. III, cit. p. 677.

lidade de conciliação, as partes não precisam realizar atos na presença do juiz na audiência de instrução. Como já tivemos oportunidade de salientar ao analisar o direito processual individual do trabalho na Itália, a falta de consequências no comparecimento das partes à audiência, que também deve ser visto como uma extensão do principio dispositivo da demanda, num sistema eminentemente oral e concentrado, deslegitima o tratamento da inatividade do réu, cujo efeito é a presunção de veracidade dos fatos alegados pelo autor. Trata-se de mais uma evidência de que o plexo de inatividades das partes ao longo do nosso processo de conhecimento não é valorado pelo legislador de forma ilegítima, somente a inatividade em apresentar contestação.

No procedimento regido pela oralidade, a inatividade em responder e em comparecer às audiências preparatórias serve para selecionar os fatos controversos para uma futura discussão oral.[154] Já o comparecimento à audiência de instrução e julgamento é necessário para privilegiar a oralidade e imediação. Assim sendo, se a intenção é tratar a inatividade das partes, como um todo, de maneira similar a um ordenamento eminentemente oral, a ausência à audiência não pode ser isenta de maiores consequências que tão só a realização da instrução apesar da inatividade em comparecer.

Há um tratamento diverso, porém, nas situações em que a parte não comparece ao interrogatório livre ou ao depoimento pessoal (arts. 139, inc. VIII, e 385, do CPC/2015). No primeiro caso, diz-se que a função do interrogatório é *ad clarificandum*,[155] ou seja, o instituto é destinado a auxiliar a parte a esclarecer ou complementar suas razões, na medida do possível, em relação direta e imediata com o juiz, para uma melhor compreensão do conteúdo fático da controvérsia.[156] Não é considerado, portanto, um meio de prova.[157]

---

154. VACCARELLA, Romano. Interrogatorio delle parti...cit. p. 392-3.
155. CAPPELLETTI, Mauro. La testimonianza...v. I, cit. p. 62-3.
156. ARAGÃO, Egas Dirceu Moniz de. Exegese do Código de Processo Civil. Rio de Janeiro: Aide, 1984. p. 142-3. v. 4, t. 1; MARINONI; ARENHART. Comentários...v. IV, t. 1, cit. p. 260-1; GRECO FILHO, Vicente. Direito processual civil brasileiro. 20ª ed. São Paulo: Saraiva, 2009. p. 218. v. II; SANTOS, Moacyr Amaral. Comentários ao Código de Processo Civil. 4ª ed. Rio de Janeiro: Forense, 1988. p. 71. v. IV.
157. MARINONI; ARENHART. Comentários...v. V, t. 1, cit. p. 262; DIDIER JR., Fredie. Curso...v. II, 2016, cit. p. 157; entendendo ser um meio de prova, todavia: BUENO, Cassio Scarpinella. Curso sistematizado...v. II, t. 1, cit. p. 257.

O depoimento pessoal sim é um meio de prova,[158] que, a requerimento da parte adversa e após a intimação pessoal, pode gerar a confissão dos fatos alegados.[159] Alguns autores afirmam que a confissão é a finalidade precípua do depoimento pessoal.[160]

Em ambos os casos há um dever da parte em comparecer, para contribuir com a verdade (arts. 378 e 379, inc. I, do CPC/2015).[161] Entretanto, as consequências são diversas: no caso do interrogatório livre, não pode haver confissão ficta,[162] como no depoimento pessoal.[163] Nesse caso, como no caso da revelia, a confissão ficta tem uma função de seleção de fatos, de afunilamento da matéria controversa, de imprimir celeridade e simplicidade à solução do mérito, pois torna a prova desnecessária (art. 374, inc. II, CPC/2015), permitindo ao juiz fixar-se somente nos fatos efetivamente controvertidos pelas partes.[164]

Ocorre que, o não tratamento uniforme da inatividade nos casos específicos do depoimento pessoal e do interrogatório livre pode prejudicar os fins desejados pelo legislador ao instituir consequências decorrentes de um sistema oral ao primeiro (confissão ficta). Na presença de um regramento como o alemão, em que a ausência a qualquer audiência pode ser considerada como contumácia (independentemente de haver ou não depoimento pessoal), ou do italiano, em que a ausência ao interrogatório livre pode ser tida também como um argumento de prova,[165] as finalidades de celeridade e economia

---

158. LOPES, João Batista. O depoimento pessoal...cit. p. 92.
159. DINAMARCO, Cândido Rangel. Instituições...v. III, cit. p. 646-8.
160. GRECO FILHO, Vicente. Direito processual...v. II, cit. p. 219.
161. DIDIER JR., Fredie. Curso...v. II, 2016, cit. p. 156.
162. A ausência, todavia, pode ensejar a aplicação das penas por litigância de má-fé (art. 80, inc. II e IV, do CPC/2015): SANTOS, Moacyr Amaral. Comentários...v. 4, cit. p. 74. Ou, até mesmo crime de desobediência para alguns: MARINONI; ARENHART. Comentários...v. V, t. 1, cit. p. 263-4; DIDIER JR., Fredie. Curso...v. II, 2016, cit. p. 157.
163. LOPES, João Batista. O depoimento pessoal e o interrogatório livre no processo civil brasileiro e estrangeiro. Revista de Processo, n. 13, jan-mar. 1979. p. 96, principalmente pelo fato de a confissão se tratar de uma sanção e por ter de ser interpretada restritivamente, na ausência de previsão legal, não se aplica ao interrogatório livre.
164. MARINONI, Luiz Guilherme; ARENHART, Sérgio Cruz. Comentários ao Código de Processo Civil. São Paulo: RT, 2000. p. 281. v. 5. t. I; BUENO, Cassio Scarpinella. Curso sistematizado de direito processual civil. 6ª ed. São Paulo: Saraiva, 2013. p. 257-8. v. II, t. 1.
165. Apenas lembrando que há autores que admitem a extração de elementos de convicção decorrentes da ausência da parte ao interrogatório livre em nosso direito, com base no art. 371, do CPC/2015, inclusive traçando um paralelo com o art. 116, do CPC italiano: MARINONI; ARENHART. Comentários...v. 5, t. 1, cit. p. 264; ARAGÃO, Egas Dirceu Moniz de. Exegese...v. 4, t. 1, cit. p. 145-6. v. 4, t. 1; DIDIER JR., Fredie. Curso...v. II, 2016, cit. p. 157.

processual podem ser mais facilmente alcançadas e, o que é melhor, sem o prejuízo à isonomia processual.

O interrogatório livre pertence não necessariamente à fase instrutória, mas por sua finalidade de esclarecimento, se encaixa preponderantemente na fase preparatória,[166] postulatória, e apesar de existir entendimento no sentido de que não pode haver pena de confesso nesse caso, a utilidade dessa consequência no interrogatório livre seria muito maior, pois afunilaria a matéria controvertida antes do início da produção das provas, evitando-se dispêndio de atos inúteis em relação a fatos que poderiam ser excluídos num momento anterior do processo. Isso não ocorre com a confissão extraída do depoimento pessoal, pois se trata de meio de prova, só realizável em sede de audiência de instrução,[167] após toda a atividade probatória já ter sido realizada, inclusive sobre aqueles fatos que já poderiam ser tornados incontroversos. O resultado é uma inversão do momento adequado para efetivação da incontrovérsia: se essa é vista, no caso da confissão, como uma forma de diminuir a extensão do objeto da prova, então o ideal é prever um instituto que a possibilite logo na fase postulatória e não na fase instrutória.[168]

Além disso, é entendimento majoritário o de que a confissão ficta decorrente do depoimento pessoal da parte pode ser relativizada com os outros elementos constantes nos autos, de acordo com o livre convencimento racional do juiz (art. 371, do CPC/2015).[169]

Por fim, devemos esclarecer que o objeto do presente trabalho não se estende à inatividade do advogado, mas temos de consignar que a sua ausência à audiência de instrução tem como consequência a possibilidade[170] de o juiz dispensar as provas requeridas pelo mandante (art. 362, § 2º, do CPC/2015). A ideia de sancionar a inatividade do advogado radica do direito francês, na diferenciação do *défaut*

---

166. LIEBMAN, Enrico Tullio. Manuale di diritto processuale civile. 3ª ed. Milano: Giuffrè, 1974. p. 144. v. II.
167. MARINONI; ARENHART. Comentários...v. 5, t. 1. p. 278-9; BUENO, Cassio Scarpinella. Curso sistematizado...v. 2, t. 1, cit. p. 258.
168. VACCARELLA, Romano. Interrogatorio...p. 392-3 e 402-4.
169. MARINONI, Luiz Guilherme; ARENHART, Sérgio Cruz. Comentários...v. 5, t. 1, cit. p. 280; BUENO, Cassio Scarpinella. Curso sistematizado...v. II, t. 1, cit. p. 258; DIDIER JR., Fredie. Curso...v. II, 2016, cit. p. 173.
170. A doutrina interpreta o dispositivo com brandura, admitindo que o juiz dispense ou não, a seu critério, a prova requerida pela parte: DINAMARCO, Cândido Rangel. Instituições...v. III, cit. p. 678. MARQUES, José Frederico. Manual...cit., v. III, p. 20; SANTOS, Moacyr Amaral dos. Comentários...v. IV, cit. p. 412; SANTOS, Ernane Fidélis dos. Manual...v. I, cit. p. 594.

de comparaître (*faute contre partie*) – incidente nas hipóteses em que a própria parte não comparece no termo assinado – e no *défaut de défendre* (*faute contre avoué*) – correspondente à não apresentação de defesa pelo representante da parte.[171]

4.3. TRATAMENTO MAIS ISONÔMICO: O EXEMPLO DO DIREITO ALEMÃO.

Atualmente, pela leitura conjugada dos §§ 330 e 331, da ZPO, pode-se inferir que, verificada a contumácia do autor, a demanda pode ser rejeitada no mérito[172] – equivalendo o resultado a uma renúncia da ação[173] –, e verificada a contumácia do réu, todas as afirmações de fato realizadas pelo autor são reputadas verdadeiras e assim devem ser tidas na sentença de mérito.[174]

O resultado da inatividade é a vinculação do juiz aos fatos alegados, não havendo necessidade de abertura de atividade instrutória.[175] O juiz não precisa perquirir sobre a veracidade das alegações não impugnadas, mediante produção probatória.[176] Os autores aproximam esse fenômeno da confissão,[177] daí a ideia de que o sistema germânico adota a *ficta confessio*.[178]

A *Zivilprozessordnung* também não distingue o fenômeno da contumácia total, ou seja, a falta de constituição no processo, da simples ausência ou abstenção de determinado ato, como o fazem os italianos (*mancata costituzione* e *mancata comparizione*) e os fran-

---

171. TUCCI, Rogério Lauria. Da contumacia...cit. p. 71; GIANNOZZI, Giancarlo. La contumacia...cit. p. 64-6.
172. De acordo com o § 330, o pedido é rejeitado no mérito, ou seja, a sentença contumacial em relação ao autor é uma sentença de mérito (Sachurteil): "bei Säumnis des Klägers wird die Klage auf Antrag durch Versäumnisurteil (Sachurteil!) abgewiesen, § 330" (JAUERNIG, Othmar. Zivilprozessrecht. 21ª ed. C.H. Becksche. p. 238); no mesmo sentido: ROSENBERG, Leo. Tratado...t. II, cit. p. 168-9.
173. "Wer sich um seinen Prozess nicht kümmert, verliert ihn" (JAUERNIG, Othmar. Zivilprozessrecht...cit. p. 238); GIANNOZZI, Giancarlo. La contumacia...cit. p. 388; "il principio seguito dalla legge è chiaro: chi non coltiva il suo processo è destinato alla sconfitta" (LENT, Friedrich. Diritto...cit. p. 263).
174. "bei Säumnis des Beklagten – der weitaus wichtigere Fall! – gelten alle tatsächlichen Anführungen des Klägers als vom Beklagten zugestanden und sind daher als wahr dem Urteil zugrunde zu legen" (JAUERNIG, Othmar. Zivilprozessrecht...cit. p. 238); ROSENBERG, Leo. Tratado...t. II, cit. p. 170.
175. LENT, Friedrich. Diritto...cit. p. 263.
176. "das Gericht die Wahrheit der Behauptungen nicht nachzuprüfen hat. Das Gericht hat lediglich die Schlüssigkeit der Klage zu prüfen" (JAUERNIG, Othmar. Zivilprozessrecht...cit. p. 238).
177. GIANNOZZI, Giancarlo. La contumacia...cit. p. 388; LENT, Friedrich. Diritto…cit. p. 263.
178. *Geständnisfiktion* (JAUERNIG, Othmar. Zivilprozessrecht...cit. p. 238); TUCCI, Rogério Lauria. Da contumácia...cit. p. 91.

ceses (*défaut de comparaître* e *défaut de conclure*).¹⁷⁹ Tal distinção terá implicações nesses ordenamentos, já que a falta de comparecimento, quando a parte é constituída, assume matizes mais severos. Já a ausência do revel – que não se constitui – se dilui no fenômeno geral da sua inatividade.

No direito germânico, o procedimento à revelia somente se aplica nas hipóteses em que uma parte não comparece ou não atua e a outra se faz presente.¹⁸⁰ Para a inatividade bilateral o regime é diverso.

Essas consequências mais gravosas se dão no direito germânico atual, porque ele se pauta pela participação leal no processo,¹⁸¹ provavelmente devido aos seus influxos históricos, de modo a impor às partes um ônus ou obrigação de completude e veracidade nas suas alegações (§ 138, ZPO).¹⁸²

Desta forma, fica mais fácil vislumbrar um sistema mais rigoroso quanto à parte que se ausenta, tanto que não é apenas a inatividade que gera a contumácia, mas também a atividade insuficiente (§ 333, ZPO),¹⁸³ ou seja, não basta demandar, requerer ou contestar, deve-se justificar e fundamentar. Exige-se a qualificação do impulso processual, não apenas a realização deste impulso.¹⁸⁴

Em ambos os casos, seja no caso de contumácia do réu, seja no caso de contumácia do autor, não importa se houve ou não alguma causa para o ato omissivo, a averiguação dos requisitos é objetiva, independente de culpa.¹⁸⁵

No caso de alguma das partes não comparecer à audiência, pode a adversária requerer uma sentença à revelia, ou o julgamento conforme o estado dos autos (§§ 330, 331, *caput*, e 331 a, da ZPO). Naquele caso, tem-se o julgamento de plano, mas com maiores possibilidades de impugnação por parte do inativo.¹⁸⁶ Neste último (julga-

---

179. GIANNOZZI, Giancarlo. La contumacia...cit. p. 389; TUCCI, Rogerio Lauria. Da contumácia...cit. p. 92; LENT, Friedrich. Diritto...cit. p. 262.
180. ROSENBERG, Leo. Tratado...t. II, cit. p. 160; "Das Versäumnisverfahren hat folgende Voraussetzungen (§§ 330, 331): 1. Die eine Partei erscheint und verhandelt. 2. Die andere Partei erscheint nicht oder (§ 333) verhandelt nicht" (JAUERNIG, Othmar. Zivilprozessrecht...cit. p. 236).
181. Fala-se em ônus de participação (LENT, Friedrich. Diritto...cit. p. 261).
182. CAPPELLETTI, Mauro. La testimonianza...v. I, cit. p. 97.
183. ROSENBERG, Leo. Tratado...t. II, cit. p. 164.
184. GIANNOZZI, Giancarlo. La contumacia...cit. p. 389.
185. ROSENBERG, Leo. Tratado...t. II, cit. p. 164.
186. ROSENBERG, Leo. Tratado...t. II, cit. p. 165.

mento conforme o estado dos autos), o julgamento se dá conforme os elementos probatórios produzidos até então e obedecendo ao quanto disposto no § 251 a, da ZPO,[187] mas com ares de definitividade muito maiores (*kontradiktorisches Urteil ou streitiges Urteil*),[188] pois são facultados apenas os meios ordinários de impugnação à parte ausente.

O julgamento conforme o estado dos autos, introduzido no ordenamento alemão pela reforma de 1924, pode ocorrer (segundo o § 251 a, da ZPO) quando ambas as partes se ausentam e assim compreende ser o caso o juiz, ou em caso de revelia, desde que solicitado pela parte presente (§ 331, a, da ZPO).[189] Há para a parte, em caso de revelia, uma maleabilidade procedimental, ela pode requerer uma sentença contumacial ou um julgamento conforme o estado dos autos. Isso não ocorre, obviamente, no caso da ausência de ambas, em que o destino do procedimento é relegado ao convencimento judicial.

Lembramos o que já foi dito antes, entretanto: um julgamento conforme o estado dos autos no processo alemão só pode ocorrer se houve prévia audiência oral (§ 251 a, 2, da ZPO), sinal de que a oralidade e concentração são privilegiadas.

Por uma situação atípica (não comparecimento), o processo se encerra sem os debates orais, com uma sentença idêntica àquela em que houve esses debates, e nisso consiste o julgamento conforme o estado dos autos.[190] Notemos a diferença em relação ao nosso julgamento antecipado do mérito (art. 355, do CPC/2015). Aqui, uma característica interna do próprio processo dita a desnecessidade de realização de audiência, sob o convencimento judicial. Lá, dada a impossibilidade fática de realização dos debates, que continuam sendo o objetivo principal do processo, por um evento alheio (ausência de uma ou de ambas as partes), o processo pode se encerrar definitivamente, no estado em que se encontra. No direito alemão não é o sistema processual que determina a frustração da oralidade, mas por ela já se encontrar frustrada, diante da ausência das partes à audi-

---

187. Ou seja, somente após haver uma primeira audiência, desde que o juiz esteja munido de um mínimo de elementos instrutórios, poderá haver o julgamento conforme o estado dos autos (LENT, Friedrich. Diritto processuale...cit. p. 267).
188. LEIBLE, Stefan. Proceso civil alemán...cit. p. 322; JAUERNIG, Othmar. Zivilprozessrecht...cit. p. 243.
189. No caso de revelia tem a parte comparecente um "direito" ao julgamento conforme o estado dos autos, o que não ocorre caso ambas se abstenham, pois aqui a situação fica no arbítrio do juiz (ROSENBERG, Leo. Tratado...t. II, cit. p. 176).
190. ROSENBERG, Leo. Tratado...t. II, cit. p. 176.

ência, julga-se o mérito naquele estado de instrução, alcançando-se uma solução definitiva.

O direito germânico ainda conhece um instituto importante para remediação dos efeitos da sentença contumacial, qual seja, a oposição (*Einspruch*, § 338, ZPO). Trata-se de um recurso dirigido pelo contumaz ao mesmo órgão prolator da sentença contumacial, em cujo bojo não se discute qualquer razão pela qual a parte ficou inativa.

A natureza dessa medida é mesmo de recurso. Após analisados os requisitos de admissibilidade, o juiz averigua o seu mérito e, caso acolhido este último, os atos do processo retrotraem aos atos anteriores até a ocorrência da contumácia (§ 342, ZPO), desconstituindo-se a sentença contumacial.[191]

É interessante a aproximação que se faz da oposição com a *Mahnverfahren* (§ 688, ZPO), que equivale ao nosso procedimento monitório (art. 700, do CPC/2015). Justifica-se essa aproximação, precipuamente, pela presunção de desinteresse do contumaz em reagir relativamente às alegações da outra parte, o que daria alto grau de credibilidade à sentença contumacial. Esta sentença, por sua vez, funcionaria como nosso mandado de injunção do processo monitório (art. 701, do CPC/2015), que, devido ao elevado grau de credibilidade do seu conteúdo, só fica a esperar eventual impugnação do interessado – no caso da monitória, os embargos (art. 702, do CPC/2015) e da sentença contumacial, a oposição.[192]

A proteção do réu contumaz, como se pode notar, faz-se com a possibilidade de impugnação da sentença contumacial mediante oposição (pela provisoriedade daquela, ao menos por um curto período de tempo) e, no caso de sentença definitiva, da impossibilidade de o autor adentrar sozinho na instrução probatória sem a participação do réu. Nota-se neste último caso que, sendo contumaz o réu, ele sempre poderá avaliar a justiça da decisão dada no estado dos autos, porquanto presenciou todos os meios de instrução utilizados até a prolação da sentença.[193]

---

191. LENT, Friedrich. Diritto...cit. p. 265.
192. GIANNOZZI, Giancarlo. La contumacia...cit. p. 391-393.
193. Essa crítica é feita por Giannozzi, que ao avaliar o direito germânico e o italiano, conclui pelo tratamento mais benéfico daquele em relação e esse, porquanto possibilita ao contumaz o

É muito relevante destacarmos que no direito processual civil alemão, quando a lei compreende ser um ato essencial para a marcha do procedimento, ela procura-lhe um substituto, somando-se, no mais das vezes, à preclusão da oportunidade de realização do ato omitido, uma *"ficção do ato processual mais desfavorável para a parte inativa"*: disso decorrem efeitos como a confissão ficta (art. 331, I, ZPO), a ficção de consentimento ou um resultado de prova desfavorável à parte inativa.[194] Esses efeitos são, via de regra, determinantes para a resolução do mérito da controvérsia. A lei utiliza-se da inatividade para definir o litígio de maneira definitiva.

---

conhecimento de todos os meios utilizados pelo autor para legitimar sua sentença – principalmente as provas produzidas (GIANNOZZI, Giancarlo. La contumacia...cit. p. 395).

194. ROSENBERG, Leo. Tratado de derecho procesal civil. Trad. de Angela Romera Vera. Buenos Aires: EJEA, 1955. p. 451. t. I.

CONCLUSÕES

O presente trabalho destinou-se a investigar a inatividade das partes, notadamente em relação aos principais atos postulatórios integrantes do processo de conhecimento, ou seja, a demanda inicial e a resposta do réu, de um ponto de vista da isonomia que deve orientar a posição dos litigantes ao longo do processo.

Acreditamos que a escassez de estudos, ao menos no Brasil, a respeito desse tema, fez com que as sucessivas Codificações do nosso país regulassem a inatividade das partes de uma maneira não uniforme quanto aos seus efeitos, prejudicando, além da isonomia, a própria eficiência e concentração do processo, objetivos esses que devem prevalecer na regulamentação da inatividade processual.

Ao aproximarmos a inatividade do autor em implementar os atos necessários para o impulso do processo e a inatividade do réu em responder, como atos processuais decorrentes do princípio dispositivo, vistos como verdadeira manifestação da disponibilidade da tutela jurisdicional (Seção 1, Cap. 2, item 2.2), pudemos assentar as premissas que permitiram não apenas igualar as posições do autor e do réu (Seção 1, Cap. 1, item 1.2), mas, principalmente, enxergá-las como passíveis de serem tratadas igualmente pelo legislador (Seção 1, Cap. 1, item 1.3).

Aceitas essas premissas, pudemos concluir que o regramento da inatividade do autor, quando estamos diante de situações de abandono (art. 485, incs. II e III, do CPC/2015), pode ser tratado da mesma forma que a inatividade do réu em responder (arts. 341 e 344, do CPC/2015), ou seja, ambas devem, igualmente, ou influenciar o desfecho do processo sem que haja uma resolução de mérito, ou, havendo uma resolução de mérito.

Nosso legislador, entretanto, desde o CPC/1973 (Seção 2, Cap. 3, item 3.1), não tratou as consequências das duas hipóteses de inatividade de maneira similar, o que pode ser considerado um tratamento desigual de situações iguais e ferir a isonomia entre os litigantes (Seção 1, Cap. 1, item 1.3). Prova disso, por exemplo, é o fato de que a doutrina majoritária compreende a inatividade do autor em dar andamento ao processo como situação somente verificada na hipótese de culpa ou intenção de abandono (Seção 2, Cap. 3, item 3.1.1), quando na maior parte dos casos de inatividade processual esse requisito não impede o processo de prosseguir (Seção 1, Cap. 1, item 1.1).

Outra demonstração desse tratamento não uniforme é o fato de inexistir, em nosso sistema, preceito legal que autorize o julgamento no estado dos autos, quando verificada a inatividade bilateral ou unilateral do art. 485, incs. II e III, do CPC/2015, nos moldes estabelecidos no caso da inatividade do réu em responder (art. 355, inc. II, do CPC/2015) (Seção 2, Cap. 4, item 4.1.3). O recurso ao sistema das nulidades, ou seja, ao art. 282, § 2º, do CPC/2015, pode demonstrar-se insuficiente, pois somente autoriza o julgamento de mérito favoravelmente àquele que não ficou inativo, quando o ideal (*de lege ferenda*) seria a pronúncia no mérito independentemente de favorecimento da parte ativa, de acordo com os elementos constantes nos autos e o livre convencimento racional (art. 371, do CPC/2015).

Nesse aspecto, considerando que o tratamento da inatividade dos sujeitos processuais deve observar o sistema processual em que está imerso (Seção 2, Cap. 4, itens 4.1.1.1 e 4.1.1.2), bem como mecanismos e princípios inerentes ao procedimento, como a preponderância da oralidade, da imediação ou da concentração dos atos processuais, a opção pelo tratamento efetivamente equânime dos sujeitos processuais poderia advir de uma discussão *de lege ferenda*. Por isso, apresentamos no presente trabalho dois sistemas em que, em nossa opinião, o tratamento da inatividade pode ser considerado equânime: o italiano (Seção 2, Cap. 3, item 3.3) e o alemão (Seção 2, Cap. 4, item 4.3).

A depender da escolha que se faça, também a inatividade das partes no comparecimento à audiência (Seção 2, Cap. 4, item 4.2) pode ser repensada e, diferentemente do nosso sistema atual, ter consequências prejudiciais – seja como julgamento sem resolução de mérito, seja com resolução de mérito – para o sujeito inativo.

No trabalho de identificação de quais os atos que, verificados, poderiam ensejar a extinção por abandono (art. 485, incs. II e III, do CPC/2015), também tivemos oportunidade de diferenciar a inatividade pura ou instrumental, daquela decorrente da não sanação de algum vício que inquina um ato processual ou o processo como um todo (Seção 2, Cap. 3, item 3.2).

Esse esforço de identificação foi importante não apenas para ter claras quais situações de inatividade do autor poderiam ser tratadas da mesma forma que a inatividade do réu em responder, mas, principalmente, para concluirmos que o regramento das nulidades processuais não é suficiente para tratar a inatividade das partes (Seção 2, Cap. 3, item 3.2.3), se o que se busca com esse regime é a celeridade, concentração e eficiência do processo.

REFERÊNCIAS BIBLIOGRÁFICAS

ABREU, Rafael Sirangelo. *Igualdade e processo. Posições processuais equilibradas e unidade do direito*. São Paulo: RT, 2015;

ALEXY, Robert. *Teoría de los derechos fundamentales*. Madrid: Centro de Estudios Políticos y Constitucionales, 2002;

ALLORIO, Enrico. *Diritto processuale tributario*. 5ª ed. Torino: UTET, 1969;

_____. *Diritto processuale tributario*. Torino: UTET, 1955;

_____. *Il giuramento della parte*. Milano: Giuffrè, 1937;

ALMEIDA JR., João Mendes de. *Programma do curso de direito judiciário leccionado na Faculdade de Direito de S. Paulo*. São Paulo: Hennies Irmãos, 1910;

ALSINA, Hugo. *Tratado teórico e práctico de derecho procesal civil e comercial*. Buenos Aires: Eidar, 1967;

ALVIM, Arruda. *Código de Processo Civil comentado*. São Paulo: RT, 1979. v. V;

_____. *Manual de direito processual civil*. 12ª ed. São Paulo: RT, 2005;

_____. *Manual de direito processual civil*. 13ª ed. São Paulo: RT, 2010;

_____. *Manual de direito processual civil*. 9ª ed. São Paulo: RT, 2005. v. II;

ALVIM, Arruda; ALVIM, Teresa Arruda. *Nulidades processuais*. 2ª série. São Paulo: RT, 1992;

_____. *Nulidades processuais*. São Paulo: RT, 1992;

AMARAL, Moacyr Amaral. *Primeiras linhas de direito processual civil*. 6ª ed. São Paulo: Saraiva, 1981. v. II;

AMERICANO, Jorge. *Comentários ao Código de Processo Civil do Brasil*. 2ª ed. São Paulo: Saraiva, 1958. v. I;

ANDRIOLI, Virgilio. *Commento al Codice di Procedura Civile*. Napoli: E. Jovene, 1954. v. I;

_____. *Diritto processuale civile*. Napoli: E. Jovene, 1979;

_____. *Voce Presunzioni (dir. civ. e dir. proc. civ.)*. Novissimo digesto italiano. Torinese. v. XIII;

ARAGÃO, Egas Dirceu Moniz de. *Comentários ao Código de Processo Civil*. 10ª ed. Rio de Janeiro: Forense, 2005. v. II;

_____. *Comentários ao Código de Processo Civil*. 6ª ed. Rio de Janeiro: Forense, 1989. v. II;

_____. *Comentários ao Código de Processo Civil.* 2ª ed. Rio de Janeiro: Forense, 1976. v. II;

_____. *Comentários ao Código de Processo Civil.* Rio de Janeiro: Forense, 1974. v. II;

_____. *Exegese do Código de Processo Civil.* Rio de Janeiro: Aide, 1984. v. 4, t. 1;

_____. *Regras de prova no Código Civil.* Revista de Processo. São Paulo. v. 29. n. 116. jul./ago. 2004;

ARISTÓTELES. *Ética a Nicômaco.* 2ª ed. Bauru: Edipro, 2007;

AROCA, Juan Mantero. *Introducción al derecho procesal civil.* 2ª ed. Madrid: Tecnos, 1979;

AROCA, Juan Montero; COLOMER, Juan Luis Gómez; REDONDO, Alberto Montón et alii. *Derecho jurisdiccional.* 13ª ed. Valencia: Tirant lo blanch. v. II;

ARU, Luigi. *Il processo civile contumaciale.* In *Studio di diritto romano.* Roma: Anonima romana, 1934;

ASSIS, Araken de. *Manual da execução.* 16ª ed. São Paulo: RT, 2013;

_____. *Questão de princípio.* Revista do Advogado AASP. Ano 40. Jul/93;

ATTARDI, Aldo. *Le nuove disposizioni sul processo civile.* Padova: CEDAM, 1991;

ÁVILA, Humberto. *Teoria da igualdade tributária.* 2ª ed. São Paulo: Malheiros, 2009;

AZEVEDO, Antonio Junqueira. *Negócio jurídico e declaração negocial.* Tese. USP, 1986;

BALBI, Celso Edoardo. *La decadenza nel processo di cognizione.* Milano: Giuffrè, 1983;

BAPTISTA, Francisco de Paula. *Compendio de theoria e pratica do processo civil comparado com o comercial.* 4ª ed. Rio de Janeiro: B. L. Garnier, 1890;

BARBI, Celso Agrícola. *Comentários ao Código de Processo Civil.* 2ª ed. Rio de Janeiro: Forense, 1981. v. II;

_____. *Comentários ao Código de Processo Civil.* Rio de Janeiro: Forense, 1977. v. I, t. II;

_____. *Comentários ao Código de Processo Civil.* Rio de Janeiro: Forense, 1974. v. I, t. I;

BARBOSA MOREIRA, José Carlos. As presunções e a prova. In *Temas de direito processual (primeira série).* 2ª ed. São Paulo: Saraiva, 1988;

_____. Aspectos da "extinção do processo" conforme o art. 329 CPC. In *Temas de direito processual (quinta série).* São Paulo: Saraiva, 1994;

_____. Breves reflexiones sobre la iniciativa oficial en matéria de prueba. In *Temas de direito processual (terceira série).* São Paulo: Saraiva, 1984;

_____. *Comentários ao Código de Processo Civil.* Rio de Janeiro: Forense, 2011. v. V;

_____. La igualdad de las partes en el proceso civil. In *Temas de direito processual. (quarta série)*. São Paulo: Saraiva, 1989;

_____. *O novo processo civil brasileiro*. 27ª ed. Rio de Janeiro: Forense, 2008;

_____. *O problema da "divisão do trabalho" entre juiz e partes: aspectos terminológicos*. Revista da Faculdade de Direito da Universidade Federal de Pelotas. Ano XIX, n. XIV, 1985;

_____. *Provas atípicas*. Revista de Processo. v.19. n. 76. out/dez. 1994;

_____. Regras de experiência e conceitos jurídicos indeterminados. In *Temas de direito processual civil (segunda série)*. 2ª ed. São Paulo: Saraiva, 1988;

_____. *Sobre a multiplicidade de perspectivas no estudo do processo*. Revista de Processo. n. 49. São Paulo: RT, jan-mar. 1988;

BARLETTA, Antonino. *Extra e ultra petizione. Studio sui limiti dei dovere decisorio del giudice civile*. Milano: Giuffrè, 2012;

BATTAGLIA, Viviana. *Sull'onere del convenuto di "prendere posizione" in ordine ai fatti posti a fondamento della domanda (riflessioni sull'onere della prova)*. Rivista di Diritto processuale. Padova: CEDAM, Nov/Dic, 2009;

BATTISTA, Michele. *Voce Perenzione*. Digesto italiano. Torino: UTET, 1906. v. XVIII. parte 2.

BECKER, Paulo Felipe. *A contumácia do autor*. Revista do Juizado de Pequenas Causas. Porto Alegre. v. 9-10. dez/abr. 1994;

BEDAQUE, José Roberto dos Santos. *Código de Processo Civil interpretado*. Coord. Antonio Carlos Marcato. 3ª ed. São Paulo: Atlas, 2008;

_____. *Efetividade do processo e técnica processual*. 3ª ed. São Paulo: Malheiros, 2010;

_____. *Nulidade processual e instrumentalidade do processo*. Revista de Processo. ano 15, nº 60, out/dez de 1990;

_____. Os elementos objetivos da demanda examinados à luz do contraditório. In *Causa de pedir e pedido no processo civil (questões polêmicas)*. Coord. José Rogério Cruz e Tucci e José Roberto dos Santos Bedaque. São Paulo: RT, 2002;

_____. *Poderes instrutórios do juiz*. 4ª ed. São Paulo: RT, 2009;

_____. *Tutela cautelar e tutela antecipada: tutelas sumárias e de urgência (tentativa de sistematização)*. 5ª ed. São Paulo: Malheiros, 2009;

BENVENUTI, Feliciano. *L'istruzione nel processo amministrativo*. Padova: CEDAM, 1953;

BETTI, Emilio. *Diritto processuale civile italiano*. Roma: Foro italiano, 1936;

BOLAFFI, Renzo. *Le eccezioni nel diritto sostanziale*. Milano: Società Editrice Libraria, 1936;

BONADIMAN, Carolina Esteves. *(In)disponibilidade do direito processual civil: uma análise do seu reflexo sobre a atividade do juiz e das partes à luz dos princípios fundamentais*. Tese: USP. São Paulo: 2002;

BONDIOLI, Luis Guilherme Aidar. *Reconvenção no processo civil*. São Paulo: Saraiva, 2009;

BORSELLI, Edgardo. *Voce Perenzione*. Nuovo digesto italiano. Torino: UTET, 1989. v. IX;

BRANDI, Pietro. *Voce Contumacia (dir. proc. civ.)*. Enciclopedia del diritto. Milano: Giuffrè. t. X;

BRASIL, *Código de Processo Civil*. Histórico da Lei. Brasília: Subsecretaria de Edições Técnicas do Senado Federal, 1974. v. I, t. I e II;

BRESOLIN, Umberto Bara. *Revelia e seus efeitos*. São Paulo: Atlas, 2006;

BUENO, Cassio Scarpinella. *Curso sistematizado de direito processual civil*. 5ª ed. São Paulo: Saraiva, 2012. v. II, t. I;

_____. *Curso sistematizado de direito processual civil*. 6ª ed. São Paulo: Saraiva, 2013. v. II, t. I;

_____. *Curso sistematizado de direito processual civil*. 6ª ed. São Paulo: Saraiva, 2012. v. I;

_____. *Partes e terceiros no processo civil brasileiro*. 2ª ed. São Paulo: Saraiva, 2006;

_____. *Novo Código de Processo Civil anotado*. São Paulo: Saraiva, 2015;

BÜLOW, Oskar Von. *La teoría de las excepciones procesales y los presupuestos procesales*. Trad. de Miguel Angel Rosas Lichtschein. Buenos Aires: EJEA, 1964;

CABRAL, Antonio do Passo. *Despolarização do processo e zonas de interesse: sobre a migração entre polos da demanda*. Revista Forense. Rio de Janeiro, v. 105, n. 404, jul/ago. 2009;

_____. *Imparcialidade e impartialidade. Por uma teoria sobre a repartição e incompatibilidade de funções no processo civil e penal*. Revista de processo. ano 32, n. 149, jul/2007;

_____. *Nulidades no processo moderno*. Rio de Janeiro: Forense, 2009;

CAHALI, Yussef Said. *Prescrição e decadência*. São Paulo: RT, 2008;

CALAMANDREI, Piero. *Introduzione allo studio sistematico dei provvedimenti cautelari*. Padova: Cedam, 1936;

_____. *Istituzioni di diritto processuale civile*. Padova: CEDAM, 1943. v. I;

_____. *La relatività del concetto d'azione*. In *Opere giuridiche*. Napoli: Morano. 1965;

_____. *Lite e processo*. In *Opere giuridiche a cura di Mauro Cappelletti*. Napoli: Morano, 1965. v. I;

_____. *Sul progetto preliminare Solmi*. In *Studi sul processo civile*. Padova: CEDAM, 1939. v. IV;

CALMON, Petrônio. *O modelo oral de processo no século XXI*. Revista de Processo. n. 178. dez/2009;

CAMBI, Eudardo; HOFFMANN, Eduardo. *Caráter probatório da conduta (processual) das partes*. São Paulo: RT. Revista de Processo. Ano 36. v. 201. nov. 2011;

CAMPOS, Francisco. Exposição de motivos do Código de Processo Civil. In *Código de Processo Civil*. Rio de Janeiro: José Olympo, 1939;

CAPOGRASSI, Giuseppe. Giudizio, processo, scienza e verità. In *Opere*. Milano: Giuffrè, 1959. v. V;

CAPONI, Remo. *La rimessione in termini nel processo civile*. Milano: Giuffrè, 1996;

CAPPELLETTI, Mauro. *La testimonianza della parte nel sistema dell'oralità: contributo alla teoria della utilizzazione probatoria del sapere delle parti nel processo civile*. Milano: Giuffrè, 1974. v. I;

_____. *Nuovi fatti giuridici ed eccezione nuove nel giudizio di rinvio*. Rivista trimestrale di diritto e procedura civile. Milano: Giuffrè, ano 13, set. 1959;

_____. *O valor atual do princípio da oralidade* (Trad. de Daniel Ustárroz, rev. por Carlos Alberto Alvaro de Oliveira). Revista Jurídica. Porto Alegre. n. 297. jul/2002;

CARNACINI, Tito. Tutela giurisdizionale e tecnica del processo. In *Studi in onore di Enrico Redenti*. Milano: Giuffrè, 1951. v. II;

CARNEIRO, Athos Gusmão. *Intervenção de terceiros*. 7ª ed. São Paulo: Saraiva, 1995;

CARNELUTTI, Francesco. *Diritto e processo*. Napoli: Morano Editore, 1959;

_____. *Istituizoni del nuovo processo civile italiano*. Roma: Foro Italiano, 1951. v. I;

_____. *Istituzioni del nuovo processo civile italiano*. Roma: Foro Italiano, 1942. v. I;

_____. *La prova civile*. Roma: Athenaeum, 1940;

_____. *Sistema del diritto processuale civile*. Padova: CEDAM, 1939. v. III;

_____. *Sistema del diritto processuale civile*. Padova: CEDAM, 1938. V. II;

_____. *Sistema di diritto processuale civile*. Padova: CEDAM, 1936. v. I;

_____. *Teoria generale del diritto*. 3ª ed. Roma: Foro italiano, 1951;

_____. *Un lapsus evidente?* Rivista di Diritto Processuale, ano 15, n. 3, 1960;

CARPI, Federico. *La semplificazione dei modelli di cognizione ordinaria e l'oralità per un processo civile efficiente*. Rivista trimestrale di diritto e procedura civile. Milano: Giuffrè. Dic/2009. n. 4;

CARPI, Federico; COLESANTI, Vittorio; TARUFFO, Micheli. *Commentario breve al codice di procedura civile*. Padova: CEDAM, 2002;

CARRIÓ, Genaro R. *Notas sobre derecho e lenguaje*. 6ª ed. Madrid: Abeledo--Perrot, 1976;

CATAUDELLA, Antonino. *La tutela civile della vita privata*. Milano: Giuffrè, 1972;

CAVALLARI, Bona Ciaccia. *Voce Contumacia*. Digesto delle discipline privatistiche. UTET. v. IV;

CAVALLINI, Cesare. *Eccezione rilevabile d'ufficio e struttura del proceso*. Napoli: E. Jovene, 2003;

_____. *Le nuove norme sul procedimento di cognizione di primo grado.* Rivista di diritto processuale. Padova: CEDAM, Lug/Set, 2005;

CHIOVENDA, Giuseppe. Dell'azione nascente dal contrato preliminare. In *Saggi di diritto processuale civile.* Roma: Foro italiano, 1930. v. I;

_____. Identificazione delle azioni. Sulla regola 'ne eat iudex ultra petita partium'. In *Saggi di diritto processuale civile.* Roma: Foro Italiano, 1930;

_____. *Instituições de direito processual civil.* 2ª ed. Trad. J. Guimarães Menegale. São Paulo: Saraiva, 1945. v. III;

_____. *Istituzioni di diritto processuale civile.* Napoli: E. Jovene, 1935. v. I;

_____. *Istituzioni di diritto processuale civile.* Napoli: E. Jovene, 1936. v. II;

_____. *Principii di diritto processuale civile.* Napoli: E. Jovene, 1980;

_____. Relazione sul progetto di riforma del procedimento elaborato dalla Commissione per il dopo guerra. In *Saggi di diritto processuale.* Roma: Foro Italiano, 1931. v. II;

_____. *Saggi di diritto processuale civile.* Roma: Foro Italiano, 1930. v. I;

_____. Sul litisconsorzio necessario. In *Saggi di diritto processuale civile.* Roma: Foro Italiano, 1931. v. II;

_____. Sulla 'perpetuatio iurisdictionis'. In *Saggi di diritto processuale civile.* Roma, 1930. v. I;

CILLIS, Francisco de (Trad.). *Código de Procedimiento Civil italiano.* Buenos Aires: DEPALMA, 1944;

CINTRA, Antonio Carlos de Araújo. *Abandono de causa no novo Código de Processo Civil.* Revista Forense. Ano 72. v. 254. abr-jun de 1976;

_____. *Comentários ao Código de Processo Civil.* Rio de Janeiro: Forense, 2008. v. IV;

COLESANTI, Vittorio. *La cancellazione della causa dal ruolo.* Rivista trimestrale di diritto e procedura civile. Milano: Giuffrè, 1961;

COMOGLIO, Luigi Paolo. *Etica e tecnica del 'giusto processo'.* Torino: Giappichelli, 2004;

_____. *La garanzia costituzionale dell'azione ed il processo civile.* Padova: CEDAM, 1970;

COMOGLIO, Luigi Paolo; FERRI, Corrado; TARUFFO, Michele. *Lezioni sul processo civile.* 2ª ed. Bologna: Il Mulino, 1998;

CONSO, Giovanni. *Il concetto e le specie d'invalidità.* Milano: Giuffrè, 1955;

CONTE, Mario. *Le prove nel processo civile.* Milano: Giuffrè, 2002;

CORDERO, Franco. *Nullità, sanatorie, vizi innocui.* Rivista italiana di diritto e procedura penale. Milano: Giuffrè, 1961;

_____. *Riflessioni in tema di nullità assolute.* Rivista italiana di diritto e procedura penale. Milano Giuffrè, 1958. Anno I;

ITÁLIA. *Corpo del diritto civile.* Veneza: Tip. di Giuseppe Antonelli, 1844. v. III;

CORRÊA, Fábio Peixinho Gomes. *Governança judicial: modelos de controle das atividades dos sujeitos processuais*. Tese: USP, 2008;

COSTA E SILVA, Paula. *Acto e processo. O dogma da irrelevância da vontade na interpretação e nos vícios do acto postulativo*. Coimbra: Coimbra Editora, 2003;

COSTA, Alfredo Araújo Lopes da. *Direito processual civil brasileiro*. 2ª ed. Rio de Janeiro: José Konfino, 1948;

COSTA, Antonio. *Contributo alla teoria dei negozi giuridici processuali*. Bologna: Nicola Zanichelli, 1921;

COSTA, Ary de Almeida Elias da; COSTA, Fernando Carlos Ramalho da; SOUSA, João A. Gomes Figueiredo de. *Código de Processo Civil anotado e comentado*. Coimbra: Almedina, 1974. v. III;

COSTA, Moacyr Lôbo da. *A intervenção iussu iudicis no processo civil brasileiro*. Dissertação: USP. São Paulo, 1961;

_____. *Confissão e reconhecimento do pedido*. São Paulo: Saraiva, 1983;

COSTA, Sergio. Osservazioni sul regolamento temporale nel progetto Solmi. In *Studi Sassaresi*. Sassari: La Università, 1938. v. XVI;

_____. Termini (dir. proc. civ.). Novissimo digesto italiano. Torino: UTET, 1973. v. XIX;

COSTALUNGA, Danilo Alejandro Mognoni. *A teoria das nulidades e o sobredireito processual*. Rev. Forense. Ano 94. Out-dez/1998;

COUTURE, Eduardo J. *Fundamentos del derecho procesal civil*. Buenos Aires: Aniceto Lopez, 1942;

COVELLO, Sergio Carlos. *A presunção em matéria civil*. São Paulo: Saraiva, 1983;

CROCIONI, Pietro. *Fase preliminare e dibattimento nel proceso civile inglese*. Padova: CEDAM, 1939;

DALL'AGNOL, Antonio. *Comentários ao Código de Processo Civil*. São Paulo: RT, 2000. v. II;

DE MARSICO, Alfredo. *Lezioni di diritto processuale penale*. 3ª ed. Napoli: E. Jovene, 1952;

DE PLÁCIDO E SILVA. *Vocabulário jurídico*. Rio de Janeiro: Forense, 1967. v. IV;

DEGENKOLB, Heinrich. *Einlassungszwang und Urteilsnorm: Beiträge zur materiellen Theorie der Klagen insbesondere der Anerkennungsklagen*. Leipzig: Breikopf und Härtel, 1877;

DEL CLARO, Roberto. *Direção material do processo*. Tese de Doutorado sob orientação do prof. Flávio Luiz Yarshell. São Paulo: USP, 2009;

DENTI, Vittorio. *L'oralità nelle riforme del processo del processo civile*. Rivista di diritto processuale. Padova: CEDAM, 1970;

_____. Voce Nullità degli atti processuali civili. Novissimo digesto italiano. Torino: UTET, 1965. v. XI;

DIDIER JR., Fredie. *Curso de direito processual civil*. 18ª ed. Salvador: JusPodivm, 2016. v. I;

_____. *Curso de direito processual civil*. 9ª ed. Salvador: JusPodium, 2008. v. I;

_____. *Curso de direito processual civil*. 3ª ed. Salvador: JusPodium, 2008. v. II;

_____. *Pressupostos processuais e condições de ação: o juízo de admissibilidade do processo*. São Paulo: Saraiva, 2005;

DIDIER JR., Fredie; BRAGA, Paula Sarno; OLIVEIRA, Rafael Alexandria de. Curso de direito processual civil. 11ª ed. Salvador: JusPodivm, 2016. v. II;

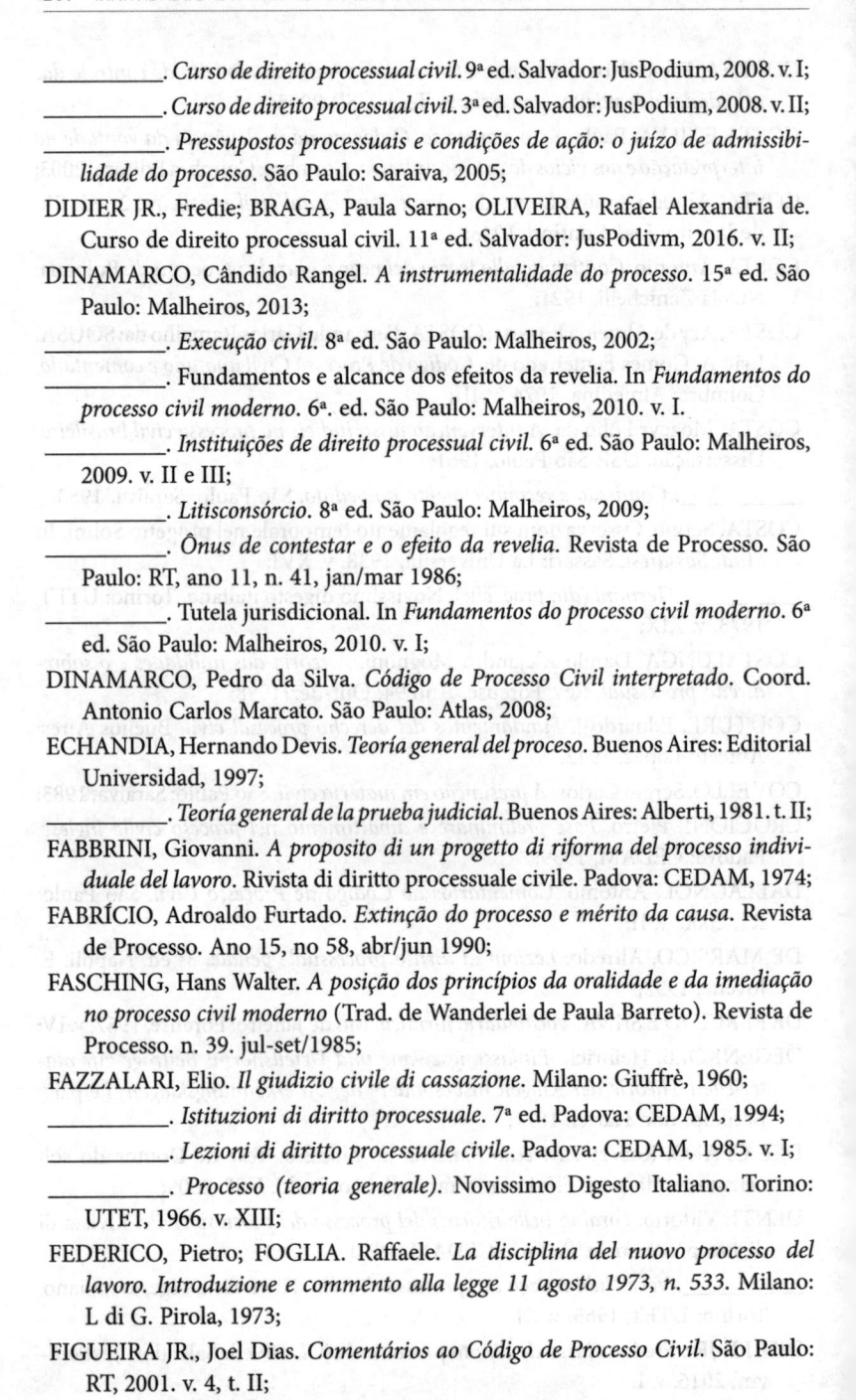

DINAMARCO, Cândido Rangel. *A instrumentalidade do processo*. 15ª ed. São Paulo: Malheiros, 2013;

_____. *Execução civil*. 8ª ed. São Paulo: Malheiros, 2002;

_____. Fundamentos e alcance dos efeitos da revelia. In *Fundamentos do processo civil moderno*. 6ª. ed. São Paulo: Malheiros, 2010. v. I.

_____. *Instituições de direito processual civil*. 6ª ed. São Paulo: Malheiros, 2009. v. II e III;

_____. *Litisconsórcio*. 8ª ed. São Paulo: Malheiros, 2009;

_____. Ônus de contestar e o efeito da revelia. Revista de Processo. São Paulo: RT, ano 11, n. 41, jan/mar 1986;

_____. Tutela jurisdicional. In *Fundamentos do processo civil moderno*. 6ª ed. São Paulo: Malheiros, 2010. v. I;

DINAMARCO, Pedro da Silva. *Código de Processo Civil interpretado*. Coord. Antonio Carlos Marcato. São Paulo: Atlas, 2008;

ECHANDIA, Hernando Devis. *Teoría general del proceso*. Buenos Aires: Editorial Universidad, 1997;

_____. *Teoría general de la prueba judicial*. Buenos Aires: Alberti, 1981. t. II;

FABBRINI, Giovanni. *A proposito di un progetto di riforma del processo individuale del lavoro*. Rivista di diritto processuale civile. Padova: CEDAM, 1974;

FABRÍCIO, Adroaldo Furtado. *Extinção do processo e mérito da causa*. Revista de Processo. Ano 15, no 58, abr/jun 1990;

FASCHING, Hans Walter. *A posição dos princípios da oralidade e da imediação no processo civil moderno* (Trad. de Wanderlei de Paula Barreto). Revista de Processo. n. 39. jul-set/1985;

FAZZALARI, Elio. *Il giudizio civile di cassazione*. Milano: Giuffrè, 1960;

_____. *Istituzioni di diritto processuale*. 7ª ed. Padova: CEDAM, 1994;

_____. *Lezioni di diritto processuale civile*. Padova: CEDAM, 1985. v. I;

_____. *Processo (teoria generale)*. Novissimo Digesto Italiano. Torino: UTET, 1966. v. XIII;

FEDERICO, Pietro; FOGLIA. Raffaele. *La disciplina del nuovo processo del lavoro. Introduzione e commento alla legge 11 agosto 1973, n. 533*. Milano: L di G. Pirola, 1973;

FIGUEIRA JR., Joel Dias. *Comentários ao Código de Processo Civil*. São Paulo: RT, 2001. v. 4, t. II;

FRANCISCO, João Eberhardt. *O papel do juiz na efetivação dos valores constitucionais do processo*. Dissertação de mestrado sob a orientação da prof.ª Susana Henriques da Costa. USP, 2014;

FREITAS, José Lebre de. *A confissão no direito probatório*. Coimbra: Coimbra Editora, 1991;

FURNO, Carlo. *Confessione (dir. proc. civ.)*. Enciclopedia del diritto. Milano: Giuffrè, 1961;

_____. *Contributo alla teoria della prova legale*. Padova: CEDAM, 1940;

_____. *Nullità e rinnovazione degli atti processuali*. In *Studi in onore di Enrico Redenti*. Milano: Giuffrè, 1951;

GAJARDONI, Fernando da Fonseca. *Flexibilização procedimental*. São Paulo: Atlas, 2008;

GALEOTTI, Serio. *Contributo alla teoria del procedimento legislativo*. Milano: Giuffrè, 1957;

GIANESINI, Rita. *Da revelia no processo civil brasileiro*. São Paulo: RT, 1977;

GIANNOZZI, Giancarlo. *La contumacia nel processo civile*. Milano: Giuffrè, 1963;

_____. *Note per un'indagine sull'inattività delle parti nel processo*. Rivista di diritto civile. Padova: CEDAM, 1959;

GOLDSCHMIDT, James. *Derecho justicial material*. Trad. Dra. Catalina Grossmann. Buenos Aires: EJEA, 1959;

_____. *Derecho procesal civil*. Trad. Leonardo Prieto Castro. Barcelona: Labor, 1936;

_____. *Principios generales del proceso*. Buenos Aires: EJEA, 1961. v. I;

_____. *Teoria general del proceso*. Barcelona: Ed. Labor, 1936;

GOMES, Fábio. *Comentários ao Código de Processo Civil*. São Paulo: RT, 2000. v. III;

GORLA, Gino. *Comportamento processuale delle parti e convincimento del giudice*. Rivista di diritto processuale civile. Padova: CEDAM, 1935. vol. XII, parte II;

GORPHE, François. *L'appréciation des preuves en justice: essai d'une méthode technique*. Paris: Recueil Sirey, 1947;

GRASSO, Edoardo. *Interpretazione della preclusione e nuovo processo civile in primo grado*. Rivista di diritto processuale. Padova: CEDAM. ano 48. n. 1. Lug/Set 1993;

GRAU, Eros Roberto. *Nota sobre a distinção entre obrigação, dever e ônus*. Revista da Faculdade de Direito da Universidade de São Paulo. v. 77, 1982;

GRECO FILHO, Vicente. *Direito processual civil brasileiro*. 20ª ed. São Paulo: Saraiva, 2009. v. II.

_____. *Direito processual civil brasileiro*. 21ª ed. São Paulo: Saraiva, 2009. v. I;

_____. *Direito Processual Civil brasileiro*. 22ª ed. São Paulo: Saraiva, 2013. v. II;

_____. *Direito processual civil brasileiro*. 23ª ed. São Paulo: Saraiva, 2013. v. I;

GRECO, Leonardo. *Atos de disposição processual – primeiras reflexões*. Revista Quaestio Iuris, v. 4, n. 1, 2011;

GRINOVER, Ada Pellegrini. *Direito processual civil*. 2ª ed. São Paulo: J. Bushatsky, 1975;

_____. *Os princípios constitucionais e o Código de Processo Civil*. São Paulo: Bushatsky, 1975;

GROSSI, Dante. *Termini (dir. proc. civ.)*. Enciclopedia del diritto. Milano: Giuffrè, 1972. v. XLIV;

GUASP, Jaime. *Derecho procesal civil*. Madrid: Civitas, 1998;

GUSMÃO, Manoel Aureliano de. *Processo civil e comercial*. São Paulo: Saraiva: 1921. v. I;

HAAS, Ulrich; Daniele Boccucci. *Il rapporto tra il giudice e le parti nel proceso civile tedesco*. Revista de Processo. São Paulo, RT. Julho de 2011. v. 197;

HEINITZ, Ernesto. *I limiti oggettivi della cosa giudicata*. Padova: CEDAM, 1937;

HEÑIN, Fernando Adrián. *Valoración judicial de la conducta procesal*. Revista de Processo. São Paulo. v. 34. n. 170. abr. 2009;

JAUERNIG, Othmar. *Zivilprozessrecht*. 21ª ed. München: C.H. Becksche, 1985;

JOLOWICZ, John Anthony. *Il nuovo ruolo del giudice del 'pre-trial' nel processo civile inglese*. Trad. Michele Angelo Lupoi. Rivista trimestrale di diritto e procedura civile. Milano: Giuffrè, Dic/2002;

JOLOWICZ, John Anthony. *On civil procedure*. Cambridge, 2000;

KOMATSU, Roque. *Da invalidade no processo civil*. São Paulo: RT, 1991;

_____. Notas em torno dos deveres processuais do juiz. In *As grandes transformações do processo civil brasileiro*. Homenagem ao Professor Kazuo Watanabe. São Paulo: Quartier Latin, 2009;

KRONMAN. Anthony T. Mistake, disclosure, information, and the Law of Contracts. In *Law and Economics*. Richard A. Posner; Francesco Parisi (Coord.). Cheltenham: Edward Elgar Publishing Ltd., 1997. v. II;

LACERDA, Galeno. *Despacho Saneador*. Porto Alegre: Livraria Sulina, 1953;

LASSO, Anna. *Le eccezioni in senso sostanziale*. Napoli: Edizioni Scientifiche Italiane, 2007;

LEAL, Antônio Luís da Câmara. *Da prescrição e da decadência*. 4ª ed. Rio de Janeiro: Forense, 1982;

LEIBLE, Stefan. *Proceso civil alemán*. Medellín: Dike, 1999;

LENT, Friedrich. *Diritto processuale civile tedesco*. Edoardo Ricci (Trad.). Napoli: Morano, 1962;

LEONEL, Ricardo de Barros. *Manual do processo coletivo*. São Paulo: RT, 2002;

LESSONA, Carlo. *Teoría general de la prueba en el derecho civil*. Trad. Enrique Aguilera de Paz. Madrid: Reus, 1957. v. I;

LIEBMAN, Enrico Tullio. *Fondamento del principio dispositivo*. Rivista di diritto processuale, Padova: CEDAM, vol. XV, 1960;

_____. *Intorno ai rapporti tra azione ed eccezione*. Rivista di diritto processuale, ano 15, n. 3, 1960;

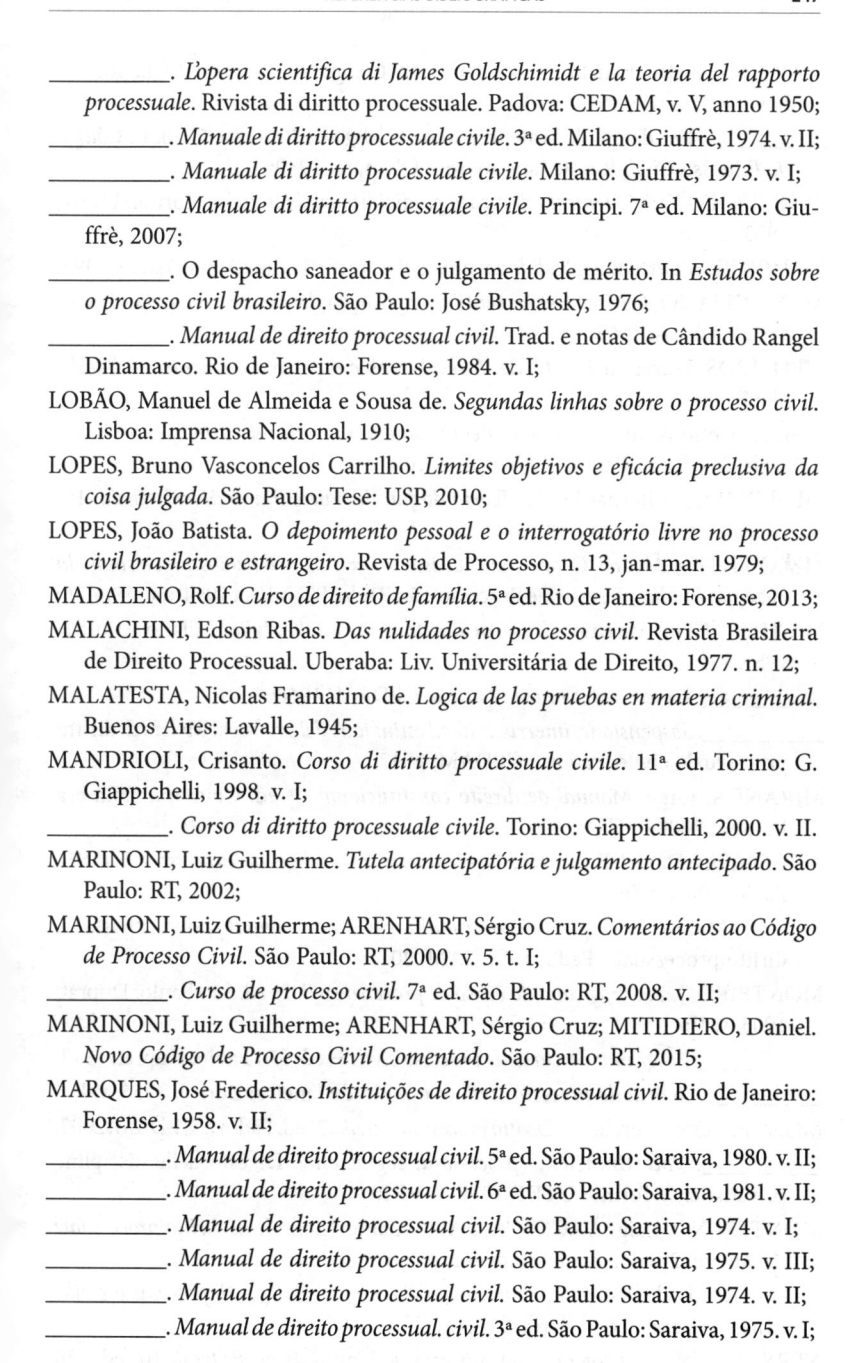

_____. L'opera scientifica di James Goldschimidt e la teoria del rapporto processuale. Rivista di diritto processuale. Padova: CEDAM, v. V, anno 1950;

_____. Manuale di diritto processuale civile. 3ª ed. Milano: Giuffrè, 1974. v. II;

_____. Manuale di diritto processuale civile. Milano: Giuffrè, 1973. v. I;

_____. Manuale di diritto processuale civile. Principi. 7ª ed. Milano: Giuffrè, 2007;

_____. O despacho saneador e o julgamento de mérito. In Estudos sobre o processo civil brasileiro. São Paulo: José Bushatsky, 1976;

_____. Manual de direito processual civil. Trad. e notas de Cândido Rangel Dinamarco. Rio de Janeiro: Forense, 1984. v. I;

LOBÃO, Manuel de Almeida e Sousa de. Segundas linhas sobre o processo civil. Lisboa: Imprensa Nacional, 1910;

LOPES, Bruno Vasconcelos Carrilho. Limites objetivos e eficácia preclusiva da coisa julgada. São Paulo: Tese: USP, 2010;

LOPES, João Batista. O depoimento pessoal e o interrogatório livre no processo civil brasileiro e estrangeiro. Revista de Processo, n. 13, jan-mar. 1979;

MADALENO, Rolf. Curso de direito de família. 5ª ed. Rio de Janeiro: Forense, 2013;

MALACHINI, Edson Ribas. Das nulidades no processo civil. Revista Brasileira de Direito Processual. Uberaba: Liv. Universitária de Direito, 1977. n. 12;

MALATESTA, Nicolas Framarino de. Logica de las pruebas en materia criminal. Buenos Aires: Lavalle, 1945;

MANDRIOLI, Crisanto. Corso di diritto processuale civile. 11ª ed. Torino: G. Giappichelli, 1998. v. I;

_____. Corso di diritto processuale civile. Torino: Giappichelli, 2000. v. II.

MARINONI, Luiz Guilherme. Tutela antecipatória e julgamento antecipado. São Paulo: RT, 2002;

MARINONI, Luiz Guilherme; ARENHART, Sérgio Cruz. Comentários ao Código de Processo Civil. São Paulo: RT, 2000. v. 5. t. I;

_____. Curso de processo civil. 7ª ed. São Paulo: RT, 2008. v. II;

MARINONI, Luiz Guilherme; ARENHART, Sérgio Cruz; MITIDIERO, Daniel. Novo Código de Processo Civil Comentado. São Paulo: RT, 2015;

MARQUES, José Frederico. Instituições de direito processual civil. Rio de Janeiro: Forense, 1958. v. II;

_____. Manual de direito processual civil. 5ª ed. São Paulo: Saraiva, 1980. v. II;

_____. Manual de direito processual civil. 6ª ed. São Paulo: Saraiva, 1981. v. II;

_____. Manual de direito processual civil. São Paulo: Saraiva, 1974. v. I;

_____. Manual de direito processual civil. São Paulo: Saraiva, 1975. v. III;

_____. Manual de direito processual civil. São Paulo: Saraiva, 1974. v. II;

_____. Manual de direito processual. civil. 3ª ed. São Paulo: Saraiva, 1975. v. I;

MARTINS, Pedro Batista. *Comentários ao Código de Processo Civil.* Rio de Janeiro: Forense, 1941. v. II;

_____. Em defesa do Anteprojeto do Código de Processo Civil. In *Código de Processo Civil.* Rio de Janeiro: José Olympio, 1939;

MATTIROLO, Luigi. *Trattato di diritto giudiziario civile italiano.* Torino: UTET, 1933. v. III;

MAURINO, Alberto Luis. *Nulidades procesales.* 4ª ed. Buenos Aires: Astrea, 1995;

MAXIMILIANO, Carlos. *Hermenêutica e aplicação do direito.* 8ª ed. São Paulo: Freitas Bastos, 1965;

MEDEIROS, Maria Lúcia L.C. de. *A revelia sob o aspecto da instrumentalidade.* São Paulo: RT, 2003;

MELLO, Celso Antonio Bandeira de. *O conteúdo jurídico do princípio da igualdade.* 3ª ed. São Paulo: Malheiros, 2010;

MELLO, Marcos Bernardes de. *Teoria do fato jurídico. Plano da existência.* 16ª ed. São Paulo: Saraiva, 2010;

MELO FILHO, Álvaro. *O princípio da isonomia e os privilégios processuais da Fazenda Pública.* Revista de Processo. São Paulo: RT, jul/set 1994. ano 19, v. 75;

MICHELI, Gian Antonio. *Corso di diritto processuale civile.* Milano: Giuffrè, 1959. v. I;

_____. *L'onere della prova.* Padova: CEDAM, 1966;

_____. *Sospensione, interruzione ed estinzione del processo.* Rivista di diritto processuale civile. Padova: CEDAM, 1942;

MIRANDA, Jorge. *Manual de direito constitucional.* 3ª ed. Coimbra: Coimbra Editora, 2000. t. IV;

MITIDIERO, Daniel Francisco. *Comentários ao Código de Processo Civil.* São Paulo, 2005. v. II;

MOCCI, Mauro. *Principio del contraddittorio e non contestazione.* Rivista di diritto processuale. Padova: CEDAM, 2011;

MONTEIRO, João. *Programa do curso de processo civil.* 2ª ed. São Paulo: Duprat, 1905. v. II;

_____. *Programa do curso de processo civil.* 3ª ed. São Paulo: Duprat, 1912;

_____. *Teoria do processo civil.* 6ª ed. Rio de Janeiro: Borsoi, 1956. v. I;

MONTELEONE, Girolamo. *Diritto processuale civile.* 3ª ed. Padova: CEDAM, 2002;

_____. *Voce Estinzione (processo di cognizione).* Digesto delle discipline privatistiche. Torino: UTET, 1998. v. VIII;

MONTESANO, Luigi; VACCARELLA, Romano. *Manuale di diritto processuale del lavoro.* 2ª ed. Napoli: E. Jovene, 1989;

MORTARA, Ludovico. *Commentario del Codice e delle leggi di procedura civile.* Milano: Francesco Vallardi, 1923. v. III;

NERY JR., Nelson. *Princípios do processo na Constituição Federal.* 10ª ed. São Paulo: RT, 2010;

_____. *Teoria geral dos recursos.* 6ª ed. São Paulo: RT, 2004;

NERY JR., Nelson; NERY, Rosa Maria de Andrade. *Código de Processo Civil comentado e legislação extravagante.* 10ª ed. São Paulo: RT, 2007;

OLIVEIRA, Bruno Silveira de. *Conexidade e efetividade processual.* São Paulo: RT, 2007;

_____. *O juízo de identificação de demandas e de recursos no processo civil.* São Paulo: Saraiva, 2011;

OLIVEIRA, Carlos Alberto Alvaro. *Do formalismo no processo civil.* Tese. USP, 1996;

_____. *Efetividade e tutela jurisdicional.* Revista dos Tribunais. São Paulo. v. 94. n. 836. jun. 2005;

_____. *Poderes do juiz e visão cooperativa do processo.* Revista da Ajuris. Rio Grande do Sul. Ano 30, n. 90. Junho de 2003;

_____. *Teoria e prática da tutela jurisdicional.* Rio de Janeiro: Forense, 2008;

OLIVEIRA, Carlos Alberto Alvaro de; MITIDIERO, Daniel. *Curso de processo civil.* São Paulo: Atlas, 2012. v. II;

OLIVIERI, Giuseppe. *La "ragionevole durata" del processo di cognizione (qualche considerazione sull'art. 11, 2o comma, Cost.).* Il foro italiano. v. 123. n. 10, Ott. 2000;

OPPETIT, Bruno. Les garanties fondamentales des parties dans le procès civil en droit français. In CAPPELLETTI, Mauro; TALLON, Denis (coord.). *Fundamental guarantees of the parties in civil litigation.* Milano: Giuffrè, 1973;

ORIANI, Renato. *Atti processuali.* Enciclopedia giuridica. Roma, 2007;

_____. *L'inattività delle parti nel processo del lavoro.* Rivista di diritto processuale. Padova: CEDAM, Apr./Giu. 1989, ano 44, n. 2;

_____. *Nullità degli atti processuali.* Enciclopedia giuridica. Roma, 2007. v. XXIII;

PAJARDI, Piero. *Procedura civile. Istituzioni e lineamenti generali.* Milano: Giuffrè, 1989;

PANNAIN, Remo. *Le sanzioni degli atti processuali penali.* Napoli: E. Jovene, 1933;

PASSOS, José Joaquim Calmon de. *Comentários ao Código de Processo Civil.* 6ª ed. Rio de Janeiro: Forense, 1989. v. III;

_____. *Comentários ao Código de Processo Civil.* 8ª ed. Rio de Janeiro: Forense, 1998. v. III;

_____. *Confissão (Direito processual civil) – I.* In Enciclopédia Saraiva de Direito. São Paulo: Saraiva, 1977. v. 18;

_____. *Da revelia do demandado.* Salvador: Progresso. 1960;

_____. *Esboço de uma teoria das nulidades aplicada às nulidades processuais.* Rio de Janeiro: Forense, 2009;

PEREIRA LEITE, Pedro de Figueiredo Ferraz. *Contribuição crítica à teoria da motivação das decisões judiciais.* Dissertação de mestrado, sob orientação do prof. Paulo Henrique dos Santos Lucon. São Paulo: USP, 2014;

PESCATORE, Matteo. *Sposizione compendiosa della procedura civile e criminale*. Torino: UTET, 1864. v. I;

PEYRANO, Jorge W. *Nulidades procesales con especial referencia a los distintos vicios que pueden generarlas*. Revista de Processo. n. 82, abr/jun 1996;

PICARDI, Nicola. Dei termini. In *Commentario del codice di procedura civile*, direto da Enrico Allorio. Torino: UTET, 1973. v. I. t. II;

_____. *La sucessione processuale*. Milano: Giuffrè, 1964;

PICÓ I JUNOY, Joan. *El juez y la prueba*. Barcelona: Bosch, 2007;

PIMENTEL, Wellington Moreira. *Comentários ao Código de Processo Civil*. 2ª ed. São Paulo: RT, 1979. v. III;

PISANI, Andrea Proto. *Lezioni di diritto processuale civile*. 3ª ed. Napoli: E. Jovene, 1999;

_____. *Per un nuovo codice di procedura civile*. Il foro italiano. Zanichelli, gen/2009, n. 1, parte V;

PISANI, Mario. *La tutela penale delle prove formate nel processo*. Milano: GIuffrè, 1959;

POLI, Roberto. *Sulla sanabilità dei vizi degli atti processuali*. Rivista di diritto processuale. Padova: CEDAM, 1995;

_____. *Sulla sanabilità della inosservanza di forme prescritte a pena di preclusione e decadenza*. Rivista di diritto processuale. Padova: CEDAM, Apr/Giug 1996;

PONTES DE MIRANDA, Francisco Cavalcanti. *Comentários ao Código de Processo Civil*. 3ª ed. Rio de Janeiro: Forense, 1996. v. III;

_____. *Comentários ao Código de Processo Civil*. 3ª ed. Rio de Janeiro: Forense, 1974. v. II e III;

_____. *Comentários ao Código de Processo Civil*. 2ª ed. Rio de Janeiro: Forense, 2005. v. X;

_____. *Comentários ao Código de Processo Civil*. 2ª ed. Rio de Janeiro: Forense, 1979. v. I;

_____. *Comentários ao Código de Processo Civil*. 3ª ed. Rio de Janeiro: Forense, 2002. v. IV;

_____. *Tratado de direito privado*. Rio de Janeiro: Borsoi, 1954. v. II;

_____. *Comentários ao Código de Processo Civil*. Rio de Janeiro: Forense, 1979. v. IV;

PUNZI, Carmine. *L'interruzione del processo*. Milano: Giuffrè, 1963;

PUOLI, José Carlos Baptista. O devido processo legal e a oralidade, em sentido amplo, como um de seus corolários no processo civil. In *40 anos da teoria geral do processo no Brasil*. Camilo Zufelato e Flávio Luiz Yarshell (org.). São Paulo: Malheiros, 2013;

REDENTI, Enrico. *Atti processuali civili*. Enciclopedia del diritto. Milano: Giuffrè, 1959;

_____. *Diritto processuale civile*. 4ª ed. Milano: Giuffrè, 1997. v. II;

_____. *Profili pratici del diritto processuale civile*. Milano: Giuffrè, 1938;

REIS, José Alberto dos. *Código de Processo Civil anotado*. 3ª ed. Coimbra: Coimbra editora, 1981. v. III;

_____. *Código de Processo Civil anotado*. 3ª ed. Coimbra: Coimbra Editora, 1948. v. I;

REZENDE FILHO, Gabriel José Rodrigues. *Curso de direito processual civil*. 2ª ed. São Paulo: Saraiva, 1950. v. II;

_____. A reforma processual. In *Processo oral*. 1ª série. Rio de Janeiro: Forense, 1940;

RIBAS, Antonio Joaquim. *Consolidação das leis do processo civil*. Rio de Janeiro: Dias da Silva Júnior, 1879. v. I;

RICCI, Francesco. *Commento al Codice di Procedura Civile*. Firenze: Fratelli Cammelli, 1905;

RICCI, Gian Franco. *Principi di diritto processuale generale*. Torino: G. Giappichelli, 1997;

RIGHI, Ivan. *Eficácia probatória do comportamento das partes*. Revista Forense. ano 103. v. 389. jan/fev. 2007;

RISPOLI, Arturo. *Il processo civile contumaciale*. Milano: Libraria, 1911;

ROCCO, Alfredo. *La sentenza civile*. Torino: Fratelli Bocca, 1906;

ROCCO, Ugo. *Trattato di diritto processuale civile*. 2ª ed. Torino: UTET, 1966. v. II;

ROCHA, José de Albuquerque. *Jurisprudência. Comentário*. Revista de Processo. São Paulo, nº 2, abr/jun 1996;

ROMANO, Alberto A. *L'azione di accertamento negativo*. Napoli: E. Jovene, 2006;

ROSA, Inocencio Borges da. *Processo civil e comercial brasileiro*. Porto Alegre: Barcellos, 1940. v. I;

ROSENBERG, Leo. *Tratado de derecho procesal civil*. Trad. de Angela Romera Vera. Buenos Aires: EJEA, 1955. t. I e II;

SALETTI, Achille. *Voce Estinzione del processo*. Enciclopedia giuridica. Roma: Istituto della enciclopedia italiana, 2007;

SANSEVERINO, Milton; KOMATSU, Roque. *A citação no direito processual civil*. São Paulo: RT, 1977;

SANTOS, Andrés de la Oliva. *Objeto del proceso y cosa juzgada en el proceso civil*. Madrid: Thomson Civitas, 2005;

SANTOS, Ernane Fidélis dos. *Manual de direito processual civil*. 13ª ed. São Paulo: Saraiva, 2009. v. I;

SANTOS, J. M. de Carvalho. *Código de Processo Civil interpretado*. 6ª ed. São Paulo: Freitas Bastos, 1964. v. III;

SANTOS, Moacyr Amaral. *Comentários ao Código de Processo Civil*. Rio de Janeiro: Forense, 1976. v. IV;

_____. *Comentários ao Código de Processo Civil*. 4ª ed. Rio de Janeiro: Forense, 1988. v. IV;

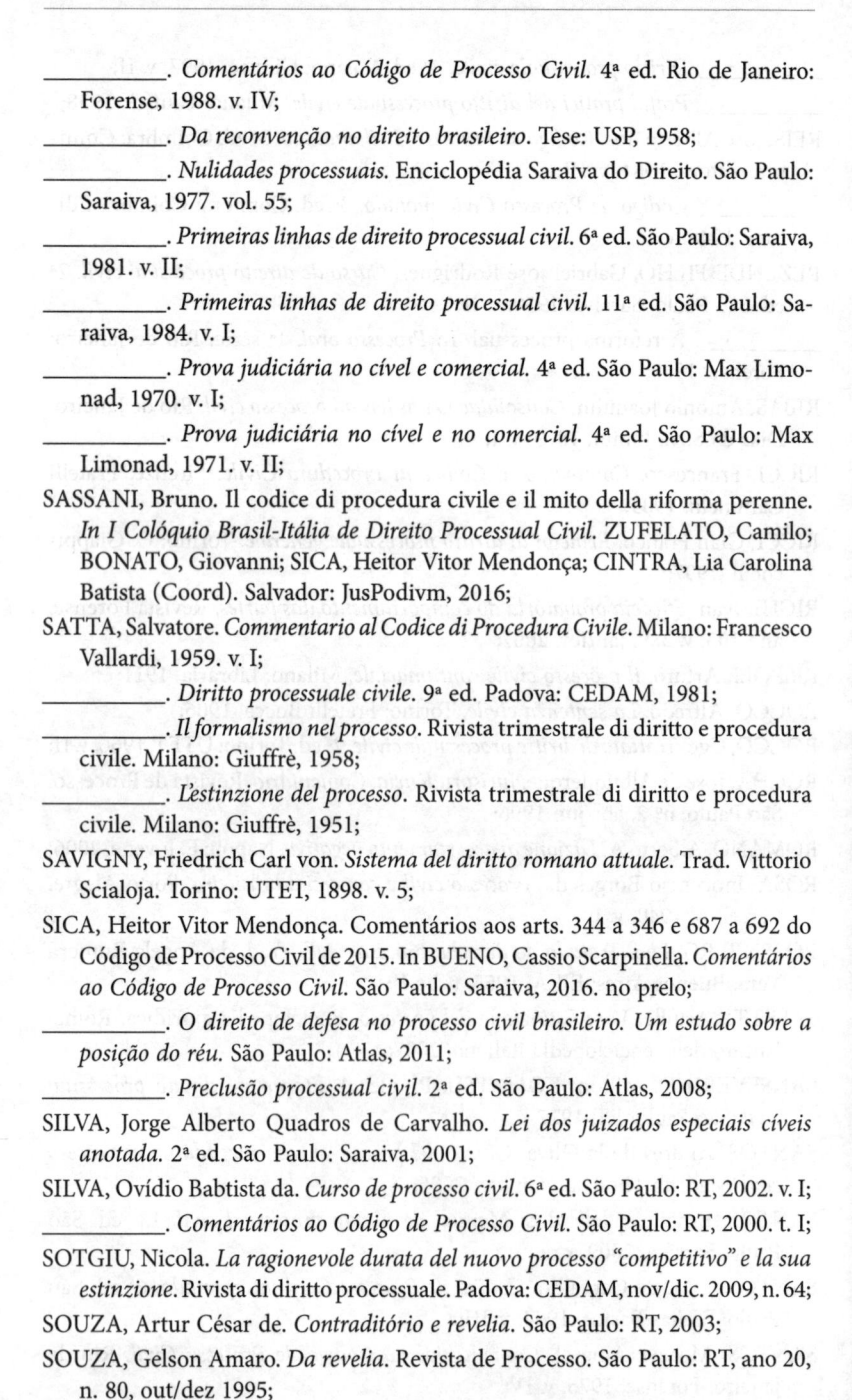

_____. *Da reconvenção no direito brasileiro*. Tese: USP, 1958;

_____. *Nulidades processuais*. Enciclopédia Saraiva do Direito. São Paulo: Saraiva, 1977. vol. 55;

_____. *Primeiras linhas de direito processual civil*. 6ª ed. São Paulo: Saraiva, 1981. v. II;

_____. *Primeiras linhas de direito processual civil*. 11ª ed. São Paulo: Saraiva, 1984. v. I;

_____. *Prova judiciária no cível e comercial*. 4ª ed. São Paulo: Max Limonad, 1970. v. I;

_____. *Prova judiciária no cível e no comercial*. 4ª ed. São Paulo: Max Limonad, 1971. v. II;

SASSANI, Bruno. Il codice di procedura civile e il mito della riforma perenne. *In I Colóquio Brasil-Itália de Direito Processual Civil*. ZUFELATO, Camilo; BONATO, Giovanni; SICA, Heitor Vitor Mendonça; CINTRA, Lia Carolina Batista (Coord). Salvador: JusPodivm, 2016;

SATTA, Salvatore. *Commentario al Codice di Procedura Civile*. Milano: Francesco Vallardi, 1959. v. I;

_____. *Diritto processuale civile*. 9ª ed. Padova: CEDAM, 1981;

_____. *Il formalismo nel processo*. Rivista trimestrale di diritto e procedura civile. Milano: Giuffrè, 1958;

_____. *L'estinzione del processo*. Rivista trimestrale di diritto e procedura civile. Milano: Giuffrè, 1951;

SAVIGNY, Friedrich Carl von. *Sistema del diritto romano attuale*. Trad. Vittorio Scialoja. Torino: UTET, 1898. v. 5;

SICA, Heitor Vitor Mendonça. Comentários aos arts. 344 a 346 e 687 a 692 do Código de Processo Civil de 2015. In BUENO, Cassio Scarpinella. *Comentários ao Código de Processo Civil*. São Paulo: Saraiva, 2016. no prelo;

_____. *O direito de defesa no processo civil brasileiro. Um estudo sobre a posição do réu*. São Paulo: Atlas, 2011;

_____. *Preclusão processual civil*. 2ª ed. São Paulo: Atlas, 2008;

SILVA, Jorge Alberto Quadros de Carvalho. *Lei dos juizados especiais cíveis anotada*. 2ª ed. São Paulo: Saraiva, 2001;

SILVA, Ovídio Babtista da. *Curso de processo civil*. 6ª ed. São Paulo: RT, 2002. v. I;

_____. *Comentários ao Código de Processo Civil*. São Paulo: RT, 2000. t. I;

SOTGIU, Nicola. *La ragionevole durata del nuovo processo "competitivo" e la sua estinzione*. Rivista di diritto processuale. Padova: CEDAM, nov/dic. 2009, n. 64;

SOUZA, Artur César de. *Contraditório e revelia*. São Paulo: RT, 2003;

SOUZA, Gelson Amaro. *Da revelia*. Revista de Processo. São Paulo: RT, ano 20, n. 80, out/dez 1995;

SOUZA, Luiz Antonio de. O efeito da revelia nas ações coletivas. In *Ação civil pública*. Coord. Édis Milaré. São Paulo: RT, 2002;

SOUZA, Miguel Teixeira de. *Sobre o sentido e a função dos pressupostos processuais*. Revista de Processo. Ano 16, no 63, jul/set 1991;

SPINELLI, Michele. *Las pruebas civiles*. Trad. Tomás A. Banzhaf. Buenos Aires: EJEA, 1973;

STEIN, Friedrich. *El conocimiento privado del juez*. 2ª ed. Bogotá: Temis, 1999;

TARUFFO, Michele. *La prueba de los hechos*. Madrid: Trotta, 2005;

_____. Orality and writting as factors of efficiency in civil litigation. In *Oralidad y escritura en un proceso civil eficiente*. Valencia, 2008. v. I;

TARZIA, Giuseppe. *Il litisconsorzio facoltativo nel processo di primo grado*. Milano: Giuffrè, 1972;

_____. *L'art. 111 Cost. e le garanzie europee del processo civile*. Rivista di diritto processsuale. Padova: CEDAM, n. 1, jan-mar. 2001;

_____. *Lineamenti del nuovo processo di cognizione*. Milano: Giuffrè, 1996;

_____. *Manuale del processo del lavoro*. Milano: Giuffrè, 1975;

TEDOLDI, Alberto. *La non contestazione nel nuovo art. 115 c.p.c.* Rivista di diritto processuale. Padova: CEDAM, 2011. vol. LXVI (II serie);

TELLES, Gil Trotta. *Considerações sobre o art. 267, inciso III, do Código de Processo Civil*. Revista brasileira de direito processual. Rio de Janeiro: Forense, 1978, v. 15;

TESHEINER, José Maria. *Pressupostos processuais e nulidades no processo civil*. São Paulo: Saraiva, 2000;

TESORIERE, Giovanni. *Contributo allo studio delle preclusioni nel processo civile*. Padova: CEDAM, 1983;

THEODORO JR., Humberto. *As nulidades no Código de Processo Civil*. Revista Síntese de Direito Civil e Processual Civil. Porto Alegre, v. 1, n. 1, set./out. 1999;

_____. *Curso de direito processual civil*. 56ª ed. Rio de Janeiro: Forense, 2015. v. I;

_____. *Curso de direito processual civil*. 50ª ed. Rio de Janeiro: Forense, 2009. v. I;

TORNAGHI, Helio. *Comentários ao Código de Processo Civil*. São Paulo: RT, 1975. v. II;

_____. *Comentários ao Código de Processo Civil*. São Paulo: RT, 1976. t. I;

_____. *Comentários ao Código de Processo Civil*. São Paulo: RT, 1974. v. I;

TROCKER, Nicolò. *Processo civile e costituzione: problemi di diritto tedesco ed italiano*. Milano: Giuffré, 1974;

TUCCI, José Rogério Cruz e. *A causa petendi no processo civil*. 3ª ed. São Paulo: RT, 2009;

_____. *Temas polêmicos de processo civil*. São Paulo: Saraiva, 1990;

TUCCI, Rogério Lauria. *Confissão (Direito processual civil) – II*. Enciclopédia Saraiva de Direito. São Paulo: Saraiva, 1977;

_____. *Da contumácia no processo civil brasileiro*. São Paulo: José Bushatsky, 1964;

_____. *Do julgamento conforme o estado do processo*. 3ª ed. São Paulo: Saraiva, 1988;

_____. *Verbete Revelia*. Enciclopédia Saraiva do Direito. São Paulo: Saraiva, 1977;

VACCARELLA, Romano. *Inattività delle parti ed estinzione del processo di cognizione*. Napoli: E. Jovene, 1975;

_____. *Voce Interrogatorio delle parti*. Enciclopedia del diritto. Milano: Giuffrè. v. XXII;

VACCARELLA, Romano; CAPPONI, Bruno CECCHELLA, Claudio. *Il processo civile dopo le riforme*. Torino: Giappichelli, 1992;

VERDE, Giovanni. *Profili del processo civile*. Napoli: E. Jovene, 2002. v. I;

VIANNA, Ataliba. *Inovações e obscuridades do Código de Processo Civil e Commercial Brasileiro*. São Paulo: Livraria Martins, 1940;

WACH, Adolf. Handbuch des deutschen Civilprozessrechts. In *Systematisches Handbuch der deutschen Rechtswissenschaft*. Leipzig: Duncker & Humblot, 1885;

WAMBIER, Luiz Rodrigues; TALAMINI, Eduardo. *Curso avançado de processo civil*. 11ª Ed. São Paulo: RT, 2010. v. I;

WAMBIER, Teresa Arruda Alvim. *Nulidades do processo e da sentença*. 6ª ed. São Paulo: RT, 2007;

_____. *Nulidades do processo e da sentença*. 5ª ed. São Paulo: RT, 2004;

WAMBIER, Teresa Arruda Alvim; CONCEIÇÃO, Maria Lúcia Lins et. al. Primeiros comentários ao novo Código de Processo Civil. São Paulo: RT, 2015;

WATANABE, Kazuo. Cultura da sentença e cultura da pacificação. In *Estudos em homenagem à professora Ada Pellegrini Grinover*. Flávio Luiz Yarshell e Maurício Zanóide (coord.). São Paulo: DPJ, 2005;

_____. *Da cognição no processo civil*. 3ª ed. São Paulo: DPJ, 2005;

WINDSCHEID, Bernhard. L'"actio" del diritto civile romano dal punto di vista del diritto odierno. In *Polemica intorno all'"actio"*. Firenze: Sansoni, 1954;

YARSHELL, Flávio Luiz. *Antecipação da prova sem o requisito da urgência e direito autônomo à prova*. São Paulo: Malheiros, 2009;

_____. *Tutela jurisdicional*. São Paulo: DPJ, 2006;

_____. *Curso de direito processual civil*. São Paulo: Marcial Pons, 2014;

ZANZUCCHI, Marco Tullio. *Diritto processuale civile*. 5ª ed. ag. Milano: Giuffrè, 1962. v. II;

_____. *Diritto processuale civile*. 6ª ed. Milano: Giuffrè, 1964. v. I;

_____. *Diritto processuale civile*. Milano: Giuffrè, 1938. v. II;

_____. *Nuove domande, nuove eccezioni e nuove prove in appello*. Milano: Libraria, 1916;

ZAVASCKI, Teori Albino. *Processo coletivo*. 2ª ed. São Paulo: RT, 2007;

ZUCKERMAN, Adrian A. Justice in crisis: comparative dimensions of civil procedure. ZUCKERMAN, Adrian A (coord.). In *Civil justice in crisis. Comparative perspectives of civil procedure*. New York: Oxford, 2003.